Hans Werner Ingensiep
Der kultivierte Affe

Hans Werner Ingensiep

Der kultivierte Affe

Philosophie, Geschichte
und Gegenwart

S. Hirzel Verlag Stuttgart

Ein Markenzeichen kann warenrechtlich geschützt sein, auch wenn ein Hinweis auf etwa bestehende Schutzrechte fehlt.

Bibliografische Information der Deutschen Nationalbibliothek
Die Deutsche Nationalbibliothek verzeichnet diese Publikation in der Deutschen Nationalbibliografie; detaillierte bibliografische Daten sind im Internet über http://dnb.d-nb.de abrufbar.

ISBN 978-3-7776-2149-4

Jede Verwertung des Werkes außerhalb der Grenzen des Urheberrechtsgesetzes ist unzulässig und strafbar. Dies gilt insbesondere für Übersetzungen, Nachdruck, Mikroverfilmung oder vergleichbare Verfahren sowie für die Speicherung in Datenverarbeitungsanlagen.

© 2013 S. Hirzel Verlag
Birkenwaldstraße 44, 70191 Stuttgart
Printed in Germany
Einbandgestaltung: deblik, Berlin unter Verwendung eines Gemäldes von Tethart Philipp Christian Haag (Herzog Anton Ulrich-Museum, Braunschweig)
Satz: Mediendesign Späth, Birenbach
Druck & Bindung: AZ Druck und Datentechnik GmbH, Berlin

www.hirzel.de

Inhalt

1 Einführung **9**

2 Von der Antike zur Renaissance **15**
  Heraklit: der Mensch zwischen Affe und Gott 15
  Die ersten Menschenaffen? 16
  Aristoteles: der Affe zwischen Mensch und Vierfüßler 18
  Plinius und antike Hinweise 22
  Mittelalter: der allegorische Affe 24
  Renaissance: humanistische Affenkunde bei Gesner 29

3 Neue Entdeckungen – Monster, Satyr, Pygmy **33**
  Die Ungeheuer des Andrew Battel 34
  Der indische Satyr des Nicolaes Tulp 37
  Rezeption der ersten Illustration von Menschenaffen 42
  Ferne Kunde – Bontius und Dapper 44
  Der Pygmy des Edward Tyson 48
  Philosophische Seitenblicke im 17. Jahrhundert 51
    Tierautomaten und Affen im Cartesianismus 52
    Über Mensch, Tier, Identität und Person –
    Locke und Leibniz 55

4 Der aufgeklärte Menschenaffe **59**
  Die Naturhistoriker 60
    Scheuchzer – der Menschenaffe in der Bibel 61
    Linné – Anthropomorpha im System 63
    Buffon – Naturgeschichte der Affen 66
  Die Philosophen und die Menschenaffen 69
    La Mettrie – der Mensch eine Maschine, und der Affe? .. 70
    Rousseau – als Affe unter guten Wilden 74
    Wieland – Kritik an Rousseaus Affendeutung 76
    Menschenaffen wild und mild im Bild 78
    Rousseaus „Thiermensch" kommt 81
    Bonnet – der höchste Affe in der natürlichen Stufenleiter 83
    Le Cat – ein Forscher über Waldmenschen 85
    Monboddo – der Orang als sprachloser Mensch 90
  Naturgeschichte und Affenliteratur für Bildungsbürger 92

5 Der abgeklärte Menschenaffe 95
Die „Ourangoutang-Sache" – Vosmaer und Forster 96
Vosmaer – ein Forscher beobachtet einen lebenden Orang ... 99
Haag – ein Maler inszeniert einen Orang 104
Camper – der abgeklärte Orang unter dem Messer
des Anatomen 107
Der abgeklärte Orang bei deutschen Philosophen 109
    Herder – der Orang im Visier der Ideen 110
    Kant – der Orang am Rand der Vernunftanthropologie .. 115
Der Orang in der Naturgeschichte am Ende
des 18. Jahrhunderts 118

6 Menschenaffen vor und nach Darwin 125
Menschenaffen in der Literatur 125
Menschenaffen in der Naturgeschichte und im System 128
Der Aufstieg der Menschenaffen auf die Bäume 135
Idealistische Naturphilosophie 137
Schopenhauer und der Intellekt im Dienst des Willens 141
Evolution vor Darwin 143
Mensch und Menschenaffen nach Darwin 144
Die doppelte Anthropozentrik – Büchner & Co. 146
Der Affe als politischer Handwerker – Engels 149
Kulturkritik mit Affen – Nietzsche 150
Naturbilder im Rückblick 153

7 Gorillas zwischen Bestialisierung und Humanisierung . 155
Vom Skelett zur Gruppenidylle 156
Von aggressiven Gesten zur Bestialisierung nach Darwin 161
    Die Berichte des Afrikareisenden Paul Belloni Du Chaillu 161
    Die Rolle des Darwinismus 165
Ein junger Aristokrat am Anfang der Humanisierung 169
Gigant Bobby als Publikumsliebling 173
Goma – Familienbeziehungen zwischen Gorilla und Mensch 176
Am vorläufigen Ende der „Gorilla Story" 179

8 Schimpansen auf dem Weg zu Intelligenz und Kreativität . 181
Wolfgang Köhler: Einsichten auf Teneriffa 183
    Vorstudien 183
    Zugang und Interessen Köhlers 184

Ergebnisse und Hintergründe 185
Mit Stöcken und Kisten,
aber ohne Anthropomorphismen 187
Orang-Studien eines Schimpansoiden 189
Nachwirkungen 192
Philosophische Anthropologie 194
Max Scheler: Technische Intelligenz ja,
aber Weltoffenheit? 194
Helmuth Plessner: Affen-Intelligenz ja, aber ein Sinn
fürs Negative? 200
Arnold Gehlen: „Intelligenz" ja, aber ohne
Handlungsstruktur 207
Kulturphilosophie – Rothacker, Klages, Schweitzer 210
Von Menschen zum Malen angestiftete Affen 214
Congo – ein Schimpanse macht Kunstgeschichte 220
„Apestract" – kreative Menschenaffen 224

9 Sind Menschenaffen Personen? 227
Vom Individuum zur Persönlichkeit 228
Von der Persönlichkeit zur psychologischen Person –
Washoe, Kanzi, Koko 231
Kritik und methodologische Vorsicht 235
Der kultivierte Menschenaffe als moralische Person? 236

10 Anthropomorphologie, Anthropologie und
Primatologie 245
Rückblick auf die Ursprünge 247
Aufklärung, Mythos und Kritik 248
Im Bann des Anthropomorphismus 248
Sind Entmythologisierung und Entanthropomorphisierung
möglich? 250
Naturbilder im Hintergrund 251
Eurozentrismus? 252
Geschlechterstereotypien? 253
Primatologie zwischen Scylla und Charybdis 254
Erklären und Verstehen? 256
Anthropomorphismus und Anthropozentrismus 271
Ein Ausblick im Rückblick 277

Farbtafeln 257

Nachwort 280

Literatur 281

Bildverzeichnis 293

Anmerkungen 295

Namensregister 305

Sachregister 311

Einführung

Karikatur – Wilder – Monster – Bruder – Person: diese Stichworte skizzieren die wechselvolle Karriere einer Reihe unfreiwilliger Immigranten aus Asien und Afrika. Sie bezeichnen einen steinigen Weg der Integration fremdartiger Wesen in die europäische Geistesgeschichte und Gesellschaft. Zugleich beschreiben sie aber auch alteuropäische Abgrenzungs-, Aneignungs- und Begegnungsmuster gegenüber den fremden Erscheinungen, die – zunächst nur flüchtig gesichtet – in frühen Reiseberichten notiert, von phantasievollen Kupferstechern ins Bild gesetzt, dann als vereinzelte Exemplare importiert, beobachtet und nach ihrem Verenden seziert und neugierig mit europäischen Tischsitten traktiert wurden, um ihre Kultivierbarkeit zu testen. So kitzelten sie vorübergehend im Horrorkabinett der westlichen Welt zivilisierte Nerven, um schließlich als geheimnisvolle Propheten einer besseren Welt in den Club der Menschenrechtsträger aufgenommen zu werden: die Rede ist – von Menschenaffen.

Menschenaffen, dem Menschen so ähnlich, um als seine Karikatur und seine Verwandten gelten zu können, so ähnlich, dass sie mit den indigenen Völkern der neu entdeckten Welten verwechselt werden konnten, so ähnlich, dass sie für vielfältig kultivierbar und sozialisierbar gehalten wurden, so ähnlich, dass durch mitunter akrobatisch anmutende philosophische Begrifflichkeit immer wieder ihre Differenz zum Menschen herauspräpariert werden musste. Daher kann der dialektische begriffliche Prozess der Aneignung und Abgrenzung, der Inkulturierung der Menschenaffen in den Kosmos europäischer Ideen auch als eine Geschichte menschlicher Selbstvergewisserung im Angesicht des Menschenaffen, als eine negative Anthropologie gelesen werden.

Damit ist klar: Am Ende machen diese kultivierten Emporkömmlinge der modernen Geisteskultur zu schaffen und regen dauerhaft konkrete anthropologische Fragen an, die philosophisch durch die generelle Leitfrage „Was ist der Mensch?" vorangetrieben werden. Im Detail geht es dabei um einen sehr weiten Fragenkatalog: Welche Vorstellungen machen „wir" uns von Menschenaffen? Wie sind unsere Vorstellungen von Menschenaffen entstanden und wie haben sie sich verändert? Wie hat sich das Verhältnis des Menschen zu Menschenaffen im Laufe der Jahrhunderte entwickelt und gewandelt? Welche unterschiedlichen Menschenaffen spielen dabei eine Rolle? Die Spurensuche führt zu Illustrationen, großen Ideen und kleinen Fußnoten von Philosophen, zu wichtigen Abhandlungen von Naturforschern sowie zu Inszenierungen von Menschenaffen in der Literatur, der Kunst und in den Medien.

Hier ein Ausblick auf die Themen und Fragen der Kapitel: Frisch entdeckt, inspirieren Menschenaffen – Schimpansen und Orang-Utans – schon im 17. Jahrhundert europäische Denker und Forscher, dann vor allem im folgenden Jahrhundert der Aufklärung Philosophen wie Rousseau oder Herder. In Darwins Zeiten regt ein besonderer Menschenaffe, der Gorilla, die wissenschaftliche Forschung und die öffentliche Phantasie an. Die Evolutionstheorie fordert dazu heraus, neu über Ähnlichkeiten und Differenzen zum Menschen nachzusinnen. Im 20. Jahrhundert sind es Beobachtungen und Experimente zur Intelligenz, zur Kreativität und Kommunikation, die neue Denkanstöße zu Menschenaffen liefern. Die einstigen „Monster" sind mittlerweile auf dem Weg zu „Personen" zu werden.

Im Vorfeld waren wichtige Hintergründe zu erinnern. Schon die europäische Antike kennt Affen als morphologische Grenzgänger zwischen „Tier" und „Mensch", aber Menschenaffen waren damals noch nicht bekannt. Im Mittelalter fungieren Affen verstärkt als Träger von Metaphern und Symbolen und werden mit „Nachäfferei", sexueller Lust oder dem Teufel verbunden. Vor diesem Hintergrund wurde der im 17. Jahrhundert entdeckte erste Menschenaffe, der sogenannte „indische Satyr", zwischen Waldmenschen, Missgestalten, Pygmäen und Wilden angesiedelt. Zugleich wird ein erster Schritt in die Kultur der Neuzeit vollzogen (Kap. 2).

Wie erfolgte diese geistige Neugeburt? Frühe Reiseberichte aus Afrika und Asien beschreiben menschenähnliche „Monster" mit ungewöhnlichem Verhalten. Vereinzelt gelangen Individuen nach Europa und damit in einen kulturellen Kosmos, in welchem zunächst die ersten Beschreibungen und Bilder zueinander finden mussten, z. B. auch im Kontext einer biblischen Dramaturgie. Frühe philosophische Irritationen erfolgen schon im 17. Jahrhundert, z. B. bei Cartesianern oder bei Leibniz, und zugleich vertiefen sich die Berührungen mit der Wissenschaft wie bei Tyson (Kap. 3).

Im 18. Jahrhundert betreten Menschenaffen im wahrsten Sinne des Wortes als aufrecht gehende Wilde die große Bühne der Aufklärung. Führende Philosophen wie Rousseau, Lamettrie oder Monboddo verbinden sie mit je eigenen Interessen und Schlüsselfragen: Sind es wirklich Affen oder doch wilde Menschen? Kann man sie vielleicht zu Bürgern erziehen? Können sie sprechen? Ihre innovativen Spekulationen und Konstruktionen fordern wiederum Kritik heraus. Die bedeutenden Naturhistoriker Linné, Buffon oder Bonnet ordnen Menschenaffen in säkulare Naturbilder und Systeme ein (Kap. 4). Als „Primaten" werden sie seit Linné eng an den Menschen gebunden. Bald gelangt wieder ein Individuum nach Europa und wird zum Objekt der beobachtenden Vernunft. Ein Menageriedirektor, Vosmaer, untersucht, und ein Künstler, Haag, malt den Ankömmling. Was wird dabei aufgeklärt, abgeklärt oder verklärt? Der Naturforscher Camper untersucht Menschenaffen genauer, der Kultur- und Naturphilosoph Herder reflektiert über ihre Bedeutung, ebenso Kant. Am Ende des 18. Jahrhunderts dienen neue Fakten einer deutlichen Abgrenzung zum Menschen (Kap. 5).

Das Jahrhundert Darwins – das 19. Jahrhundert – zeigt anfangs wenig Interesse an Menschenaffen. Zumindest die bedeutenden Idealisten unter den Philosophen bleiben ungerührt. Aber auf Illustrationen in vielen Naturgeschichten bleiben sie präsent. Sie stehen anfangs aufrecht herum, doch nach und nach bewegen sie sich auf die Bäume. Vor Darwin zeigt noch der Philosoph Schopenhauer sein Interesse, aber erst die physiologischen Materialisten Vogt und Büchner bemühen sich intensiver um die Integration der Menschenaffen in das neue evolutionäre Naturbild. Nach Darwin nehmen so unterschiedliche Philosophen wie Engels und Nietzsche in extravaganter Weise Notiz von Menschenaffen in ihrer Natur- bzw. Kulturphilosophie (Kap. 6).

Kurz vor Mitte des 19. Jahrhunderts, vor allem aber nach dem Erscheinen von Darwins Hauptwerk (1859) erregt ein neu entdeckter, sehr ungewöhnlicher Menschenaffe die Gemüter – der Gorilla. Im Verbund mit Schimpansen und Orangs bricht jetzt eine zweite große Epoche der Menschenaffen an, in der sie dem Menschen besonders als evolutionäre Abstammungshelfer dienen. In unruhigen Diskussionen über die Evolutionstheorie geraten sie in einen neuen großen Weltanschauungskampf und vor allem der Gorilla wird zum aggressiven „Monster". Diese Vorstellung wird durch Reiseschilderungen des Afrikaabenteurers Du Chaillu verstärkt und über originelle Illustrationen und über das Medium Film – wie im Fall von *King Kong* – weit ins 20. Jahrhundert hineingetragen. Doch diese eskalierende „Bestialisierung" eines Menschenaffen im Gorillamythos zeigt schon früh ambivalente Züge, weshalb auch wichtige Spuren der „Humanisierung" und Verfriedlichung im Gorillabild zu verfolgen sind. Einige Jungtiere, die Europa lebendig erreichen, tragen in besonderer Weise zur öffentlichen Entmythologisierung des Gorillabildes bei (Kap. 7).

Vor dem Hintergrund der Evolutionstheorie nimmt das 20. Jahrhundert ältere Probleme der Aufklärer auf und sucht eine umfassende experimentelle Lösung. Eine dritte Periode der kulturellen Integration von Menschenaffen bricht an, die von der beobachtenden, experimentellen Primatologie geprägt wird. Die paradigmatischen Fragen lauten: Sind Menschenaffen wirklich so intelligent wie wir? Um welche Art von Intelligenz handelt es sich? Sind sie vielleicht sogar so kreativ wie wir Menschen? Können sie mit Menschen so kommunizieren, wie wir dies untereinander zu tun pflegen? Solche Fragen regen neue Studien und am Ende des letzten Jahrhunderts auch neue ethische Fragen an.

Zunächst wird ihre „Intelligenz" durch Wolfgang Köhlers *Intelligenzprüfungen an Anthropoiden* (1917) zum großen Thema. Wie erforscht Köhler Menschenaffen? Was sind seine Ergebnisse? Welche persönlichen Einstellungen hat er? Wie reagieren die Philosophen seiner Zeit? Klar ist, dass eine neue philosophische Debatte über Menschenaffen, Ähnlichkeiten und Unterschiede zum Menschen in der neuen „Philosophischen Anthropologie" erfolgt. Deren Vertreter, die Philosophen Scheler, Plessner und Gehlen geben in ihrer Diktion je besondere Antworten. Fragen zur „Kreativität" der Menschenaffen kulminieren nach der Jahrhundertmitte in der Frage: Können sie auch malen? Manche Maler malen später sogar mit Affen zusammen, und Geisteswissenschaftler fühlen sich bis heute herausgefordert, grundsätzlicher und kritisch über „Apestract" nachzudenken (Kap. 8).

Der letzte wichtige Akt der Kultivierung von großen Menschenaffen spielt im letzten Drittel des 20. Jahrhunderts. Neue Formen des kommunikativen und experimentellen Zugangs führen zur Behandlung höchst anthropomorpher Fragen: Wer spricht so wie wir? Können sie kommunizieren wie wir? Verstehen sie uns wirklich? Die Zeichensprache der Taubstummen macht Schimpansin „Washoe" berühmt und initiiert weitere Untersuchungen sowie kritische Diskussionen über die Bedeutung klassischer „Anthropina" – über Alleinstellungsmerkmale des Menschen bis hin zu Selbst-, Moral- oder gar Todesbewusstsein. Mit bestimmten Antworten auf solche Fragen sind Menschenaffen nach und nach von „Persönlichkeiten" zu „Personen" geworden, die nun der Aufnahme in einen besonderen ethischen Club wie im sogenannten *Great Ape Project* harren (Cavalieri/Singer 1993). Der „gute Wilde" des 18. Jahrhunderts scheint auf seinem langen Marsch durch die Jahrhunderte nun doch ein gleichberechtigter „Bruder" des Menschen zu werden, was grundsätzliche ethische Fragen aufwirft (Kap. 9).

Bei all dem ist kritisch zu bedenken, dass der kultivierte Mensch sich selbst gern im Spiegel eines kultivierten Affen erkennen, sich vergleichen, aber dennoch vom Affen unterscheiden möchte. Daher schließt diese besondere Geschichte der Vorstellungen zu Menschenaffen mit Überlegungen zur „Anthropomorphologie", Anthropologie und Primatologie (Kap. 10). Eine Fülle anthropomorpher Aspekte und anthropozentrischer Fragen zu Menschenaffen ist dabei zu beleuchten. Die naive Art naturgemäß menschlicher Fragen zu Menschenaffen zielt angesichts der evolutionären und genetischen Nähe meist auf eine Identifizierung und Identität mit ihnen, weniger auf klare begriffliche Differenzierung und Differenz. Begegnet man Menschenaffen von Auge zu Auge für wenige Minuten im Zoo, so stellt sich fast jeder Besucher solche Fragen. Wodurch aber werden die Antworten bestimmt? Ein tieferer Einblick in die europäische Kultur und Geschichte der Vorstellungen, der Beziehungen zu und der Begegnungen mit Menschenaffen, und zwar in besonderen Texten und in Bildern, liefert ein gutes Rüstzeug für differenziertere Antworten auf die in immer neuen Varianten gestellte anthropomorphe und anthropozentrische Leitfrage: Wer ist so wie wir?

Von der Antike zur Renaissance

„Der schönste Affe ist scheußlich im Vergleich zum Menschen.
Der weiseste Mensch erscheint neben Gott wie ein Affe
an Weisheit, Schönheit und in allem sonst."
(Heraklit, *Fragmente*, 5. Jh. v. Chr.)

Der Vergleich von Mensch und Affe, die Bewertung der Stellung beider in der Ordnung der Welt, dem Kosmos, die Bezugnahme auf Gegensätze und auf höhere Wesen, schließlich noch der Versuch, Gegensätze in Synthesen zu versöhnen – dies gehört seit der Antike zum Grundanliegen philosophischen Denkens über Mensch und Natur. Nicht von ungefähr wurden die programmatischen Sätze des griechischen Philosophen Heraklit von Ephesos in freien Zitaten durch Platon, den Gründervater des griechischen Idealismus, übermittelt. Die Fragmente verweisen zurück in eine Blütezeit philosophischen Nachdenkens an den schönen Küsten Kleinasiens um 500 v. Chr.

„Affe" heißt im Griechischen *pithekos*. Platon verwendet diesen Terminus sprichwörtlich wie in seinem Hauptwerk *Der Staat* (Rep. IX 590b), um damit den ungerechten und ausschweifenden Menschen zu charakterisieren. Ein Mensch, der seine niederen Seelenteile nicht wie ein Löwe beherrscht, macht sich demnach zu einem ungebärdigen, unersättlichen Affen. Im Gespräch des Sokrates mit Hippias geht es Platon wie immer um das Schöne und Gute im Menschen (Hippias I 289ab). Auch die Fragmente zum Affenvergleich des Heraklit sollen zur Bestätigung der Relativität der Schönheit des einzelnen Menschen dienen, aber vor allem zu dessen Positionierung im Kosmos.

Heraklit: der Mensch zwischen Affe und Gott

Was hat Heraklit gemeint? Bezieht man die beiden Fragmente aufeinander, so könnte es ihm auch um die Relativierung und Begrenztheit menschlicher Erkenntnis gegangen sein. Die besondere Denkform der Proportion wird deutlich: „Der Abstand von Mensch und Affe bildet das bekannte Verhältnis, von dem her sich der verhältnisgleiche Abstand Gott – Mensch ermessen lässt." (Dierauer 1977, 26) Das Fragment dient also nicht dem Verstehen von Affen, sondern einerseits der Bestätigung menschlicher Überlegenheit gegenüber Affen, andererseits aber der Relativierung menschlicher Schönheit und Überlegenheit im Vergleich zu Gott. Wie der sprichwörtlich lächerliche Affe sei auch der Mensch als eine „Karikatur der Gottheit" anzusehen (Fränkel zit. n. Dierauer 1977, 27 Anm. 10).

Genau diese heraklitische Denkfigur und philosophische Karikatur wird noch von Friedrich Nietzsche im 19. Jahrhundert, nach Darwin, aufgenommen, allerdings nach dem „Tod Gottes", und im *Zarathustra* neu gedeutet. Nietzsche versucht das Verhältnis zwischen Mensch und „Übermensch" durch einen spektakulären Affenvergleich näher zu bestimmen (vgl. Kap. 6).

Implizit lässt sich aus Heraklits Gedankenfragmenten die metaphorische Botschaft herauslesen, dass auch der moralische Ort des Menschen in der Mitte der Werteskala zwischen Tier und Gott liege. Dann steht der Mensch im Affenvergleich vor der Entscheidung, ob er sich nun dem Tierischen oder Göttlichen in sich zuwendet (Dierauer 1977, 43). Der Affe dient insofern als negative normative Referenz. Der Kyniker Diogenes von Sinope (4. Jh. v. Chr.) macht später ein anderes Tier, den Hund (*kyon*), zum positiven Vorbild des Menschen und fordert eine Lebensform in Bedürfnislosigkeit. Nun erscheint der kultivierte Mensch aus der kynischen Perspektive als „Affe in Purpur" (*pithekos en porphyra*), was moralisch und kulturkritisch als Kritik aufgefasst werden kann (Diogenes 7, 94 zit. n. Papes Wörterbuch II 1914, 614). Metaphern, Vergleiche, Kultur und Moral stehen also am Anfang der ersten philosophischen Affenreflexionen in der Antike.

Die ersten Menschenaffen?

Welche Affen hatten Heraklit oder Platon vor Augen? Keine Menschenaffen, aber wohl Berberaffen, *Macaca sylvanus*, die auch heute noch in felsigen, bewaldeten Gebieten Nordafrikas und Gibraltars verbreitet sind. Sie waren in der Antike bekannt und ein Exemplar gelangte sogar im letzten Drittel des 1. Jahrtausends v. Chr. bis ins keltische Nordirland (Dinzelbacher 2000, 157; Groves 2008, 35). Bekannt waren zudem Paviane, *Papio anubis*, aus der ägyptischen Religion, welche die griechischen Philosophen aber kaum gesehen haben. Colin Groves bietet eine aktuelle Liste mit klassischen Hinweisen auf acht Affenarten aus minoisch-ägyptischen oder aus griechisch-römischen Quellen (Plinius, Aelian), darunter befinden sich Colobusaffen und indische graue Languren. Für wahrscheinlich hält Groves antike Hinweise auf Rhesusaffen, *Macaca mulatta*, und Schimpansen, für möglich solche auf Gorillas und Gibbons (Groves 2008, 35 f.) – aber dies sollte mit Vorsicht bedacht werden.

Aristoteles nennt Affen, Meerkatzen und Paviane. Wenn es aus der Antike überhaupt einen plausiblen Hinweis auf einen Menschenaffen gibt, dann wohl in dem um 525 v. Chr. entstandenen und später von Arrian im 2. Jahrhundert n. Chr. überlieferten Bericht über die berühmte Afrikareise des Karthagers Hanno. Die Seereise des Nordafrikaners führte offenbar bis zum sogenannten „Götterwagen", vielleicht dem westafrikanischen Kamerunberg. Ein in Steintafeln gemeißelter Reisebericht erwähnt nicht nur riesige Urwälder und wilde Tiere, sondern auch zottige „Waldmenschen", welche die eingeborenen Dolmetscher „Gorillas" genannt hätten. Felle einiger erlegter weiblicher „Gorillas" gelangten offenbar bis nach Karthago, wo sie sich nach Plinius noch fast 300 Jahre später bei der römischen Eroberung befunden haben sollen. Sicher ist nur, dass der merkwürdige, bis in die Neuzeit überlieferte, Name nach der Wiederentdeckung der „Gorillas" durch die Missionare Savage und Wilson von den Anatomen Wyman und Owen, also kurz vor Mitte des 19. Jahrhunderts, als *Gorilla gorilla gorilla* emphatisch auf den größten bekannten Menschenaffen übertragen wurde (Savage/Wyman 1847). Dieses erste Dokument ist sehr wirkmächtig und soll daher hier in Gänze wiedergegeben werden.

Die Seereise des Nordafrikaners Hanno zu den „Gorillas" (um 525 v. Chr.)

„Man nennt ihn den Götterwagen [Kamerunberg]. Von da fuhren wir drei Tage lang an Feuerbächen vorbei und gelangten in eine Bucht, die man das Südhorn nennt. In ihrer Tiefe lag eine Insel, jener ersten ähnlich. Auch in ihr lag ein See, und in diesem wiederum eine Insel, die von einer Menge Waldmenschen bewohnt war.

Die meisten von ihnen waren Weiber mit zottigen Körpern. Unsere Dolmetscher nannten sie Gorillas. Wir verfolgten die Männer, konnten aber keinen fangen, denn sie flohen alle, sprangen über Felsen hinweg und bewarfen uns mit Steinen.

Drei von den Weibern nahmen wir gefangen; sie wollten uns aber durchaus nicht folgen und bissen und kratzten unsere Leute. Daher töteten wir sie, zogen ihnen die Haut ab und brachten ihre Felle mit nach Karthago.

Weiter haben wir unsere Schiffahrt nicht fortgesetzt, weil es uns an Lebensmitteln fehlte."

Flavius Arrianus: Indische Merkwürdigkeiten und Hannos Seereise. 1764 (zit. n. Perfahl 1964, 28)

Die Interpretationen dieses Hannotextes durch Gelehrte gehen weit auseinander und schwanken zwischen praktischer Irrelevanz und potenzieller Zustimmung im Hinblick auf die Frage, ob hier ein erster Bericht zu Menschenaffen vorliegt oder nicht (Wendt 1980, 55–69). Aufgrund rekonstruierter geografischer Analysen meinen die einen, Hanno sei nur bis Senegal oder Sierra Leone gelangt und Eingeborenen, vielleicht Pygmäen oder höchstens Pavianen begegnet. Andere Interpreten glauben, Hanno könnte wirklich bis Kamerun gekommen und vielleicht tatsächlich Flachlandgorillas begegnet sein (Wendt 1980, 57). Dafür spricht, dass der Kamerunberg ein Vulkan ist, der heute noch als „Götterberg" angesehen wird. Ferner wird als Beleg der Ausdruck „Gorilla" angeführt, der noch heute als *N'Guyala* bei Eingeborenen den „Herrn der Wälder" bezeichne. Ein Kenner der karthagischen Sprache wirft zudem ein assoziativ produziertes Missverständnis in die Diskussion: Die Karthager hätten wohl in ihrer Sprache „Gorel" verstanden, was so viel bedeute wie „Zerkratzer" und hätten damit im Namen gleichsam eine sprachliche Bestätigung ihrer üblen Erfahrungen mit den gefangenen Gorillaweibchen vermittelt (Wendt 1980, 57). Schließlich wurde auch noch eine vage Verbindung zwischen dem „Gorilla" und der Schreckgestalt des „Gorgo" aus antiken Sagen hergestellt (Brentjes in Ullrich o. J., 3–12). Aber Paviane waren diese „Waldmenschen" des Hanno wohl kaum, da die Karthager diese aus ägyptischen Darstellungen kannten. Vielleicht waren es aber auch weder Gorillas noch Schimpansen, sondern einfach nur Menschen, um die herum abenteuerliche Legenden gewebt wurden; man spekulierte sogar, es könnte sich um Reste von Neandertalern handeln! (Groves 2008, 24) Diese Bandbreite möglicher Interpretationen der Entdeckung von „Gorillas" zeigt jedenfalls an, dass nur der Zweifel an Hannos Schilderungen im Streit der Gelehrten Bestand haben wird.

Aristoteles: der Affe zwischen Mensch und Vierfüßler

Aristoteles (384–322 v. Chr.) gilt mit seinen Tierstudien als großer Kompilator und Hauptbegründer der antiken Zoologie. Der „Affe" wird als Zwischenwesen zwischen Mensch und Vierfüßler angesehen, was noch eine genauere Analyse erfordert. Seine Tierkunde ist maßgeblich für zukünftige Naturforscher bis weit in die Neuzeit hinein und noch Darwin bewunderte die akribisch aufgezeichneten Kenntnisse des Aristoteles. Als Hintergrund zum Verständnis ist die aristotelische Tierordnung zu beachten: In der *Tierkunde* unterscheidet Aristoteles Bluttiere (Wirbeltiere) von Blutlosen Tieren (Weichtiere, Krustentiere, Kerbtiere, Schaltiere). Bei den Bluttieren wiederum werden lebend gebärende Tiere (Säugetiere), Vögel, Reptilien, Amphibien und Fische unterschieden. Bei den Säugetieren gibt es Zweibeinige – den Menschen – und Vierbeinige, wozu alle anderen Tiere zählen, von den Bären bis zu den Elefanten. Doch gibt es bei Aristoteles auch diverse Grenzorganismen zwischen Pflanze und Tier sowie zwischen Tier und Mensch. Aristoteles analysiert als erster Philosoph die Affenmorphologie im Detail.

> **Aristoteles über den Affen zwischen Vierfüßler und Mensch**
>
> „Manche Tiere stehen zwischen Mensch und Vierfüßler in ihrem Wesen, wie Affen, Meerkatzen und Paviane. […] Die Affen sind dafür, dass sie Vierfüßler sind, auf der Rückenseite, dafür, daß sie menschenähnlich sind, auf der Bauchseite recht behaart. Dies ist ja, wie oben schon gesagt wurde, beim Menschen umgekehrt wie bei den Vierfüßlern. Nur ist das Haar sehr dick, sodass die Affen auf beiden Seiten dicht behaart sind.
>
> Ihr Gesicht hat viele Ähnlichkeiten mit dem des Menschen, Nase und Ohren gleichen den seinen und Zähne hat er auch wie ein Mensch, die Vorderzähne wie die Backenzähne. Und während die andern Vierfüßler nicht auf beiden Seiten Wimpern haben, hat er sie doch, wenn auch ganz dünne, besonders die unteren, und ganz kleine. Die andern Vierfüßler haben diese ja überhaupt nicht. Ferner hat er auf der Brust zwei Warzen auf kleinen Brüsten. Auch Arme hat er, wie ein Mensch, nur behaart. Diese krümmt er wie ein Mensch, ebenso die Beine, das bedeutet, dass er die gewölbten Seiten der Bögen einander zukehrt. Zudem sind Hände, Finger und Nägel gebaut wie beim Menschen, nur ist alles tierischer.
>
> Etwas besonderes sind seine Füße, die wie große Hände anzusehen sind, auch die Zehen sind wie Finger an den Händen, der mittlere am größten, und selbst die Fußsohle gleicht der Handfläche, ist nur länger, am Ende gestreckt, wie ein Handteller. Nur an der Wurzel ist sie etwas härter, sodass man von Ferne undeutlich eine Ferse erkennen kann. Er braucht seine Füße zu beidem, wie Hände und wie Füße, und faltet sie auch zusammen, wie Hände. Sein Oberarm und Oberschenkel ist kurz im Vergleich zum Unterarm und zur Wade. Einen herausragenden Nabel hat er nicht, wohl aber am Orte des Nabels eine harte Stelle. Der Oberkörper ist, wie bei Vierfüßlern, viel größer als der Unterkörper, etwa fünf zu drei. Deswegen und weil er Füße hat, die Händen ähneln und gleichsam aus Hand und Fuß gemischt sind – aus dem Fuß wegen der Ferse am einen Ende, aus der Hand in den übrigen Teilen, den Fingern und dem Handteller –, verbringt er die meiste Zeit als Vierfüßler, mehr jedenfalls als in aufrechter Haltung. Und er hat weder Hüftbacken als Vierfüßler noch einen Schwanz als Zweifüßler, nur einen ganz klei-

> nen zur Andeutung. Die Scham des Weibchens ähnelt der der Frau, während die des Männchens mehr der des Hundes gleicht."
>
> Aristoteles, Tierkunde Buch II. (502a 16 ff. 8., zit. n. Gohlke 1949, 90 ff.)

Bereits in der akribischen Art wie Aristoteles Morphologie und Verhalten von Affen in seiner *Tierkunde* beschreibt, spiegeln sich seine Vorstellungen und Kenntnisse vom Menschen. Affen sind daher anthropologisch interessant. Wenn Aristoteles vom Affen – *pithekos* – spricht, meint er wohl zunächst den erwähnten Berberaffen *Macaca sylvanus*. Ebenfalls bekannt ist ihm der Affe als literarischer Topos. Ferner könnten ihm vielfältige Belege für plastische Darstellungen von Affen in Alltags- und Kultgegenständen vorgelegen haben, die vielleicht aus Ägypten oder Kleinasien nach Griechenland gelangt sind (Zahlhaas 1996, 76–80). Der Systemdenker und Erfahrungsmensch Aristoteles liefert jedenfalls die bis dahin beste zoologische Beschreibung und er zählt auch im Detail die konkreten Ähnlichkeiten und Unterschiede zwischen Affe und Menschen im Vergleich zu Vierfüßlern auf.

Die Kopfteile der Affen erscheinen ihm am menschenähnlichsten, dann die Körpergliedmaßen sowie die Brustwarzen. In der Körperbehaarung steht der Affe zwischen Zwei- und Vierfüßler, tendiert aber zum Vierfüßler. Der aufrechte Gang ist neben kunstfertigen Händen und der Sprache das wichtigste Spezifikum des Menschen seit Diogenes von Apollonia (5. Jh. v. Chr.). Die Affenfüße wirken mehr wie Hände und aufgrund seiner Körperhaltung erscheint der Affe als wenig geeignet für den aufrechten Gang. Im weiblichen Geschlecht ähneln die Organe denen weiblicher Menschen, während die männlichen Organe dem vierfüßigen Hund ähneln. Zwar überwiegen eigentlich bei Aristoteles die menschenähnlichen Merkmale der Affen, er schlägt sie systematisch aber wegen ihrer Gangart zu den vierfüßigen Bluttieren.

Zweckmäßig eingerichtet für den aufrechten Gang sei nur der Mensch, denn er habe „die größten Füße unter allen Geschöpfen im Vergleich zu seiner Größe", meint Aristoteles in seiner Schrift *Über die Glieder der Geschöpfe* (90a Gohlke 1959, 176). Was weitere Merkmale anbelangt, nämlich Schwanz und Hüfte, so gesteht Aristoteles zu, dass der Affe eigentlich weder ein Zweifüßler noch ein Vierfüßler ist: „Der Affe jedoch hat, weil er als Zwischenform an keinem und beidem beteiligt ist, weder Schwanz noch Hüften, als Zweifüßler keinen Schwanz, als Vierfüßler keine Hüften." (89b Gohlke 1959, 174 f.) Daher hätte Aristoteles eigentlich, um seiner Einteilung treu zu bleiben, den Affen eher als Vierhänder mit potenziell aufrechtem Gang eingliedern müssen, was aber seine Einteilung in Frage gestellt hätte. So manifestiert sich der aufrechte Gang, und nicht Hände oder Sprache, als das klassische Anthropinum, das für die Taxonomie des Aristoteles den Ausschlag gibt.

Des Aristoteles Analysen und Vergleiche mit Nicht-Menschenaffen zeigen, dass sich bereits in der Antike biologische Klassifikationsprobleme abzeichnen. Sie werden gravierender, wenn im 17. Jahrhundert wirkliche Menschenaffen mit Menschen verglichen werden. Dies wird den Engländer Tyson im Jahr 1699 dazu bewegen, einen neuen Katalog von Ähnlichkeiten und Unterschieden vorzulegen, und zwar in einer Zeit, in der Menschen von Tierkundlern normalerweise nicht dem Tierreich zugerechnet werden. Erst Linné wird im 18. Jahrhundert den Menschen durch die systematische Hintertüre ins Tierreich versetzen bzw. zu den „Anthropomorpha" in die Klasse der Vierfüßler, *Quadrupedia*, einfügen. Linnés zehnte Auflage seiner *Systema Naturae* (1758) rechnet *Homo sapiens* zu den *Primates* in der Klasse der Säugetiere *Mammalia*. Dass man Affen durchaus als „Vierhänder" klassifizieren kann, verdeutlicht um 1800 der Naturforscher Blumenbach. Der löst aus anatomischen Gründen und wohl auch wegen der demütigenden Nähe der Affen zum Menschen die Ordnung der Primaten wieder auf und grenzt, wie später Cuvier, den Menschen als einzigen Zweihänder scharf von den vierhändigen Affen ab. Nun sind es die Hände, welche das Differenzierungskriterium abgeben. So wurden aus dem Menschen, einst Zweibeiner, nun ein Zweihänder, und aus den Affen, einst Vierfüßler, nun Vierhänder. Nach Darwin stellen sich angesichts der Menschenaffen erneut Klassifikationsprobleme. Anthropomorphie und Anthropozentrik spielen dabei immer eine Rolle.

Ein interessanter Punkt ist noch die Sexualität der Affen. Dass die weiblichen Geschlechtsteile von Aristoteles für besonders menschenweibähnlich gehalten werden, mag als Rückprojektion eines paternalistischen oder sexistischen Vorurteils angesehen werden. Dann aber wäre auch der Vergleich des männlichen Geschlechtsteils mit dem eines vierfüßigen Hundes eine verräterische Zurschaustellung tierischer bzw. männlicher Menschensexualität. Der männliche Satyr im griechischen Mythos bedient jedenfalls solche Sexualtopoi. Bemerkenswerterweise führt Aristoteles hier keine psychischen Verhaltensmerkmale als Differenzierungskriterien zum Menschen an, wenngleich ihm äffische Klugheit, Nachahmungsfähigkeit, Affenmutterliebe oder eben äffische Geilheit und Hässlichkeit – man erinnere Heraklits Vergleich – bekannt gewesen sind. Im Tierreich zeigen sich nach Aristoteles aber verschiedene Grade der fortschreitenden Vollkommenheit, die sich in Stufen dem Menschen annnähert, so auch in der Fürsorge, die die Affen ihren Jungtieren in besonderer Weise angedeihen lässt.

Insgesamt ist festzuhalten: Aristoteles kennt sehr gut die inneren und äußeren Organe der Affen, „nur nähert sich dies alles mehr dem Tierischen" an (502b 3f. u. 502b 25f., zit. n. Dierauer 1977, 158). Im seelischen Verhalten nähert er Affen dem Menschen an. Sein teleologisches Verständnis des Menschen als Vernunftwesen, der unbedingt auf freie Hände als Werkzeuge zur Verwirklichung seiner Vernunft angewiesen ist, spielt ebenfalls eine Rolle. Aristoteles war aber weit davon entfernt, Affen als intelligente Vernunftwesen zu betrachten wie spätere antike Philosophen. So verteidigen Plutarch (1. Jh. n. Chr.) und Porphyrios (3. Jh. n. Chr.) eine „Vernunft der Tiere" gegen die Instinktlehre der Stoiker und gegen deren Anthropozentrismus. Aetios berichtet unter Berufung auf die Autoritäten Pythagoras und Platon, bestimmte Tiere seien zwar vernünftig, verfügten aber nicht über eine Sprache, um diese Vernunft äußern zu können. Zu diesen Tieren wurden auch „Affen und Hunde" gezählt, „denn diese gelangten zwar zu Erkenntnissen, könnten sie aber nicht mitteilen" (zit. n. Dierauer 1977, 98). Gegen derartige Spekulationen wird der christliche Bischof und Neuplatoniker Nemesios um 400 als Argument gerade das Fehlen der Vernunft bei Tieren anführen, da ihr Verhaltensrepertoire stereotyp und begrenzt sei, denn „jeder Affe äfft auf gleiche Weise nach. Das ist nicht so beim Menschen", der frei und variantenreich aus Vernunft handle (zit. n. Dierauer 1977, 216). Affen spielen also nachweislich bereits in philosophischen Auseinandersetzungen der Antike eine Rolle.

Plinius und antike Hinweise

Der Römer Gaius Plinius Secundus (23–79 n. Chr.), Plinius der Ältere genannt, überliefert in seinem wirkmächtigen Sammelwerk zur *Naturkunde* (VIII. Buch LXXX 215/216) Fangmethoden und eigentümliche Verhaltensweisen der „Affenarten, die der Gestalt des Menschen am nächsten kommen" (Plinius/König/Winkler 1976, 156f.). Plinius nennt „Paviane", „Satyren" und „Bartaffen" aus Äthiopien. Jäger würden sie mit Hilfe von Schlingen und von mit Leim bestrichenem Schuhwerk fangen – durch eine List, die auf ihre Fähigkeit zur Nachahmung setzt und die bis weit in die Neuzeit hinein illustriert wird. Strabo (Geogr. XV 1, 699) schildert diese Jagdmethode genauer:

> *„Sehen sie ein auf einem Baum sitzendes Tier, so stellen sie ein Gefäß mit Wasser darunter und waschen sich daraus die Augen. Dann stellen sie dafür ein Gefäß mit Vogelleim hin und entfernen sich. Der Affe springt herunter, bestreicht sich die Augen mit Vogelleim und kann leicht gefangen werden, da die Augenlider nun zugeklebt sind."* (Plinius/König/Winkler 1976, Erl. 253).

Die Methode mit verleimten Schuhen funktioniert ähnlich. Ferner zeigten Affen Spielverhalten, dann in Abhängigkeit vom abnehmenden und zunehmenden Mond Trauer und Freude. Die zahmen Weibchen zeichneten sich durch zärtliche Liebe zu ihren Jungen aus sowie durch eine große Bereitschaft, sich ihren Jungen zuzuwenden, stünden dabei jedoch in der Gefahr, diese durch ihre Umarmungen zu erdrücken. Plinius spricht hier von geschwänzten Affen. Im 11. Buch der *Naturkunde* referiert Plinius u. a. die Kenntnisse des Aristoteles zu Affen.

Schließlich kennt die Antike auch Affen zur privaten oder öffentlichen Unterhaltung in Spielen und Festzügen bzw. in künstlerischen Darstellungen (Toynbee 1983, 48–53). Einige Berichte beziehen sich zwar auf indische Affen oder sehr spekulativ auf einen „(hinter) indischen Orang-Utang" (1983, 48), auf Paviane, *cynocephalus*, aus Äthiopien, die in Ägypten göttliche Verehrung genossen, und auf Meerkatzen, *cercopithecus*. Als Schoßtiere sind Affen seit dem 3. Jh. v. Chr. bekannt. Die römische Kunst und Literatur kennt sie als hoch begabte Nachahmer von Tanz und Musik. Ein Wandgemälde in Pompeji zeigt einen Affen „gewandet in einem Rock mit Ärmeln, die Kapuze im Nacken zurückgeworfen", der von einem Dresseur mit schwingender Peitsche zum Laufen auf den Hinterbeinen angetrieben wird (1983, 51). Affen sind ferner als Karikaturen von Gestalten der Mythologie, z. B. Orpheus, bekannt. Auch gibt es frühe Darstellungen von affenartigen Göttern in der antiken Mythologie auf Wandmalereien von Thera oder in Ägypten. Diese Dokumente erinnern an Zeiten, in denen Mensch und Affe einander auch im religiösen Kontext begegneten, so beispielsweise der als Pavian symbolisierte Gott Thot einem ägyptischen Schreiber. In dieser Zeit wurden wohl erste systematische Beobachtungen angestellt, die bei der Mumifizierung von Affen durch Priester oder bei der Sektion von Affen durch Ärzte gewonnen wurden. Dem berühmten Arzt Galen waren später Berberaffen als *simia* bekannt. Weitere antike Hinweise zu Affen überlieferte Claudius Aelianus (Groves 2008, 31 ff.). Alle diese Verweise zeigen: In der Antike existieren viele sporadische Erwähnungen von Affen, Wilden und Monstern, die auch aus Begegnungen in fernen Ländern herrühren, z. B. von Griechen in Indien auf dem Alexanderfeldzug oder von Römern in Äthiopien – doch verlässliche Belege für menschenähnliche große Affen aus Asien (Orangs) oder aus Afrika (Schimpansen, Gorillas) bietet die Antike nicht. Wohl aber manifestiert sich auf diese Weise eine Palette von Informationen und Assoziationen zu Affen im kulturellen Gedächtnis Europas, die im Vorfeld der neuzeitlichen Entdeckung von Menschenaffen zur Verfügung steht.

Mittelalter: der allegorische Affe

Eine ganz spezielle antike Spur zum Verhältnis von Mensch und Affe im Positionsfeld des Menschen zwischen Gott und Tier nimmt die frühe christliche Tradition auf. Sie vermittelt naturgeschichtliches Wissen über Tiere, auch über Affen, mit Hilfe der Denkfigur der Allegorie in religiöse und moralische Texte, die die Fehler- und Sündhaftigkeit des Menschen ansprechen. Diese allegorische Ausdeutung prägt noch die Wahrnehmung von Menschenaffen kurz nach ihrer neuzeitlichen Entdeckung durch Europäer. In der biblischen Naturgeschichte werden allerdings praktisch keine realen einheimischen Affen erwähnt. Nur einmal ist im alttestamentlichen Buch der Könige von einer unbekannten Affenart (hebr. *Koph*) die Rede, die durch Salomons Handelsflotte aus Ophir nach Israel gebracht worden sein soll (1 Kön 10, 22; 2 Chr 9, 21). Aber unter dem Einfluss der allegorischen Exegese im frühen Christentum werden antike Affengeschichten zunehmend sinnbildlich im Geiste einer tugendhaften Vervollkommnung ausgelegt. Angeknüpft wird auch an den Satyr-Mythos, der im Zeichen des nachparadiesischen Sündenfalls mit dem Teufel assoziiert und in die *Figura diaboli* überführt wird (Janson 1952). Sehr dienlich ist konkretes „sündhaftes" Verhalten wie Boshaftigkeit oder Geilheit. Vor allem ein Werk verbreitet diese Symbolik und Allegorien in diversen Ausgaben – der sogenannte *Physiologus*.

Physiologos bezeichnet im Griechischen nicht einfach ein Buch, sondern „den Erforscher und Deuter der Natur, der ins Innere der Dinge eindringt und Gottes Wirken erfasst" und verweist ursprünglich vielleicht auf Aristoteles (Nachwort zum *Physiologus* von Schönberger 2005, 142). Der „Deuter" nutzte Material aus der antiken Unterhaltungsliteratur, den Naturgeschichten des Plinius und Aelianus sowie aus älteren ägyptischen Quellen und fusionierte es zwischen 150 und 170 n. Chr. unter dem Einfluss der alexandrinischen jüdisch-christlichen Allegorese nach Philon. Alles sollte dem „Seelenheil und der christlichen Weltkenntnis" dienen (2005, 141) und das Gegenbild des Teufels mobilisieren: „Auch der Affe ist Sinnbild desselben Teufels." (2005, 87). Der hermeneutische Teufel steckt dabei im Detail: Denn wie der ungeschwänzte Affe „so hatte auch der Teufel kein schönes Ende". Der gefallene Erzengel fand „kein schönes Ende" und sei hässlich, „denn das Fehlen des Schwanzes macht den Affen hässlich." (Physiologus 2005, 87). In der frühesten Ausgabe waren nur diese wenigen Bemerkungen im Kapitel 45 „Vom Wildesel und vom Affen" zu finden, sie werden aber in späteren Ausgaben und Redaktionen, z. B. in der sogenannten byzantinischen Redaktion, weiter ausgestaltet (Physiologus 1981, 131) und bald sehr weit verbreitet. Auch ganze antike Jagdgeschichten werden vor diesem Hintergrund allegorisch ausgelegt.

> **Vom Affen im Physiologus**
>
> „Das Tier ist zur Nachahmung sehr geneigt und bösartig. Was es den Menschen machen sieht, das tut es auch in gleicher Weise. Daher nimmt der, der ihn jagen will, einen bestimmten Leim mit, der aus Mistelbeeren gemacht ist, und geht zu seiner Behausung und tut so, als salbe er sich seine Augen mit diesem Leim, und danach geht er weg, lässt aber den Leim da. In gleicher Weise handelt nun der Affe. Wenn der Jäger von jenem Platz weggeht, wo er den Leim hat stehen lassen, versteckt er sich. Dann kommt der Affe aus seiner Behausung heraus und salbt seine Augen wie der Jäger und wird blind, dass er nicht mehr weiß, wohin er geht. Und weiter mit dem Affen: Wenn der Jäger sieht, dass der Affe seine Augen gesalbt hat mit dem Leim und blind ist, dann läuft er und bringt ein Seil, das er schon bereit hatte, und bindet es ihm mit einer Schlinge um den Hals. Das Ende des Seiles aber macht er fest. So springt der Affe auf und nieder und wird zwangsläufig gebändigt.
>
> Deutung: Auf diese Weise jagt auch uns der große Jäger, das ist der Teufel. Er kommt in diese Welt und bringt den Leim der Sünde, weil die Sünde festklebt, und zeigt sie dem Menschen, blendet seine Augen und macht seinen Geist blind und lässt ihn von Sünde zu Sünde fallen und von Übel zu Übel. Und er macht eine große Schlinge, und es verdirbt der Mensch an Leib und Seele. Findet der Teufel einen Menschen, der die Sünde liebt, treibt er ihn mit Macht zur Verzweiflung und sagt ihm: ‚Für dich gibt es keine Erlösung, du hast dich selbst zugrunde gerichtet. Nicht würdig bist du, die Kirche zu betreten. Denn zahlreich sind deine Sünden, wie kannst du sie entschuldigen? Wenn du dich nicht dieses Jahr von ihnen lossagst, kannst du im Kommenden bereuen.' Und zwischen diesem Heute und Morgen kommt wie ein Dieb der Tod und rafft den Menschen hin, und er hat nicht bereut."
>
> Physiologus (übers. v. Treu 1981, 91 ff.)

In ähnlicher Weise wird das den Äffinnen zugeschriebene leichfertige und bösartige Verhalten gegenüber ihren zwei Jungen ausgelegt: Das eine Junge wird gepflegt und geliebt bis hin zum Ersticken durch Erdrücken, das andere Junge wird vernachlässigt, aber es überlebt und wächst auf. Die Deutung:

So pflege der Sünder seinen Leib, vernachlässige dabei aber die Seele. Daher solle sich der sündige Mensch um sein Seelenheil kümmern (Physiologus 1981, 94). Solche Deutungen im Zeichen einer gefallenen Natur des Menschen, der *natura lapsa*, zielen immer auf die eigentliche Bestimmung des Menschen, die nicht im Tiersein, sondern in der Hinwendung zum Göttlichen liege, wobei ihn Gericht und Heil im Jenseits erwarteten. Die Affennähe wird dagegen als Demütigung und Erniedrigung des Menschen verstanden.

Man muss diese allegorisch christianisierten Affengeschichten kennen, will man Assoziationen zu Affenillustrationen bis weit in die Neuzeit hinein nachvollziehen. Beispielsweise werden im 17. Jahrhundert die bei Aelian und im *Physiologus* geschilderten Jagdszenen zu Affen in Ausgaben der Geographie von Alain Manesson Mallet verbreitet. (Die Affen, Fig. LXII in Mallets Geographie, Frankfurt 1719; vgl. Abb. 1 in Ingensiep 2006, 81). Im Vordergrund waschen sich die Jäger die Augen mit Wasser, dahinter die Affen mit leimiger Flüssigkeit, wodurch sie sehunfähig werden, dahinter auch Affen mit verleimten Stiefeln, die so nicht mehr auf die Bäume klettern können. Die Affen sind den Jägern sprichwörtlich „auf den Leim gegangen" und ihr berühmter Nachahmungstrieb ist ihnen zum Verhängnis geworden. Säkularisierte Varianten einer Moral- und Kulturkritik eitlen Nachäffens finden sich im 18. Jahrhundert z. B., wenn es darum geht, die französische Eleganzkultur zu karikieren (vgl. Abb. 3 in Ingensiep 2006, 87).

Was leistet diese allegorische Exegese im mittelalterlichen Menschenbild? Es ist der von Gott dem natürlichen Affenverhalten eingeschriebene Zeichencharakter, der zur Positionierung des Menschen vom Tier weg und hin zu Gott führt. Nicht das Tier im Menschen, sondern die Orientierung seiner Lebensbewegung auf Gott hin ist gefordert. In anderen Religionen scheinen Affen weniger eine negative als vielmehr eine positive religiöse Rolle zu spielen. Beispielsweise werden in der ägyptischen oder indischen Religion Affen als „heilige" Tiere oder selbst als Götter oder göttliche Wesen angesehen. Dem mittelalterlichen Christenmenschen hingegen begegneten im Affen vor allem die moralisch-religiösen Zeichen der Sünde und des Teufels.

Dieses Vorverständnis des Affen in der europäischen antiken und mittelalterlichen Kultur bestimmt noch die Wahrnehmung und Darstellung der neu entdeckten Menschenaffen in der frühen Neuzeit, wie im Fall des *Satyrus indicus* des Tulpius im 17. Jahrhundert, wo beispielsweise die Schamhaftigkeit eines weiblichen Affen illustriert wird. Wie solche Informationen und Assoziation das negative geballte Affenbild des späten Mittelalters und der frühen Neuzeit prägen, das führt exemplarisch ein Text mit außergewöhnlichen Illustrationen in dem lateinischen *Bestiarium*, der Handschrift MS.

Ashmole 1511 der Bodeleian Library in Oxford, vor Augen (Unterkircher 1986). Das Verhalten des Affen, seine Gestalt und sein Name *simia* werden negativ ausgelegt und zudem die Verbindung zum „Satyr" hergestellt.

Affe und Satyr

„Die Affen haben ihren lateinischen Namen davon, dass man bei ihnen viel Ähnlichkeit mit der menschlichen Vernunft wahrnimmt (simia-similitudo). Sie sind sehr feinfühlig für die Elemente, sind fröhlich bei Neumond, traurig bei Halbmond und Vollmond. Zur Natur des Affen gehört es, dass er bei einer Zwillingsgeburt das eine Junge liebt, das andere verachtet. Wird er nun einmal von Jägern verfolgt, so hält er vor sich das Junge umarmt, das er liebt, das andere, das er hasst, trägt er am Halse. Wenn er aber müde ist vom Gehen auf zwei Beinen, lässt er freiwillig das Junge fallen, das er liebt und trägt unfreiwillig am Halse das andere, das er hasst. Der Affe hat keinen Schwanz.

Seine Gestalt hat der Teufel, der zwar einen Kopf, aber keinen Schwanz hat. Und wenn auch der ganze Affe hässlich ist, so ist doch sein Hinterteil über die Maßen hässlich und abscheulich. Der Teufel hatte seinen Anfang, als er ein Engel im Himmel war. Aber im Innern war er ein Heuchler und Ränkeschmied und verlor seinen Schwanz, weil er zur Gänze am Ende zugrundegehen wird, wie der Apostel sagt: den der Herr Jesus mit dem Hauch seines Mundes töten wird.

Simia ist ein griechischer Name und bedeutet mit zusammen gedrückten Nasenlöchern. Daher nennen wir sie auch ‚simia', weil ihre Nasenlöcher zusammengedrückt sind und ihr Angesicht hässlich ist mit Falten wie ein abscheulicher Blasbalg. [...]

Es gibt auch so genannte Satyre, mit einigermaßen freundlichem Gesicht, unruhig mit fahrigen Bewegungen, fast zur Gänze schön behaart; sie unterscheiden sich von den andern. Im Gesicht haben sie einen Bart, einen breiten Schwanz. Sie zu fangen ist nicht schwer, aber selten gelingt es, sie weiter zu erhalten. Sie können unter keinem anderen Himmel leben als unter äthiopischem, das ist ihrem eigenen."

Bestiarium 1511 (übers. v. Unterkircher 1986, 39 ff.)

Ein weiteres wichtiges Assoziationsfeld eröffnen mittelalterliche Vorstellungen von wilden Menschen und Monstern. Populär war das *Buch der Natur* des Regensburger Kanonikers Konrad von Megenberg (um 1309–1374), das zwischen 1347 und 1350 entstand. Darin ist zwar nicht von Affen, wohl aber von Männern und Frauen die Rede, die „behaart wie die Tiere" seien, oder von „Frauen in einigen Wäldern in dem Land Indien, die haben Bärte, die bis an ihre Brüste reichen, und sind auch an dem Körper behaart." (Megenberg zit. n. Sollbach 1990, 223) Behaarte Menschen oder solche mit Schwänzen finden sich auch in den späteren Naturhistorien von Aldrovandi und Gesner.

Mittelalterliche Naturhistoriker, Theologen und Philosophen interessieren sich für die Frage, wer oder was ein Mensch ist, weshalb durchweg auch Monster oder Pygmäen thematisiert werden, wie bei dem Theologen und Philosophen Albertus Magnus (ca. 1207–1280). Für diesen Aristoteleskenner und Lehrer des Thomas von Aquin ist unter den höheren Tieren der Affe dem Menschen am nächsten. Denn Affen vermögen nachzuahmen, zu lernen und Einzeldinge zu bezeichnen, nicht aber allgemeine Schlüsse zu ziehen (21. Buch der Tierpsychologie, vgl. Balss 1947, 267). Affen besitzen daher ein Gedächtnis. Der „Pygmäe", so heißt es sogar bei Albert, habe als das menschenähnlichste Tier immerhin Sprache, sei aber dennoch ein unvernünftiges Tier ohne rechten Verstand, der nur der vollkommensten Leibesgestalt des Menschen durch die Vernunft der Seele zukomme. Alberts Ansichten zu sprechenden Pygmäen werden später in Tysons komparativer Studie über Menschenaffen (1699) in seinem beigefügten philologischen Essay als unglücklich kritisiert (Tyson/Windle 1894, 15). Auch der Naturhistoriker Blumenbach erwähnt Albert noch in seiner Grundschrift *De generis humani varietate nativa* (1775/1776, 49), was einen nach Darwin über die Abstammung des Menschen nachdenkenden Morphologen zu Beginn des 20. Jahrhunderts stark irritierte (Kohlbrugge 1908, 2).

Die mittelalterliche Vorstellungswelt wird von monströsen Rassen wie einäugigen Zyklopen, hundsköpfigen Cynocephalen und höhlenbewohnenden Troglodyten bevölkert. Diese finden sich auch schon bei Plinius (Friedman 1981). Solche Monster bereiten Vorstellungen über Grenz- und Übergangswesen zwischen Mensch und Tier vor und beflügeln Phantasien, in die dann auch die neu entdeckten Menschenaffen eingebettet werden. Daneben gibt es Vorstellungen vom „wilden Mann" im natürlichen Zustand und am Rand der Gesellschaft, der in Bildern um 1500 behaart und mit Stab vor einer Höhle neben seinem Weib dargestellt wird. Diese animalische Wahrnehmungsfigur inspiriert später nicht nur Vor- und Darstellungen von Menschenaffen, sondern auch noch solche des frühen prähistorischen Menschen, des Neandertalers (Auffermann/Weniger 2012, 32).

Janson (1952) hat in seinem klassischen Werk über Affenlegenden im Mittelalter und der Renaissance Materialien in Text und Bild ausgebreitet und eine Typologie der Affenvorstellungen vorgestellt: Der Affe als „Figura Diaboli" und „Sünder" samt den sexuellen Assoziationen symbolisierte das Sündhafte im christlichen Denken. Aber der Affe vermochte sogar im europäischen Raum auch positive Assoziationen mit sich zu verbinden, wie die Allegorie einer „Ars Simia Naturae" zeigt, d. h. die Vorstellung vom Menschen als Künstler und Wissenschaftler, der wie ein Affe die Natur in Kunst und Wissenschaft nachahmt. Eine berühmte Darstellung des Universalgelehrten Robert Fludd von 1619 inszeniert dieses jetzt kosmologisch rückgebundene Selbstverständnis des Menschen als Künstler durch einen Affen, der auf einem Globus sitzt und über eine Kette mit der Weltseele und mit Gott verbunden ist (vgl. Abb. 3 in Ingensiep 2001c, 180). Wie eine positive in eine negative Bewertung umschlagen kann, zeigt die berühmte Darstellung dreier sitzender Affen, die sich Augen, Ohren und Mund zuhalten. In der europäischen Kultur wird es später als ein feiges Nichtwahrhabenwollen des Bösen im Menschen verstanden, während es in der japanischen und buddhistischen Kultur mehr als weises Ignorieren des Bösen verstanden wird.

Ferner hat auch die mittelalterliche Kunst den Affen nicht nur als Sünder, sondern außerdem als imitierenden Komiker, als Narren, dargestellt (Tompkins 1994). Ein kurioses Beispiel liefert eine markante farbenprächtige Buchillustration von einem Affen in illustrer Philosophengesellschaft, die sich in einer Werkausgabe des Aristoteles (Venedig 1483) befindet: Auf einer Galerie über einem Text aus der *Metaphysik* des Aristoteles stehen sieben würdig gekleidete Philosophen – lesend, sinnierend oder disputierend. Doch ganz rechts außen auf einem Geländer agiert ein wohl gähnender geschwänzter „Affe in Purpur" und kommentiert bzw. karikiert die versammelten Heroen des Wissens (vgl. Abb. in Tompkins 1994, 127).

Alle diese Allegorien, Denkfiguren, Assoziationen und Spekulationen bereiteten als kulturelles Vorfeld den Anthropoiden den Weg in die europäische Kultur, Religion, Philosophie und Wissenschaft. Ein weiteres Feld für Inspirationen in dem neuen Medium des Buchdrucks stellen Grenz- und Mischwesen dar, die zunehmend phantasievoll illustriert und weit verbreitet wurden, z. B. über Bernhard Breydenbachs *Reise ins Heilige Land* (1486), ein Werk, das bis ins 16. Jahrhundert hinein noch über die Tierenzyklopädien des Ulisse Aldrovandi und Conrad Gesner nachwirkte.

Renaissance: humanistische Affenkunde bei Gesner

Die humanistische Affenkunde im 16. Jahrhundert bietet den unmittelbaren Rahmen für die Rezeption der ersten Menschenaffen. Der Schweizer Conrad

Gesner (1516–1565) repräsentiert den Typus des humanistischen Gelehrten schlechthin und ging als „Plinius der Neuzeit" in die Geschichte ein. Sein umfangreiches lateinisches Werk über die Tiere enthält viele Beschreibungen der bis dahin bekannten Affen, zwar nicht von Menschenaffen, aber von

Abb. 1: „Simia" aus Merian um 1700 (nach Gesner)

durchaus menschenähnlich dargestellten Affenarten, die späteren Illustrationen häufig als Vorlage dienten, z. B. Hundskopfaffen, Makaken, Paviane. Wenn dann von *Simia* die Rede ist, wird oft fast schon ein kleiner Mensch vor Augen geführt, wie z. B. beim berühmten Stecher Matthäus Merian (1593 bis 1650). Merian bediente sich u. a. bei Gesner und Aldrovandi. Seine Affendarstellungen wurden in diversen Ausgaben der Tierhistorie des Polyhistors John Johnson zwischen 1650 und 1750 gedruckt (Merian, Frankfurt 1650/1990, vgl. Tafel LIX). Die seitenverkehrte Kopie des Merian'schen Originals eines solchen *Simia* führt als „Affe" eine Bildgruppe von Hundskopfaffen und Meerkatzen an. Es ist eine typische Affendarstellung dieser Epoche vor der Entdeckung der großen Menschenaffen (Abb. 1). Dabei handelt es sich um den Ausschnitt von Affendarstellungen aus einer Merian-Tafel (Nr. LXXIV) um 1700. Die Ähnlichkeit mit Menschen ist unverkennbar, aber es sind keine Menschenaffen. Unter den Makaken fehlen die kleinen Berberaffen seitdem auf keiner Affentafel und werden häufig im Verbund mit Menschenaffen dargestellt (vgl. Nr. 5 „Barbary Ape" auf Farbtafel 5). Erst eine spätere deutsche Ausgabe von Gesners *Thierbuch* von 1669 enthält auch die Illustration eines Menschenaffen.

Gesner behandelt weitläufig die Gestalt, die Ernährung, das Verhalten, den Fang etc. unterschiedlicher „Affen" und bietet ferner „lustige Historien und Sprichwörter", z. B. dass ungestaltige Leute seit Homer als „Affen-Angesichter" bezeichnet würden (Gesner 1669/1980, 8) – ein indirektes Indiz für die moralisch niedere Auffassung vom Affen bei gottsuchenden Menschen. Gesners Affenwelt ist bereits vielfältig: Meerkatzen (*Cercopithecus*), Blumenaffen (*Cepus*) und Bartschwäntzer (*Callitriches*) finden ebenso ihren Ort wie der „Indianische Munaff" (*Simia prasiana*) oder aufrecht stehende „Strobelköpfe, [...] so groß wie ein Mensch [...] ein wilder Mann, der ganz und gar mit Haar überwachsen" (Gesner 1669/1980, 13). Den „Hundsköpffen" (*Cynocephalus*), Pavianen, folgen die „Geissmännlein" (*Satyrus*), die von manchen für Menschen, von anderen für Götter oder für Wesen, die „halb Mensch und halb Vieh" seien, gehalten würden, nach Gesner vielleicht sogar „Teuffel" in Affengestalt sind aufgrund ihrer Ausstattung mit Geißfüßen, -schenkeln und Rossschwanz. Gesner berichtet auch von einem Euphemus, der auf Reisen nach Java solche Wesen sah, ebenso von Botschaften des Plinius und Aelian über schnelle Affen in Indien, die den „Geissmännlein" ähnlich wären. Vielleicht handelt es sich um frühe Hinweise auf Orangs oder Gibbons.

Ein besonderer Abschnitt handelt „Von den rauhen Waldmännlein" nach Aelian, die im indischen Gebirge, in der Wildnis, im Gebüsch lebten. Genau an diese Stelle wird der spätere Bearbeiter der deutschen Ausgabe von 1696 die erste Illustration eines „Indianische[n] Orangoutang" einfügen (Gesner 1669/1980, 19). Die Illustration stammt aus den *Observationes Medicae* (1641) des Nicolaus Tulpius und stellt dem Betrachter den ersten aus „Angola" nach Europa gelangten Menschenaffen vor (Abb. 3). Der „Orang" ist gleich neben dem „Forstteufel" eingefügt, einem von Gott verfluchten Missgeschöpf, welches nach Gesner anzeigt, wie tief auch die „herrlichste Creatur" des Menschen stürzen könne. (Gesner 1669/1980, 19). Hier wirkt noch deutlich die allegorische Auslegungstradition des *Physiologus* nach.

Manch andere Illustration und Geschichte in Werken vor 1600 erinnert auf den ersten Blick an Menschenaffen, vor allem dann, wenn von kuriosen Gestalten und Monstern die Rede ist. Moderne Antiquare mögen sie als „Menschenaffe mit Stock und Schwert" titulieren, so geschehen bei einem Holzschnitt aus einer der vielen deutschen Ausgaben von Sebastian Münsters berühmter *Kosmographie* – damals bekannt wie die Bibel (1. Aufl. Basel 1541, hier Ausgabe von 1598 *Das fünffte Buch Von den lendern Asie* [Indien] 1167; 34,5 × 20 cm Blattgröße; Hollstein, German XLV, 198). Der humanistische Gelehrte Münster berichtet dort unter anderem von Menschen und Tieren aus fremden Ländern, und eine Abbildung zeigt aufrecht gehende menschenähnliche Gestalten mit Affenkopf, die mit Messer, Speer und Schwert ausgerüstet sind. Die vermeintlichen Affenmenschen werden im Text mit Anekdoten zum Alexanderfeldzug nach Indien in Verbindung gebracht, um Alexander den Großen lächerlich zu machen. Da die Affen die Krieger des Alexander nachgeahmt hätten, habe Alexander sie für Feinde gehalten und angegriffen. Im Anschluss werden die schon im *Physiologus* erwähnten Geschichten zum Affenfang mit Leim erzählt. Doch trotz der hervorgehobenen Menschenähnlichkeit berichten diese humanistischen Affen- und Monstergeschichten noch nicht von Menschenaffen in Europa, bereiten diesen aber gleichwohl den Boden für ihre europäische Inkulturierung.

3 Neue Entdeckungen – Monster, Satyr, Pygmy

> „Ungeheuer, welche in diesen Waldungen leben
> und im höchsten Grade gefährlich sind.
> Der Pongo hat den Gliederbau eines Menschen,
> ähnelt aber eher einem Riesen als einem Manne.
> Niemals kann man diese Pongos lebend erhalten,
> weil zehn Männer nicht im Stande sind, sie festzuhalten."
> (Andrew Battel: *Reisebericht* 1625)

Das 17. Jahrhundert wartet nicht nur mit drei bedeutenden Pionieren der Physik auf – Galilei, Descartes und Newton –, es hat auch in der Tierkunde dieser Zeit drei bemerkenswerte Aufsteiger in der Naturordnung unter den Großen Affen zu bieten, die mit je besonderen Narrationen und einprägsamen Bildtraditionen bis in die Anthropologie und Philosophie hineinwirken. Die neugierige Frage war: Was haben wir da entdeckt? Ein Monster, einen Satyr, einen Pygmäen?

Die erste bedeutende Erzählung handelt von einer zufälligen Begegnung mit neuen „Monstern", vielleicht Schimpansen und Gorillas, in Afrika. Sie befindet sich in einem englischsprachigen Bericht eines gewissen Andrew Battel, dessen Erzählung in letzter Fassung in einer Reisekompilation des Samuel Purchas von 1625 verbreitet wird. Die zweite Episode ist deshalb von Bedeutung, weil hier erstmals ein lebender Menschenaffe, vielleicht ein Schimpanse, nach Europa, genauer, nach Holland, gelangt, der zudem erstmals von einem Fachmann, dem berühmten holländischen Arzt Nicolaes Tulp beobachtet und als „Satyr" beschrieben wird. Tulps erste Illustration von 1641 wirkte bis weit ins 18. Jahrhundert hinein (Abb. 3 und Farbtafel 1, S. 257). Bei der dritten Begebenheit handelt es sich um die erste akribische anatomische Vergleichsanalyse zwischen Mensch und Menschenaffe: Ein Menschenaffe, vermutlich wiederum ein Schimpanse, wurde 1699 von dem englischen Arzt Edward Tyson beschrieben und betrat als illustrer „Pygmy" die Bühne der Wissenschaft. Diese Gelehrtenstudie an der Schwelle eines neuen Jahrhunderts markiert zugleich den neuzeitlichen Aufbruch in eine systematisch verfahrende komparative Primatologie.

Wahrscheinlich waren schon ein Jahrhundert zuvor Menschenaffen nach Europa gelangt – möglicherweise erhielt Phillip, der Erzherzog von Österreich, schon 1548 zwei Schimpansen als Hochzeitsgeschenk, als er die Prinzessin von Portugal heiratete (Groves 2008, 68). Darüber hinaus gibt es im 17. Jahrhundert weitere konkrete Hinweise auf Menschenaffen, so auch erstmals auf Orangs im fernen Ostasien (Bontius 1658) sowie auf Schimpansen in Afrika (Dapper 1668). Doch die genannten drei Pioniere Battel, Tulp und Tyson eröffnen unter den Namen Monster, Satyr und Pygmäe maßgeblich den einsetzenden Aufstieg der Menschenaffen in der europäischen Neuzeit, insofern diese nun zu Hauptdarstellern einer neuen Wissenschaft, der Lehre von den Menschenaffen, werden.

Die philosophische Bühne betreten die neuen Wesen mehr indirekt und zaghaft. Die bedeutenden Philosophen fokussieren Schwerpunkte in der Erkenntnis- und Naturphilosophie, und Affen dienen ihnen mehr als Statisten, um fundamentale Fragen zur Mensch-Tier-Differenz oder zur Identität des Menschen zu klären bzw. zu illustrieren. Es dominiert der rationalistische Mechanismus und Dualismus von Descartes und den Cartesianern, dann, nach deren Kritik durch Locke, kommt der „Orang" erst bei Leibniz direkt zur Sprache. Doch allmählich zieht er weitere philosophische Aufmerksamkeit auf sich und schon im 17. Jahrhundert entstehen theoretische und ethische Fragen, die bis heute relevant sind, z. B. Fragen nach der Unterscheidung von „Mensch" und „Person". In diesem rationalistischen Jahrhundert gelten Menschenaffen dennoch als „Monster" oder „Satyre" und sind noch zu tief in Mythen und Allegorien eingebettet, um als menschliche „Personen" angesprochen zu werden. Die nüchterne Geschichte ihrer Entdeckung und Wahrnehmung durch europäische Abenteurer und Gelehrte war die Voraussetzung für diese Form der Entmythologisierung und zugleich die erste Stufe ihrer Kultivierung in der Neuzeit.

Die Ungeheuer des Andrew Battel

Erste Eindrücke zur Wahrnehmung von Menschenaffen am Beginn des 17. Jahrhunderts liefert eine Illustration zu einem später aufgelegten, aber bekannten Reisebericht, der auf die Erlebnisse und Schilderungen des Engländers Andrew Battel, eigentlich Battell (geb. ca. 1565), aus den Jahren 1589 bis 1607 zurückgeht. Battels Bericht wird von Samuel Purchas (ca. 1577–1626) in dem Konvolut *Purchas his Pilgrimes* unter verschiedenen Titeln herausgegeben und 1613, dann 1619 und zuletzt 1625 publiziert (Battel 1625, Nachdruck 1901/1965). Der Soldat Battel berichtet darin von zwei unterschiedlichen „Monstern" in den Wäldern von Angola, dem größeren namens Pongo und dem kleineren namens Engeco. Weit später wurde diese Differenzierung als erster Hinweis auf Gorillas und Schimpansen verstanden. Sogenannte Gorillas waren ja bereits auf der Expedition des Karthagers Hanno um 525 v. Chr. erwähnt worden und der Bericht des Flavius Arrianus war schon im

18. Jahrhundert als *Indische Merkwürdigkeiten und Hannos Reise* (1764) bekannt (Perfahl 1964, 27 f.). Battels Beschreibungen der Gestalt und des Verhaltens dieser neuen Wesen wurde in den Naturgeschichten und in der populären Reiseliteratur des 18. Jahrhunderts rezipiert und bis weit in das 19. Jahrhundert hinein vermittelt, z. B. über Okens *Allgemeine Naturgeschich*te oder *Brehms Thierleben*.

Battels Bericht über neue Ungeheuer in Afrika (1625)

„Die Wälder sind derartig überfüllt mit Pavianen, Meerkatzen, Affen und Papageien, dass sich jedermann fürchtet, in denselben zu reisen. Namentlich gilt dieses für zwei Ungeheuer, welche in diesen Waldungen leben und im höchsten Grade gefährlich sind. Das größte dieser Scheusale wird von den Eingeborenen Pongo (richtiger Mpungu), das kleinere Ensego (richtiger Nsiku) genannt. Der Pongo hat den Gliederbau eines Menschen, ähnelt aber eher einem Riesen als einem Manne; denn er ist sehr groß und besitzt zwar das Antlitz eines Menschen, aber hohlliegende Augen, welche von langen Brauenhaaren überdeckt werden; Gesicht und Ohren sind haarlos, die Hände ebenfalls, der Leib dagegen ist, wenn auch nicht gerade dicht, mit Haaren bekleidet, welche eine düstere Färbung haben. Vom Menschen unterscheidet er sich nur durch seine Beine, welche keine Waden zeigen. Er geht stets auf seinen Füßen und hält, wenn er auf dem Boden läuft, seine Hände zusammengeklammert im Nacken. Er schläft auf Bäumen und baut sich Dächer gegen den Regen. Sein Futter besteht aus Früchten, welche er in den Wäldern findet, auch wohl aus Nüssen; Fleisch isst er niemals. Sprechen kann er nicht, und sein Verständnis ist nicht größer als das eines Viehes.

Haben die Eingeborenen, welche die Wälder durchreisen müssen, nachts ein Feuer angezündet, so erscheinen die Pongos am Morgen, sobald jene das Lager verlassen, und sitzen am Feuer, bis dasselbe ausgeht; denn sie verstehen nicht, dass man, um es zu erhalten, Holz zulegen muss. Oft vereinigen sie sich zu Gesellschaften und töten manchen Neger im Walde, oft auch überfallen sie Elefanten, welche weidend in ihre Nähe kommen, und schlagen dieselben so mit ihren mächtigen Fäusten, dass sie brüllend davon laufen.

Niemals kann man diese Pongos lebend erhalten, weil zehn Männer nicht im stande sind, sie festzuhalten; doch erlegt man viele ihrer Jungen mit vergifteten Pfeilen. Der junge Pongo klammert sich so fest an den Leib

> seiner Mutter, dass die Eingeborenen, wenn sie das Weibchen erlegen, auch das Junge erhalten, welches die Mutter nicht verlässt. Stirbt eines dieser Ungeheuer, so bedecken es die übrigen mit einem großen Haufen von Zweigen und Holz; solche Haufen findet man viele in den Wäldern."
>
> Brehms Thierleben (3. Aufl. 1. Bd., Leipzig 1890, 60 f.)

Der englische Originaltext von Battels Bericht wurde in den ersten Reisekompilationen von Purchas noch nicht illustriert.[1] Aber in der ersten niederländischen Übersetzung von 1706 (Battel 1706, 36) befindet sich eine Tafel, die einige der im Text erwähnten Merkwürdigkeiten vor Augen führt (Abb. 2). Die Bildszenen folgen teilweise dem Text und zeigen dem Betrachter in Aussehen, Gang und Verhalten höchst menschenähnliche Wesen. Erkennbar sind die „Monster" aber an den im Nacken verschränkten Armen und den fehlenden Waden (Abb. 2 rechts vorne). Hinter den Palmen sitzen diese Wesen am Feuer, sind aber laut Battel nicht klug genug, es durch Nachlegen von Holz weiter zu unterhalten (Abb. 2 Mitte hinten). Sie gelten daher als unverständig wie Vieh. Dieser bei Battel unterstellte Mangel ihrer Intelligenz wird von Rousseau später klar zurückgewiesen, um die Affen als echte Wilde den Menschen zurechnen zu können.

Ein weiteres Bildelement zeigt, wie die Monster Eingeborene und sogar Elefanten mit Stöcken angreifen (Abb. 2 rechts hinten). Ebenso ist zu sehen, wie Eingeborene dieser Wesen habhaft werden, obgleich zehn von ihnen kein ausgewachsenes Individuum fangen könnten: Man tötete die Mutter mit vergifteten Pfeilen, um dann die Jungtiere von der Brust zu nehmen (Abb. 2 Mitte). Ihr Vegetarismus und die Eigenart, ihre Toten zu bedecken, werden hier nicht dargestellt. Der Illustrator der ersten holländischen Ausgabe bemüht sich offensichtlich nicht nur um die Einbettung der Aktivitäten in eine exotische Landschaft mit Palmen und Felsen, sondern auch um eine konkrete Wiedergabe ausgewählter narrativer Szenen.

Eine Bildepisode ist noch von Interesse: Im linken vorderen Bildteil arbeiten offenbar geschäftige Eingeborene mit Spaten, während eine Gruppe geduckter Monster sich im Hintergrund in den Bergen aufhält. Vielleicht will der Illustrator hier die noch nicht von Battel, sondern später von Bontius (s. u.) kolportierte Eigenart in Szene setzen, dass diese Wesen nicht sprächen, um nicht arbeiten zu müssen. Jedenfalls bemüht sich der Illustrator um eine dichte Information über die in Battels erstem Reisebericht verzeichneten bzw. von späteren Interpreten ausgeschmückten vermeintlichen Eigenarten der Menschenaffen.

Abb. 2: Illustration (1706) zum Bericht des Andrew Battel über neue Monster in Afrika (1625)

Der indische Satyr des Nicolaes Tulp

Mitte der 1630er Jahre gelangt nachweislich erstmals ein lebender Menschenaffe nach Holland und wird dem Prinzen Friedrich Heinrich von Oranien zum Geschenk gemacht. Dieses Individuum wird später unter verschiedenen Namen sehr häufig abgebildet (Abb. 3). Seine Beschreibung stammt von dem berühmten Arzt Nicolaes Tulp (1593–1674), lat. Tulpius genannt, den der Maler Rembrandt im Jahr 1632 als Repräsentanten der neuen Medizin bei seiner anatomischen Demonstration darstellt. Tulps Bericht regt bis heute Fragen an: Woher, wie und wann genau gelangte das Individuum nach Holland? Um welche Spezies handelte es sich? Spekulationen reichen von einem afrikanischen Schimpansen oder einem Bonobo bis zu einem Orang-Utan aus dem fernen Asien. Bei diesen Überlegungen wird akribisch auf die einzige Illustration, den Text oder auf das Umfeld von Tulpius Bezug genommen. Denn der Schwager des Doktor Tulpius, Samuel Bloemart, war Kaufmann der Ostindischen Kompanie und soll den Eingeborenennamen *Orang-outang* übermittelt haben, den Tulpius durch das lateinische *Homo sylvestris* als Waldmensch übersetzt (Groves 2008, 68 f.). Rezente Kenner glauben fest, es handle sich tatsächlich um den in der heutigen Wissenschaft so bezeichneten Orang (Rijksen/Meijaard 1999). Die lateinische Kapitelüberschrift *Satyrus*

Indicus spielt zwar auf den antiken Satyr und auf Indien an, doch beide Namen könnten ebenso irreführen wie schon vieles, was antike Gelehrte vom Satyr berichteten.

Tulpius beschreibt zwar das Individuum, sezierte es aber offenbar nach dessen Tod nicht (Groves 2008). Bedeutsam ist, dass seit Tulps erster Ausgabe von 1641 nun eine erste neuzeitliche Illustration eines nach Europa gelangten Individuums vorliegt, denn der erste englische Bericht von Battel enthielt noch keine Illustration. Tulps lateinischer Bericht wird seit der ersten Auflage seiner *Observationes Medicae* (Amsterdam 1641) über die zweite (1652) und dritte Auflage (1672) noch zu Lebzeiten eine zentrale Quelle für frühe Ansichten von Menschenaffen. Drei lateinische Ausgaben erscheinen noch nach Tulps Tod im Jahr 1674 in den Jahren 1685, 1716 und 1739 (Beijer 1991, 131). Eine aktuelle holländische Transskription der *Geneesinzichten* enthält den Abschnitt *De Indische Sater* (Tulp 1991, 329–337).

Die letzte lateinisch erschienene Fassung zu Tulps Lebzeiten enthält Bemerkungen zu Namen, Gestalt und Verhaltensbeobachtungen, ferner die erwähnten Hinweise auf den Kaufmann Bloemart und auf Borneo. Ausführliche Erörterungen zum „Satyr" antiker Autoren z. B. bei Plinius, folgen. Die von Tulpius eingefügte bildliche Darstellung des *Homo sylvestris* bzw. *Orangoutang* (1652, 284 Tab. XIIII) wird seit der zweiten Auflage – wohl wegen der Resonanz des Berichts – im Titelbild an vorderster Stelle eingefügt (Amsterdam 1652), ebenfalls in der dritten Auflage (Amsterdam 1672, 271 Tafel XIII). Eine Skizze des Textinhalts dieser Ausgabe (1672, 270–277 Kap. LVI), eine Bildbeschreibung und wenige Hinweise zur Rezeption belegen die Bedeutung dieses ersten Dokuments, das über einen lebenden Menschenaffen in Europa unterrichtet.

In seinem Bericht schreibt er, der *Satyrus Indicus* aus Angola sei ein Geschenk an den Prinzen Friedrich Heinrich von Oranien in Holland. In Afrika werde das Wesen *quoias morrou* genannt. Zwar sei der Satyr ein „quadrupes", also ein Vierfüßler, doch wegen seiner Menschenähnlichkeit werde er von den Indern *orang-outang* genannt, was so viel bedeute wie Waldmensch. Er habe die Größe eines dreijährigen und die Breite eines sechsjährigen Kindes. Von Gestalt sei er weder dick noch grazil, mehr „quadrato". Gesicht, Ohren und Glieder und Bauch seien menschenähnlich (1672, 270). Die Brüste, „mamma", zeigten das weibliche Geschlecht an, „erat enim sexus foemini". Oben auf dem Rücken sei es mit schwarzen Haaren bedeckt, unten nackt. Als besondere Verhaltensweisen werden die Fähigkeiten zum aufrechten Gang, zum Tragen von schweren Dingen sowie die Eigenart genannt, beim Trinken die Kanne mit einer Hand am Henkel zu halten, während die andere Hand

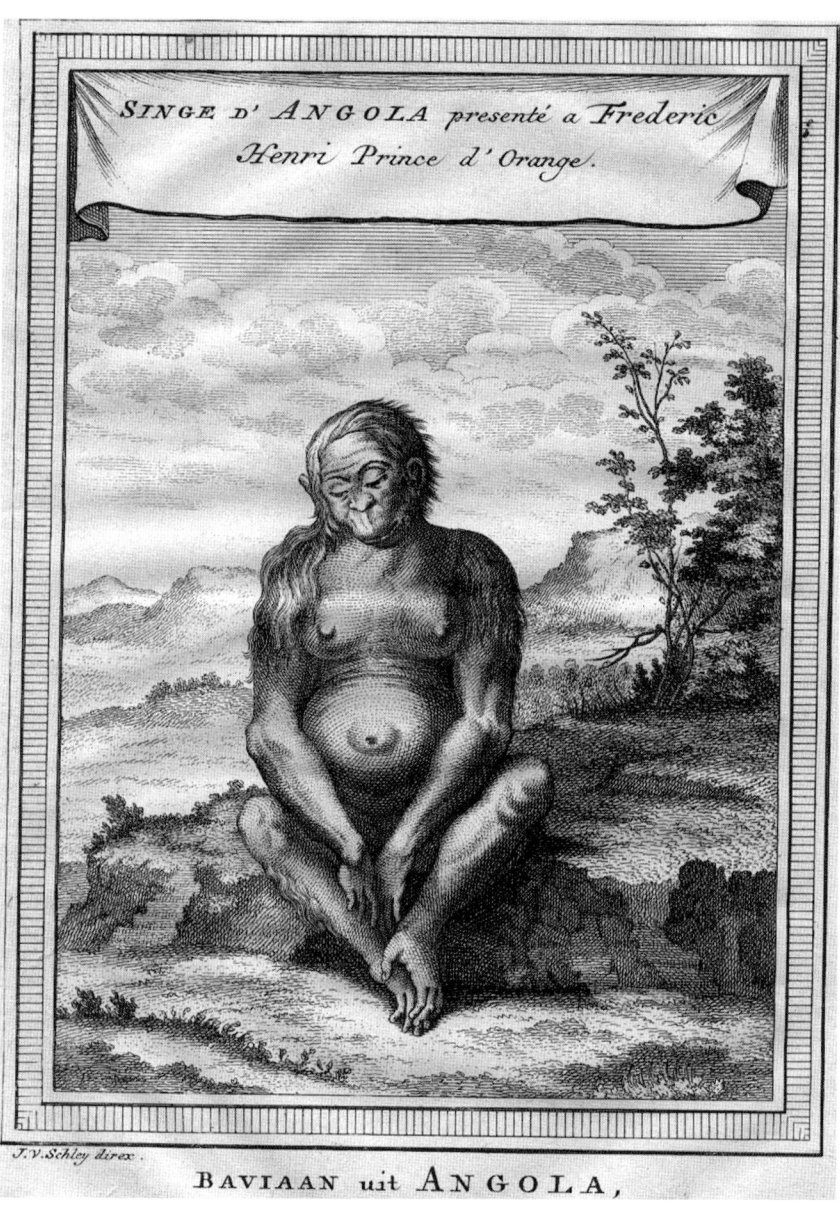

Abb. 3: Der „indische Satyr" des Tulpius (1641) als „Baviaan" in Prévosts Reisebericht (1748)

auf dem Boden aufliege. Ferner wird die ungewöhnliche Fähigkeit beobachtet, sich die Lippen abzuwischen. Zum Schlafen lege das Individuum den Kopf auf das Kissen und ziehe eine Decke über sich (1672, 272). Gerade die zuletzt genannten Fähigkeiten deuteten dem Europäer die Kultivierbarkeit dieses Wesens an.

Welche Wirkung hat Tulps Bericht? Der Aufklärer Buffon gibt Tulpius in seiner *Histoire Naturelle* die besondere Ehre, einen lateinischen Ausschnitt zu zitieren (Buffon 1766, 54). Der romantische Naturphilosoph Lorenz Oken bezieht sich in seiner *Allgemeinen Naturgeschichte* darauf (Oken 1838, 1847) und auch noch der Darwinist Thomas H. Huxley verweist in seiner kritischen Analyse von Menschenaffenberichten als Zeugnisse für die *Stellung des Menschen in der Natur* auf Tulpius (Huxley 1863, 8 f.). Der Bericht ist also wirkmächtig. Buffon, der wichtigste Beobachter, Kompilator und Ordner unter den Naturhistorikern des 18. Jahrhunderts, zieht im Rückgriff auf Tulps Autorität einen Vergleich: „Der den Tulpius beschreibt, hatte ungefähr die Größe von dem, den ich gesehen habe." (Buffon/Otto 1791, 240) Buffon schildert ähnlich auffällige kulturförmige Verhaltensweisen wie den beständigen aufrechten Gang, das auffällige Sozial-, Ess- und Trinkverhalten und sieht Tulps Beobachtungen dadurch bestätigt (Buffon/Otto 1791, 241–244). Zudem lobt Buffon „die gute Beschreibung und Abbildung von einem dieser Tiere, das dem Prinzen Heinrich von Oranien lebendig überreicht worden war" (Buffon/Otto 1791, 244).

Der dem Werk des Tulpius beigefügte Originalholzschnitt von 1641 vermittelt bemerkenswerterweise zunächst einen anderen Eindruck als die im Text verzeichneten Beobachtungen und Überlegungen nahelegen. Der weibliche *Satyr* wird nämlich nicht aufrecht gehend, wie im Text erwähnt, sondern sitzend dargestellt. Der Kopf ist zur Seite geneigt und der Blick scheint verschämt nach unten gerichtet. Ferner verschränkt das Wesen recht schamhaft seine Arme vor dem Geschlechtsteil zwischen den Beinen – so mag es zumindest heutigen Beobachtern der Gesamthaltung erscheinen. Der anmutig geneigte Kopf sowie der niedergeschlagene Blick vermitteln den Eindruck einer schamhaften Haltung. So entsteht der Eindruck einer stark zurückgenommenen, weder besonders erotischen noch aggressiven Körperhaltung eines weiblichen Typus (Abb. 3). Diese Visualisierung entspricht nicht dem Text, in dem ja die große Menschenähnlichkeit von Gesicht und Körper sowie die sporadische Behaarung am massiven quadratischen Oberkörper und an den Beinen hervorgehoben werden. Die Gliedmaßen des Individuums im Bild erscheinen eher als vier Greifhände denn als Gliedmaßen eines Vierfüßlers.

Soweit erste Eindrücke eines rezenten Rezipienten, aber welche visuelle Botschaft wollten Tulp bzw. der Künstler, der den Holzschnitt verfertigte, in dieser ersten Illustration eines Menschenaffen vermitteln? Im holländischen handschriftlichen Text der *Geneesinzichten* ist von einer „gerompelde en verschromde neus naar een rimpelig en tandeloos oud wijfje" die Rede, d. h. von einer verschrumpelten und runzeligen Nase ähnlich einem faltigen und zahnlosen alten Weib (Tulp 1991, 330 Zeile 10). Demnach könnte dem damaligen Betrachter eher der Gesamteindruck einer verblühten alten Frau vermittelt worden sein. Vielleicht sollte ein unerotischer, aber kulturkonformer Wahrnehmungseindruck erzeugt werden. Tulp war Calvinist, Rationalist, Humanist, Forscher, Gelehrter und Politiker, kurz eine öffentliche Person mit dezidierten Einstellungen, und man kann vermuten, dass seine Rollen und Interessen auch für die Eklektik der Elemente der visuellen Komposition relevant waren. Dem strengen Calvinisten Tulp war vielleicht an einer moralischen Botschaft zur Stellung der Frau gelegen, dem Rationalisten und Forscher an einer adäquaten Wiedergabe morphologischer Beobachtungen und dem humanistischen Gelehrten an der Verhältnisbestimmung zu früheren Beschreibungen des Satyrs bei Plinius, Plutarch oder zu biblischen Monsterberichten bei Moses oder Jesaja. Der Politiker Tulp war auch Bürgermeister von Amsterdam und musste das Volk gewinnen, ohne Anstoß zu erregen. Vielleicht beeinflusste die religiöse Vorstellung der *natura lapsa* die Darstellung des Menschenaffen als alternde, von der Sünde gezeichnete Frau. Ferner könnte der Prototyp eines degenerierten, menschenähnlichen Wesens, einer Missgestalt bzw. eines „Monsters" eine Rolle spielen und damit dem Betrachter als dauernde moralische Mahnung dienen, sich nicht derart zu verfehlen.

Diese Illustration lässt viele Assoziation der genannten Art zu, doch erweckt sie nicht gerade den Eindruck des antiken geilen Satyrs, dessen Namen sie trägt. Problematisch erscheint dagegen die neuere Ausdeutung des Satyrs als trächtige Frau, wenngleich die Passivität und der gesenkte Blick eine Deutung im Kontext von Geschlechtsstereotypien nahelegen (Schiebinger 1995, 115). Vielleicht kann diese Illustration auch dem literarischen Typus des „melancholischen Affen" im Zeitalter der Empfindsamkeit zugerechnet werden (Brown 2010). Wie auch immer also diese erste Illustration eines Menschenaffen biologisch oder kulturgeschichtlich zu deuten ist, es ist diese Darstellung nach Tulp, die sich trotz einiger anderer Angebote und Versuche etwa ein Jahrhundert lang in der öffentlichen Visualisierung von Menschenaffen durchsetzt. Erst ab Mitte des 18. Jahrhunderts tritt zunehmend ein neuer Typus auf – der „aufrecht gehende Wilde" –, der im Verlauf der zweiten Jahrhunderthälfte die alte Orangdame im wahrsten Sinne des Wortes sitzen lässt. Die Tulp'sche Illustration wird in diversen prominenten Reiseberichten und Naturgeschichten der Folgezeit eingefügt und es lohnt sich daher, ihre frühe Rezeption näher zu betrachten.

Rezeption der ersten Illustration von Menschenaffen

Die bildliche Darstellung nach Tulpius schleicht sich früh in sehr heterogene Werke ein und bereichert das traditionelle Wissensgut. Denn schon eine erweiterte holländische Ausgabe der Naturgeschichte des Plinius (Amsterdam 1662) ist nicht nur mit einem prächtigen Frontispiz zu Adam und Eva im Paradies versehen, sondern enthält auch die Beschreibung des Dr. Tulp mit einem Hinweis auf das 1636 aus Angola nach Holland gebrachte Tier. Ein indischer Satyr ist ebenfalls in Fortunio Licetis (1577–1657) Werkausgabe von *De Monstris* (Amsterdam 1665) vorhanden. Wenig später wird er in Olfert Dappers *Umbständliche und Eigentliche Beschreibung von Africa* (1668) als „Buschmann oder Waldmensch" in eine Landschaft mit Bäumen und Bergen eingebettet – mit einem anderen Tier im Bildhintergrund und mit neuen Beobachtungen im Text angereichert (Dapper 1964, 152). Nur ein Jahr später

Abb. 4: „Menschen-Affen" (Klaatsch o. J.) aus Montanus (1669)

ist die Orangdame in einer deutschen Ausgabe von Conrad Gesners *Thierbuch* unter den „Waldmännlein" zu finden (Gesner 1669, 19). Als „Orang-Outang" bzw. „Waldmensch" mit Beschreibungen nach Tulpius und Dapper findet sie sich außerdem in der Naturgeschichte geografischer Kuriositäten von Johann Heinrich Seyfried (1640–1715) *Medulla mirabilium naturae. Das ist: Auserlesene, unter den Wundern der Welt* (Sulzbach 1679, 597 f.).

Auf einem ungewöhnlichen Kupferstich aus dem 17. Jahrhundert (Abb. 4) werden zwei „Menschen-Affen" gemäß der Adam-Eva-Ikonografie so in eine quasi-exotische Landschaft eingefügt, dass eine biblische Dramaturgie nahe liegt. Abdrucke davon finden sich in späteren Werken ohne Quellenangabe (Abb. in Klaatsch o. J., 183; Abb. in Dmitrijew 1988, 85). Diese originelle Illustration stammt aus dem Werk *Gedenkwaerdige Gesantschappen der Oost-Indische Maetschappy in 't Vereenigde Nederland, aen de Kaisaren van Japan* (Amsterdam, Jacob Meurs, 1669) des niederländischen Theologen und Historikers Arnold van den Berghe, Arnoldus Montanus (1625–1683). Die Niederlande waren seit 1641 das einzige Land, das Erlaubnis hatte, mit Japan Handel zu treiben. Montanus erzählt nicht nur über die Kultur und Natur Japans aus Berichten der offiziellen Gesandtschaft der holländischen ostindischen Gesellschaft, das Reisewerk illustriert auch einen männlichen menschenähnlichen Affen, der seiner Affenfrau eine Blume überreicht. Diese Orangdame ist eine Variante des Satyrs von Tulpius, hängt mit überkreuzten Beinen um einen Baumstamm und empfängt gerade von dem Affenmann mit langen Kopfhaaren und behaarten Oberschenkeln das florale Geschenk. In seiner Rechten hält er eine Frucht. Die Komposition spricht stark für eine Paradiessituation, wobei dem weiblichen indischen Satyr eine Quasi-Eva-Rolle zukommt und dem Mann die Verführerrolle. Im Rückblick interessant ist diese ungewöhnliche Illustration als Antwort auf die Frage nach den Vorstellungen zum Aussehen der Urmenschen und eben in diesem Kontext des Problems der „Menschwerdung" wird die Illustration um 1900 rezipiert (Klaatsch o. J., 183). Die Abbildung findet sich auch in der deutschen Übersetzung *Denckwürdige Gesandtschafften der Ost-Indischen Gesellschaft in den Vereinigten Niederländern / an unterschiedliche Keyser von Japan* (Amsterdam 1670, 128). Im Text ist vom Seelenwanderungsglauben in Japan die Rede, wonach aufgrund der Ähnlichkeit die Geister der verstorbenen Kaiser und Könige in Affen fahren würden, und dies wird zu den Pythagoreern in der Antike in Beziehung gesetzt (1670, 127). Hier gerät also der Menschenaffendiskurs in den Kontext einer Begegnung der Religionen und Kulturen. Ferner wird von der Menschenähnlichkeit der Affen nach Aristoteles bzw. Galen und von ihrer Hässlichkeit berichtet. Ausführlich erzählt Montanus den Bericht des Tulpius von einem „Bavianen [...] den die Indier Orang-Utang nennen" (S. 128).

In der ersten Hälfte des 18. Jahrhunderts setzt sich die Karriere der Orangdame des Tulpius fort und neue Rollen ergeben sich. Der Borneo-Kenner Beekman transformiert sie 1718 bildlich in einen männlichen Orang. Doch erst dem Universalgelehrten Johann Jacob Scheuchzer (1672–1733) gelingt eine sehr originelle Integration in das biblische Geschehen und in die damalige Naturkunde, d.h. Geologie, Erd- und Tiergeschichte. Scheuchzer fügt den Satyr des Tulpius in seine berühmte *Kupferbibel* (1. Bd. 1731) ein. Auf einer prächtigen Tafel wird der Satyr zum Weib des alttestamentlichen Jägers Esau (1731, Tafel 84; Farbtafel 1). Der Wissenschaftshistoriker Gould stellt sie sich als „sleeping chimpanzee" vor (Gould 2000, 108 f.). In den großen Reiseberichtkollektionen von Astley und Prévost um 1750 tritt die Tafel mit der Affendame neben die Bildtafel des aufrechten Wilden (Abb. 7), der seitdem zunehmend illustriert und auch von Rousseau aufgenommen wird. Sehr extravagant ist 1762 eine Positionierung des Tulp'schen Satyrs an der Seite eines männlichen aufrechten Menschenaffen mit erigiertem Penis durch den französischen Gelehrten Le Cat (Abb. 8). Diese ungewöhnliche Inszenierung hat rezent zu einer ideologiekritischen Interpretation im Zeichen von Geschlechtsstereotypien herausgefordert (Abb. in Schiebinger 1995, 115 f.). Die weitere Rezeption führt über bekannte Naturhistoriker des 18. und 19. Jahrhunderts bis zur biologischen Deutung der Illustration durch Primatologen der Gegenwart.[2]

Ferne Kunde – Bontius und Dapper

Den ersten konkreten Hinweis auf Menschenaffen in Fernasien lieferte im 17. Jahrhundert der Mediziner Jacob Bontius (1592–1631), holländisch Jakob de Bondt. Bontius war seit 1627 als Gesandter der Niederländischen Ostindien-Kompanie in Indonesien bzw. auf Java tätig, wo er 1631 starb. Bekannt wurde Bontius durch seine Schrift über tropische Medizin, die aber erst posthum als *Historiae naturalis et medicae Indiae orientalis* (Amsterdam 1658) erschien. Darin erwähnt er einen weiblichen Satyr bzw. *Ourang Outang* und berichtet, selbst beide Geschlechter dieses Waldmenschen einige Male aufrecht gehen gesehen zu haben. Bewundernd vermerkt Bontius, wie schamhaft sich ein weiblicher Satyr benommen habe und, von einem Unbekannten betrachtet, wie eine Menschenfrau in Gegenwart des unbekannten Mannes ihre Scham mit Händen bedeckt habe. Ferner habe dieser Satyr geweint und geseufzt. Auch seien diese Wesen zur Sprache fähig, nach Aussage amüsierter Eingeborener aber unwillig zu sprechen, um nicht zur Arbeit gezwungen zu werden. Die Eingeborenen glaubten ferner, dass die Waldmenschen aus einer Vermischung indischer Weiber mit anderen Affen – von „Simiis" und „Cercopithecis" – entstanden seien (engl. in Groves 2008, 65; dt. in Oken 1838, S. 1828). Der Bericht von Bontius wurde mit einer behaarten, aufrecht stehenden, sehr menschenähnlich skizzierten Frau mit wolligem Kopfhaar illustriert, die keinerlei Ähnlichkeit mit der ersten Illustration von Tulpius aufwies.

Diese erste konkrete Beschreibung eines Orangs und dessen Illustration aus Bontius 1658 wurde von dem englischen Anatomen Edward Tyson im Jahr 1699 sehr skeptisch kommentiert: „Ich gestehe, ich traue der ganzen Darstellung nicht", eine Bemerkung, die wohl auch den Darwinisten Thomas Huxley zu der Äußerung verleitete, es handele sich bei dem „Orang-outang" des Bontius um eine „fabelhafte und lächerliche Beschreibung und Abbildung". Denn obgleich Bontius behauptet habe, sie selbst gesehen zu haben, werde doch nur eine „sehr behaarte Frau von im Allgemeinen anständigem Ansehen, in ihren Proportionen und Füssen völlig menschlich" präsentiert (Huxley 1863, 9). Bis heute spekulieren Kenner über diese Abbildung, die merkwürdige Behaarung und die Rolle von Eingeborenen (Groves 2008, 66). Fakt ist, dass die „lächerliche" Illustration des ersten historisch greifbaren Hinweises auf einen Orang-Utan gar nicht Bontius selbst zugerechnet werden kann, da sein Werk erst 27 Jahre nach seinem Tod erschien. Text und Illustration müssen daher separat betrachtet werden.

Interessant aber sind noch zwei anthropomorphe Projektionen in Bontius' Verhaltensbeobachtungen, die noch lange nachgewirkt haben: 1. diejenige über die vermeintliche Schamhaftigkeit des Weibes und 2. die Erwähnung der Sprachfähigkeit der Waldmenschen bei gleichzeitiger Behauptung ihrer Sprachunwilligkeit aus Arbeitsscheu. Die Beschreibung zum vermeintlichen Schamhaftigkeitsverhalten des weiblichen Orangs artikuliert ein interessantes Motiv, das auf Umwegen auch die wirkmächtige Illustration eines weiblichen Menschenaffen nach Tulpius beeinflusst haben könnte, obwohl Tulpius in seinem eigenen Text nichts von einer Schamhaftigkeit seines Satyrs erwähnt. Auf welchem Weg aber hätte diese Schamhaftigkeits-Phrase schon weit vor dem späten Erscheinen des Textes von Bontius (1658) Einfluss auf das Werk von Tulpius (1641) gewinnen können? Eine Voraussetzung für diese Hypothese ist, dass die Beobachtungen des bereits 1631 verstorbenen Bontius im holländischen Umfeld der Ärzte oder der ostindischen Kompanie schon vor ihrer Drucklegung im Jahr 1658 mündlich präsent gewesen sein müssen. Sollten die Beobachtungen zum Bontius-Orang aus Java dem Arzt Tulp oder dem Künstler der späteren Holzschnittillustration des Satyr in Tulpius (1641) bekannt gewesen sein, dann wäre die demonstrative Schamhaltung des Satyrs direkt durch Bontius' Bericht inspiriert.

Ein weiterer Bericht über einen „Waldmenschen" verschmilzt bisherige Kenntnisse aus Afrika, aus Angola, mit solchen aus Fernasien, aus Borneo, und trägt so einerseits zur Verwirrung bei, vermittelt aber andererseits den damaligen Wissensstand.

Der Waldmensch

„In den Büschen dieses Königreichs befindet sich auch das Tier Quojas Morou, welches von den Indiern Orang-Utan, das ist Buschmann oder Waldmensch, genannt und gleichfalls im Königreiche Quoja und auf der Insel Borneo in Ost-Indien gefunden wird. Dieses Tier ist an Gestalt dem Menschen sehr gleich: daher viele gewollt haben, dass es von Menschen und Affen entsprossen, welche sich wohl ehemals fleischlich zusammengefügt. Aber die Schwarzen verwerfen diese Meinung und halten dafür, dass es auf eine sonderliche Weise von sich selbst erzielt sei.

Ein solches Tier hat man vor etlichen Jahren nach Holland übergeführt und dem Fürsten von Oranien, Friedrich Heinrich, verehrt. Es war so lang wie ein dreijähriges und so dick wie ein sechsjähriges Kind, auch weder fett noch schlank, sondern stark von Leib, doch dabei fertig und behände, mit dicht untersetzten Gliedmaßen und starken Mäuslein. Von vorn war es überall glatt, aber hinten rauh und mit schwarzen Haaren bewachsen. Das Angesicht schien einem Menschenangesicht gleich. Aber die Nase, welche platt und krumm stand, bildete ein altes gerümpeltes und zahnloses Weib ab. Es hatte Ohren wie ein Mensch, auch die Brust zu beiden Seiten mit erhobenen Zitzen geziert, denn es war ein Weibchen. Auf dem Bauch stand ein eingefallener Nabel: und die anderen Glieder waren den Gliedmaßen eines Menschen so gleich, als ein Ei dem anderen sein kann. Der Ellenbogen hatte auch seine geziemte Zusammenfügung, die Hände ihre Finger, der Daumen die Gestalt eines Menschendaumens; die Beine, die Waden und die Füße rechtmäßige Knöchel. Dieser zierlichen und ordentlichen Gestalt der Glieder wegen ging genanntes Tier vielmals aufgerichtet vor sich hin und konnte ein schweres Gewicht aufheben, auch von einem Orte zum anderen tragen. Wenn es trinken wollte, fasste es mit der einen Hand

> das Kannenlid und hielt mit der anderen den Boden. Ja es fegte danach die Feuchtigkeit von seinen Lippen ab, mit einer sonderlichen Artigkeit. Es legte sich auch sehr behende zum Schlafen; nämlich mit dem Kopfe auf ein Kissen und deckte sich mit den Decken so füglich zu, dass jemand – der es nicht gewusst – gemeint haben sollte, dass ein Mensch dort schliefe.
> Die Schwarzen erzählen von diesem Tiere wunderliche Dinge und bekräftigen, dass es nicht allein wehrlose Frauen und Jungfrauen anfällt und notzüchtigt, sondern auch gewaffnete Männer angreift. Kurz, dieses Tier scheint der rechte Waldmann oder Satir der Alten zu sein, wovon Plinius und andere [...] so viel geschrieben haben."
> Olfert Dapper: Beschreibung von Africa Anno 1668 (1964, 293 f.)

Der holländische Arzt und Kompilator von Reiseberichten, Olfert Dapper (ca. 1637–1689), nimmt ungeniert die Abbildung von Tulpius als Illustration für den von ihm beschriebenen „Waldmenschen", wodurch die Originalität seines Berichts, der mehr Altes komprimiert statt Neues enthält, in Frage gestellt wird. Im Jahr 1668 erschien Dappers erste Auflage seiner *Beschreibung von Africa* bei Jacob von Meurs in Amsterdam, eine weitere 1676 und im Jahr 1670 erschienen sowohl eine englische als auch beim holländischen Originalverleger eine wohl vom Autor selbst verfasste deutsche Übersetzung, denen 1686 in Amsterdam noch eine Übersetzung ins Französische folgte (Italiaander in Dapper 1964, 394 f.). Diese frühe Afrika-Monografie war also sehr verbreitet. Dapper berichtet kompakt vom „Buschmann oder Waldmensch", der zudem „von Menschen und Affen entsprossen" sei, hält aber dieser Ansicht entgegen: „die Schwarzen verwerfen diese Meinung und halten dafür, dass es auf eine sonderliche Weise von sich selbst erzielt sei." (Dapper 1964, 293) Folgt man Dapper, dann vertraten die afrikanischen Eingeborenen offenbar zum Ursprung dieser neuen Wesen eine andere Meinung als die Eingeborenen auf Java, von denen Bontius berichtete. Dapper folgt fast wörtlich Tulpius' Beschreibung der menschenähnlichen Gestalt der Menschenaffen, ihres aufrechten Ganges und ihres kultivierten Verhaltens. Aber er fügt die weitere Erzählung der „Schwarzen" aus frühen Berichten zur Notzüchtigung von Frauen hinzu und bestätigt so antike Vorstellungen zum Satyr.

Während Dappers Bericht kaum mehr als eine eklektische Zusammenstellung vorheriger Beschreibungen ist, deutet sich in der seinem Werk beigefügten Illustration eine bemerkenswerte Innovation an: Bei Dapper wird der „Buschmann oder Waldmensch" nicht wie ursprünglich noch bei Tulpius als singuläres Wesen quasi statuenhaft präsentiert, sondern in einer paradiesähnlichen Wildnis mit Felsenbergen, Bäumen und weiteren Affen im Hintergrund, sitzend und auf allen vieren, dargestellt. Die Einbettung in eine Paradies-Ikonografie deutet auch vage ein Baum mit Einzelfrucht an, unter welchem die weibliche Menschenaffenfigur schamhaft ruht. Dapper kompilierte seine Kenntnisse aus zeitgenössischen Werken und Gesprächen, wobei er in Amsterdam offensichtlich an der Quelle war und für ein freies Handelsvolk schrieb. Es heißt, Dapper sei Atheist gewesen, und doch schreibe er mit Ehrfurcht vom Christentum (Italiaander in Dapper 1964, 386, 389, 394). Dappers Bericht veranschaulicht die nun einsetzende zunehmende Vermischung der Informationen über Menschenaffen aus Afrika und Fernasien, wodurch notgedrungen auch die Verwirrung unter späteren Naturhistorikern steigt.

Der Pygmy des Edward Tyson

Der englische Mediziner Edward Tyson (1651–1708), zugleich Gelehrter mit philologischen Neigungen, verfasste das Werk *Orang-Outang, sive Homo sylvestris or anatomy of a pygmy* (London 1699), welches in der zweiten Auflage unter dem Titel *The anatomy of a pygmy, compared with that of a monkey, an ape and a man* ein halbes Jahrhundert später neu erschien (London 1751). Darin befindet sich auch ein später erneut abgedruckter Essay über *Pygmies of the Ancient* (Tyson 1894). Die Titel deuten bereits an, dass Tyson seine anatomischen Studien an mindestens einem Menschenaffen – höchstwahrscheinlich ein Schimpanse oder ein Bonobo – mit den antiken Traditionen von als Pygmäen bezeichneten rätselhaften Wesen in Beziehung setzt und seinen anatomisierten Menschenaffen daher als „Pygmy" bezeichnet. In seinem philologischen Essay über die Pygmäen in der Antike vertritt Tyson die These, die antiken Erwähnungen von merkwürdigen Wesen wie Cynocephali, Satyren und Sphingen handelten alle von „Apes" oder „Monkeys", nicht aber vom „Man". Tyson ordnet seinen „Pygmy" nun in das traditionelle allgemeine Naturbild der Kette der Wesen (*scala naturae*) ein; ferner bestehen Beziehungen zum Satyr in der britischen Literatur (vgl. Thijssen bzw. Nash in Corbey/Theunissen 1995).

Wichtig und wirkmächtig ist Tysons anatomischer Ansatz, weil er die Merkmale der Wesen namens „Monkey", „Ape" und „Man" genauer vergleicht und eine ausführliche Liste anatomischer Ähnlichkeiten und Unterschiede seines „Pygmy" im Vergleich zum Menschen und zu geschwänzten Affen, den im Englischen sogenannten Monkeys, aufstellt. Daher gilt Tysons klassische Monografie als Wendepunkt in der Wissenschaftsgeschichte oder, modern gesprochen, als Beginn der vergleichenden Primatologie. Mit seinen anatomischen Untersuchungen untermauert Tyson nicht nur die Überzeugung, dass der Menschenaffe zum aufrechten Gang in der Lage sei, sondern auch die These, dass kein anatomischer Grund gegen eine solche Fähigkeit zu sprechen vorläge. Tyson zweifelt die Berichte über Pygmäen aus Afrika an und hält das von ihm untersuchte und für ausgewachsen gehaltene Schimpansenbaby für einen Ausgangspunkt derartiger Gerüchte. Tyson verortet den Schimpansen qua „Pygmy" anatomisch zwar zwischen den anderen Primaten und dem Menschen, näherte ihn aber am Ende mit philologischer Gelehrsamkeit mehr dem Tier an (Gould 1989, 209). Diese Studie wirkt weit ins 18. und 19. Jahrhundert hinein und noch Buffon verzeichnet im 18. Jahrhundert nach Tyson 48 Punkte bei den Ähnlichkeiten und 25 Punkte bei den Unterschieden zwischen Mensch und Menschenaffe (Buffon 1766, 62–66). Huxley anerkennt ein Jahrhundert später 47 Ähnlichkeiten und 34 Unterschiede zum Menschen (Huxley 1863, 11).

Tyson wurde nicht nur von führenden Tierkennern wie Buffon und von Systematikern wie Linné, sondern auch von Philosophen wie Monboddo oder Herder rezipiert. Insofern bleibt seine sorgfältige systematische Studie im Vergleich zu weniger ergiebigen Kompilationen oder zufälligen Einzelbeobachtungen lange unübertroffen. Erst der Naturhistoriker Vosmaer fügt 1777 bedeutende Beobachtungen zu lebenden Menschenaffen hinzu und der Mediziner Camper steuert 1778 weitere neue anatomische Befunde in seinen Einzelstudien zum Orang bei. Vor der Naturgeschichte der Affen von Buffon (1766), der auch selbst ein lebendiges Individuum beobachten konnte, war Tyson der wichtigste Naturhistoriker der Menschenaffen. Seine Bedeutung wird auch nicht dadurch gemindert, dass er aus Neigung zu klassischen Sprachen die neuen Wesen mit dem tradierten antiken Vorstellungsfeld zu Pygmäen in Verbindung bringt.

Darüber hinaus hat Tysons neuartige Illustration seines „Pygmy" Geschichte gemacht, der aufrecht stehend mit einem Stab in der Hand dargeboten wird. Diese Darstellung ist noch in relevanten populären Naturgeschichten des 18. Jahrhunderts, z. B. bei Schreber oder Blumenbach, zu finden. Wie ist dieser neue Bildtypus entstanden und zu bewerten? Der Wissenschaftshistoriker Gould beleuchtet anhand der Frage „Wie lässt sich ein Affe darstellen?" die Bedeutung Tysons in der Wissenschaftsgeschichte auf dem Hintergrund der Idee von der natürlichen Kette der Wesen (Gould 1989, 205–220).

Gould kritisiert den mit Tysons Werk gegenwärtig verbundenen „Mythos der angeblichen Modernität" und dessen anachronistische Vereinnahmung durch spätere Wissenschafter bzw. Wissenschaftshistoriker wie T. H. Huxley oder George Sarton (Gould 1989, 210). Tyson sei kein ahnender Evolutionist, sondern ein konservativer Anhänger der Vorstellung von der statischen Kette der Wesen gewesen. Seine sorgfältige Methode der Feststellung relativer Ähnlichkeiten zwischen Mensch und Tier sei keineswegs neu. Nach Gould habe die Aufzählung von 48 Ähnlichkeiten und 34 Differenzen zwischen Mensch und Schimpanse Tyson letztlich zu einer „Übertreibung des menschenähnlichen Charakters seiner Pygmäe" (Gould 1989, 211) unter dem Einfluss der Kette der Wesen geführt. Ferner zehre die der Studie beigefügte Illustration eines lebenden Schimpansen aus Angola von dessen physischer Schwäche und dem nur wenige Monate währenden Beobachtungszeitraum vor dessen Sektion. Tyson habe sich zu der Vermutung verleiten lassen, dass der Fingerknöchelgang des Tieres keine „natürliche Haltung" darstelle, sondern seiner Schwäche geschuldet sei: „Wir dürfen gewiß schließen, dass die Natur ihn zum Zweibeiner bestimmt hat" (zit. n. Gould 1989, 212 f.), war Tyson überzeugt. Aufgrund dessen habe er den Schimpansen „schlauerweise mit einem Spazierstock" in Händen ausgestattet, damit er das anatomisch labile Gleichgewicht im Aufrechtgehen besser halten könne. „Weil er so schwach ist, habe ich ihm zur besseren Stützung einen Stock in die rechte Hand gegeben", zitiert Gould (1989, 215) den Forscher. So entstand der vermeintliche Wanderstab, der später in so vielen Darstellungen von Menschenaffen als guten Wilden im 18. Jahrhundert beigefügt wurde, quasi als anatomischer Rettungsanker für ein geschwächtes und labiles aufrecht gehendes menschenähnliches Wesen.

Wie kommt Tyson auf den Namen *Pygmy*? Tyson verkannte den jungen Schimpansen als ausgewachsenes Individuum. Die morphologische Nähe zum Menschen wurde noch durch das Phänomen der Neotenie verstärkt, aufgrund dessen Jungschimpansen tatsächlich menschenähnlicher aussehen als adulte Tiere. Problematisch blieb aber die offenkundige Sprachunfähigkeit des Pygmy trotz vorhandener Sprechorgane. Die Menschenähnlichkeit von Gesicht und Gehirn sowie die physische Organisation insgesamt schienen zwar eine große Nähe von Animalität und Rationalität zu bestätigen, dass Tyson aber gegen allen Augenschein die Differenz betonte, könnte damit zusammenhängen, dass er sich ihr Leben weniger, wie die Cartesianer, als ein passives Produkt materieller Strukturen vorstellte, sondern vielleicht stärker aristotelisch als aktive, durch eine spezifische immaterielle Seele verursachte Bewegung von Körpersäften und Flüssigkeiten. Dann würde die Seele als artspezifisches aktives immaterielles Bewegungsprinzip den besonderen Unterschied zum Tier markieren und nicht, wie im Fall der Sprechorgane, die materiell-anatomische Gleichheit: „Denn, warum käme es sonst zu unterschiedlichen Arten des Handelns, wo ein Organ bei Menschen und Tieren gleich ist?", so Tyson (zit. n. Gould 1989, 219). Ähnlich, aber stärker cartesianisch, argumentierte später Buffon, wenn es bei aller Ähnlichkeit um die prekäre Auslotung der letzten Differenz von Mensch und Menschenaffe ging. Da Tyson in seinem Essay über die Pygmäen in der Antike davon überzeugt war, dass diese sich nicht auf menschliche Wesen bezogen, war es für ihn dann offensichtlich unproblematisch, seinen Menschenaffen als afrikanischen Pygmäen zu bezeichnen.

Am Ende lässt sich die ambivalente Rolle der Natur als Stufenordnung in der Wahrnehmung und Untersuchung von Menschenaffen folgendermaßen charakterisieren: Zunächst stimulierte die *scala-naturae*-Ordnung den agilen Forscher und Denker Tyson dazu, das neu entdeckte Wesen durch vergleichende Forschungsfragen in die europäische Geistestradition einzuordnen. Schon ein halbes Jahrhundert später hatte das topografische Modell der *scala naturae* bei Bonnet seinen Höhepunkt erreicht, regte aber noch bis zum letzten Drittel des 18. Jahrhunderts Naturforscher wie Camper und Philosophen wie Herder zu Diskussionen darüber an, ob Menschenaffen von Natur aufrecht gehen können oder über Sprechorgane verfügen. Der Orang-Outang oder Waldmensch wurde in dieser Zeit den doppelartigen Naturgeschöpfen zugerechnet, um das Stufenkonzept zu stützen (Pfeiffer 1787; Smellie 1791). Tysons Krücke für labile oder geschwächte Menschenaffen hatte sich unterdessen in einen Wanderstab verwandelt oder war unter dem Einfluss Rousseaus zur Insignie des guten Wilden geworden. Die Philosophen des 17. Jahrhunderts waren jedoch noch weit davon entfernt, Menschenaffen derart menschenähnlich zu stilisieren und in ihre Naturkonzepte zu integrieren.

Philosophische Seitenblicke im 17. Jahrhundert

Was dachten die Philosophen des 17. Jahrhunderts über die neuen Entdeckungen und Studien über Monster, Satyre, Pygmies, Orangs oder Waldmenschen? Generelle Äußerungen zu Affen sind auch schon in der ersten Jahrhunderthälfte zu finden, wenngleich beiläufig und philosophisch wenig substanziell. Die Entdeckungen, Berichte und Studien zu neuen Wesen werden erst nach und nach wirksam. Descartes hätte in Holland noch die ersten Berichte zu Menschenaffen zur Kenntnis nehmen können, aber sein Interesse galt der Grundlegung einer neuen Natur- und Erkenntnisphilosophie und ihrer Reinigung von Elementen der teleologischen Naturmetaphysik des Aristoteles. Im Gegensatz zu Astronomie, Physik und Chemie schlummert die „Biologie" noch. Tiere im Allgemeinen und Affen im Speziellen reflektiert Descartes aus methodischen Gründen als „Automaten" bzw. als seelenlose materielle Maschinen. Animalische Affekte werden nicht bestritten, aber nach mechanistischen Prinzipien erklärt. Descartes' strenger Dualismus ist gegen die aristotelische bzw. thomistische Seelenlehre gerichtet und mündet in die dualistische Scheidung der immateriellen Menschenseele als *res cogitans* einerseits und des rein materiellen Körperautomaten andererseits, die nur im Menschen interagieren und damit dessen exklusive Stellung im Kosmos vermeintlich evident markieren. Zu den materiellen Weltkörpern zählen Planeten, Tiere, der menschliche Körper, Pflanzen und Mineralien, die konsequent als kausale, seelenlose Korpuskularkompositionen – *res extensae* – erklärt werden. Descartes' methodische und mechanistische Gründe inspirieren die aufbrechende Tierseelendiskussion bis weit ins 18. Jahrhundert hinein (Hastings 1936; Sutter 1988). Cartesianer der zweiten Jahrhunderthälfte nehmen bald das Wissen über Menschenaffen in ihre kritischen Erörterungen auf. Philosophisch komplex und wirkmächtig ist die auf Descartes folgende Diskussion über „eingeborene Ideen" – *ideae innatae* – bzw. über die Rolle von Vernunft, Sprache, Identität und der Person. Der allgemein übliche Vergleich von Mensch und Tier findet sich auch bei Locke und Leibniz. In diesem philosophischen Umfeld betreten die neuen Menschenaffen im letzten Drittel des 17. Jahrhunderts schließlich auch die Bühne der neuzeitlichen Philosophie.

Tierautomaten und Affen im Cartesianismus
René Descartes (1596–1650) erklärt die Regeln der Mechanik als mit den Gesetzen der Natur identisch und lässt entsprechend die Physiologie der Tiere den Regeln der Mechanik folgen. Nicht eine entelechiale immaterielle Sinnenseele, sondern innere Dispositionen und äußere Teilcheneinwirkungen verursachen sämtliche Lebensbewegungen mittels feinstofflicher Lebensgeister, den sogenannten *spiritus animales*, im Blut oder im Gehirn. Sie steuern das Tierleben und in diesem Sinne sind sie organische „Maschinen". In seiner epistemologischen *Abhandlung über die Methode des richtigen Vernunftgebrauchs* (1637) vergleicht Descartes in seinem berühmten fünften Kapitel Tiere mit „Automaten" und erläutert diesen Vergleich auch mit einem Verweis auf Affen. Man wisse ja, wie viele verschiedenartige bewegliche Automaten durch die Geschicklichkeit des Menschen hervorgebracht worden seien

und daher könne man diese Tiermaschinen quasi als weit komplexere Maschinen aus Gottes Händen ansehen.

> *„Und ich hatte mich gerade bei diesem Punkt besonders aufgehalten, um zu zeigen, daß, wenn es solche Maschinen gäbe, welche die Organe und die äußere Gestalt eines Affen oder irgendeines anderen vernunftlosen Tieres hätten, wir nicht imstande sein würden, sie in irgend etwas von jenen Tieren zu unterscheiden." (Descartes 1990, 52 f.)*

Der fiktive Vergleich zwischen göttlichen Maschinen und naturwüchsigen Tieren soll verdeutlichen, dass ein wissenschaftlicher Beobachter diese göttlichen Automaten, die äußerlich wie Tiere agieren, nicht von wirklichen Tieren, selbst im Fall höherer Tiere wie Affen, unterscheiden könnte. Beobachtet man nur die äußeren Gestalten und Bewegungen, gibt es kein Unterscheidungskriterium. Im Fall des Menschen dagegen geht der Vergleich mit ihm ähnlichen Automaten anders aus. Denn solche heute sogenannte Androiden könnten sich niemals sinnvoll der Wörter und Zeichen bedienen, um Gedanken zu vermitteln. Der Philosoph meint, man könne sich zwar eine Maschine denken, die Laute von sich gebe, aber niemals eine solche, die alle Fragen sinnvoll beantworte, wozu nach Descartes selbst die stumpfsinnigsten Menschen in der Lage seien.

Was unterscheidet den Menschen von diesen Androiden? Für Descartes liegt das primäre Unterscheidungskriterium im sinnvollen Gebrauch der Sprache. Man könne nur bis zu einer gewissen „moralischen", das bedeutet hier technisch-praktischen, Grenze mit einer Maschine interagieren. Sinnvolle Wortkombinationen und vernünftige Kommunikation bringe sie nicht zustande. Doch gibt es noch ein weiteres Problem. Denn nach Descartes agieren diese Automaten nur aufgrund ihrer spezifischen Organanlage. Unmöglich aber könne es in einer Maschine hinreichend viele verschiedenartige Organe geben, um sie bei allen im Leben vorkommenden Fällen ebenso handeln zu lassen, wie die menschliche Vernunft es ermögliche. Descartes' menschenähnliche Maschinen bewerkstelligen zwar sehr spezielle Reaktionen und Simulationen, vermögen aber aufgrund des fehlenden Bewusstseins und der fehlenden Vernunft nicht als Universalinstrumente zu agieren. Das Vernunftbewusstsein markiert somit letztlich eine technisch-praktische Grenze zwischen Tier und Mensch. Dies liegt nach Descartes nicht an einer mangelhaften Beschaffenheit von Sprechorganen, wie Papageien zeigten, sondern daran, dass Tieren eben das Universalinstrument „Vernunft" und der sinnvolle Gebrauch der Sprache grundsätzlich fehle, letztlich, weil sie keinen immateriellen Geist besitzen. Dabei kommen erneut die Affen ins Spiel:

> *„Dies beweist nicht bloß, daß die Tiere weniger Vernunft als die Menschen, sondern daß sie gar keine haben. Denn, wie man sieht, gehört nur sehr wenig dazu, um sprechen zu können. Und da man unter den Tieren ein und derselben Art ebenso wie unter den Menschen Ungleichheit findet und die einen leichter abzurichten sind als die anderen, so ist es unglaublich, dass ein Affe oder ein Papagei, die zu den vollkommensten ihrer Art gehören, darin nicht einem der dümmsten Kinder oder wenigstens einem Geisteskranken gleichkommen würden, wenn ihre Seele nicht von einer ganz anderen Natur wäre als die unsrige."* (Descartes 1990, 54)

Der Vergleich mit geistig behinderten Menschen soll einen prinzipiellen Unterschied zu Tieren wie Papageien oder Affen verdeutlichen. Die menschliche Seele – *res cogitans* – als immaterielle Quelle der Vernunftideen ist prinzipiell anderer Natur als der tierische Körper. Man darf daher vernünftige Worte nicht mit natürlichen Bewegungen bzw. Lautäußerungen verwechseln. Tiere besitzen keinen Geist, keine Vernunft und daher keine sinnvolle Sprache. Nur im Speziellen könne eine Maschine wohl geschickter sein als ein Mensch, was Descartes durch seinen berühmten Uhren-Vergleich untermauert, nach dem eine Uhr weit richtiger als der Mensch mit all seiner Klugheit die Stunden zählen und die Zeit messen könne. Es sei aber ein altes Missverständnis, dass Tiere sprechen und wir Menschen sie nur nicht verstehen könnten. Descartes wirft die alten Fragen nach der Vernunft- und Sprachfähigkeit der Tiere neu auf, abgesehen von der Frage nach ihrer Fähigkeit, bewusst Schmerz zu empfinden, was Cartesianer ebenfalls bestreiten. Sein beiläufiger Affenvergleich bringt Descartes später die Kritik Linnés ein, er habe wohl niemals einen lebenden Affen gesehen.

Descartes Epigonen konnten an den neuen Berichten zu Menschenaffen nicht vorbeigehen. Der Cartesianer Antoine Le Grand (1629–1699) geht als umfassend gebildeter, emsiger Franziskaner daran, Descartes' Thesen konkreter zu untermauern und zu verteidigen. In England bereitet er der cartesianischen Naturphilosophie den Weg durch ein lateinisches Lehrbuch. Eine spezielle lateinische Schrift über die vermeintliche Tierseele ist auch in einer monumentalen englischen Gesamtausgabe enthalten (Le Grand 1694). Hier wird in der *Institution of Philosophy* anlässlich der Erörterungen zur Tierseele und Darlegungen zu Automaten diskutiert, ob Affen „rational creatures" seien, und Le Grand geht auf merkwürdige Berichte ein: Man sage, Affen würden Kriege führen und Tote begraben wie Menschen. Doch all diese Aktionen seien durch ihre besondere Instinktnatur bedingt und es handle sich um Aktivitäten einer bewusstlosen Maschine. „For as Watches point the Hours, so Beasts perform their Actions by

Instinct." (Le Grand 1694, 255) Konkreter geht Le Grand in seiner *Dissertation of the want of sense and knowledge in brutes* (lat. London 1675) auf Affen ein, um den Unterschied zwischen Mensch und Tier zu verdeutlichen. Tiere agierten als vernunftlose Automaten allein aufgrund von Impulsen:

> *„And here we are given to understand, how vain the Opinion is of some certain People of the East Indies, who think that Apes and Baboons, which are with them in great numbers, are indued with understanding, and that they can speak but will not for the fear they should be employed, and set to work."* (Le Grand 1694, 237)

Dem Cartesianer waren die Anekdoten aus Arbeiten von Battel, Tulpius und Bontius bekannt, aber sie konnten ihn nicht in seiner Ansicht beirren, dass Tiere Automaten sind, die keine Zeichen verstehen und keine Gedanken haben. Was Eingeborene zu Verstand und Sprache von Affen meinten, sei leeres Gerede.

Über Mensch, Tier, Identität und Person – Locke und Leibniz
Auf dem Boden der Tierseelendiskussionen werden auch wichtige epistemologische Fragen ausgefochten. Letztlich aber geht es um fundamentale Ideen, wie um diejenige des denkenden Ich, der ausgedehnten materiellen Welt, der Mathematik und um die Idee Gottes. Als *ideae innatae* sind diese Ideen nach Descartes der immateriellen Vernunftseele eingeboren, d.h. von Anfang an mitgegeben und stammen nicht aus Erfahrung. Sind sie aber vielleicht doch erlernt bzw. erlernbar? Diese Fragen stellen sich Philosophen des Empirismus und Rationalismus.

Der englische Philosoph John Locke (1632–1704) geht in seinem wirkmächtigen *Essay concerning human understanding* (1690), seinem Versuch über den menschlichen Verstand, solchen Fragen nach und verfolgt die empiristische These, alles Wissen stamme aus Erfahrung. In dem berühmten 27. Kapitel über „Identität und Verschiedenheit" behandelt Locke den signifikanten Unterschied von Pflanzen, Tieren und Menschen bzw. von „Menschen" und „Personen". Lockes Überlegungen wirken in der angelsächsischen Philosophie noch heute nach, wenn es z.B. darum geht, bestimmte Menschenaffen im rechtlichen Sinn als „Personen" zu verstehen oder bestimmte „Menschen" als „Nicht-Personen" aus der moralischen Gemeinschaft auszugliedern, ferner, wenn ein „Speziesismus", ein Artegoismus, vermieden werden soll (Cavalieri/Singer 1994).

Locke schließt in seinen Fragen an Descartes an. Besteht nun die Identität des Menschen in seiner materiellen organisierten Substanz und äußeren Gestalt? Oder sind Sprache, Vernunft und Selbstbewusstsein bei der Bestimmung des Menschen entscheidend? Man kann das Problem verkürzt als eine anthropologische Frage in cartesianischer Manier so formulieren: Was macht eigentlich den „Menschen" aus – sein materieller Körper, seine immaterielle Seele oder beides zusammen? „Person", „Mensch" und „Substanz" werden in Lockes Analyse nach und nach auseinanderdefiniert und als Bezeichnungen für ganz verschiedene „Ideen" angesehen: „Mensch" bezeichnet ein Lebewesen mit bestimmter Gestalt, d. h. eine organisierte Substanz, selbst wenn dessen Aktivität unvernünftig erscheint, wie im Fall eines Stumpfsinnigen. Aber eine Katze oder ein Papagei werde doch immer noch als Katze oder Papagei angesehen und bezeichnet, auch wenn man den Papageien reden, schließen oder philosophieren höre, so Locke. Sein Fazit: Man würde sagen, jenes sei ein stumpfsinniger, unvernünftiger Mensch, dieses aber ein sehr kluger und vernünftiger Papagei. Locke beglaubigt seine These durch den längeren Bericht über einen Dialog zwischen einem vernünftig sprechenden Papageien und einem sehr vertrauenswürdigen Menschen.

Was ist Lockes Anliegen bei dieser Anekdote? Dass nicht die Idee eines denkenden und vernunftfähigen Wesens allein den Menschen ausmache, sondern die Idee eines damit verbundenen Körpers mit bestimmter Gestalt. Seine anschließende komplexe Untersuchung endet schließlich damit, dass die Identität einer „Person" durch das Selbstbewusstsein konstituiert werde und dass „Mensch" und „Person" streng zu unterscheiden seien. Philosophisch relevant ist diese Scheidung, wenn ein juridischer Begriff von „Person" qua Identität durch Fortdauer des Bewusstseins für eine Zurechenbarkeit von Taten notwendig ist – die materielle Trägergestalt dieses Bewusstseins mag sich nun gewandelt haben oder nicht – in diesem Leben oder im Jenseits. Locke untermauert seine Auffassung von „Person" mit der Papageiengeschichte, um die besondere Rolle der vernünftigen Sprache bei der Identitätsbestimmung zu illustrieren.

Menschenaffen werden von Locke in diesem Zusammenhang nicht angesprochen, wohl aber von seinem Gegner, dem Universalgelehrten Gottfried Wilhelm Leibniz (1646–1716) in seinen *Neuen Abhandlungen über den menschlichen Verstand* (1704), in denen er Lockes Analysen eine rationalistische Kritik entgegensetzt (Leibniz 1971). Dazu inszeniert Leibniz einen fiktiven Dialog zwischen „Philalethes", dem Wahrheitsfreund, und „Theophilus", dem Gottliebenden, als zwei Repräsentanten der unterschiedlichen Ansichten von Locke und Leibniz. An drei Stellen betritt hier recht unvermittelt ein „Orang" die philosophische Bühne. Wiederum geht es um die Frage nach der Identitätsbestimmung durch die äußere Gestalt, die nach Lockes These für die Bestimmung dessen, was man als „Mensch" bezeichne, ausschlaggebend sei. Gegen diese These wendet Leibniz qua Theophilus ein:

> *„Wenige Theologen würden kühn genug sein, ein Wesen von menschlicher Gestalt, aber ohne bemerkbare Vernunft, sofort und unbedingt zur Taufe zuzulassen, wenn man es im Walde fände, und ein katholischer Priester würde vielleicht mit Hinzufügung einer Bedingung sagen: wenn du ein Mensch bist, so taufe ich dich, denn man könnte nicht wissen, ob es von menschlichem Geschlecht wäre und eine vernünftige Seele in ihm wohnte; es könnte ein Orang-Utang sein, jener in seinem Äußeren dem Menschen so ähnliche Affe, wie der, den Tulpius nach eigener Anschauung beschreibt, oder wie der, dessen Anatomie ein gelehrter Arzt veröffentlicht hat. Allerdings kann der Mensch (wie ich zugebe) so dumm werden wie ein Orang-Utang, aber das Innere der vernünftigen Seele würde doch, wie ich dies oben erläutert habe, in ihm, trotz der Aufhebung seines Vernunftgebrauches, bestehen bleiben; dies ist also ein Punkt, wo man nicht nach dem äußeren Scheine urteilen darf."* (Leibniz 1971, 246)

Leibniz wirft die Studien von Tulpius (3. Aufl. 1672) und Tyson (1699) in den philosophischen Diskurs und nun ist es gerade die äußerlich große Menschenähnlichkeit des Orangs, die gegen Lockes These verwendet wird. Etwas spitzfindig und dreist lässt Leibniz einen Theologen die formale Grundbedingung formulieren, die außer der äußeren Gestalt den „Menschen" ausmache, nämlich die Vernunftfähigkeit. Und selbst bei der konkreten Aufhebung des Vernunftgebrauchs – wie im Fall eines Stumpfsinnigen – hätte doch die potenzielle Vernunftfähigkeit Gewicht – so könnte man Leibniz' Einwand heute formulieren. Man würde den Stumpfsinnigen eben nicht nur dem „äußeren Scheine" nach beurteilen, sondern gerade das „Innere der vernünftigen Seele" als quasi entelechiales Kriterium des Menschseins zur Beurteilung seines Wesens hinzuziehen.

Im Hinblick auf Lockes 27. Kap. über „Identität und Verschiedenheit" kommt es Leibniz darauf an, was man unter „Mensch" verstehe, „den vernünftigen Geist allein oder lediglich den Körper in derjenigen Form, welche Mensch genannt wird, oder endlich den Geist in Verbindung mit einem bestimmten Körper". Leibniz konstatiert:

> *„Im ersten Fall wird der Geist auch in seiner Loslösung (wenigstens in der Loslösung von dem gröberen Körper) noch der Mensch sein, im zweiten wird ein Orang-Utang, der uns bis auf die Vernunft völlig gliche, ein Mensch sein, und wenn der Mensch seiner vernünftigen Seele beraubt würde und eine Tierseele empfinge, so würde er dennoch derselbe Mensch bleiben."* (Leibniz 1971, 261f.)

Wiederum dient der Orang als fehlleitendes Beispiel für eine Bestimmung des Menschen nach dem alleinigen Prinzip der äußeren Gestalt, während der Unterschied – die Vernunft – nach Leibniz zur Identität des Menschen gehört.

Ein drittes Mal taucht der Orang bei Leibniz zu Beginn des dritten Buchs „Von den Worten" und über die Sprache (Kap. I) auf, wenn es um Lockes Ansichten von der natürlichen Fähigkeit des Menschen geht, aufgrund seiner Organe artikulierte Laute formen zu können, „die wir Worte nennen". Dagegen wendet Leibniz ein: „Was die *Organe* betrifft, so sind die der Affen, wie es scheint, ebenso fähig, als die unseren, Worte zu bilden, und doch findet man nicht, dass sie hierzu irgendwelche Anstalten machen. Es muss ihnen also hierfür etwas fehlen, was nicht in die Sinne fällt." (Leibniz 1971, 296). Wenig später lässt Leibniz Locke qua „Philalethes" entgegnen:

> *„Wie der Orang-Utang und andere Affen die Organe besitzen, ohne Worte zu bilden, so kann man sagen, daß die Papageien und manche andere Vögel Worte haben, ohne deshalb Sprache zu besitzen; denn man kann diese Vögel dazu abrichten, ziemlich deutliche Worte zu bilden; dennoch sind sie keineswegs der Sprache fähig. Nur der Mensch ist imstande, sich dieser Laute als Zeichen innerer Gedanken zu bedienen, um sie dadurch anderen kund tun zu können."* (Leibniz 1971, 296f.)

Lockes Position, dass der Mensch mit Hilfe von Lauten Zeichen für Ideen bilde und daraus allgemeine Zeichen und so letztlich alles Denken aus den Sinneswahrnehmungen bilde (vgl. Locke 3. Buch 1. Kap.), will Leibniz durch den Orang-Vergleich weiter schwächen. Wo Organe zum Sprechen vorliegen wie beim Orang, fehle dennoch die Sprache. Dem Orang fehle also zur Sprache offensichtlich die Vernunft, die Leibniz als immateriellen monadenhaften Träger eingeborener Ideen stärken möchte. Zum anderen gesteht „Locke" nun zu, dass Papageien keineswegs der Sprache fähig seien, was er auch in der Tat in den *Essays* tut, wobei dort aber keine Rede vom Orang ist (vgl. Locke 3. Buch 1. Kap.), den Leibniz hier für seine Position instrumentalisiert.

Diese vertrackten Beispiele aus einem philosophischen Diskurs zwischen Leibniz und Locke zeigen also, wie erste auf Menschenaffen gestützte Argumente zaghaft in die Philosophie eindringen. Bei Locke ist zudem eine sehr wichtige Differenz zwischen „Mensch" und „Person" angelegt, die in der geistesanalytischen Interpretation der utilitaristischen Bioethik am Ende des 20. Jahrhunderts dazu führen wird, große Menschenaffen als „Personen" mit besonderen Rechten auszustatten und zugleich bestimmten „Menschen" wie Embryonen oder schwerst geistig Behinderten Personalität und damit einen besonderen moralischen Status abzusprechen (vgl. Kap. 9).

Der aufgeklärte Menschenaffe

„Wenn man sie genauer untersuchte,
so würde man vielleicht feststellen,
dass sie weder Tiere noch Götter,
sondern Menschen sind."
(Rousseau: *Über Ursprung und Grundlagen der Ungleichheit*, 1755)

Was der Mensch von Natur ist oder für was er sich hält, spiegelt sich nicht zuletzt in der Art und Weise, wie er die nichtmenschlichen Naturwesen beschreibt und illustriert. Dies wurde bereits bei der kurzen Geschichte früher prototypischer Visualisierungen von Menschenaffen im 17. Jahrhundert deutlich. Immer geht es dem Menschen um seine Identität als Mensch. Aber Identität erfordert möglichst klare Differenz, die nicht ohne Weiteres zu haben ist. Wer sich allerdings in narzisstischer Manier in der Welt immer nur selbst sehen und seine Überlegenheit über andere Lebewesen demonstrieren möchte, wird sich im fremden Gegenüber zu vermeiden suchen, umso mehr, wenn es um Wesen geht, die dem eigenen Wesenskern so nahe zu kommen scheinen wie Menschenaffen. Der Menschenaffe ist dann bestenfalls ein höheres Tier, am besten ein „Monster", ein „Satyr" oder eine Missgestalt, aber eben kein Mensch. Diese Einstellung charakterisiert den einen wirkmächtigen Pol der „Aufklärung" über Menschenaffen. Sie läuft darauf hinaus, dass sich der verunsicherte Mensch seiner exklusiven Sonderstellung cartesianisch dualistisch oder im traditionellen Schema der natürlich gestuften Seelenordnung versichert wie bei Buffon oder Bonnet.

Der andere Art Pol der „Aufklärung" geht nicht von der Differenz, sondern von der großen Ähnlichkeit oder gar Identität von Mensch und Menschenaffe aus und verteidigt sie emphatisch. Der Menschenaffe sei anatomisch fast ein Mensch, so Linné, oder eigentlich ein natürlicher wilder, aber noch unverbildeter Mensch, so bei Rousseau oder La Mettrie. Er eignet sich dann als Gegen- bzw. Vorbild für den Kulturmenschen. Auch in dieser Art von Wahrnehmung dienen Menschenaffen der Aufklärung des Menschen über den Menschen.

Zwischen diesen Polen pendelt die philosophische und naturgeschichtliche Wahrnehmung von Menschenaffen im 18. Jahrhundert und offenbart eine ambivalente Beziehung. Um die Jahrhundertmitte münden unterschiedliche Typen und Vorstellungen von Menschenaffen in einen ernsthaften anthropologischen Aufklärungsdiskurs ein und eine Selektion findet statt. Zuvor nur marginales Thema populärer und naturgeschichtlicher Kuriosität, werden Menschenaffen nun zu einer echten Herausforderung für die Aufklärer vor allem in Frankreich, wo die „Philosophen" den Ton angeben und Rousseau oder La Mettrie die Avantgarde sind.

Man könnte es anachronistisch verkürzen und behaupten, es handle sich bei dieser neuen Station im Menschenaffendiskurs um eine Abkehr von der Anthropomorphologie hin zur philosophischen Anthropologie oder zur empirischen Primatologie. Aber anthropomorphe Wahrnehmungsmuster sind nach wie vor so relevant wie empirische Befunde. Im Spannungsfeld zwischen den großen Aufklärungsthemen „Natur" und „Kultur" spielen Menschenaffen eine Rolle für die Selbstaufklärung des Menschen, und anthropomorphe Wahrnehmungsmuster von Pflanzen und Tieren sind präsent, wenn es um Tier- oder Pflanzenseelen geht (Ingensiep 1994). Ins besondere Visier der Aufklärer geraten nach heutigem Wissen vor allem der Orang-Utan und der Schimpanse, weniger der Gibbon, der auch bekannt ist, nicht aber der Gorilla, der erst kurz vor Mitte des 19. Jahrhundert entdeckt wird. Frühere Beschreibungen und Visualisierungen des 17. Jahrhunderts werden neu gestaltet, was dazu führt, dass der Orang im Verlauf des 18. Jahrhunderts quasi zu einem „philosophischen Tier" erhoben wird.

Die Naturhistoriker

Es dauert eine Weile, bis die schon im 17. Jahrhundert in den Berichten von Battel, Tulpius, Bontius, Dapper und vor allem von Tyson vorliegenden, recht differenzierten Kenntnisse über Menschenaffen eine breite intellektuelle Öffentlichkeit erreichen und eine spezielle Diskussion anregen. Noch in Zedlers einschlägigem Universallexikon für alle Gebildeten von 1733 wird recht spärlich und stark verkürzt von „Busch-Menschen" oder „Ourangutangs" notiert:

> *„Eine sonderliche Art Affen in Indien, deren es zweyerley Arte giebet; die erste hält sich stets in denen Bäumen auf, hat ein Gesichte einem Menschen gleich, springt von einem Baume zum andern, und stellet sich des Morgens wie ein weinender Mensch an. Die andere ist von Statur grösser, lebt meistens auf der Erden, die Weiblein haben grosse lange Brüste, gehen auf den Hinter-Beinen, und scheinen von ferne alte Weibergen oder Mänergen zu seyn."* (Zedler 4. Bd., Halle 1733, 2009)

Erst im zweiten Drittel des 18. Jahrhunderts wenden sich wichtige Kenner der Naturgeschichte und Tierkunde dem Orang zu – nun aber in origineller, taxonomisch-systematischer oder methodischer Weise, denn die große Zeit der Naturgeschichte bricht an. Scheuchzer, Linné und Buffon sind prominente Vertreter der neuen Wissenschaft.

Scheuchzer – der Menschenaffe in der Bibel
Johann Jacob Scheuchzer (1672–1733), der in Zürich wirkende schweizerische Universalgelehrte und Naturforscher, prägte nicht nur den Terminus „Natur-Wissenschaft" als deutsche Übersetzung von „Physik", er verfasste auch ein seinerzeit sensationelles Werk, welches biblisches und naturwissenschaftliches Wissen in Wort und Bild verbindet: die sogenannte *Kupfer-Bibel oder Physica sacra* (Augsburg 1731–1735). Diese illustrierte Naturbibel erscheint fast gleichzeitig in deutscher, lateinischer, französischer und holländischer Sprache und vermittelt mit Hilfe versierter Kupferstecher, wie Wissen aus der Bibel mit bekannten naturwissenschaftlichen Theorien und Fakten zusammenstimmen konnte. Dazu dienen 758 großformatige prächtige Stiche, welche der Züricher Maler Johann Melchior Füßli nach Scheuchzers Vorgaben entworfen hat (Krauss in Scheuchzer 1984).

Motiviert wurde Scheuchzer durch die erstarkende Physikotheologie. Gottes Wirken konnte demnach in der Natur erkannt werden, weshalb zunehmend naturhistorische Kenntnisse über geologische, paläontologische, botanische, zoologische, ferner medizinische und physikalische Komponenten mit der biblischen Geschichte verbunden wurden. So wurde z.B. die Sintflutgeschichte mit geologischen und paläontologischen Zeugnissen, Fossilien, illustriert. Eine sehr eigentümliche Verbindung gelingt Scheuchzer durch die Integration der ersten Menschenaffen, indem er den *Satyr indicus* des Tulpius der biblischen Figur des Esau zur Seite stellt. Weit vor Darwin wird eine besondere Form von Naturgeschichte komponiert. Was geschieht im Detail?

Die *Physica sacra* oder *Geheiligte Natur-Wissenschaft derer in Heil. Schrift vorkommenden Natürlichen Sachen* enthält eine Tafel, die eine alttestamentliche Szene mit damaligem Wissen zu Menschenaffen verbindet (Scheuchzer Bd. 1, Augsburg 1731, Tafel LXXXIV). Sie ermöglicht einen interessanten Vergleich (vgl. Abb. 3 mit Farbtafel 1). Rechts im Vordergrund dieser Tafel (Farbtafel 1) steht vor imposanter alpiner Gebirgs- und Waldkulisse „Der rauch-haarichte Esau". Links kauert schamhaft eine Variante des *Satyr indicus* aus Tulpius (Abb. 3), ein weiblicher Menschenaffe, der die Hände schamhaft vor den Geschlechtsorganen verschränkt und anmutig zur Seite blickt, während Esau den Bildbetrachter ansieht. Esau, der biblische Jäger, ist mit Köcher, Bogen und Pfeilen in der rechten Hand gerüstet. Wer mehr verstehen will, muss biblische Geschichte vor Augen haben.

Esau ist nach 1 Mose 25 der erstgeborene Zwillingsbruder des Jakob; beide sind Söhne von Isaak und Rebekka. Esau ist seit der Geburt am ganzen Körper mit rötlichen Haaren bedeckt und wird zum herumstreifenden Jäger, während sein Bruder Jakob mehr dem Häuslichen zuneigt. Diesen beiden Stammvätern zweier Völker wird schon im Mutterleib Streit prophezeit. Der hungrige Esau, der Lieblingssohn des Isaak, verkauft nach anstrengender Jagd leichtfertig sein Erstgeburtsrecht für ein Linsengericht an den von der Mutter bevorzugten Bruder Jakob. Durch eine List Rebekkas erlangt Jakob den Erstgeburtssegen vom blinden sterbenden Vater Isaak, der die mit Böckchenfell umwickelten Hände des jüngeren Jakob ertastet und diesen daraufhin für seinen erstgeborenen Sohn Esau hält. Das Verhängnis nimmt seinen Lauf: Jakob hat den Segen, Esau geht leer aus und wird sogar ins Gebirge verstoßen. Doch am Ende dieser merkwürdigen Erzvätergeschichte steht eine Versöhnung.

Welche Rolle spielt nun der kuriose Menschenaffe bzw. ein Affenweib, von dem in der Bibel überhaupt keine Rede war? Es gibt verschiedene Deutungsansätze. „Der erst, der heraus kam, war roth, gantz rauhe, wie ein Fell, und sie nenneten ihn Esau", schreibt Scheuchzer im Text (Scheuchzer I, 1731, 102). Im Buch *Crossing Over* zwischen Wissenschaft und Kunst versucht Gould, Scheuchzers alttestamentliche Story und den Menschenaffen als „sleeping chimpanzee" zu verstehen (Gould 2000, 109). Aber die Sache ist komplizierter. Scheuchzer kannte das Originalwerk des Tulpius, aus dessen Beschreibungen er ausführlich berichtet. Er kannte aber auch das *Thierbuch* seines Landesgenossen Conrad Gesner, worin hinter dem „Geyßmännlein", dem Satyr, unter den rauen „Waldmännlein" später auch ein „Ourangoutang" nach Tulpius abgedruckt war (Gesner 1669, 19). Doch wird der Stammvater der Edomiter, Esau, nicht kurzerhand zum „Satyr" oder Affen erklärt, was auch den Zeitgenossen abwegig erschienen wäre. Ebenso wenig will Scheuchzer mit seiner Illustration nahelegen, dass diese Wesen von Esau abstammen – vielleicht als Degenerationsprodukte. Aber er hält Esau für eine „Halbe Mißgeburth", die „von der natürlichen Ordnung abweichet" (Scheuchzer I, 1731, 103). Dessen Rauheit und Rotheit der Haare geben ihm den ersten Anstoß zum Vergleich mit dem neu entdeckten Orang. Was macht für Scheuchzer das Monströse an Esau aus? Es waren die rötliche Körperbehaarung und das derbe Leben des leichtfertigen Jägers in der Wildnis, der sein Erstgeburtsrecht für ein Linsengericht verkauft hatte.

Scheuchzer inszeniert hier also nicht etwa eine natürliche Abstammungsgeschichte des Menschen, auch wenn dies seine paläontologischen und geologischen Kenntnisse nahegelegt haben könnten. Die wilde Affenfrau mit dem Satyr-Image erscheint ihm vielmehr als plausible Partnerin für den rauhen Esau, der ja von Anfang an gezeichnet war. Davon kündet der Einleitungsvers: „Nach Art der Satyren kommt Esau an das Licht, Roth, haaricht, rauch und wild, mit frechem Angesicht." (Scheuchzer I, 1731, 102) Und der Abschlussvers verkündet die moralische Botschaft der Geschichte: „Was ist wol mancher Mensch? Ein ungezähmtes Wild, Ein Mißwachs der Natur, ein ungestaltnes Bild; Und wenn das Unthier sich geberdet wunderlich, Auch wol gezeichnet ist: Mein Mensch so hüte dich!" (Scheuchzer I, 1731, 103). Der Physikotheologe und Calvinist liest aus der natürlichen Hässlichkeit der menschlichen bzw. aus der zum Tier degenerierten Gestalt letztlich eine gottgewollte Moral heraus. So werden der naturwissenschaftlich und der theologisch Gebildete gleichermaßen befriedigt.

Scheuchzers Illustration eines Menschenaffen in biblischem Kontext besitzt einen kuriosen Vorläufer, der bereits im 17. Jahrhundert vorgestellt wurde (Abb. 4). Auf einem sehr originellen Kupferstich werden zwei „Menschen-Affen" (Klaatsch o. J., 183) ähnlich einer Adam-Eva-Paradies-Ikonografie in eine exotische Landschaft gesetzt, wobei die Affendame den Satyr des Tulpius kopiert. Sie stammt aus dem Reisewerk des holländischen Theologen und Historikers Arnold van den Berghe, lat. Arnoldus Montanus (1625–1683): *Gedenkwaerdige Gesantschappen der Ooost-Indische Maetschappy in 't Vereenigde Nederland, aen den Kaisaren van Japan* (Amsterdam 1669).

Der naturwissenschaftlich und theologisch gebildete Universalgelehrte Scheuchzer betreibt „Aufklärung", indem er beide Perspektiven bedeutungsvoll zu fusionieren sucht. Naturwissen soll weder im Widerspruch zur Bibel stehen noch belanglos sein. Scheuchzer will vielmehr tradiertes biblisches Wissen und aktuelles Naturwissen unterhaltsam und lehrreich zusammendenken und – um mit dem Kirchenvater Augustinus zu reden – die „beiden Bücher" der Bibel und der Natur in Einklang bringen. Insofern handelt es sich um primordiale Schritte, Einheit in der Ordnung der Dinge zu stiften. Um eine naturgeschichtliche Aufklärung in der Bibel und zugleich eine moralische Aufklärung über den Menschen zu liefern, dafür nahm Scheuchzer auch das neue Wissen über die Menschenaffen in den Dienst.

Linné – Anthropomorpha im System
Die naturgeschichtliche und systematische Bedeutung von Menschenaffen verdeutlicht der große Taxonom Carl von Linné (1707–1778), der „Kanzleibeamte Gottes", indem er 1735 den Menschen mit den Affen in der Ordnung *Anthropomorpha* zusammenführt und damit den Menschen auf subtile Art

zu Vierfüßlern erniedrigt. Seit der zehnten Auflage seines Werkes *Systema naturae* aus dem Jahr 1758 werden Mensch und Menschenaffen zu den *Primates* gezählt und damit systematisch in der Klasse der Säugetiere, *Mammalia*, vormals *Quadrupedia*, zusammengefügt. In Anbetracht der großen Ähnlichkeit von Mensch und Menschenaffe suchte der aufgeklärte Systematiker nach einer klaren Differenz und schrieb in einem berühmten Brief aus dem Jahr 1747 an den Kollegen Johann Georg Gmelin (1709–1755): „Ich verlange von Ihnen und von der ganzen Welt, dass sie mir ein Gattungsmerkmal zeigen, aufgrund dessen man zwischen Mensch und Affe unterscheiden kann. Ich weiß selbst mit äußerster Gewissheit von keinem." (Brief an J. G. Gmelin vom 14. Februar 1747)

Über seinen Schüler C. E. Hoppius lässt Linné in der speziellen Abhandlung *Anthropomorpha* (lat. 1760) von der großen physischen Ähnlichkeit der „Thiermenschen" mit Menschen berichten und stellt sie in den Kontext von Menschen, die „ihr ganzes Leben in Wäldern unter den wilden Thieren zugebracht haben" (Hoppius 1776, 58). Erneut bekennt der Autor:

> „*Ich will als Naturforscher den Menschen nach allen Theilen seines Körpers betrachten; und wann ich dies thue: so finde ich schwerlich ein einziges Merkmal, wodurch der Mensch von Affen unterschieden werden kann.*" (Hoppius 1776, 59)

Im aufrechten Gang und selbst in den „Sprachmuskeln (ob sie gleich nicht reden können)" sowie in vielen anderen Gewohnheiten stimmen nach Linné Mensch und Affe überein (1776, 61). Auf der beigefügten berühmten Tafel greift Linné auf die bestehende Tradition naturgeschichtlicher Beschreibungen zurück und präsentiert vier kuriose Gestalten, und zwar mit Namen, die das gesamte Feld möglicher Phantasien und Vorurteile im undurchsichtigen Affe-Satyr-Diabolus-Monster-Wilder-Mensch-Übergangsfeld bedienen. Man begegnet als erstes einem auf einer Bank sitzenden und auf einen Stab gestützten „Pygmäen" oder Waldmenschen, dem „Simia Pygmaeus" nach Edwards von 1758 (ähnlich „Simia satyrus Linn." auf Farbtafel 2). Als zweiter Typus folgt der „Satyrus Indicus" nach Tulpius, hier kurz auch als „Tulps Satyr" genannt, bei dem es sich aber um eine Variante des Schimpansenweibes nach einer Illustration von Scotin aus dem Jahr 1738 handelt (vgl. Nr. 3 „Chimpanzee" auf Farbtafel 5, S. 261). Der Dritte im Bilde ist ein „Lucifer" bzw. Cercopithecus nach Aldrovandi, aufrecht, beschwänzt und mit Stab, vermeintlich auch beschrieben durch Köping, und der Vierte ein Troglodyt oder „Nachtmensch", der weibliche „Homo Nocturnus" nach Bontius (Amoenitates Academicae VI, 1763; Hoppius 1776, 62–70).

Der Text liefert die üblichen Anekdoten, z. B. über das schamhafte Verhalten des weiblichen Bontius-Troglodyten aus Java, dem nur die Sprache fehle: „Doch sagen die Javaner, sie könnten wohl sprechen, sie thäten es aber nur deswegen nicht, damit man sie nicht zwänge zu arbeiten." (Hoppius 1776, 66). Linnés Schriften tragen somit durch Text und Bild zur Verbreitung solcher Ansichten über Menschenaffen bei, die andere Aufklärer wie Buffon kritisch beleuchten. Die Verwirrung um Abbildungen und Namen war ohnehin groß und man wundert sich nicht, wenn in späteren, Linné folgenden Darstellungen die Abbildungen und Namen ganz eigene Wege gehen. So kann „Edwards Pygmäe" von Hoppius später bei Schreber auch als „Simia Satyrus. Linn." einen prägnanten diabolischen Bildtypus unterstreichen (Farbtafel 2). Der merkwürdige Habitus in Anlehnung an die antik-christliche Satyr-Diabolus-Mythologie legt nahe, diesen Diabolus-Typ sowohl von dem Tulpius-Typ als auch von dem Typ des Wilden nach Buffon abzugrenzen. Diabolus-Typ und das Affenweib des Tulpius zeigen beide sitzende Positionen, der Erste aber mit offensiv gespreizten Beinen, Letztere dagegen mit schamhaftem Körper- und Gesichtsausdruck. Der Typ des Wilden bei Prévost oder Buffon zeigt hingegen eine auf einen Stab gestützte stehende Figur (s. u.). Da auch Mischtypen aus diesen drei Grundtypen existieren[3], wird die Interpretation solcher Illustrationen beliebig kompliziert, zumal wenn außerdem antike Temperamentenlehre, Theologie oder frühere Naturgeschichte in „melancholy apes" oder in Linnés „Lucifer" zu ihrer Deutung herangezogen werden (Brown 2010; Bowman/Holthuis 1968).

Angesichts der Fülle von Illustrationen, Berichten und Namen war es in der Tat nicht nur für Linné schwierig, klare Verhältnisse zu schaffen und klare Grenzen zwischen Menschen und Affe zu ziehen. Menschenaffen hat Linné nicht beobachten können, wohl aber ein Berberaffen-Weibchen mit Namen „Diana". Ihr Verhalten sprach nicht gerade für ihre Seelenlosigkeit gemäß Descartes Automatentheorie der Tiere, weshalb Linné in einer Fußnote im *Systema* festhält: „Offenbar hat Descartes nie einen Affen gesehen." Da Linné kaum Unterschiede zwischen dem Menschen und seinen animalischen Vettern findet, könnte der antike Ausspruch Solons am Diana Tempel „Nosce te ipsum" – Erkenne dich selbst! –, den er direkt hinter die Bezeichnung „Homo" setzt, nicht nur als Anthropinum, sondern auch als Ironie auf die Bezeichnung „Homo sapiens", dem Ersten untern den „Primates" verstanden werden. Im *Systema naturae* (Bd. 1, 13. Aufl. Wien 1767, 28 u. 34) folgen nach „Homo" die „Simia", darunter zuerst der „Satyrus", der „Homo sylvestris" bzw. der „Satyrus Indicus". Die Identitäten waren noch unklar und die Grenzen offen, was moderne Interpreten zu Spekulationen anregt. Für Linné aber war allein der Mensch moralisch-theologisch betrachtet durch eine unsterbliche Seele und durch Selbsterkenntnis charakterisiert (vgl. Agamben 2003, 33–38). So trägt Linné zu einer ambivalenten Aufklärung über den Menschen und über Menschenaffen bei.

Buffon – Naturgeschichte der Affen
Linnés französischer Rivale und Mitgestalter der Naturgeschichte, Georges Louis Leclerc Buffon (1707–1788), macht sich auf, die Verwirrung um die merkwürdigen Gestalten und deren Namen zu beseitigen. Wo Linné eine die

Abb. 5: „Jocko" (Buffon 1766)

menschliche Identität stark berührende natürliche Nähe des Menschenaffen sieht, besteht Buffon auf einer Differenz, die er allerdings weniger im Äußerlichen als im Innern findet. Buffons *Histoire Naturelle* (1749 ff.) und Diderots *Encyclopédie* (1751 ff.) binden das neue Wissen über Menschenaffen in den öffentlichen Wissensbestand der Aufklärung ein. Der 14. Band der *Histoire Naturelle* über die Affen erscheint 1766 in Paris, später mit Ergänzungen im Supplementband VII (1789, 1-29), ferner auch in deutscher Übersetzung (Buffon/Martini/Otto 1772-1802). Die damals bekannten Affen werden sorgfältig beschrieben, unter anderem auch der bis dahin wenig beachtete Gibbon, der seitdem in Enzyklopädien auf Tafeln mit Menschenaffen auftaucht (1766, 92-108; vgl. Nr. 4 „Long armed Ape" auf Farbtafel 5).

Buffons Erläuterungen zur Nomenklatur orientieren sich an den Beschreibungen des „Orang-Outangs, ou Le Pongo et le Jocko" (1766, 43-71) mit nachfolgender „Description Du Jocko" (1766, 72-83). Buffons Abbildung des „Jocko" folgt dem Typ des aufrecht gehenden Wilden mit Stab in einer offenen Landschaft (Abb. 5) und prägt eine ganze Generation von Lehrbüchern zur Naturgeschichte bis weit ins erste Drittel des 19. Jahrhunderts (Buffon 1766, Abb. links).

Buffons naturhistorische Gewährsleute sind Bontius, Linné, Beekman, Schoutten, Battel, Pyrard, Dapper, Tulpius, Edwards und vor allem Tyson, dessen Auflistung von 48 vergleichbaren Ähnlichkeiten und 24 unterschiedlichen Merkmalen zwischen Mensch und Menschenaffe er ausführlich verzeichnet (Buffon 1766, 62-67). Ferner fusioniert er diverse Berichte über Menschenaffen aus Asien und Afrika und stützt die Vermutung, es handle sich nur um eine einzige Menschenaffenart in verschiedenen Ausprägungen bzw. verschiedenem Alter. Die Menschenähnlichkeit dieser Affen in Gestalt und Verhalten ist auch für Buffon offensichtlich, aber er verwendet diese äußeren Merkmale im Gegensatz zu La Mettrie (s. u.) als Argument für eine prinzipielle innere, cartesianische Differenz zwischen Mensch und Menschenaffe. Dem Menschenaffen fehle die innere, immaterielle Seele, die die Sonderstellung des Menschen manifestiere. Seele, Denken und Sprache hängen für den Cartesianer Buffon nicht von der Gestalt oder Organisation des Körpers ab. Auch die Tatsache, dass der Orang menschliche Aktivitäten nachahme und seine Ähnlichkeit mit dem „Hottentotten" verblüffe, beweise nicht die Denk- und Sprachfähigkeit des Affen, sondern vielmehr, dass er, dem die immaterielle Seele fehle, letztlich ein organischer Automat sei. Denn wer allein von den körperlichen Ähnlichkeiten ausgehe, der könne den Orang „ebenso gut wie den ersten unter den Affen als wie den letzten unter den Menschen ansehen" (Buffon/Otto 1791, 200).

Buffons „Jocko" verkörpert mit dem „Ourang-Outang" der Aufklärer anthropomorphe Zauberworte, die zugleich für ein Netzwerk von Namensverwirrungen und Mischbeschreibungen in der Folgezeit stehen. Buffon sucht die Verwirrung zu bereinigen und will nur eine Art Menschenaffen gelten lassen. In der Tat kann er gegenüber seinem Rivalen Linné beanspruchen, eine übersichtliche Affenordnung geschaffen zu haben. Das führende Gesicht dieser Ordnung ist der „Jocko", der nun aufrecht mit Stab als Stütze den bürgerlichen Gelehrten der Aufklärung auf vielen Illustrationen entgegenwandert (Abb. 5).

Der „Jocko", den Buffon offenbar lebend um 1740 in Paris sah, war vielleicht ein Schimpanse, denn es wird berichtet, er stamme von den Küsten Gabuns. Als aufgeklärter Beobachter begegnet Buffon dem Affen als Exemplar einer Art und beschreibt dessen Verhalten aus einer distanzierten rationalen Beobachterperspektive, die objektive Zeugenschaft verspricht. Mehrfach

Abb. 6 Titelbild von Buffons Naturgeschichte (Martini/Otto 1771)

heißt es bei Buffon: „ich habe gesehen". Buffon bringt das Aussehen und Verhalten dieses Individuums mit dem ein Jahrhundert zuvor beschriebenen *Satyrus indicus* des Tulpius (1641) und mit dem von Tyson (1699) als *Pygmy* beschriebenen Wesen in Verbindung, bei denen es sich vermutlich ebenfalls um Schimpansen handelte.

Buffons distanzierte Meinung zu Affen spiegelt eine dominierende Ansicht zum Verhältnis von Menschen zu Tieren bzw. Affen. Die deutsche Übersetzung von Buffons allgemeiner Naturgeschichte von 1769 illustriert schon im Titelbild (Abb. 6) diese traditionelle andro- und anthropozentrische und hierarchische Perspektive auf die Tiere (Buffon/Martini Bd. 1, 1771): Eine nackte männliche appollinische Lichtgestalt wird von repräsentativen Tieren aus der ganzen Welt umringt: der kluge Elefant hinter ihm, der mutige Löwe und das edle Pferd rechts und links neben ihm; ferner ein Adler, ein Strauss und ein Büffel. – Wo aber ist der Affe? Der hockt zur Linken des Menschen, ihm zu Füßen, blickt zu ihm auf, seinen Arm emporhebend. Umgeben von Exoten und Bediensteten steht der Mensch im Mittelpunkt der Szene und illustriert die anthropozentrische Grundhaltung, die Buffon mit den meisten Gelehrten seiner Zeit selbstverständlich teilt.

Die Philosophen und die Menschenaffen

Um die Mitte des 18. Jahrhunderts debattieren bedeutende französische Aufklärungsphilosophen – Voltaire, La Mettrie, Maupertuis und Rousseau – über Evolution und Menschenaffen (Hastings 1936). Demgegenüber macht sich die junge deutschsprachige Philosophie in der ersten Jahrhunderthälfte „vernünftige Gedanken" über Gott, die Welt, die Seele des Menschen. Auch in den Tierseelenstreit mischt man sich ein, zu Menschenaffen aber äußert sie sich kaum. Der Metaphysiker Christian Wolff (1679–1754) hält an der Überzeugung fest, dass die Tierseele weder über eigentlichen Verstand noch über Vernunft verfüge und unverweslich, aber nicht unsterblich sei (Meissner 1737/1970, 544 ff.). Ein späterer Gegner Wolffs, der Philosoph, Theologe und Arzt Andreas Rüdiger (1673–1731), will gegen Wolffs mathematische Methode die Philosophie auf mehr Erfahrung gründen. In seiner *Physica divina* (1716) vertritt Rüdiger im Streit um die Tierseele die Meinung, dass höhere Tiere über Gedächtnis und ein „Ingenium" verfügten, „wie an den Affen zu sehen, welches auch nicht zu leugnen, wenn wir gleich nicht bestimmen können, was dieses innerliche Principium sey." (zit. n. Walch/Hennings Bd. I, 1775, 363) Affen besitzen demnach ein besonderes Verstandesvermögen und sind auf keinen Fall bloße Automaten, wie Descartes nahelegte.

David Hume (1771–1776), der wirkmächtigste angelsächsische Philosoph der Zeit, interessiert sich in seinem umfangreichen frühen Hauptwerk, dem *Traktat über die menschliche Natur* (London 1739/1740), überhaupt nicht für Menschenaffen, obwohl er in einem Abschnitt die „Vernunft der Tiere" verteidigt. Er traut schon Hunden die Fähigkeit zu, aufgrund von Sinneserfahrung und Gewohnheit Schlüsse zu ziehen, d. h. keine logischen Vernunftschlüsse, aber durchaus auf Analogie beruhende Erfahrungsschlüsse. Dem Skeptiker dient die „Vernunft der Tiere" mehr dazu, eine absolute Vernunftnotwendigkeit in der Verknüpfung von Ursache und Wirkung auch beim Menschen zu bestreiten. Beide, Mensch und Tier, erlangen nach Hume Erkenntnis nur durch analogiegestützte Erfahrungen, die zu Gewohnheiten werden können, sind letztlich aber durch einen „Instinkt" geleitet. Um diese Thesen zu stützen, war ein Bezug auf Menschenaffen nicht erforderlich, es reichten Alltagserfahrungen von Menschen mit Alltagstieren. Hume will keinesfalls Tiere zu materiellen Automaten machen, um dann den Menschen durch eine immaterielle Vernunftseele zu erhöhen. Aber wie andere Philosophen greift er in eine Strömung ein, in der sich ganze Gelehrtenkreise vor dem Hintergrund der rationalistischen Philosophie fragen, ob Tiere „Verstand" und „Vernunft" besitzen. Der Philologe Johann Heinrich Winkler (1703–1770) kompiliert solche komplexen *Philosophischen Untersuchungen* über die Tierseele (Leipzig 1742–1745) und ein anderer Vernunftphilosoph, Georg Friedrich Meier (1718–1777), gesteht in seinem *Lehrgebäude* (1749) Tieren immerhin eine immaterielle, unsterbliche und verständige Seele zu (Ingensiep 1996). Über diese lebendige theoretische Diskussion über das pro und contra der Tierseele im 18. Jahrhundert informiert der Artikel „Bestie" in Walchs *Philosophischem Lexikon* (1. Aufl. 1726; 4. Aufl. Walch/Hennings, Leipzig 1775) ausführlich. Auch ethisch-rechtliche Aspekte im Verhältnis zu Tieren werden erörtert, aber hauptsächlich geht es diesen Philosophen um dogmatische Differenzierungen unterschiedlicher Erkenntnisformen bei Tieren, sei es durch Instinkt, Erfahrung, Verstand und Vernunft. Anders als bei den französischen Aufklärern spielen Menschenaffen in der frühen deutschen Aufklärung keine Rolle. Einer der unbequemsten französischen Provokateure war sicherlich der Materialist La Mettrie.

La Mettrie – der Mensch eine Maschine, und der Affe?
Der französische Arzt Julien Offray de La Mettrie (1709–1751) ist der erste wirkmächtige Philosoph seiner Zeit, der Affen offensiv und paradigmatisch in seine materialistische Konzeption des Menschen integriert. La Mettrie ersetzt die dualistische Anthropologie des Descartes durch einen monistischen

Materialismus, der alle Empfindungen und Denkvorgänge von Menschen und Tieren allein als Wirkungen natürlichen Geschehens begreift. Die *Histoire naturelle de l'ame*, anonym erschienen in Den Haag 1745, versucht zu belegen, dass geistige Vorgänge von materiellen Körperorganen abhängen. In diesem Kontext betont La Mettrie auch die Ähnlichkeit der Orang-Outangs aus Afrika und Indien, der „hommes sauvages" oder „satyres" mit dem Menschen, z. B. beim Trinken oder Schlafengehen. Wenn, wie Plutarch meine, der Satyr eine klare Stimme habe, dann könnte er auch eine Sprache erlernen wie andere Wilde (Hastings 1936, 112). La Mettrie vermerkt, Tulpius habe sich auf die Beschreibung der Körperteile des Satyrs beschränkt und sich nicht zu Sprache und Vorstellungen geäußert.

> *„Aber diese vollkommene Ähnlichkeit, die er zwischen dem Körper des Satyrs und dem der anderen Menschen erkannte, läßt mich glauben, daß das Gehirn dieses vorgeblichen Tieres ursprünglich dazu geschaffen ist, zu fühlen und zu denken wie die unseren. Die Gründe, die sich aus der Analogie ergeben, sind bei ihnen viel stärker als bei den anderen Tieren." (La Mettrie: Oeuvres philosophiques I, Berlin 1774, 180, zit. n. Meier in Rousseau 1997, 335)*

La Mettries berühmtestes Werk *L'homme machine* erschien in Leiden 1748, deutsch *Der Mensch eine Maschine*, in dem programmatisch Descartes' Automatentheorie der Tiere auf den Menschen angewendet wird. Nach La Mettrie kann nur eine mechanistische Physiologie den Menschen erklären, wie Erfahrung und Beobachtung belegten. Nach der Irritabilitätslehre des Mediziners Albrecht von Haller gilt der Körper mit all seinen Muskeln als mit einem inneren Bewegungsvermögen begabt. Mensch und Tier unterscheiden sich nur graduell in ihrer Struktur bzw. der Masse und Windungen ihres Gehirns. Seelische Eigenschaften wie Fühlen und Denken sind Produkte materieller Organisation. Was ist der Mensch im Vergleich zum Tier? Im Vergleich zum Affen, dem geistigsten Tier, ist er lediglich eine bessere Uhr. Da aber die Sprache als entscheidendes Differenzmerkmal zwischen Mensch und Tier angesehen wurde, widmet sich La Mettrie diesem Problem bei Menschenaffen:

> *„Sollte es völlig unmöglich sein, dieses Tier eine Sprache zu lehren? Das glaube ich nicht. [...] Dieses Tier gleicht uns so sehr, dass die Naturforscher es ‚wilder Mensch' oder ‚Waldmensch' genannt haben." (La Mettrie 1984, 51)*

Man könne ja einen Affen im richtigen Alter auswählen und zu einem Taubstummenlehrer in die Schule schicken, um ihm Sprechen beizubringen. „Der

Affe aber sieht und hört; er versteht auch, was er hört und was er sieht." Er begreife die Zeichen, die man ihm gibt, so vollkommen, dass er Taubstumme übertreffe.

> *„Warum sollte also die Erziehung des Affen unmöglich sein? Warum sollte er nicht schließlich, dank großer Bemühungen, nach dem Vorbild der Tauben die Bewegungen nachahmen können, die notwendig sind, um zu sprechen? Ich wage nicht zu entscheiden, ob die Sprachorgane der Affen keinesfalls, was immer man auch unternehmen mag, irgendetwas zu artikulieren vermögen; aber die völlige Unfähigkeit hierzu würde mich überraschen, einmal wegen der großen Ähnlichkeit des Affen und des Menschen, zum anderen, weil uns bisher kein Tier bekannt ist, dessen Äußeres und Inneres dem Affen in so auffälliger Weise gleicht." (La Mettrie 1984, 53)*

La Mettrie bemüht in seiner Überredungskunst auch Lockes Bericht von einem Papageien, der die Worte seines Herrn verstanden und eine Art Unterhaltung geführt haben sollte. Das Experiment mit der Taubstummensprache im Auge, zweifelt La Mettrie nicht daran,

> *„dass man dieses Tier, wenn man es gut abrichtet, schließlich soweit bringen kann, sprechen und folglich eine Sprache beherrschen zu lernen. Dann wäre es nicht mehr ein wilder oder missratener, sondern ein vollkommener Mensch, ein kleiner Stadtmensch, der ebenso wie wir das Zeug oder die Muskeln hätte, zu denken und aus seiner Erziehung Vorteil zu ziehen." (La Mettrie 1984, 55)*

Durch Sprache sei schließlich der Mensch zu symbolischer Erkenntnis gelangt und aus Menschen seien so Mathematiker geworden, die schwierigste Beweise führten. „Wie man sieht, ist nichts so einfach wie die Mechanik unserer Erziehung." (1984, 57) Die „Seele", das cartesische Unterscheidungskriterium zwischen Mensch und Tierautomat, „ist also nur ein nichtssagender Ausdruck" (1984, 99), der „Körper ist nur eine Uhr", die sich aufgrund der natürlichen „Selbstbewegung, die unserer Maschine eigen ist" bewegt (1984, 113).

> *„Man sieht, dass es in der Welt nur eine Substanz gibt und dass der Mensch die vollkommenste ist. Er ist gegenüber dem Affen und den klügsten Tieren, was die Planetenuhr von Huygens gegenüber einer Taschenuhr von Julien le Roy ist." (La Mettrie 1984, 121)*

Fasziniert von der cartesianischen Automatentheorie der Tiere und den Automaten des Vaucanson erklärt er Menschen zu „in aufrechter Haltung dahinkriechende Maschinen" (1984, 125). An Hand von Befunden aus Medizin und Naturgeschichte wird die Ähnlichkeit in der Intelligenz zwischen Mensch und Tier demonstriert – u. a. am Beispiel von Affen, Bibern und Elefanten (1984, 133). Bestimmten Tieren, z. B. Hunden, wird sogar das Vermögen, zwischen Gut und Böse zu unterscheiden, unterstellt.

Als radikaler Materialist bringt La Mettrie die anthropologische Brisanz programmatisch auf den Punkt, wenn es um den Vergleich der Seelenfähigkeiten von Mensch und Tier geht. „Wer sieht nicht ein, daß die Seele der Tiere sterblich oder unsterblich sein muß wie unsere Seele, da sie doch dasselbe Schicksal, worin es auch immer bestehen mag, teilen muß?" (La Mettrie 1984, 133 f.) Der aufgeklärte Mensch blickt seinem Schicksal ins Auge und besiegelt es mit einer vieldeutigen Antwort. Bei La Mettrie leuchtet auch schon die experimentelle Richtung der Sprachversuche mit Menschenaffen auf, die erst im 20. Jahrhundert systematisch eingeschlagen wird, wenn die Kommunikationsform der Taubstummen zu einem methodischen Instrument der Interspezieskommunikation wird.

Neben La Mettrie tragen weitere französische Philosophen zur Verdichtung der Diskussion über Menschenaffen und Tierseele bei. So wird die Frage, ob der Affe ein Mensch sei, von dem französischen Arzt und Nationalökonomen François Quesnay bereits in einem Essay aus dem Jahr 1736 diskutiert (Hastings 1936, 111). Voltaire und andere thematisieren die Affen eher beiläufig. Menschenaffen finden Eingang in spezielle Aufklärungsdiskussionen z. B. über die Variabilität der Menschenrassen in der *Venusphysik* (1745) von Pierre-Louis Moreau de Maupertuis (1689–1759), in Claude Adrien Helvétius' (1715–1771) Schrift *Vom Geist* (1758) oder in Charles Bonnets (1720–1793) viel gelesener *Betrachtung über die Natur* (1764). Man muss die Verwirrung in der Affenfrage vor Augen haben, um zu verstehen, wie jeder auf seine Weise zur Adelung des Menschenaffen als ein philosophisches Tier beiträgt. La Mettrie war davon überzeugt, Menschenaffen zu kultivierten Menschen erziehen zu können. Auch für Helvetius gründete die menschliche Überlegenheit über die Tiere lediglich in dessen höherer physischer Organisation. Und der dritte, neben La Mettrie und Helvetius dominierende, Materialist, Paul Thiry D'Holbach (1723–1789), geht in seinem *System der Natur* (1770) davon aus, dass der Mensch ein Produkt materieller Organisation und daher keineswegs der göttlich legitimierte König der Schöpfung sei. Im Vergleich zwischen Mensch und Affe beruft sich Holbach auf den englischen Anatomen Thomas Willis (1621–1675), der in seiner *Anatomie des Gehirns* (London 1664) festgestellt habe, dass „der Affe, im Vergleich zu seinem Körper, das größte Gehirn unter allen Tieren [hat], daher ist er, nach dem

Menschen, am intelligentesten." (Holbach 1960, 83 Anm. 31). Der französische Materialismus hat auch eine gesellschafts- und kulturkritische Absicht, die aber erst bei Rousseau zu einem berauschenden intellektuellen Cocktail wird.

Rousseau – als Affe unter guten Wilden
Jean-Jacques Rousseau (1712–1778) ist der wohl einflussreichste Philosoph des 18. Jahrhunderts, der sich zu Menschenaffen äußert. Er verbindet sie mit seinem Konzept des „Thiermenschen" und bettet sie in eine breite anthropologische Palette von Fragen zum Wesen des Menschen und der Kultur ein. Mit Rousseau verändert sich die Wahrnehmung der Menschenaffen im Horizont neuer Vorstellungen von wilden Menschen, da er ein breites Assoziationsfeld aktiviert und sowohl abstrakte Vernunftphilosophen wie Kant als auch konkret beschreibende Naturhistoriker zu inspirieren vermag. Das Erscheinungsjahr von Rousseaus zweitem *Diskurs über den Ursprung und die Grundlagen der Ungleichheit unter den Menschen* (1755) markiert einen Wendepunkt, insofern die Menschenaffen nun in das Spannungsfeld von Natur und Kultur zwischen konkreter Empirie und philosophischer Konstruktion geraten. Menschenaffen gehören seitdem nicht nur in der französischen Geistesgeschichte zum seriösen Gelehrtengespräch über Anthropologie (Rousseau/Meier 1997; Hastings 1936, 113–121). Spätere europäische Philosophen und Naturhistoriker wie Reimarus, Herder, Forster, Monboddo, Vosmaer, Blumenbach oder Camper sehen sich durch Rousseaus Thesen direkt oder indirekt herausgefordert, zu der Frage: „Was ist der Mensch?" Stellung zu beziehen. Vor welchem Hintergrund bezieht Rousseau die Menschenaffen ein?

Der erste Teil von Rousseaus Abhandlung aus dem Jahr 1755 kreist um die These, der Mensch sei von Natur aus ein Einzelgänger und gut. Diese humanitäre und philanthropische These stand zumindest für gläubige Christen im Widerspruch zur Lehre von der Sündhaftigkeit des Menschen. Im zweiten Teil stellt sich Rousseau die Frage, wie der Mensch sich durch Geselligkeit und Kultur zum Schlechteren hin entwickelt habe, und diagnostiziert die Aneignung von Privateigentum als ausschlaggebende Ursache für Streit und Ungleichheit unter den Menschen. Nun entwickelt Rousseau seine Theorie des Gesellschaftsvertrages. Während Hobbes den von Natur aus schlechten Menschen voraussetzt, den ein autoritärer Staat unter seine Gewalt zwingt, sieht Rousseau im von Natur aus guten Menschen ein Potenzial für dessen Vervollkommnung. Freiheit und Perfektibilität sind wesentliche Kennzeichen des Menschen und das Natürliche wird gelobt: „Nichts ist so friedlich wie der Mensch in seinem ursprünglichen Zustande; denn die Natur hat ihn vor dem Stumpfsinn der Tiere und vor den schädlichen Erkenntnissen des gesitteten Menschen in gleicher Weise bewahrt." (Rousseau 1955, 94). Der „wilde Mensch" werde im Urzustande nur „animalische Funktionen ausgeübt haben" (1955, 58).

Wegen solcher Thesen erklären so gegensätzliche Denker wie Voltaire, Reimarus oder christliche Kritiker Rousseau zum Propagandisten des primitiven, unverdorbenen Menschen, der einst als wildes Tier auf allen vieren durch die Wälder strich (1955, 14). Die Variationsbreite von Rousseaus wildem Menschen reicht von Riesen bis zu Pygmäen. Berichte von Historikern und Reisenden seiner Zeit scheinen Rousseaus Theorie zu bestätigen, weshalb er Völker mit unterschiedlichsten Verhaltensweisen in seine Theorie vom edlen Wilden integriert.

Vor diesem Hintergrund gliedert Rousseau in einer langen und für unser Thema zentralen Anmerkung die Menschenaffen in sein Gedankengebäude ein. Er vermutet in ihnen „nicht verschiedene menschenähnliche Tiere", sondern „eigentlich wilde Menschen" (1955, 149). Nach Rousseau handeln die tradierten Berichte über Orang-Utans von Battel, Dapper, Tulpius von „sich noch immer auf der ersten Stufe des Naturzustandes" befindenden Menschen und nicht von „Tieren" (1955, 149). Zur Untermauerung seiner These werden Empirie und Konstruktion elegant zusammengeführt. Detailliert interpretiert Rousseau frühere Beobachtungen zu Menschenaffen – zu Orang-Utans und Schimpansen –, um sie für seine anthropologischen und gesellschaftsphilosophischen Zwecke zu nutzen, nämlich um eine Anthropologie des guten, freien und perfektibilisierbaren Menschen zu stützen. Nach Rousseau sind es „Vorurteile" über „Satyrn, Faune und Silvane", die nun als „Pongos, Mandrills und Orang-Utans" und „ohne Bedenken für ‚Tiere'" ausgegeben würden, die aber doch wohl „weder Tiere noch Götter, sondern Menschen sind" (1955, 154).

Welche konkreten Belege und Kritikpunkte hat Rousseau? Er weiß von Wesen im Kongo, die in Indien „Orang-Utans" genannt würden und eine Mittelstellung zwischen Mensch und Pavian einnehmen. Battels erste Berichte und Verhaltensbeschreibungen über zwei mögliche Menschenaffen in Afrika werden hinzugezogen wie auch diverse Anekdoten, z. B. die Beobachtung von „Negern", dass „Pongos" am Tage bis zum Erlöschen an Lagerfeuern säßen, ohne Holz nachzulegen. „So geschickt die Pongos auch sind, sie haben dennoch nicht genügend Verstand, Holz anzulegen, um das Feuer zu erhalten." (1955, 150) Rousseau möchte in diesem Bericht gerne „Faktum" und „Erklärung" auseinanderhalten:

> *„Ich möchte wohl wissen, woher Battel oder Purchas, der von ihm abgeschrieben hat, erfahren haben wollen, dass sich die Pongos mehr aus Dummheit als aus freiem Willen von der Feuerstätte zurückziehen. In einem Klima, wie es in Loango herrscht, brauchen die Tiere kein Feuer [...]. Schließlich erscheint es höchst sonderbar, dass die Pongos, deren Geschicklichkeit und Stärke so sehr gerühmt werden, die ihre Toten begraben und sich aus Laubwerk Dächer bauen können, nicht in der Lage sein sollten, Holzscheite ins Feuer zu werfen."* (Rousseau 1955, 153)

Wie in diesem Fallbeispiel, so kritisiert Rousseau auch die tradierten „Vorurteile", diese Affen seien „Mißgeburten", besäßen keine „Vernunft" und könnten weder „sprechen" noch sich vervollkommnen (1955, 152), als voreilig und schlägt vor, die Probe aufs Exempel zu machen, indem man die vermeintlichen Affen mit Menschen kreuze (1955, 154). Dieser Gedanke wird in der Folgezeit noch häufig aufgenommen, z. B. von dem Dichter Wieland oder dem Naturhistoriker Girtanner, obgleich schon Rousseau den Vorschlag aus moralischen Gründen für problematisch hält. Nichtsdestotrotz ist er überzeugt, dass es sich bei den vermeintlichen Menschenaffen um Menschen, um Wilde, handle. Damit schließt er sich auch den Beschreibungen und Überlegungen des italienischen Kapuzinermönchs und Missionars Girolamo Merolla, geboren um 1650, an. Merolla war von 1682 bis 1692 in Afrika, spielte aber bis dahin in der Geschichte der Menschenaffen keine Rolle. Wie die frühen Schilderungen aus dem 17. Jahrhundert von Battel, Tulpius und Dapper werden die Berichte Merollas über zeitgenössische Reisekollektionen vermittelt, auf die sich Rousseau beruft (1955, 149). Merolla von Sorrent publizierte 1692 in Neapel einen in italienischer Sprache verfassten Bericht aus dem Kongo, dessen englische Version 1704 als *A Voyage to Congo* in London erschien. Darin schildert er die wirren Verhältnisse, Kriege und Sitten der Eingeborenen, auch die Sklaverei unter den Portugiesen, die der Kapuzinermissionar ablehnte (Merolla 1704). Auf seinen Reisen gelangte er 1682 in den Westen Zentralafrikas und liefert sehr spärliche Hinweise, die noch von späteren Forschern auf große Affen bezogen werden (Hartmann 1883, 3). Für den Aufklärer Rousseau liefern diese „Menschenaffen" aber willkommene Hinweise auf wilde Menschen im Naturzustand, wofür er unter anderem von Wieland kritisiert wird.

Wieland – Kritik an Rousseaus Affendeutung

Der Aufklärer und Dichter Christoph Martin Wieland (1733–1813) geht in seinen *Betrachtungen über J. J. Rousseaus ursprünglichen Zustand des Menschen* (1770) Rousseaus Thesen nach und überprüft seine Interpretationen im Detail (Wieland 1815, 103–200). Handelt es sich wirklich um Waldmenschen im ersten Naturzustand, wie Rousseau meinte, die sich also noch nicht durch Kultur zu perfektionieren vermochten? Wieland zieht die Berichte von Dapper und Battel sowie von Barbot und Le Maire über gesellige Affen hinzu, um bald über die „störrische Ungeselligkeit der Pongo's, – wodurch sie so gut in seine Hypothese passen" zu spotten (1815, 129). Wer wisse, wie viel andere Züge von „Witz, Empfindung, Geselligkeit und Vervollkommlichkeit an diesen Geschöpfen noch zu entdecken" wären, „wenn sie – von Leuten, welche alles sehen, was sie sehen *wollen* – von *Filosophen* beobachtet würden!" (1815, 130) Wieland wirft Rousseau vor, im Orang-Utang oder Pongo nichts als einen „neuen Zweig des menschlichen Stammes" (1815, 130) erkennen zu wollen und parodiert seinen Kreuzungsvorschlag: Man müsste nur „eine kleine *Kolonie* aus jungen *Pongo's* und jungen *Negermädchen* anlegen […], um zu sehen was daraus würde" (1815, 131). Natürlich gebe es Skrupel und praktische Probleme bei der Durchführung.

Mit einem kritischen Blick auf Rousseaus Merolla-Interpretation stellt Wieland fest, dass Merolla keineswegs die Affen als wilde Menschen aufgefasst habe, wie Rousseau behaupte, sondern lediglich gesagt habe, „die Schwarzen fingen zuweilen auf ihren Jagden *wilde Männer und Weiber*". Das sei alles, „und das ist wenig. Rousseau hätte hinzusetzen können: *Merolla* erzähle, er habe von einem gewissen Leonard gehört, ein gewisser *Kapuziner* habe ihm einen jungen *Pongo* verehrt, mit welchem er, Leonard, dem Portugiesischen Statthalter zu Loanda ein Geschenk gemacht habe; – und das ist auch nicht viel mehr als nichts." (1815, 133). Tatsächlich stilisiert Rousseau die dürre Passage zu „Wild Men" in Merollas Kongo-Reisebericht, wie aus dem englischen Original von 1704 hervorgeht:

> „*At some Huntings there have been taken in this Country both wild men and women: Which to confirm, father Leonard once told me, that before my coming thither there had been one of that kind presented to a Frier of our Order, which was again bestow'd by him on the Portuguese Governor of Loanda.*" (Merolla 1704, 701)

Nun wird auch Merolla selbst, als „Augenzeuge" Rousseaus, demontiert, indem Wieland Merollas Geschichte von einem zunächst erwürgten, dann zerstückelten und gekochten, aber schließlich wieder auferstandenen Hahn erzählt. „Das nenn' ich einen *Augenzeugen*! einen *Gelehrten*! einen *homme d'esprit*!", höhnt der Rousseau-Kritiker (Wieland 1815, 135). Diese Episode illustriert, wie selbst so randständige Berichte über große Affen wie diejenigen von Merolla über Rousseaus Thesen für Aufmerksamkeit sorgen. Kritik galt aber vor allem der Botschaft Rousseaus an alle Nationen, „in die Wälder zu den *Orang-Utangs* und den übrigen *Affen*, ihren *Brüdern*, zurückzukehren" (1815, 106). Wielands bissige philologische Auseinandersetzung gibt einen kurzen Einblick in eine komplexe kulturkritische Debatte, die u. a. über den Ursprung der Menschheit geführt wird (Zedelmaier 2003, 269–284).

Menschenaffen wild und mild im Bild
Angesichts der Bedeutung Rousseaus sowie im Hinblick auf die weltanschauliche Wirkung von Illustrationen ist es grundlegend zu fragen: Welchen Typ von Menschenaffen hatte Rousseau in den zeitgenössischen Werken eigentlich vor Augen? Wie inszeniert man einen Affen als „guten Wilden"? Welche prägenden Darstellungen zu Menschenaffen lagen um 1750 vor?

Den ersten wichtigen Anhaltspunkt liefert die markante Illustration eines durch den englischen Kapitän Henry Hower im August 1738 von Angola nach London gebrachten lebenden Menschenaffen. Er wurde 1739 von Scotin als „Chimpanzee" gestochen und häufig abgebildet (vgl. Nr. 3 „Chimpanzee" auf Farbtafel 5). Eine Variante gelangt in die *Histoire générale des voyage*, auf die sich Rousseau in seinen Schriften bezieht. Diese umfangreiche französische Sammlung damaliger Reisebeschreibungen wurde von dem französischen Schriftsteller Abbé Antoine-Francois Prévost (1697–1763) herausgegeben und war mit Karten und Illustrationen versehen (20 Bde. Paris 1746–1791). Der deutsche Gelehrte Anton Friedrich Büsching kritisiert allerdings Prévosts „mit unerträglicher Freiheit" aus dem englischen Original vorgenommene Übersetzung der ersten sieben Teile und verweist auf weitere Ausarbeitungen und Zusätze (Büsching 1792, 270 f.). Dieses Reisewerk war wegen seiner inhaltlichen Breite und Verbreitung wichtig für die damalige Menschenaffenrezeption in Text und Bild. Hieraus schöpfte Rousseau ethnologische Kenntnisse und Zitate (vgl. Prévost Bd. V, 1. XIII ch. 8, 87 ff.). Die ersten sieben Bände des französischen Sammelwerks von Prévost gehen auf die Kompilation *A New General Collection of Voyages and Travels* (4 Bde. London 1745–1747) des Thomas Astley zurück. Diese Kollektion wird ebenfalls zum Ausgangspunkt der umfassendsten deutschsprachigen Sammlung von Reisewerken im 18. Jahrhundert, herausgegeben von Johann Joachim Schwabe (1714–1784) als *Allgemeine Historie der Reisen zu Wasser und zu Lande; oder Sammlung aller Reisebeschreibungen* (21 Bde. Leipzig 1747 bis 1774). Die Kollektion von Prévost ist ferner noch als *Historische Beschryving der Reizen* ins Niederländische übertragen worden, teilweise sorgfältig illustriert durch Jacob van der Schley und gedruckt bei Pieter de Hondt (Bde. 1–11 Den Haag, Bde. 12–21 Amsterdam, 1747–1767). In einer holländischen Ausgabe findet sich neben einem Stich „Baviaan uit Angola" (Abb. 3) auch ein „Chimpaneze" (Bd. 6, 1748; Abb. 7). Diese beiden Abbildungen befanden sich bereits in Astleys *Voyages and Travels* (Vol. III 1968 neben 313) nebeneinander – versehen mit einer gedrängten Beschreibung damaliger Kenntnisse über Begegnungen mit Menschenaffen (1968, 312 f.). Es sind diese beiden sehr unterschiedlichen Illustrationen (Abb. 3 und Abb. 7), die Rousseau und viele Gebildeten in der Mitte des 18. Jahrhunderts vor Augen hatten. Der Weg dieser markanten Menschenaffendarstellungen in diese international führenden Reisewerke ist sehr kompliziert und führt zu unterschiedlichen Darstellungen, Bezeichnungen und Rezeptionen.[4]

Rousseau lagen also seinerzeit zwei sehr unterschiedliche Abbildungen vor, diejenige einer aufrecht gehenden „Schimpansin" nach Scotin und diejenige einer schamhaft sitzenden Äffin aus dem fast ein Jahrhundert früheren Werk von Tulpius. Rousseaus Interesse gilt dem Typus des aufrechten Wilden. Seine originellen Interpretationen des Wilden im Text tragen wesentlich zur visuellen Deutung und Transformation in einen „guten Wilden" bei. Man kann vermuten, dass damit auch ein Wendepunkt in der empirisch gestützten Konstruktion von Menschenaffenbildern erreicht ist: Nicht die schamhaft verstohlen dreinblickende Affendame des Tulpius setzt sich in der Folgezeit durch. Sie wurde im christlichen Zeichen einer gefallenen Natur des Menschen, behaftet mit dem Makel der Sünde inszeniert und repräsentiert eher das Abfällige und Abnorme im Natürlichen. Nun aber wird das Gute und Vorbildliche im Natürlichen gesucht und Rousseau findet es in einer säkularisierten aufrecht gehenden Wilden. Diese neue Mutter der Natur ist keine antike vielbrüstige Venus, sondern ein den Aufgeklärten zufällig über den Weg gelaufenes Affenweib, das aber schon ein neuzeitliches Individuum verkörpert auf der Suche nach seinem natürlichen Ort im Kosmos. In der sich immer feiner ausdifferenzierenden Stufenordnung der Wesen erhält die gute Wilde einen festen Ort unterhalb des Menschen. Der im 17. Jahrhundert protestantische Schamhaftigkeit evozierende Tulpius-Typ wird vor Mitte des 18. Jahrhunderts durch eine säkularisierte Äffin überholt, die nun von neuen Freiheiten und natürlichen Tugenden kündet.[5]

Die führenden Sammelwerke von Astley und Prévost zeigen eine durch die offene Landschaft wandernde Äffin, gestützt durch einen langen, geraden Wanderstab in ihrer Linken (Abb. 7). Der aufrechte Gang, das Gesicht, die Hände und der wohlgeformte Stab werden von diesem Menschenaffen keineswegs als Waffe gegen andere Tiere eingesetzt, wie erstmals Battel berichtet hatte. Als stützender Wanderstab verstärkt er vielmehr den Eindruck eines zwar kuriosen, aber doch recht freundlich dreinblickenden wilden Weibes

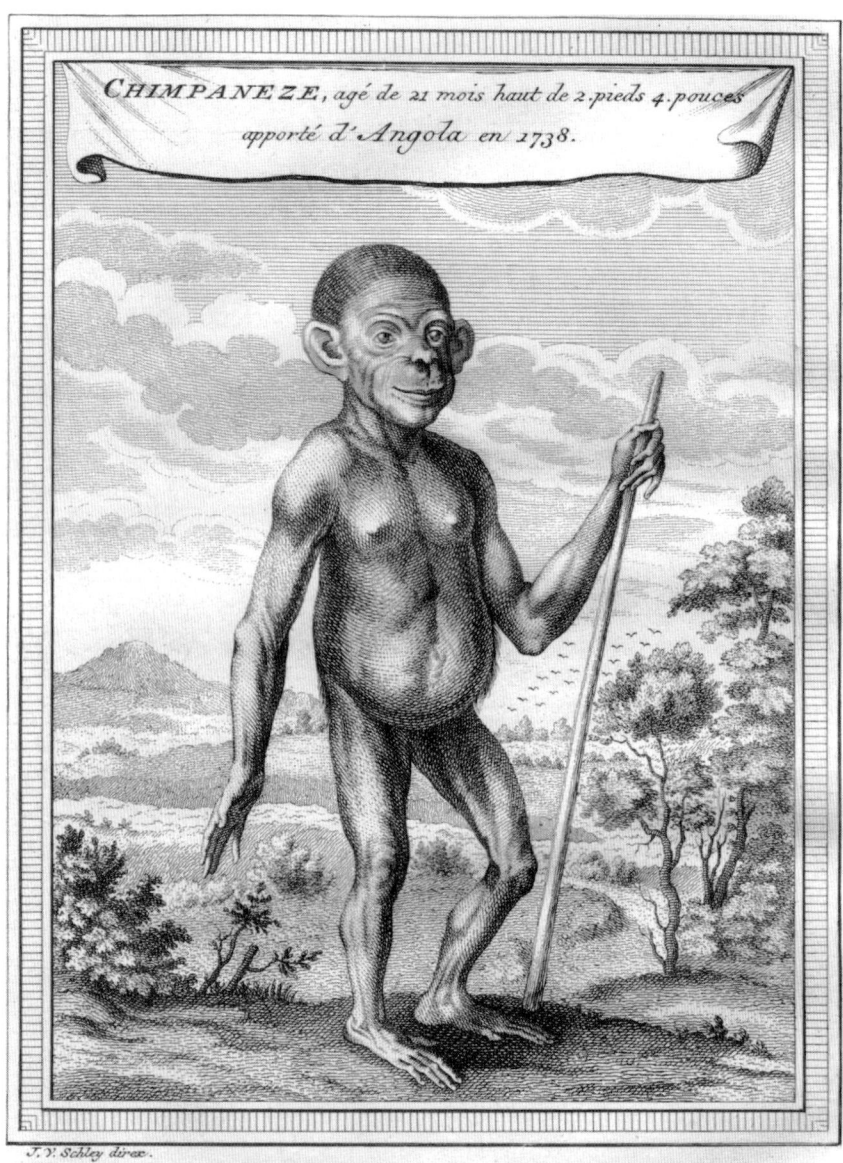

Abb. 7: „Chimpaneze" aus Prévosts Reisebericht (1748)

beim Durchschreiten einer Naturlandschaft. Rousseau dürfte es nicht schwer gefallen sein, darin den Typus des „guten" Naturmenschen verwirklicht zu sehen. Illustriert wird zudem der einsame Wilde, der es noch nicht in dem Maße zum gesellschaftlichen „Fortschritt" gebracht hat wie der verzogene Kulturmensch. Für Rousseau hatte dieser Wilde schon Anteil an echten Quellen natürlichen menschlichen Glücks. Allerdings ist daran zu erinnern, dass die Mehrheit der zeitgenössischen Betrachter wohl eher die Unproportioniertheit und Hässlichkeit dieses Wesens bemerkten. Für diese waren Menschenaffen im Vergleich zum Menschen mit Zeichen der Degeneriertheit und Niedrigkeit behaftet. Sie bestätigen die eigene Überlegenheit und die Exklusivität des Kulturmenschen. Mit der Inszenierung von Menschenaffen nach dem Typ des aufrechten Wilden können also ganz unterschiedliche Botschaften je nach Rezipientenhaltung verbunden sein. Es ist jedenfalls dieser „aufrechte Wilde", der im Biotop der Naturgeschichten und Enzyklopädien der zweiten Hälfte des 18. Jahrhunderts den europäischen Gebildeten entgegen wandert und nicht die schamhaft sitzende Affendame des Tulpius.

Deutlich wurde, wie Rousseau sich des heterogenen Materials über Menschenaffen zur Stützung seiner Kernthese bediente, es handle sich um einen „wilden Menschen" (vgl. Hastings 1936, 111; Wokler in Corbey/Theunissen 1995, 87–100, hier 93 u. 99). Weitere Hintergründe können nur angedeutet werden. Kohl sieht in seiner kulturhistorischen Analyse des „Guten Wilden" in Rousseaus speziellem Umgang mit ethnographischem Material aus Reiseberichten den Versuch, das Modell des Urzustandes zu fundieren; es habe einen doppelten Zweck, nämlich „zum einen die Grundlage zu bilden für eine Rekonstruktion der Gattungsgeschichte, zum anderen aber die Parameter zu liefern für eine Kritik der gegenwärtigen Gesellschaft" (Kohl 1981, 197). Man kann aber auch Rousseaus allgemeine Intentionen anders formulieren: Rousseau bettet das ihm bekannte Material über Menschenaffen in eine „Verstehende Ethnologie der eigenen Kultur" ein (Fink-Eitel 1994, 170). Sie soll am Ende die Freiheit des Einzelnen und die Möglichkeit zur Vervollkommnung des Menschen nur im Rückgriff auf die Bedingung eines rechtlich verbindlichen *Gesellschaftsvertrages* (1762) unter Gleichen ermöglichen. Wieweit dieser hohe politische Anspruch vorliegt bzw. auch durch die Instrumentalisierung von Berichten über Menschenaffen eingelöst wird, muss offen bleiben. Aber Rousseaus Ansichten über „Thiermenschen" und Orangs wirken weiter.

Rousseaus „Thiermensch" kommt

Schon vor Rousseaus Diskurs über die Ungleichheit war der Menschenaffe für den gebildeten Bürger zum lexikalischen Stichwort geworden, wie Hübners *Lexicon* (Leipzig 1755) zeigt: „Orang-autang, in Indien, Quojas Morrou, von den Portugiesen Salvage, und nach der Bedeutung des Africanischen Worts, Wald- oder Buschmann genannt, ist ein Thier […]. Es kommt der menschlichen Gestalt sehr nahe." (1755, 1467 f.) Es sei nach Meinung der einen aus einer Vermischung mit Menschen, nach anderen durch Verwilderung des Menschen entstanden. Die Beschreibung diverser menschenähnlicher Verhaltensweisen folgt, und auch der Hinweis auf den „Satyrus" oder „Waldmann" der Alten fehlt nicht.

Rousseaus ambivalente Konzeption eines Tiermenschen wird in der naturgeschichtlichen und philosophischen Literatur der Folgezeit ganz unterschiedlich bewertet, wie sich schon bei Wieland zeigte. Der Naturhistoriker, Toxikologe und Kompilator Johann Samuel Haller (1727–1810) rezipiert Rousseaus „Thiermenschen" wie auch den Orang in *Die Naturgeschichte der Thiere* (Berlin 1757). Es sei ein „Glück", dass Rousseau den „vierfüßigen Thiermenschen" so berühmt gemacht habe und selbst Linné könne abgesehen von der Vernunft keine klaren physischen Unterschiede zwischen Mensch und Menschenaffen ausmachen. „Der vierfüßige Thiermensch" wird ausführlich (1757, 120–129), aber in einem vom „Affengeschlecht" getrennten Kapitel beschrieben, das mit dem „Waldmensch" eröffnet wird (1757, 549 ff.). Darin werden auch die Berichte von Battel und Tulpius zu Menschenaffen aus Afrika skizziert und ihre menschenähnlichen Verhaltensweisen hervorgehoben.

Menschenaffen spielen in der frühen Rousseaukritik manchmal kuriose Nebenrollen. Den „Ourang Outang" streift beiläufig der Philosoph Hermann Samuel Reimarus (1694–1768) in seinen berühmten *Abhandlungen von den vornehmsten Wahrheiten der natürlichen Religion* (1754, 5. Aufl. Hamburg 1781). Hauptsächlich geht es dem Physikotheologen Reimarus darum, Lücken und Widersprüche in Rousseaus Konzeption eines virtuellen oder realen Naturzustands des „Thiermenschen" aufzuzeigen. Ironisch fragt Reimarus daher nach der Rolle der Reflexion, der Sprache, des Werkzeuggebrauchs und vor allem nach der Entstehung des aufrechten Ganges in Rousseaus Menschenbild: „Wie? Wäre dann einmal einem Thiermenschen ein Ourang Outang, eine Art auf zween Füßen gehender Affen, begegnet, davon er den Gang gelernt hätte?" (Reimarus 1781, 476). Reimarus vertritt in seiner anderen Hauptschrift, dass „Kunsttriebe", also Instinkte, die spezifischen Tieraktivitäten genügend erklärten. In späterer Zeit wurde es beliebt, den Rousseau'schen „Thiermenschen" auf allen vieren nackt durch die Wälder kriechend darzustellen. Daher schließt das Werk des Jesuiten und Theologen Sigmund von Storchenau *Die Philosophie der Religion* (1773–1781) mit einer

Illustration zu Rousseaus Tiermensch ab, der gerade durch die Wälder kriecht. Der christliche Moralphilosoph illustriert auf diese Weise, wie sehr Rousseau die „Würde" des Menschen im Vergleich zu den „vernunftlosen Thieren" herabgesetzt habe (Storchenau 1. Bd., 2. Aufl. Wien 1807, 166, 169).

Bonnet – der höchste Affe in der natürlichen Stufenleiter
Nach La Mettrie und Rousseau ist Bonnet der dritte einflussreiche Philosoph nach der Jahrhundertmitte, der in der Naturphilosophie und Naturgeschichte der Aufklärung auf seine Weise versucht, Mensch und Affe konkret anzunähern. Was schon bei Aristoteles begann, wird in der Neuzeit ausbuchstabiert und um die Mitte des 18. Jahrhunderts als Kette der Wesen zum allgemeinen Gelehrtenwissen (Lovejoy 1985). Für diese Annäherungsgeschichte von Mensch und Tier im Allgemeinen ist ferner die komplexe Tierseelendiskussion seit Descartes und das anthropologische Umdenken über exotische Völker und Wilde wichtig (Kohl 1981).

Der schweizerische Naturphilosoph und Naturforscher Charles Bonnet (1720–1793) wird durch sein naturphilosophisches Werk *Contemplation de la nature* (Amsterdam 1764; 1781) bekannt, mit allein fünf Auflagen in deutscher Sprache (1765, 5. Aufl. 1804). Das Paradigma der kontinuierlichen Stufenleiter ermöglicht eine populäre Synthese lebenswissenschaftlicher Wissensbestände und ist zugleich ein evolutionäres Vorspiel zu Lamarck und Darwin. Phylogenetische Gedanken klingen bei Bonnet an, wenngleich der Fortschritt der Arten in ihrer stufenweisen Vervollkommnung auf einem hoch spekulativen Ansatz von einer Metamorphose aller Arten beruht. Denn nach Bonnet kann am Ende unter den Affen und Elefanten auch ein Newton und Leibniz erscheinen (Zimmermann 1953, 210–219, 218).

Bonnets *Betrachtung über die Natur* setzt bei der ersten Ursache der Schöpfung ein, behandelt das Weltgebäude und ordnet die Naturdinge nach ihrer Vollkommenheit – von den einfachsten Elementen über Steine, Pflanzen, Tiere und den Varietäten der Menschen bis zu den beseelten himmlischen Herrschaften. Aus präformierten Keimen entstehen beseelte organische Maschinen. „Durch welchen Weg wird die Natur auf den Menschen kommen?" – nach Bonnet durch eine Transformation aus der tierischen Gestalt des Affen.

> *„Der Affe ist dieser Entwurf vom Menschen; ein grober, ein ungeschickter Entwurf; ein unvollkommenes, jedoch ähnliches Bild, und welches endlich die bewundernswürdige Stufenfolge der Werke Gottes in ihr Licht zu setzen, beendigen hilft." (Bonnet I 1789, 177f.)*

Das konkrete Bindeglied in der Stufenordnung zwischen vierfüßigem Tier und dem Menschen stellt der „Orang-Outang" dar, der bestätigt, „dass die Natur keinen Sprung mache" (I 1789, 178). Nach Bonnet steht der Orang dem Menschen so nahe, dass er ihren Unterschied nicht mehr als Artverschiedenheit bezeichnen will, sondern sie bloß als Mannigfaltigkeiten einer Art beschreibt, weil das Wesen wie ein Mensch aussieht und sich menschlich verhält, wie ein Mensch geht, ja,

> *„welches sich soweit erziehen lässt, daß es die Verrichtungen eines geschickten Kammerdieners bestellet, gewisse Fertigkeiten, Manieren und selbst eine Art von Sittlichkeit annimmt, die sonst niemandem als dem Menschen zuzukommen scheint." (Bonnet I 1789, 179)*

Der Orang ist dem Menschen im Inneren und äußerlich nahe. Sein Gehirn besitze die Gestalt und das Ebenmaß des menschlichen Gehirns und selbst „die Werkzeuge der Stimme" sind vorhanden (I 1789, 179). Bonnets Vorstellung vom in der *scala naturae* erhobenen Menschenaffen steht im Gegensatz zu Buffon. Angesichts der Schwierigkeiten einer „Leiter der Thiere" kritisiert Bonnet Buffon, der „uns die Affen dumm, ausschweifend, gewissermaßen wahnwitzig" vorstelle und gar den Elefanten höher stelle (I 1789, 185). Bonnet hält Buffon dessen eigene Beobachtungen eines lebendigen Orangs in Paris vor, aufgrund derer man dem Affen den ersten Platz unter den Tieren nicht versagen könne. Mit Buffon hält Bonnet das Gehirn des Affen zwar für ähnlich, vermutet aber eine in demselben liegende wesentliche Verschiedenheit, „weil der Orang-Outang gar nichts redet, ob er gleich alle Werkzeuge der Stimme des Menschen hat" (I 1789, 186). Wohl gibt er wie ein Papagei Laute von sich, erläutert Bonnet, aber verbindet damit keine Begriffe. Wie wichtig wäre es daher, man könne als Anatom und Philosoph den Orang auch psychologisch so erforschen wie Menschen oder Haustiere. Diese besondere Art Affenseele, die Gott schuf, ist noch ein Geheimnis, aber Bonnet liefert Impulse zu ihrer Erforschung. Ihre „Sprache" könnte ein interessantes Problem sein. Am Werkende geht Bonnet erneut ausführlich auf den „Orang-Utang" ein (III 1790, 428–435) und stellt fest, Elefanten hätten keine Begriffe, jedes Tier sei durch seine Organisation in seiner Art beschränkt und könne sie unmöglich überschreiten (III 1790, 427). Dabei greift Bonnet auf seine Unterscheidung von natürlicher und künstlicher Sprache zurück, die er in einem kritischen Kapitel „Von der Sprache der Thiere" vorgenommen hatte. Denn bei der Menschensprache geht es Bonnet keineswegs nur um bloße „Laute" als Zeichen für Empfindungen, sondern um die Rede und die damit verbundenen „Begriffe", und er ist davon überzeugt, „der Mensch ist das einzige Thier, welches redet, und dadurch die Herrschaft über alle Thiere vorzüglich behauptet. [...] Er kann sagen Ich [...], errichtet Gesellschaften und regieret sie durch Gesetze [...]. Das Thier hat blos die natürliche Sprache." (III 1790, 333 f.) Trotz seiner großen Ähnlichkeit mit dem Menschen, die den Orang „unmittelbar nach dem plumpen Hottentotten" aufstellt (III 1790, 428), bleiben Sprache und Denken für Bonnet offensichtlich menschliche Spezifika:

> *„Der Orang-Utang redet nicht, folglich denket er nicht; denn um zu denken, muß man reden können. Gleichwohl hat er, wie der Mensch, alle äußerlichen Werkzeuge der Sprache; es fehlt ihm aber das Inwendige, oder derjenige Theil des Gehirns, der beym Menschen mit dem Werkzeuge der Stimme Gemeinschaft hat, und ihm die Fähigkeit verleihet, seine Begriffe mit articulirten Tönen, wodurch diese dargestellet werden, zu verknüpfen, sie zu sammeln, und auf tausendfache Arten mit einander zu verbinden."* (Bonnet III 1790, 429)

Bonnet macht die große Differenz zum Menschen an der Verbindung von Sprache und Denken fest, obwohl er die bemerkenswerten Fähigkeiten der Menschenaffen kennt – vom Gebrauch des Stockes bis hin zu kultivierten Verhaltensweisen bei Tisch oder Schlaf. Er weiß auch von den Anekdoten zur Gegenwehr bei Elefanten und von den vorsichtigen Methoden mancher Affen, Muscheln zu verzehren (III 1790, 430–434). Er hält Buffons geringschätzige Bewertung des Orang-Utang aufgrund dessen eigenen Beobachtungen zur Übereinstimmung mit dem Gehirn des Menschen zwar für selbstwidersprüchlich, bezweifelt aber zugleich, dass sich die Differenz zum Menschen nur durch den Mangel einer immateriellen Seele manifestiere. Vielmehr stellt Bonnet die behauptete große Ähnlichkeit der Gehirne in Abrede und vermutet in der Feinstruktur des menschlichen Gehirns, wodurch das Menschengehirn erst zum „Werkzeug der Seele" tauglich werde (III 1790, 431), eine körperliche Ursache für seine Differenz zum Affen. Damit ist die Möglichkeit einer empirischen Erklärung der *differentia specifica* eröffnet, die sich auch im fehlenden Sprechen und Denken des Orangs niederschlägt. Nicht die – ohnehin nur metaphysische Konstruktion – einer immateriellen Vernunftseele, sondern die fehlende materielle Feinstruktur im Gehirn ist für Bonnet ausschlaggebend. Mit ihr leitet er die spätere Fokussierung auf Sprache und Gehirn ein.

Le Cat – ein Forscher über Waldmenschen
Der biomechanistisch denkende französische Universalgelehrte und Mediziner Claude-Nicolas Le Cat (1700–1768) reagierte schon 1751 auf die be-

rühmte erste kulturkritische Preisschrift von Rousseau zur Frage, ob der Fortschritt in Wissenschaft und Kunst zur Läuterung der Sitten beigetragen habe (Genf 1750). Darin trat Rousseau dem Fortschrittspathos der Aufklärung entgegen und stellte die naturnahe Lebensform der durch Wissenschaft und Kunst verderbten Kultur entgegen. Der streng katholische Le Cat kritisierte Rousseau vom Standpunkt eines innovativen Neocartesianers. Le Cat hält den Körper für eine hydraulische Maschine und wendet sich daher gegen

Abb. 8: „Ourang-Outang" (Le Cat 1765)

A. v. Hallers Unterscheidung von Irritabilität und Sensibilität im Körper. Der qualitative oder quantitative Verlust eines Nervenfluidums sei Ursache von Krankheit (Vetter in Gillispie VIII, 114 ff.). Die Reichweite seines Konzepts vom Nervenfluidum demonstriert schon der lange Titel seiner akademischen Abhandlung *Traité de l'existance, de la nature et des propriétés du fluide des nerfs et principalement de son action dans le mouvement musculaire: ouvrage couronné en 1753 par l'Académie de Berlin: suivi des dissertations sur la sensibilité des meninges, des tendons, &c., l'insensibilité du cerveau, la structure des nerfs, l'irritabilité Hallérienne* (Berlin 1765). In diesem Werk wird im Anhang eine sehr originelle Illustration (Abb. 8) vorgestellt: ein aufrecht stehender „Ourang-Outang" mit erigiertem Penis neben seiner „Frau", einem sitzenden weiblichen Satyr (1765, Planche I).

Ganz offenbar hat Le Cat das neue Wesen zur Kenntnis genommen. Le Cat will mit Pathos über den Menschen, den Körper, die Seele, die Natur und die Eigenschaften des Nervenfluidums aufklären und dessen Rolle und Wirkung in die Naturvorstellung von der Kette der Wesen, der *scala naturae*, einbetten. Was bewegt diesen Wissenschaftler, der offenbar selbst im Jahr 1740 denselben Menschenaffen beobachten konnte, den auch Buffon sah? Seine Schilderungen vermitteln in besonderer Weise den Zeitgeist, die naturphilosophische Einstellung und das Wissen eines Forschers.

Der Forscher Le Cat über den Ourang-Outang

„Im unermesslichen System der Natur, im gewaltigen Band aller Lebewesen – dort muss man nach dem Fluidum der Nerven suchen. In der Tat, welcher Natur ist das flüssige Objekt unserer Untersuchungen? Es ist, so haben wir es formuliert, das Werkzeug der Bewegung und des Gefühls; es ist eine Übertragungssubstanz zwischen der Seele und dem Körper. Von dieser Annahme gehen wir aus.

Die Natur macht keine unnötigen Sprünge. Sie hat in der Ordnung der Lebewesen das gleiche kaum merkliche Fortschreiten beibehalten, welches sie in all ihrem Wirken befolgt. Vom rohen Stein bis zur erhabenen geistigen Kreatur hat sie eine Rangordnung errichtet, deren Stufen kaum wahrnehmbar sind; und durch diese Nuancen, die ihrer würdig sind, hat sie ganz und gar ungleiche Gattungen miteinander verbunden; in ein Universum voll von disharmonischen Bestandteilen hat sie Harmonie eingeführt. Beschränken wir diese Darlegungen auf die konkreten Gegenstände, welche unsere Fragestellung betreffen. Sie [die Natur] hat durch diese kaum merklichen Nuancen das Reich der Mineralien, das

Pflanzenreich und das Tierreich, die Bestie und den Menschen, welche sich selbst so wesentlich voneinander unterscheiden, vereint.

Die Korallen, die Madreporen, auch die Lithophyten sind Grenzlebewesen zwischen Stein und Pflanze: die Mimose, die Polypen, die Seeanemonen, die Zoophyten, sind in einem Wort Mittelglieder zwischen der Pflanze und dem Tier: Der Affe Ourang-Outang, der Waldmensch – ist er nicht auch eine Art Mittelglied zwischen Tier und Mensch?*

*Wir haben im Jahre 1740 in Frankreich diesen Mann des Waldes gesehen, welche jene, die ihn uns zeigten, Kimpezé nannten – anstelle von Chimpaneze, wie ihn einige Autoren nennen – wir haben ihn lachen gesehen, gar weinen und er gab weitere Zeichen der Überlegenheit über andere Tiere. Obgleich die kopflose Lebhaftigkeit fast aller Affen sie wenig empfänglich macht für Zuneigung, so glaube ich, dass diese Art dazu in einem Maße imstande ist, welche ihn Oberhand gewinnen lässt über die des Hundes, dem Sinnbild der Anhänglichkeit.

Mich erstaunte nicht, was man von einem englischen Kapitän erzählte, welchem es scheinbar gelungen war, einen dieser Waldmenschen zu unterweisen, ihm als Diener aufzuwarten.

Ich habe gesehen wie der Kimpezé auf ganz natürliche Art denjenigen Menschen, welche er kennen gelernt hatte, Zeichen der Freundschaft gab, welche man für gewöhnlich nicht von den geliebten und bestens erzogenen Haustieren erhält, wie zum Beispiel: Jemandem um den Hals fallen. Jemanden zärtlich umarmen, und dies mit einer Zuneigung, wie man sie bei Kindern sieht, die diese Liebkosungen ihren Müttern und Ammen entgegenbringen.

Römer spricht in seiner Relation de la Côte de Guinée [Kopenhagen 1760] von einer Rasse von Kannibalen [„Menschen fressende Neger"], deren Physiognomie der des Tigers ähnelt und welche mit bloßen Zähnen die Arme und Schenkel der anderen Sklaven, mit denen man sie aus Unvorsichtigkeit zusammenschloss, zerreißen. Wenn es wahr ist, was der Reisende berichtet, wäre der Kimpezé dann nicht in dieser Hinsicht sogar von einer höheren Art als diese maurischen Menschen, welche mehr Tiger als Mensch sind?

Das Portrait unseres Ourang-Outang, das mein Kollege M. Deschamp mir freundlicherweise hat zukommen lassen, ähnlich demjenigen, welches ich selbst beobachtet hatte; dieses möchte ich mit Freuden mit meinen Lesern teilen. Ich füge das [Porträt] des Weibchens seiner Art hinzu, welches Prinz Friedrich Heinrich von Oranien geschenkt wurde."

Le Cat 1765, 33–36
(aus dem Französischen übers. von Johanna Ingensiep)

Diese Beschreibung und Illustration eines Menschenaffen ist nicht unbemerkt geblieben und sie war noch in Naturgeschichten zu finden, als man längst, im ersten Drittel des 19. Jahrhunderts, gelernt hatte, klarer zwischen dem „roten" und „schwarzen" Orang bzw. zwischen asiatischen und afrikanischen Menschenaffen zu unterscheiden. Man würdigte Le Cat unter Kennern, als man den „Kimpezé", den Schimpansen, als eigene Art anerkannte (Cuvier/Voigt 1831, 76; Jardine/Diezmann 1837, 51; Oken 1838, 1845).

Die ungewöhnliche Illustration (Abb. 8) erregt auch heute noch die Aufmerksamkeit, insbesondere eines für Genderverhältnisse sensibilisierten Blicks: Im Hintergrund lugt ein schwarzer Jäger hinter einem Baum hervor, in der rechten Hand mit einem Bogen bewaffnet, und beäugt den Affen mit seinem erigierten Penis mit „seinem Weib". Diese Szene – vielleicht ein indirekter Seitenhieb auf Rousseaus sich ungezwungen fortpflanzenden Naturmenschen und den „guten Wilden"? – kann als kurioses Exempel für seine biomechanistische Theorie des Nervenfluidums auf sexueller Ebene gedeutet werden. Die Darstellung des „Weib[es]" folgt dem Tulpius-Typ des *Satyr indicus* (1641). Das „Tier" und die Geilheit des Affen werden visualisiert, und im Text wird beim „Tier" eine klare Differenz zum Menschen betont.

Moderne Interpreten erkennen in dieser Illustration eine drastische sexistische Geschlechterstereotypie (Schiebinger 1995, 115 f.). Doch der erigierte Penis dieses Affen ist zwar originell, aber nicht völlig ungewöhnlich, denn derartige Affendarstellungen mit erregtem Glied finden sich auch in früheren Tierwerken, z. B. bei Aldrovandi. Vielleicht lässt sich aus der Verbindung von Text und Bild noch eine besondere Spielform des Rassismus erahnen. Le Cat nimmt ja seine eigenen Beobachtungen zum freundlichen Ourang-Outang zum Anlass, diesen höher einzustufen als einen „Menschen fressenden Neger". Andererseits ist Le Cat aber wie Bonnet von einer Stufenordnung der Natur fasziniert, in der der Mensch an der Spitze der Hierarchie steht. Dennoch verraten seine Beobachtungen des Menschenaffen eine gewisse persönliche Verunsicherung. Der Wissenschaftler Le Cat, der erfinderische Chirurg, Urologe und Vivisektor, und auch sein Gegner, der eloquente Freidenker Rousseau, waren in ihrer Art als Aufklärer sicherlich nicht zimperlich. In ihren Texten und Illustrationen vermitteln sie ein Bild von Menschenaffen, das bei den Gebildeten ihrer Zeit und auch heute noch vielfältige „anthropomorphe" Assoziationen auslöst, die damals wie heute effektive Instrumente von Erkenntnisinteressen und Weltanschauungen sind.

Monboddo – der Orang als sprachloser Mensch

Wie schon bei La Mettrie, Rousseau, Bonnet und Le Cat deutlich wurde, geraten Menschenaffen um die Mitte des 18. Jahrhunderts in recht unterschiedliche philosophische Diskurse über Weltanschauung, Gesellschaft, Wissenschaft und Naturordnung. An Menschenaffen und ihrem Verhältnis zu Menschen scheiden sich seitdem die Geister. Vor allem Rousseau macht sie seit seinem zweiten Diskurs (1755) zu einer Quelle der Inspiration, aber auch zum Stein des Anstoßes. Durch Rousseaus Anstoß lässt sich beispielsweise der Schotte James Burnett (1714–1799), bekannter als Lord of Monboddo, kurz Monboddo, durch den Orang herausfordern. Im Rahmen seines Werks zum *Ursprung und Fortschritt der Sprache* (6 Bde. 1773–1792) konzipiert Monboddo eine Abstammungsgeschichte des Menschen vom Orang-Utan. Sein Kernanliegen ist der Ursprung und die Rolle der menschlichen Sprache, die von tierischen Lauten hergeleitet wird (Barnard in Corbey/Theunissen 1995, 71–85). Der gebildete schottische Richter setzt sich mit zeitgenössischen und antiken Ansichten auseinander, z.B. mit Aristoteles' Definition des Menschen und seiner Lehre, nach der Sprache nicht naturgegeben sei, sondern in der Gesellschaft erlernt werde. Quasi evolutionär denkt sich Monboddo, der Mensch stamme vom Orang-Utang ab, und fasst den Orang wie Rousseau nicht als Affen, sondern zur Kategorie Mensch gehörend auf (Barnard 1995, 71, 73). Ein kurzes unpubliziertes Papier *Of the Ourang Outang, & whether he be of the Human Species* existiert noch und wurde teilweise in die zweite Ausgabe seines Hauptwerks über Ursprung und Fortschritt der Sprache integriert (Monboddo 1774 nach Barnard 1995, 74). Allerdings erscheint das Konzept Monboddos etwas verwirrend.

In Monboddos Modell der sozialen Entwicklung gehen Menschen ursprünglich aus geschwänzten Menschen bzw. Wilden hervor. Aus denen wiederum entstehen die „Orang Outangs" und „Speechless savages", nach denen das soziale Leben einsetzt und über weitere Entwicklungsstufen bis hin zur griechischen Zivilisation und zur Neuzeit führt. Die Sprache ist dem Menschen nicht naturgegeben, sondern wurde erst im politischen Zustand erfunden. Unter Berufung auf die Berichte von Tyson, Buffon, Battel, Linné, Bontius, Maillet etc. und auf einen Reisebericht von Charles de Brosse (1756), der 1738 in Angola „Quimpezes" beobachtete (1774 Kap. IV 270 bis 313, 277; Barnard 1995, 74f.), ist Monboddo jedoch davon überzeugt, dass der Orang zur gleichen Spezies wie der Mensch gehöre. So wird weitläufig Monboddos zentrale „hypothesis" zum „Orang Outang" untermauert: „being [...] a barbarous nation, which has not yet learned the use of speech" (1774, 270).

Bemerkenswert ist der lange Brief eines zeitgenössischen Kaufmanns aus Bristol, der nach Monboddo Afrikahandel betrieb und vorher Schiffskapitän war. Darin berichtet jener von drei Affenarten, wobei der größte „Impungu" genannt werde und schwarze Haare habe. Der Sohn des Kaufmanns habe davon auch eine abgeschnittene Hand gesehen. Ein Jungtier konnte kurze Zeit beobachtet werden, habe aber die Gefangenschaft nicht ertragen und die Nahrung verweigert; es starb nach wenigen Tagen (1774, 281–289). Von dieser ersten Art wird der „Chimpenza" unterschieden; der habe aber „the same sense of honour" und sogar „a sense of justice", da nämlich ein männliches Individuum dieser Art später denjenigen Eingeborenen umgebracht habe, der seine Frau getötet hatte (1774, 287). Die mittlere Affenart werde „Itsena" genannt (1774, 289). Diesen Berichten eines ihm bekannten „gentleman" (Mr. Bell) traut Monboddo umso mehr, da jener die ihm widersprechende Hypothese vertrete, der Orang sei eine „species betwixt man and monkey" (1774, 289). Vielleicht handelt es sich bei diesem weniger bekannten Hinweis Monboddos auf die größte Art „Impungu" um vage Indizien für eine frühe Begegnung mit Gorillas im 18. Jahrhundert.

Monboddo hält jedoch an seiner Überzeugung fest, dass es sich bei diesen Wesen um Menschen handelt, die noch nicht sprechen können, die also noch nicht den Sprung in die Zivilisation geschafft haben. Sein Interesse gilt also weniger den Menschenaffen als der zentralen Frage: „What is man?" (1774, 313). In seinem unpublizierten Papier lautet der erste Satz:

> *„This is a very curious question of Natural Philosophy, & more interesting to us, than perhaps any other, for it not only greatly concerns the dignity of our species, as some persons imagine, but if it be true that the Ourang Outang truely belongs to us, it exhibits a scene [sense] of human nature utterly unknown, presents us with a period of the history of our species, which it's believed nobody ever dream't of before."* (Monboddo zit. n. Barnard in Corbey/Theunissen 1995, 78 f.)

Monboddos Theorie des Menschen und der Sprache wird für den Philosophen Herder relevant, dessen Abhandlung *Über den Ursprung der Sprache* zwar schon 1770 erschien, also vor Monboddo, Herder aber veranlasst, später darauf noch Bezug zu nehmen. Monboddos originelle Ansichten machten im 18. Jahrhundert zwar keine Schule, waren aber bekannt. Herder wird im Jahr 1784 anlässlich der deutschen Übersetzung von Monboddos Hauptwerk durch E. A. Schmidt die Gelegenheit der Vorrede nutzen, um die These vom sprachlosen, aber menschlichen Orang-Utang kritisch zu kommentieren. Herder kann dabei auf seine Erörterungen in den *Ideen zur Philosophie der*

Geschichte der Menschheit (1784) hinweisen, die auch der weiteren Abklärung des Verhältnisses zwischen Mensch und Menschenaffe dienen. Allerdings liegen dann auch die neuen Befunde des Naturhistorikers Vosmaer und des Anatomen Camper vor. In Monboddos Zeit waren Naturgeschichten in Mode gekommen, und darin fanden sich natürlich nun auch Menschenaffen.

Naturgeschichte und Affenliteratur für Bildungsbürger

In Naturgeschichten und Bildwerken ist der Menschenaffe seit Mitte des 18. Jahrhunderts jetzt weithin bekannt. Exemplarische Kenntnisse und vielfältige Abbildungen liefert der deutsche Naturhistoriker Johann Christian Daniel von Schreber (1739–1810). Sein Werk wurde von Johann Andreas Wagner fortgesetzt und bekannt als *Die Säugethiere in Abbildungen nach der Natur mit Beschreibungen* (1775–1824 Erlangen; 1826–1845 Leipzig; Teil 1 Affe [1826], Supplementband 1. Abt. Affe [1840 f.]; vgl. Engelmann 1846, 365). Schreber rezipiert Linné und Buffon und komprimiert die wichtigsten Informationen über Menschenaffen. Der „Oran Outang" wird unterteilt in A. der kleinere und B. der größere. Typ A. stützt sich auf Tulpius, Tyson und den „Chimpanzee", den „Scotin 1738 auf einer eignen Kupferplatte, die in der *Description of some curious creatures* (London 1739, 12)" und der in der „Allgemeinen Historie der Reisen (IV. Theil No. 17) copiert" sei (Schreber 1775, 54). Typ B., der größere Orang Outang, stützt sich auf Angaben von Bontius, Beekman, Pennant, auch von Purchas und Buffon. Angesichts der augenscheinlichen Ähnlichkeit von Mensch und Orang zählt Schreber die Unterschiede in der äußeren und inneren Gestalt auf, um zu belegen, dass er doch „ein wahrer Affe" ist: „Hauptsächlich aber fehlet ihm das Vermögen vernünftig zu denken, nebst der Fähigkeit zu reden, obgleich die Werkzeuge dazu vorhanden sind." (Schreber 1775, 56) Von merkwürdigen Einzelbeobachtungen ist die Rede, z. B. von der Schamhaftigkeit der Weibchen, ihrer Geschicklichkeit und Kultiviertheit im Detail:

> *„Der Chimpanse, welcher 1738 in London gezeigt ward, war sehr zahm; aß wie ein Mensch; trank Thee aus einer Theeschaale, und wusste ihn, wenn er zu heiß war, in die Unterschaale auszugiessen. Er konnte sich einen Stuhl zurechte sezen, und darauf sizen, auch ordentlich im Bette liegen. Seinem Herrn war er sehr folgsam, in dessen Abwesenheit aber unartig, und schrie wie ein Kind." (Schreber 1775, 62)*

Schreber stellt seinerzeit bekannte Abbildungen des Orang auch kritisch vor und hält Buffons Illustration gemäß dem Typus des aufrecht gehenden Wilden noch für die beste Darstellung (Schreber 1775, 63 f.). Schreber selbst präsentiert aber auch einen sitzenden „Simia Satyrus Linn.", der mehr dem Diabolus-Typ entspricht (Farbtafel 2). Kommentare zur Namensgebung des „Satyr", zu den „Gorgonen des Hanno" und anderes mehr aus antiken Berichten vermitteln traditionelles Bildungsgut (Schreber 1775, 65). Der Wissensstand wird mit attraktiv kolorierten Illustrationen für das gebildete Publikum versehen und findet Anklang, bevor erneut ein lebender Menschenaffe nach Europa gelangt (Kap. 5).

Karikatur und Literatur nehmen sich natürlich ebenfalls der Affen und Menschenaffen an. Literaten und Zeichner orientieren sich an klassischen Affenthemen, z. B. nach dem Motto: „Der Aff ein halber Mensch, der Mensch ein halber Aff". Unter diesem Obertitel wird beispielsweise um 1766 auf einem Kupferstich von Weigel, kombiniert mit einem Text von Will, die zeitgenössische Kultur der „Franzmänner" kritisiert. Wie wird dieser „kultivierte" Affe für den Betrachter inszeniert? Zwei vornehm gekleidete Bürger sehen einem Affen zu, wie er sich gerade beim Rasieren im Handspiegel betrachtet. Affen seien die Lieblinge der Reichen und Faulenzer, die mit ihnen ihre Zeit vertrieben. Was der Mensch auch mache, der Affe mache es nach, so heißt es im Text: „Er ist jedoch ein garstiges Thier, und macht sich mit seiner hintern Gestalt zum Scheusal der Menschen. Vornen lächerlich, hinten abscheulich. Merkt es ihr menschlichen Affen! Ihr seid ein Abscheu und Gelächter der Klugen." (vgl. Abb. 3 in Ingensiep 2006, 87) Die Botschaft für den Betrachter und Leser lautet: Äfft nicht die „Franzmänner" und ihre degenerierte Eleganzkultur nach.

In anderer Weise nimmt ein solcher Franzmann, der berühmte Voltaire, in seinem Roman *Candide* (1759) die Beste aller Welten aufs Korn und nutzt dazu auch eine Affensatire. Denn ein Begleiter von Candide beobachtet zufällig, wie zwei nackte Damen von Affen verfolgt werden, die ihnen in den Hintern beißen. Der „Retter" erschießt die Affen, um die Damen zu retten. Doch pikanterweise stellt sich heraus, dass es ihre Liebhaber waren (Schaefer/Köhler 1994, 343 f.).

Christoph Gottlieb Richter (1717–1774), Popularschriftsteller aus Nürnberg, inszenierte 1740 bis 1760 kulturkritische Satiren: *Die redende Thiere über menschliche Fehler und Laster*. Im sechsten Gespräch rühmt ein Affe die Geschicklichkeit seiner Art, ihre Nützlichkeit für Sektionen oder Unterhaltung – und endlich die Differenz zum Menschen: „Wenn wir Affen die menschliche Sprache hätten, welche uns noch von dem menschlichen Geschlechte unterscheidet, wir wollten die Menschen rechtschaffen zu schanden machen." (Richter 1742, 37)

Affengeschichten dieser Art unterhalten den Bildungsbürger als Gesellschafts- und Sittenkritik in Romanen, Erzählungen und Gedichten. Auch sie dienen der gesellschaftlichen „Aufklärung" und mobilisieren zugleich alte tradierte Wahrnehmungsmuster zu Affen, sei es als eitler Imitator oder als lüsterner Satyr (Schaefer/Köhler 1994).

Der abgeklärte Menschenaffe

> „Ich suchte den Menschen im Tiere,
> wie ich so oft das Tier im Menschen gefunden hatte,
> aber während dessen fand ich bei Untersuchung
> des lebendigen Tieres mich überzeugt,
> dass dieses Tier zwar stets ein Affe ist und bleibt."
> (Arnout Vosmaer: *Abhandlung* 1777)

Im letzten Drittel des 18. Jahrhunderts verwandelt sich die „Aufklärung" über Menschenaffen allmählich in eine spezifische „Abklärung" von bis dahin offenen Spezialfragen zum Verhalten sowie der Sprache und der Anatomie. Dem Publikum werden weitere sehr originelle neue Abbildungen geboten. So entsteht das erste lebensgroße Portrait eines „Orang-oetan" auf einem Gemälde des holländischen Künstlers Tethart Philip Christiaan Haag (1737 bis 1812). Das faszinierende Gemälde aus dem Jahr 1777 entsteht im Rückgriff auf den seinerzeit einzigen Orang, der Europa lebendig erreicht und der vom 29. Juni 1776 bis zum 22. Januar 1777, also fast sieben Monate, in der Menagerie Wilhelms V. von Oranien (1748–1806) lebt (Farbtafel 3). Der Direktor dieser Menagerie, der holländische Naturhistoriker Arnout Vosmaer (1720–1799), verfasst als Repräsentant einer wissenschaftlich beobachtenden Vernunft einen wirkmächtigen Erfahrungsbericht und regt außerdem zu extravaganten künstlerischen Darstellungen von Menschenaffen an, die erst seit wenigen Jahren auch museales Interesse wecken (Sliggers/Wertheim 1994, Abb. S. 70; Lippincott/Blühm 2005, Abb. S. 54, Blühm/Lippincott 2007, Abb. S. 87). Vosmaer publiziert seine Erkenntnisse wissenschaftskonform in französischer (Amsterdam 1778) und in holländischer Sprache als *Beschryving van de zo zeldzaame als zonderlinge Aap-Soort genaamd Orang-Outang, van het Eiland Borneo* (Amsterdam 1778) und ein weiteres Mal im Kollektiv mit anderen Beschreibungen „seltsamer Tiere" (Amsterdam 1804).

Diese Lebendbeschreibungen exotischer Tiere aus der Menagerie des Prinzen von Oranien sind mit schon seinerzeit hoch geschätzten prachtvoll kolorierten Tafeln ausgestattet, u. a. auf der Grundlage von Zeichnungen des Künstlers Aart Schouman (1710–1792). In Vosmaers Kollektivausgabe befinden sich auch außergewöhnliche Illustrationen des Künstlers Haag zum Orang, die im Vergleich zu Gemälden und den Darstellungen im Text näher zu betrachten sind (1804 Tab. XIV [Menschenaffen ähnlich Farbtafel 4] und Tab. XV [ähnlich Nr. 1 „Oran Otan" auf Farbtafel 5]). Wichtige Textauszüge in Deutsch vermittelt der Anhang einer späteren Buffon-Ausgabe (Buffon/

Otto 1791, 291–322), worin die Bedeutung von Vosmaers Bericht unterstrichen wird: „Der Affe, der zum Gegenstande dieser Beschreibung dienet, ist gewiß von derselben Art, den der Prinz Friedrich Heinrich von Oranien zum Geschenke bekam, und den Tulpius beschrieben hat, und also der zweite, der lebendig in Holland gesehen worden." (Buffon/Otto 1791, 295) Weitere Hintergründe und Merkwürdigkeiten lenken den Blick auf andere berühmte Forscher, die sich der „Ourangoutang-Sache" annehmen und liefern ein Paradebeispiel für das eminente Interesse der Aufklärer an Menschenaffen (Ingensiep 2008), was zu weiteren Abklärungen unter späteren Philosophen wie Herder und Naturhistorikern führt. Eine sehr wichtige Rolle spielen dabei die anatomischen Untersuchungen des Orangs durch den holländischen Mediziner Petrus Camper, die daher ebenso skizziert werden wie einige naturhistorische Behandlungen von Menschenaffen am Ende des 18. Jahrhunderts.

Die „Ourangoutang-Sache" – Vosmaer und Forster

Diverse kulturähnliche Verhaltensweisen „zivilisierter" Menschenaffen wie Essen und Trinken galten bislang als bemerkenswerte Belege für ihre große Menschenähnlichkeit. Zur kulturförmigen Erziehbarkeit kam ihr Vermögen zum aufrechten Gang und möglicherweise auch zur Sprache. Diese Anthropina spielen eine Rolle in anthropologischen Diskursen seit Rousseau, konnten aber auch Ablehnung provozieren, um jegliche Nähe zum Vernunftwesen Mensch in Abrede zu stellen. Dem aufgeklärten Vosmaer bot sich nun erstmals die Möglichkeit zu sorgfältiger Verhaltensbeobachtung an einem lebendigen Individuum vor Ort. Im Mittelpunkt des wissenschaftlichen Interesses stehen neben der Gestalt äußerlich beobachtbare Verhaltenseigenarten. Erstmals berichten am Rande auch einigen Episoden Näheres zum Lebensschicksal des Orangs.

Der Naturforscher Vosmaer hatte aufgrund von Literaturstudien und Korrespondenzen im Vorfeld Zweifel an bisherigen Darstellungen und Beschreibungen von Menschenaffen. Daher wollte er unbedingt in den Besitz eines lebendigen Individuums gelangen, um eigenständige Beobachtungen anstellen zu können. Nach brieflichen Aufforderungen und Fehlversuchen gelang es nach 20 Jahren vergeblicher Mühe dem Herrn D. L. Hemmy, „mir diesen Orang-outang lebendig für die Menagerie des Prinzen zu schicken". Nach Hemmys Schreiben vom 19. Februar 1776 erhielt er, Hemmy, von seinem Sohn in „Batavia" das Tier, welches von „Banjer-Massin auf der Insel Borneo gekommen war. Am 29. Junius des vorigen 1776. Jahrs erfuhr ich seine glückliche Ankunft." (Buffon/Otto 1791, 306 f.) Aber weit bevor Vosmaer seinen ersehnten Orang in Holland sah, begegnete ein anderer bedeutender Naturforscher und engagierter Anthropologe seiner Zeit dem Individuum auf seiner Weltreise: Georg Forster (1754–1794). Forster verwickelte sich später nach abfälligen Bemerkungen über Vosmaers Orang in einen kleinen Streit, sah sich aber dann gezwungen, sich dafür in einem Brief an Vosmaer vom 1. November 1778 zu entschuldigen (Ingensiep 2006). Was war genau geschehen, dass ein Orang zu einem akademischen Streitobjekt und Politikum werden konnte?

Der Weltreisende Georg Forster hatte in *A voyage round the World* (1777/1778) eine indirekte Bemerkung zu Vosmaers Verhalten nach dem Tod des Orangs gemacht und den Bibliothekar des Prinzen von Oranien erbost. Am Kap der Guten Hoffnung bekam Forster nämlich zufällig den lebendigen „ourang-outang, or ape, from the island of Java" zu Gesicht, und zwar „of that species which has the honour to be adopted as a near relation by several philosophers"; damit spielt Forster auf frühere philosophische Reflexionen über die Menschenverwandtschaft des Affen seitens Rousseau und Monboddo an (Forster, Voyage AA I 645). In der deutschen Ausgabe von Forsters *Reise um die Welt* (1778–1780, 2. Teil) wird das Individuum näher beschrieben:

> „Dieses Thier war ohngefähr zwey Fuß sechs Zoll lang, und kroch lieber auf allen Vieren, da es doch auf den Hinterbeinen sitzen und gehen konnte. Die Finger und Zehen waren sehr lang, und die Daumen sehr kurz; der Bauch dick, das Gesicht so häslich, als sich nur immer denken läßt, und die Nase etwas mehr der menschlichen ähnlich, als bey andern Affen-Gattungen. Dasselbe Thier ward, wie ich seitdem gehört, in den Thiergarten des Fürsten von Oranien im Haag geschickt." (Forster: Reise um die Welt. AA III 418)

In der deutschen Ausgabe stand nur dieser nüchterne Vermerk über den Verbleib des Orangs, in der englischen Ausgabe aber stand folgendes:

> „This creature died at the Hague in January 1777; but, through the gross ignorance and canine malice of the keeper, the ablest [recte: best?, H. W. Ingensiep] anatomists in Holland were disappointed in the hope of dissecting it. He cut off its head, in order to prevent their examining the organs of the speech; and its hands and feet, to preclude the possibility of comparing the phalanges with the human and other skeletons. When we consider, through whose interest the inspector of that princely collection at the Hague was appointed, we cannot wonder, that he was a stranger to liberality of sentiment." (Forster AA I 645 f., Anm. 1)

Vosmaer habe, so Forsters Vorwurf, im Dienst seines konservativen antiliberalen Prinzen eine vernünftige Sektion verhindert, und zwar aus „Ignoranz" und „Böswilligkeit", um so eine ordnungsgemäße anatomische Studie der Sprechorgane und Gliedmaßen dieses Orangs zu verhindern. Diese Bemerkung Forsters fehlt aber in der späteren deutschen Ausgabe. Nach Aufklärung des Sachverhalts vermerkt Forster sogar, dass der Balg „schön ausgestopft" ward „und im Cabinet des Prinzen von Oranien in einer dem Leben völlig ähnlichen Stellung aufbewahrt" werde. „Den Rumpf bekam Herr *Camper*, ein berühmter Zergliederer, zu zerlegen." (Forster AA III 418, Anm. 1) Der Orang war neben anderen Individuen von Camper kompetent untersucht worden.

Diese „Ourangoutang-Sache" war aber ein akademisches Politikum geworden, weil sie nicht nur naturgeschichtlich-anthropologisch von Interesse, sondern auch philosophisch-politisch brisant war und der Abklärung durch die Forschung bedurfte. Ein Indiz war, dass sich der Aufklärer Forster zu einer öffentlichen Unterstellung und Polemik hinreißen ließ. Als beiläufiges Nachspiel vermerkt der deutschsprachige Extrakt aus Vosmaers Bericht von 1778: „Hierauf folgt eine Vertheidigung des Herrn Vosmaer gegen Beschuldigungen des Herrn Forsters im zweiten Theile seiner Reise um die Welt, die wir hier übergehen." (Buffon/Otto 1791, 318 Anmerkung) Es ging nicht um Vosmaers Reputation, sondern um die damalige Brisanz der Affenfrage im Kontext anthropologischer Fragen unter Naturforschern.

Es gab ein „ästhetisches" Problem. Forster erscheint der Orang als äußerst „hässlich". Diese Hässlichkeit in Zusammenhang mit der Affenfrage war für Forster auch in anthropologischer Hinsicht virulent, denn wenig zuvor war er im Jahr 1774 auf seiner Weltreise in der Südsee unerwartet einem neuen ‚hässlichen', nackten und schwarzen Menschenschlag begegnet, der zudem noch seine Sexualität mit einer Penisschatulle in ungewöhnlicher Weise öffentlich demonstrierte. Diese Szene provozierte Forster zur Frage: „Sind die Bewohner Malekulas Affen?" (vgl. van Hoorn 2004, 47–74) Die Hässlichkeit der Affen gehörte nämlich auch zu den klassischen Kriterien seit Heraklit, welche eine augenscheinliche Differenz zwischen Mensch und Affe belegte. Auch in der mittelalterlichen *Figura Diaboli* wurde die Hässlichkeit am äußeren Erscheinungsbild des Affen festgemacht und ebenfalls mit seiner Geilheit verbunden. Trotz dieser klassischen ästhetischen Differenz hielten frühere Aufklärer bei Menschenaffen an der großen körperlichen Ähnlichkeit zum Menschen fest. Nun begegnet Forster zudem äußerst hässlichen und sexuell merkwürdigen Menschen, die auf den ersten Blick „Affen" ähnelten. Aber für Forster gibt am Ende nicht diese äußere Hässlichkeit, sondern ihre Sprachfähigkeit und Vernunft den Ausschlag für die Zugehörigkeit zur Menschheit. Eben deshalb werden schließlich auch die Bewohner Malekulas von Forster eindeutig den Menschen zugeordnet und das „Orang-Outang-System", d. h. die Thesen von einem Mensch-Affe-Übergangsfeld im Sinne von Rousseau oder Monboddo, wird verworfen (van Hoorn 2004, 74–79). Dieses kleine Vorspiel zu Vosmaers Orangbeobachtungen zeigt, welche anthropologischen Interessen und Vorurteile im Spiel waren.

Vosmaer – ein Forscher beobachtet einen lebenden Orang

Welch unerwartete Gefahren außer der Schiffsüberfahrt, dem Klima und möglicher Fehlernährung eine solche lange Reise von „Batavia" nach Holland für einen Orang mit sich bringen konnte, demonstriert eine kleine Begebenheit auf dessen afrikanischer Zwischenstation am Kap der Guten Hoffnung. Dort „hatte er daselbst einige Töpfe voll Farben ausgeleert, wonach er sich übel befand, aber vermittelst einer Flasche süßes Oehl, die man ihn nehmen ließ, und einige öhligen Klystieren erholte er sich sehr bald." Auf dem Schiff konnte er frei herumlaufen, spielte mit den Matrosen und lief zur Küche, um sich seinen Anteil zu holen (Buffon/Otto 1791, 311 f.). Am 29. Juni 1776 war der Orang endlich bei Vosmaer, der sein Verhalten nun einen ganzen Monat aus nächster Nähe unter besonderen Bedingungen beobachtete und Merkwürdigkeiten beschrieb.

> *„Gleich nach seiner Ankunft hatte man ihn in eine Kammer bei einem Schranke von Nussbaum gesetzt, bisweilen nahm er einen von seinen Lappen, und wischte damit sorgfältig den Staub von den Füßen dieses Spinds. Wenn Herren in Stiefeln kamen, ihn zu sehen, bediente er sich auch bisweilen eines kleinen Aschenbesens, der bei ihm lag, und machte damit ihre Stiefel sauber rein. Auch schnallte er die Schule der Zuschauer mit solcher Fertigkeit auf, als es ein Bedienter zu thun im Stande ist."*
> *(Vosmaer zit. n. Buffon/Otto 1791, 315)*

Begebenheiten solcher Art sprachen für die Kulturfähigkeit des Orangs, denn er vermochte ja zu Putzen und mit Schuhen umzugehen. Vosmaer war sich aber über die eigenen und fremden Vorurteile im Rousseau'schen Blick auf Menschenaffen durchaus im Klaren, obgleich er viel Neues erwartete. Bald kommt er aber durch die eigenen Beobachtungen zu einer anderen Überzeugung und bekennt freimütig:

> *"Ich suchte den Menschen im Thiere, wie ich so oft das Thier im Menschen gefunden hatte, aber während dessen fand ich bei Untersuchung des lebenden Thieres, das ich in der Absicht einen Monat lang nahe bei mir behielt, mich überzeugt, daß dieses Thier zwar stets ein Affe ist und bleibt, in mancher Betrachtung und selbst nach seinem Naturelle aber sehr von anderen Affen abweicht."* (Vosmaer zit. n. Buffon/Otto 1791, 298)

Was hatte Vosmaer ernüchtert angesichts der seinerzeit hohen Erwartungen an eine menschenähnliche Gestalt und Verhaltensweise? Die Tiere konnten zu vielen Geschicklichkeiten erzogen werden, wofür Vosmaer auch Beispiele nennt. Aber man müsse doch davon die

> *"natürlichen Verrichtungen des Thiers unterscheiden, und durch diese den Grad der Erkenntnisse, die ihm eigen sind, zu entdecken suchen; aber in der Absicht wäre es gewiß nöthig, den natürlichen Zustand und die Lebensart dieses Thiers im Walde zu beobachten."* (Vosmaer zit. n. Buffon/Otto 1791, 299f.)

Ein solches Forschungsprogramm mit Freilandstudien wurde systematisch erst in der zweiten Hälfte des 20. Jahrhunderts durchgeführt. Der Menageriedirektor Vosmaer dagegen muss sich mit Beobachtungen seines Zöglings vor Ort begnügen. Was beobachtet und untersucht er im Einzelnen?

Die Größe der Menschenaffen war ein wichtiges Forschungsthema. Daher musste quantifiziert werden, insbesondere wenn es um den banal erscheinenden Vergleich mit der Größe des Menschen ging. Doch war auch die Größe ein Anthropinum, eine menschliche Besonderheit, denn kleine bzw. geschwänzte Affen waren schon lange bekannt. Die ersten Reiseberichte über Menschenaffen sprachen seit 1600 oft von menschlicher Größe oder gar von monströsen Riesen, wie der Afrikareisende Battel. Daher wurden alle Orangs zunächst gründlich ausgemessen, die in den 1770er Jahren aufgefunden, und dann auf die meist todbringende Reise von Batavia nach Holland geschickt wurden. Es handelte sich wohl mindestens um ein gutes Dutzend Individuen, wobei mancher schon in Ankündigungsbriefen nach Vosmaer sogar als „ziemlich hübsch" oder aber mit einem „Geist wie ein Teufel" begabt beschrieben wurde (Buffon/Otto 1791, 301). Die Jagd- und Fangmethoden brachten es mit sich, dass es sich meist um Jungtiere handelte, wie auch in dem Fall des jungen Orang-Weibchens von geringer Größe, das aufgerichtet etwa die Größe eines drei- bis vierjährigen Kleinkindes hatte. Bei seiner Ankunft war es „nicht mager, sondern sehr gut bei Leibe", hatte aber einen dicken aufgetriebenen Bauch (Buffon/Otto 1791, 318).

Dass es sich um ein Weibchen handelte, initiierte die Forschungsfrage, „ob es der monathlichen Reinigung unterworfen sey". Vosmaer konnte nichts bemerken. Wie stand es um das Gemüt und Sozialverhalten dieses Individuums? Es sei „gutmüthig" und zeige keinerlei Anzeichen von „Bosheit oder Falschheit" und man „konnte ihm ohne Furcht die Hand ins Maul stecken". Aber ihr Äußeres erschien Vosmaer traurig, wenngleich sie doch die Gesellschaft von Menschen liebte. Einige Episoden schildern eindringlich die Situation und soziale Anhänglichkeit des Orangs. Ein besonderes Forscherinteresse galt der Gangart. Gewöhnlich ging sie auf allen vieren, aber auch ein aufrechter Gang am Stock kam vor, war allerdings dem des Menschen recht unähnlich, da der Orang doch die Füße nie flach auf den Boden stellte wie ein Mensch, sondern die Zehen einwärts geschlagen hielt.

In Bezug auf die technische Geschicklichkeit erlebt Vosmaer eine ungewöhnliche Nachahmungsfähigkeit und den induzierten bzw. spontanen Werkzeuggebrauch im Umgang mit Schlüsseln zum Kettenschloss.

> *„Als er ein Mal mit vieler Aufmerksamkeit sah, wie ich mit einem Schlüssel das Schloß seiner Kette auf- und zuschloß, ergriff er ein kleines Stück Holz, das bei ihm lag, stach es in das Schlüsselloch, drehete es nach allen Seiten vor- und rückwärts, und sah zu, ob sich das Schloß öffnete. Da er an einer starken Kette an einer langen Eisenstange fest war, an welcher er bisweilen sehr hoch, bis zu einem Balken des Dachs stieg, so ließ ich, um ihn daran zu hindern, einen Ring der Kette mit einer eisernen Klammer auf den Boden nageln. Wie er aber, ich weiß nicht wie, aus einem Brete seines Gemachs einen großen, fünf Zoll langen Nagel bekommen hatte, versuchte er die Krampe auszuziehen, und bediente sich dazu des Nagels wie eines Hebels."* (Vosmaer zit. n. Buffon/Otto 1791, 314)

Weitere Beobachtungen galten Nahrungsmitteln und der Art der Ernährung, Essen und Trinken. Vosmaer beobachtete den Verzehr von Brot, Wurzeln, Früchten, „besonders die gelben Mohrrüben" und „vorzüglich Erdbeeren", noch mehr die Lust auf Petersilie (Buffon/Otto 1791, 310 f). Soweit die vegetarische Kost, aber auch gekochtes und gebratenes Fleisch oder Fisch wurde genossen, wenngleich Insekten und ein lebender Sperling als Nahrung wenig Interesse fanden: „Gebratenes und Fische waren seine Lieblingskost." Im Hinblick auf die spätere Darstellung des Malers Haag sei schon hier erwähnt, dass man ihn gelehrt hatte, mit Löffel und Gabel zu essen.

„Wenn man ihm Erdbeeren auf einem Teller gab, so war es ein Vergnügen zu sehen, wie er eine nach der anderen mit der Gabel aufspießte und zum

Munde führte, indem er mit der andern Hand den Teller oder das Unterschälchen festhielt." (Vosmaer zit. n. Buffon/Otto 1791, 312)

Er trank nicht nur Wasser, sondern auch „sehr gern alle Arten von Wein", wobei seine Geschicklichkeit beim Herausziehen des Pfropfens ebenso ins Auge fiel wie seine Fähigkeit, „sich darauf wie ein Mensch die Lippen entweder bloß mit der Hand oder mit Leinwand" abzutrocknen oder auch Zahnstocher zu nutzen – Indizien für die Kultivierbarkeit des Orangs. Beim Schlafverhalten fiel auf, wie der Orang versuchte, sich ein Lager mit Heu zu bereiten und dabei manchmal auch eine Decke, Leinwand und ein Kopfkissen zu benutzen. Soweit erschien der Orang recht kultiviert. Doch ambivalent war, dass er zwar seinen Harn auf dem Boden „sehr reinlich" abtrocknete, aber manchmal auch in die Hände nahm und trank (Buffon/Otto 1791, 315). Vosmaer machte noch eine weitere unappetitliche Beobachtung: Der Orang leckte menschliche Spucke auf und nahm sie ins Maul. Dies entsprach nicht gerade dem feinen Kulturverhalten unter aufgeklärten Menschen. Längere Berichtstücke von Vosmaer führen eindringlicher die individuelle Lage und sein Sozialverhalten vor Augen.

Der Orang des Herrn Vosmaer

„Sein äußeres Ansehen hatte etwas Trauriges an sich, welches sich doch gar nicht in seinen übrigen Umständen zeigte. Es liebte Gesellschaft ohne Unterschied des Geschlechts, indem es bloß denen Leuten natürlichen Vorzug gab, die täglich für selbes Sorge trugen und ihm Gutes thaten, die es deßwegen lieber zu haben schien. Bisweilen warf es sich, wenn sie sich entfernten, auf die Erde, da es an der Kette lag, wie verzweifelungsvoll, schrie erbärmlich, und riß alles Leinenzeug, das es kriegen konnte, wenn es sich allein befand, in Stücke. Da sein Aufseher die Gewohnheit hatte, sich bisweilen bei ihm auf die Erde niederzusetzen, so nahm es ein anderes Mahl das Heu von seinem Lager, legte es an seine Seite, und schien durch alle seine Vorstellungen ihn einzuladen, sich zu ihm zu setzen.

Einen Tag fand ich ihn in einer schrecklichen Verlegenheit. Das Thier, welches an einer großen Kette befestigt war, die mit einem Ringe an einer langen senkrechten Eisenstange fest war, hatte diesen Menschen umfasst, und hielt ihn aufgerichtet gegen seine Brust gedrückt, so dass es ihn fest zwischen den Vorder- und Hinterfüßen eingeschlossen hielt, ohne dass es möglich war, ihn loszumachen. Da man ihm aber

> etwas Fressen auf einem Teller hingesetzt hatte, stieg es endlich herunter zu fressen, und ließ seinen Menschen los, welcher mir sagte, er habe sich bei dem Affen niedergesetzt, dieser sey auf seine Knie gestiegen, habe ihn so umfasst, ohne ihm Schaden zu thun, und habe ihn schon einige Zeit in dieser Stellung gehalten, wie ich zur rechten Zeit gekommen, um ihn zu befreien.
>
> Es war an einer Kette von kupfernem Halsbande, das mit einem kleinen Vorlegeschloß geschlossen war, und mit einer ziemlich langen Kette befestigt, und wohnte in einer Abseite unter einem sehr hohen Dache. Einen Morgen, als wir es zu besuchen kamen, fanden wir es kettenfrei, da es seinen Kopf durch das Halsband gezogen hatte; und wir sahen es mit wunderbarer Behendigkeit auf den Balken und schrägen Latten des Dachs steigen, während sich vier Menschen über eine Stunde bestrebten es wieder zu kriegen, und ihm das Halsband über den Kopf zu ziehen. Bei dieser Gelegenheit merkten wir eine außerordentliche Stärke in seinen Muskeln; nur mit vieler Mühe brachte man es dahin, auf dem Rücken zu liegen; zwei starke Menschen hatten genug zu thun, ihm die Füße, ein andrer ihm den Kopf zu halten, und der vierte ihm das Halsband über den Kopf zu bringen und besser zu befestigen. In dieser Freiheit hatte das Thier unter andern den Pfropfen von einer Flasche mit Malaga-Wein gezogen, diesen auf den letzten Tropfen ausgetrunken, und die Flasche wieder an die vorige Stelle gesetzt."
>
> Vosmaer (zit. n. Buffon/Otto 1791, 308 ff.)

Am 28. Juli 1776 entließ Vosmaer den Orang in die Menagerie, damit endlich auch die Neugierde anderer Zeitgenossen befriedigt werden konnte. Dort erkrankte er im November. Vosmaer beobachtete, „wie er schon sehr krank war, dass er ganz wenig rohes Fleisch fraß, aber ohne ein Zeichen des Wohlgeschmacks" (Buffon/Otto 1791, 311). Rohes Ei dagegen wurde nicht verschmäht. Bald zitterte der Orang an allen Gliedern und bekam Durchfall. Eine kleine Gabe Rhabarber konnte nicht lange Abhilfe schaffen, „und kurz darauf fiel das Thier in eine abzehrende Krankheit und starb daran am 22. Januar 1777. Nach den Berichten hatte es kurz vorher stark geseufzet, worauf ein Geröchel mit der Kehle und darauf der letzte Athem folgte, nach dem er hier sieben Monate gelebt hatte." (Buffon/Otto 1791, 317 f.)

Am Ende seiner Beschreibungen gibt Vosmaer einen Hinweis, der auf ein neues, sehr merkwürdiges Kapitel im Nachleben dieses Orangs führt. Der akribisch beobachtende Wissenschaftler bemerkte zum Winter 1776/7 hin, dass sich die Behaarung des Orangs veränderte, und zwar gerade in der Zeit, als ein bekannter Künstler sich seiner neuen Aufgabe zuwandte:

> *„Bei herannahendem Winter bekam das Thier viel mehr Haare, und als der Hofmahler Herr Haag die Abbildung davon machte, war der Kopf ganz mit kurzen braungelben Haaren bedeckt. Der Rücken, die Brust, und alle übrigen Theile des Leibes waren eben so mit hellkastanienbraunem Haare bedeckt, so dass es ein ganz verschiedenes Thier zu seyn schien. Die längsten Haare auf dem Rücken waren drei Zoll lang."* (Vosmaer zit. n. Buffon/Otto 1791, 322)

Haag – ein Maler inszeniert einen Orang

Nicht nur Vosmaer, der „Experte" unter den Naturhistorikern, sondern auch ein fähiger holländischer Künstler, aber wissenschaftlicher „Laie", der Hofmaler Tethart Philip Christiaan Haag (1737–1812), hatte die Möglichkeit, den Menschenaffen über lange Zeit aus der Nähe zu beobachten. Haag war – soweit bekannt – der erste Künstler der Neuzeit, der einen lebendigen Orang nicht nur vor Augen hatte, sondern auch in Ruhe studieren, zeichnen und dann „nach dem Leben" malen konnte. Erstmals bot sich hier einem Künstler die Chance, ohne auf die tradierten Informationen in Reiseberichten und Enzyklopädien zurückgreifen und sich einer ikonografischen Tradition verpflichten zu müssen, sein Können und seine Kreativität in der Darstellung eines selbst beobachteten Orangs voll zu entfalten. Aufgrund seiner Beobachtungen und wohl auch seiner Gespräche mit Vosmaer konnte Haag seine Motive auswählen und den Zeitgenossen eine recht realistische Darstellung liefern. Doch weisen sowohl die künstlerischen Vorstudien von Haag als auch dessen Motive in zwei Orang-Gemälden in sehr verschiedene Richtungen.[6]

Eine der Orang-Skizzen aus Haags Vorstudien wird nicht nur als Kupfer in Vosmaers Werk aufgenommen, sondern Haag liefert damit auch eine Vorlage für die erste bemerkenswerte Darstellung eines lebendigen Orangs in der Neuzeit auf Leinwand (Farbtafel 3). Dieser „Orang-Utan, Erdbeeren fressend, 1776, Öl auf Leinwand, 109 × 89 cm" wurde 2007 in einer Ausstellung des Wallraf-Richards-Museums in Köln und in dem begleitenden Ausstellungskatalog vorgestellt (Blühm/Lippincott 2007, 86; darin Abb. S. 87). Das Original stammt aus dem Herzog Anton Ulrich-Museum Braunschweig, Kunstmuseum des Landes Niedersachsen (Inv. Nr. GG 1270). Der Orang sitzt „in einem Zimmer mit herrschaftlichen Architekturelementen" (Blühm/Lippincott 2007, 869) und wird sorgfältig naturalistisch bearbeitet, denn Haag hält sich in diesem Portrait eng an Vorkommnisse und Elemente in Vosmaers Bericht: Hinweise auf eine Gier nach Erdbeeren, den Gebrauch von Teller, Trinkbecher und Decke sind in Vosmaers Beschreibung zu finden. Die ungewöhnlichen Utensilien verstärken das anthropomorphe Motiv der Kulturfähigkeit des Orangs programmatisch. Diese Inszenierung des Individuums kann dennoch als recht realistisch angesehen werden und übertrifft darin die meisten damaligen Illustrationen. Für einen starken Realismus spricht bei diesem Gemälde auch die Größenrelation zwischen der Bildgröße und der Größe des gemalten Orangs. Doch erstaunlich ist, wie der gleiche Künstler diesen Orang in einem spektakulären Gemälde noch einmal inszeniert.

Das zweite Gemälde von Haag aus dem Jahr 1777 (Farbtafel 4) wurde wahrscheinlich nach dem Tod des Orangweibchens fertig gestellt (Lippincott/Blühm 2005, 54). Diese große Darstellung des Vosmaerschen „Orang oetan, 1777, doek, 174 × 110,5 cm" entstammt der Königlichen Kollektion im Mauritshuis in Den Haag (Inventarnr. 813) und befindet sich als Dauerleihgabe in Apeldoorn im Paleis Het Loo Nationaal Museum. Das kompositorisch und motivisch komplexe Gemälde ist in vielerlei Hinsicht singulär und durchaus eine kleine Sensation, obgleich es der traditionellen Ikonografie und zeitgenössischen Ideenwelt verbunden bleibt.

Ein vor einem Apfelbaum aufrecht stehender weiblicher Orang hat gerade einen Zweig mit einem Apfel ergriffen, den es in den Blick nimmt. Hinter dem Affen befindet sich eine Menageriemauer, die drei Viertel der Bildbreite einnimmt und den Bildmittelgrund bildet. Die Mauer gibt auf dem rechten Viertel der Bildseite den Blick auf ein Gehege mit zwei gazellenartigen Tieren frei. Im Bildvordergrund rechts neben dem Affen sowie an dem Baumstamm vor ihm befindet sich je ein exotischer Vogel. Die Menageriemauer, die selbst nach dem Muster des *hortus conclusus* eine besondere räumliche Grenze anzeigt, ziert ein Affenrelief. Dabei handelt es sich um eine Vorstudie zu dem ersten Gemälde von Haag, nämlich um die Darstellung des mit einer Gabel kleine runde Früchte von einem Teller essenden Orangs, in dessen Reichweite sich ein Trinkbecher befindet. Beobachtungen Vosmaers und Informationen aus diversen früheren Berichten über das kultivierte Ess- und Trinkverhalten des Affen werden hier von dem Künstler ins Bild gesetzt.

Auf einer durch ein Foto belegten, aber als vermisst geltenden Zeichnung platzierte Haag den sitzenden neben einem stehenden Orang, der aber nach dem Muster des aufrechten Wilden mit einem Stecken in der Hand abgebildet ist (Pieters in Sliggers/Wertheim 1994, 51 Abb. 21). Die malerische Umsetzung folgt aber nicht einfach dem traditionellen Typus des Wilden mit Stab, sondern platziert die Äffin offensichtlich in eine Paradies-Ikonografie. Haag wählt den Moment der visuellen Fixierung der Frucht vom „Baum der Erkenntnis". Mit der rechten Hand den Zweig zu sich herabziehend, die Erkenntnis versprechende Frucht fest im Blick, hat die Äffin die linke Hand bereits leicht erhoben – offenbar auf dem Weg, die Verlockung auch zu er- bzw. begreifen. Haag inszeniert den Orang in voller Menschengröße und verstärkt so den Eindruck der Menschenähnlichkeit, aber er zeigt ihn nicht im Moment des Ergreifens oder Verzehrens der Erkenntnisfrucht. Wollte Haag damit zum Ausdruck bringen, dass das Orangweibchen trotz erstaunlicher Anzeichen nicht die Kultur- und Zivilisationsstufe des Menschen erreicht und letztlich doch ein Tier bleibt und kein Mensch ist? Hat der Vosmaer'sche Affe, obwohl augenscheinlich kurz davor, den Schritt vom Natur- in den Kulturzustand mit Rousseau doch nicht geschafft? Wie ist es zu verstehen, dass der Moment des Greifens nach der Frucht vom Baum der Erkenntnis in farbiger Lebendigkeit vor Augen geführt wird, während die nach dem noch lebenden Tier gefertigte Szene des kultivierten Tischgenossen in den blassen Hintergrund eines Mauerreliefs zurückgenommen wird?

Doch auch wenn Haag sich der Vosmaer'schen Skepsis in Bezug auf die tatsächliche Kultivierbarkeit des Affen zum Menschen angeschlossen haben sollte, bringt seine Darstellung die Faszination zum Ausdruck, die von den irritierend menschenähnlichen Verhaltensweisen des Orangweibchens ausgegangen sein muss. Dass Haag dem zu diesem Zeitpunkt wohl schon verstorbenen Tier mit dem überlebensgroßen Gemälde ein Denkmal gesetzt hat, unterstreicht auch der Kontrast mit den realen Haltungsbedingungen des angeketteten Orangweibchens in der Menagerie: Ein Orangs an einer eisernen Halskette wäre kein adäquater Akteur im Paradies gewesen. Der bei Vosmaer erwähnte Selbstbefreiungsversuch des Orangs zeigte zudem: Dieser Menschenaffe ist kein „Freigelassener der Schöpfung" wie der aufgeklärte Mensch, der ihn beobachtet, sondern ein – in Herder'schen Worten – in Ketten liegender „gebückter Sklave".

Überblickt man die sehr unterschiedlichen Darstellungen des Orangs durch den Künstler Haag, so zeichnen sich drei Tendenzen bzw. Aspekte in der Typologie der Arbeiten ab. Zum einen diente der Orang als naturhistorisches Fallbeispiel als Vorlage für Haags Anfertigung kolorierter Kupferstiche im Dienste von Vosmaers wissenschaftlichem Werk. Dafür wurde der Orang künstlerisch als typisches naturgeschichtliches Objekt der Wissenschaft zugerichtet, wobei die wichtigsten Art- bzw. Verhaltensmerkmale erkennbar sind. Zweitens verewigte Haag den Orang als Individuum in seinen naturalistischen Zeichnungen und in dem für diese Epoche ungewöhnlichen in Öl gemalten Tierportrait, das die individuellen Verhaltensweisen und die individuelle Gestalt und Größe dieses spezifischen Orangweibchens aufzeigt. Drittens wird der Orang für den Künstler in dem überlebensgroßen Gemälde zum Ausgangspunkt einer kulturanthropologischen Reflexion. Haag bedient sich dabei unterschiedlicher Komponenten, z. B. der Ikonografie des paradiesischen Baums der Erkenntnis, des mittelalterlichen *hortus conclusus* sowie der neuzeitlich „aufklärenden" kulturphilosophischen Momente des friedlichen „guten Wilden", um die irritierenden anthropomorphen Verhaltensweisen des Individuums zum Anlass einer grundsätzlichen Reflexion auf die Mensch-Tier-Differenz zu generalisieren.

Camper – der abgeklärte Orang unter dem Messer des Anatomen

So anregend Vosmaers Lebendbeobachtungen eines Menschenaffen für die Meinungsbildung der Gelehrten auch waren, ungleich bedeutender waren die sorgfältigen anatomischen Untersuchungen seines holländischen Kollegen, des Mediziners Petrus Camper (1722–1789) für Philosophen und Naturforscher. Camper kam in seinen international verbreiteten Abhandlungen zu dem Schluss, dass der Orang bereits anatomisch weder zum aufrechten Gang noch zur Sprache befähigt sei. Damit initiierte Camper einen Wendepunkt in der anthropologischen Diskussion über Menschenaffen.

Ab Ende der 1770er Jahre erscheinen die Ergebnisse von Campers jahrelangen sorgfältigen komparativen Untersuchungen zu Menschenaffen in mehreren Sprachen: *Kort beright wegen de ontleding van verscheidene Orang Outangs* (1778), *Account of the organs of speech of the orang-outang* (Philosophical Transactions of the Royal Society of London LXIX 1779, 139–159), *Histoire naturelle de l'orang-outang, et de quelques autres singes* (Harlingae 1779), *Natuurkundige Verhandelingen over den Orang-Outang* (Amsterdam 1782) und schließlich ins Deutsche übertragen durch J. f. M. Herbell als *Naturgeschichte des Orang-Outang und einiger anderen Affenarten* (Düsseldorf 1791). Seine wissenschaftlichen Untersuchungen sind nüchtern und systematisch. Der Anatom konnte bei seinen Untersuchungen auf einen lebendigen Orang und mehrere in Weingeist eingelegte oder ausgestopfte Jungexemplare zurückgreifen – insgesamt wohl acht Stück, darunter auch das Exemplar von Vosmaer, welches Haag malte. Den ersten Orang erhielt er schon im Jahr 1770 von Hoffmann (Camper 1782, 26).

In der Einleitung seiner holländischen Studie von 1782 geht Camper ausführlich auf die antiken Überlieferungen zu Affen ein, z. B. auf Aristoteles, Galen, Plinius, und handelt im ersten Teil von den vielfältigen Benennungen der Affen und ihren äußerlichen Besonderheiten in Anlehnung an Buffon, Daubenton, Hoppius, Beekman, Edwards, Vosmaer, Allamand, Forster, Tyson, Bontius, Tulpius. Tysons Bemerkung, man könnte den Orang eher zu den vierhändigen als zu den vierfüßigen Tieren rechnen, hält Camper für nicht ungereimt (1782, 35). Der wahre Orang sei aber der asiatische aus Borneo, nicht der von den Griechen beschriebene, auch nicht der Pongo, Jocko oder der Orang des Tulpius, ebenso nicht der Pygmy des Tyson; es handle sich um eine eigene Art von Geschöpf (1782, 37). Im zweiten Teil erörtert Camper die Sprachwerkzeuge und formuliert die Forschungsfrage: „Willen, of kunnen de Aapen en Orangs niet spreeken?" (1782, 40). Wollen oder können die Affen und Orangs nicht sprechen? Im dritten Teil werden die Eingeweide von Bauch und Brust, im vierten die weiblichen, im fünften die männlichen Organe behandelt. Der sechste Teil vergleicht das Skelett des Orangs mit dem von Menschen und anderen Affen. Der siebte Teil analysiert Kopf und Hals, der achte Becken, der neunte Knie und Fuß, der zehnte die Hand. Campers abschließendes allgemeines Fazit seiner akribischen Untersuchungen ist: 1. Der Orang sei vom Menschen in Gestalt, Größe und Gang verschieden. Er könne weder sprechen noch sitzen wie ein Mensch noch so auf dem Rücken liegen. Ausdrücklich wird die Ansicht des Aristoteles vermerkt, kein Tier außer der Mensch pflege auf dem Rücken zu liegen, was heute noch aktuell ist. (Matsuzawa 2012) 2. Der Orang sei in der Tat ein vierfüßiges Tier, das zwar zu den vierhändigen Affen gehöre, aber zugleich eine davon unterschiedene eigene Art darstelle (1782, 89 f.).

Camper versieht sein Werk mit einer Tafelsammlung, deren erste den gezeichneten Balg des Orangs präsentiert, den Camper im Jahr 1770 von Herrn Hoffmann erhielt, die zweite den Schädel und das Gesicht. Die anderen Abbildungen auf den Tafeln III und IV illustrieren Fuß, Becken und diverse Organe, darunter den freigelegten Kehlkopf mit den vermeintlichen Sprachwerkzeugen (Tafel IV Fig. II). Ferner zeigt Camper eine lockere Skizze von dem lebenden Orang kurz vor dessen Tod – und zwar den seitwärts gerichteten Kopf mit zugespitzem Mund und dessen Schulter (Tafel IV Fig. I).

Camper beschreibt also in aller Ausführlichkeit das Skelett und kommt zu dem Fazit, dass der Orang nicht zum aufrechten Gang befähigt sei. Nach der Untersuchung der Stimmorgane kommt er zu dem Ergebnis, dass die Lautorgane des Affen schlicht nicht geeignet sind, Worte hervorzubringen. Folglich kritisiert er den irrigen Glauben derjenigen Reisenden, Naturforscher und Philosophen, die nahe legten, dass Mensch und Affe zu einer Spezies gehören. Auch der populäre Mythos, nach dem Affen nicht sprechen würden, um nicht als Sklaven arbeiten zu müssen, hatte Zweifel an ihrer Sprachunfähigkeit gesät. Das Gesicht, die gesamte Gestalt, Gang, Hände und Daumen der echten Vierhänder sind nach Camper nachweislich verschieden von denen des Menschen. Damit versetzt Camper aus empirischen und anatomischen Gründen den Rousseauisten unter den Naturforschern, Künstlern und Philosophen einen herben Schlag.

Campers Untersuchungen waren lange Zeit nicht nur für Naturhistoriker wie Blumenbach von Interesse, der „Bimana", als aufrechte Zweihänder, von den Menschenaffen als „Quadrumana", Vierhänder, systematisch abtrennte. Camper ist auch für Philosophen wie Herder relevant, die nach kritischer Vermittlung der Kenntnisse über Menschenaffen im Spannungsfeld zwischen Kultur und Natur sowie in der Philosophie der Sprache suchen. Nach Tyson ist Camper ein weiterer Repräsentant der neue Primatenforschung, die sich der Empirie anstelle philosophisch-theologischer Wahrnehmungsmuster verpflichtet fühlt, wenngleich Campers Anthropologie auch in einem philosophischen und ästhetischen Rahmen betrachtet werden kann (Hastings 1936, 129; Meijer 1999).

Der abgeklärte Orang bei deutschen Philosophen

Anders als ihre französischen Kollegen lassen sich deutsche Aufklärungsphilosophen seit Leibniz und Wolff durch Menschenaffenberichte kaum irritieren und widmen sich vor allem philosophischen Grundfragen. Einige wenige schalten sich Mitte des 18. Jahrhunderts in die zeitgenössische Debatte über die cartesianische Tiermaschine ein, also in Tierseelendiskurse, wie der Rationalist Georg Friedrich Meier (1718–1777) mit seinem *Versuch eines neuen Lehrgebäudes von den Seelen der Tiere* (1749). Andere Aufklärer, wie Hermann Samuel Reimarus (1694–1768) in den *Abhandlungen von den vornehmsten Wahrheiten der natürlichen Religion* (1754), setzen sich kritisch mit La Mettries und Rousseaus Thesen zur Kulturfähigkeit, Sprache und aufrechtem Gang auseinander. Auch in seinen bekannten *Allgemeinen Betrachtungen über die Triebe der Tiere, hauptsächlich über die Kunsttriebe* (1762) betont Reimarus, dass Affen bei aller anatomischen Nähe die Sprache nicht einmal durch Nachahmung unter Menschen erlernen würden. In der Folgezeit ringt lediglich der Sprach-, Kultur- und Naturphilosoph Herder als relevanter deutscher Gelehrter um weitere philosophische Abklärungen in der Affenfrage. Der bedeutendste Rationalist und Konkurrent Herders – Immanuel Kant – betrachtet die Menschenaffen nur am Rand seiner Anthropologie, d. h. als erledigt.

Herder – der Orang im Visier der Ideen

Im Verlauf der zweiten Hälfte des 18. Jahrhunderts war der Menschenaffendiskurs einem bekannten deutschen Philosophen der Kultur, Sprache und Natur so nahe gekommen, dass zunehmend Klärungsbedarf entstand. Johann Gottfried Herders (1744–1803) Auseinandersetzungen mit dem Menschenaffenproblem in seiner Preisschrift *Abhandlung über den Ursprung der Sprache* (1772/1789) und im ersten Teil seiner *Ideen zur Geschichte der Menschheit* (1784) bilden einen Kulminationspunkt in der deutschen Philosophie. Aufmerksam rezipiert Herder naturgeschichtliche Befunde und analysiert deren naturphilosophische Bedeutung. Das Kernproblem der Anthropomorphisierung spaltet Herder, indem er Menschenaffen einerseits am Leitfaden des empirischen Materials *naturgeschichtlich* entanthropomorphisiert, sie andererseits aber zugleich durch Einbindung in seine spezifische Konstruktion einer teleologischen Beziehung zwischen Natur und Kultur *naturphilosophisch* anthropomorphisiert. Den Hintergrund für diese Vorgehensweise bildet Herders noch näher zu erläuternder doppelter Menschheitsbegriff. Für unseren Zusammenhang wichtiger als Herders bekanntere Ansichten zur „Evolution" (Zimmermann 1953, 238–245) sind die konkreten Anlässe und philosophischen Hintergründe, die zu seiner Behandlung der Menschenaffen führen.

Den ersten Anstoß für die Auseinandersetzung mit Menschenaffen erhält Herder in seiner *Abhandlung über den Ursprung der Sprache* (1772). In Abgrenzung sowohl gegen Süßmilchs These vom göttlichen Ursprung der Sprache als auch gegen Condillacs genetischen Sensualismus spricht sich Herder für ein historisch-genetisches Modell der Sprachentstehung aus. Er erkennt die Verwandtschaft des Menschen als „Erdentier" mit den Tieren zwar an, wendet sich aber gegen „die entehrende Tradition, die den Menschen vom Affen herleitet". Schon als Tier habe der Mensch Sprache, beginnt Herders Preisschrift. Er will Rousseaus „Phantom" eines Naturmenschen nicht „Vernunftfähigkeit" bei gleichzeitig bereits vorhandener „Perfectibilität" zugestehen, da Denken der Sprache vorangehe. Subtil unterscheidet Herder zwischen Nachäffen und Imitation, wenn er behauptet: „Der Affe äfft immer nach, aber nachgeahmt hat er nie." Imitation setzt für Herder ein reflexives, denkendes und intendierendes Bewusstsein voraus, welches sich zu vervollkommnen beabsichtigt. Wäre ein Wesen dazu in der Lage, „hätte es auch nur ein einziges Mal eine Einzige solche Reflexion denken können – denselben Augenblick war er kein Affe mehr", vermerkt Herder im Jahr 1789 in der zweiten Auflage seiner Sprachschrift (Herder, Werke I, 1820, 49). Ein solches Wesen wäre auch schon ohne äußerliche Lautgebung ein innerlich sprechender Mensch, der sich über kurz oder lang seine äußerliche Sprache erfinden müsse. „Welcher Orang-Outang aber hat je mit allen seinen menschenähnlichen Sprachwerkzeugen ein einziges Wort gesprochen, das der Grundstein einer menschenähnlichen Sprache wäre?" (Werke I, 1820, 49). Die „Negerbrüder in Europa", gemeint ist La Mettrie, glaubten, dass es nur auf die richtigen Umstände ankäme, den Affen zum Sprechen zu bringen. Herder sieht diese Möglichkeit durch naturgeschichtliche Befunde widerlegt, „und durch die Werkzeuge wird [...] bei den Affen das Können nicht aufgehalten". Diese Äußerung mildert Herder in der zweiten Auflage seiner Sprachschrift (1789) unter Berufung auf Campers unterdessen erschienene neue anatomische Befunde, nach denen den Menschenaffen die Sprachorgane fehlen, in einer Fußnote deutlich ab und gesteht, dass seine frühere Behauptung „zu kühn" gewesen sei, wenngleich es zur damaligen Zeit „der Anatomiker gemeine Meinung" war (Werke I, 1820, 50). Tiersprache und Menschensprache sind für Herder jedenfalls inkommensurabel, weil erst die innere Vernunft die äußere Sprache ermögliche.

In seiner *Vorrede* zur deutschen Übersetzung von *Lord Monboddos Werk über den Ursprung der Sprache* (1784) geht Herder das Problem erneut an. Er beklagt Linnés Irrtümer und die Vermischungen seiner Vorstellungen von Menschen, Affen und Fabelwesen. Herder kritisiert den Irrtum, „daß Affe und Mensch ein Geschlecht sey, daß der Orang-Utang mit seinem Stecken in der Hand eine dem Menschen ähnliche Vernunft beweise, und es ihm nur an einer weitern Ausbildung auch zur Rede fehle" (Zur Philosophie und Geschichte 2. T. Zugaben, in Werke I, 1820, 177). Erneut ist Camper der Gewährsmann dafür, dass der Affe auch dem Organ nach nicht zur Sprache befähigt sei, und Herder verweist auf eine ausführlichere Behandlung der Materie im ersten Teil seiner *Ideen* (1784).

Die *Ideen*, das Hauptwerk Herders, ist entstanden als gereifte Neu- und Ausgestaltung seines früheren geschichtsphilosophischen Grundlagenwerkes *Auch eine Philosophie der Geschichte zur Bildung der Menschheit* (1774), in dem das Menschenaffenproblem noch nicht angesprochen wurde. Dieses Problem wird nun für Herder aus universalgeschichtlicher Perspektive virulent, nicht zuletzt, weil er in Anlehnung an Bonnet der eigentlichen Geschichtsphilosophie eine Naturphilosophie vorschaltet. Der stufenweise Aufstieg vom Anorganischen zum Organischen und innerhalb des Organischen über die Arten der Pflanzen und Tiere hin zum Menschen erfordert eine differenzierte Analyse der empirischen Befunde. Auf diese Weise wird die im vierten Buch der *Ideen* formulierte These gestützt, dass der Mensch „zur Vernunftfähigkeit organisiret" sei. Herder gibt in diesem Zusammenhang zu:

„Der Orang-Utang ist im Innern und Aeußern dem Menschen ähnlich" und holt mit dieser verbreiteten These den aufgeklärten Leser ab, um sie mit Erkenntnissen aus Anatomie, Morphologie, Physiologie, über Menstruation und andere Verhaltensbeobachtungen zunächst zu erhärten (Ideen, in Werke 1827, 132). Herder zieht auch Tysons klassische Untersuchungen zu Menschenaffen (1699) hinzu, um die große Ähnlichkeit zu bekräftigen. Da er auch in der „Seele" der Affen etwas „Menschenähnliches" vermutet, will Herder die Affen nicht durch Philosophen wie Reimarus unter die seelenlosen „Kunstthiere" erniedrigt sehen. Nach Herder steht der Affe „dicht am Rande der Vernunft" und ist keinesfalls vollständig durch Instinkte determiniert. Gerade seine Nachahmungsfähigkeit gilt ihm als Indiz für die Fähigkeit des Affengehirns zur Kombination sinnlicher Ideen. Anders als der weise Elefant und der gelehrige Hund wolle sich der Affe vervollkommnen – eine Spitze gegen Buffon, der nicht nur die Überlegenheit des Menschen, sondern auch der Elefanten über Menschenaffen verteidigte. Trotzdem lautet Herders Fazit über den Affen:

> *„[...] er will sich vervollkommnen. Aber er kann nicht: die Thür ist zugeschlossen; die Verknüpfung fremder Ideen zu den seinen, und gleichsam die Besitznehmung des Nachgeahmten ist seinem Gehirn unmöglich."*
> (Herder, Ideen 1827, 133)

Aufgrund seiner physischen Organisaton fehle ihm das Selbstbewusstsein und daher sei der Affe nicht zu einem Selbstkultivierungsprogramm im Sinne einer wirklichen Vervollkommnung fähig. Einerseits ist diese Fähigkeit in Herders naturphilosophischer Konstruktion nur dem Menschen vorbehalten und im teleologischen Naturprogramm für Affen nicht vorgesehen, andererseits sprechen auch die damals verfügbaren empirischen Befunde gegen die Menschenaffen. So unterstützt die Naturgeschichte nicht zuletzt durch Campers anatomische Befunde die Sprachunfähigkeit von Menschenaffen, womit alle weitere Vervollkommnung quasi biologisch blockiert ist. Ebenso erkennt Herder im ersten Teil der *Ideen* (4. Buch, II) die Camper'schen morphologischen Differenzierungen anhand des Schädelwinkels an. Als Vierhänder ist der Affe nicht für den aufrechten Gang bestimmt „und fürchterlich sind die Folgen", denn seiner gesamten Organisation nach, also über die Sprachorgane hinaus auch seine Anatomie, Morphologie und die Haltung des Kopfes betreffend bleibt der Affe letztlich „immer nur ein Thier, so menschenähnlich er übrigens seyn mochte" (Ideen 1827, 136). Geschickt nutzt Herder die neuen naturgeschichtlichen Befunde zur Entanthropomorphisierung der Wahrnehmung von Menschenaffen und folgt insofern der Empirie, die bereits auf naturgeschichtlicher Ebene die fundamentale biologische Differenz von Mensch und Menschenaffen unterstreicht. Im zweiten Teil der *Ideen* (1806, 7. Buch, I) heißt es dann nur noch lapidar: „Den Orang-Utang kennet man jetzt und weiß, daß er weder zur Menschheit, noch zur Sprache ein Recht hat." (1806, 71) Hier spricht Herder von ‚Menschheit' im Sinne eines biologischen Gattungsbegriffs, von dem der Menschenaffe im Programm seiner naturgeschichtlichen Entanthropomorphisierung systematisch ausgeschlossen wird.

Im Rahmen seiner teleologischen Natur- und Geschichtsphilosophie hält er hingegen an der traditionellen, schon in der Antike grundgelegten Anthropomorphie und Anthropozentrik im Bild vom Affen fest, insofern die Menschenaffen am Maßstab menschlicher Organisation gemessen als hässlich und unvollkommen gelten. Wurde der Menschenaffe *naturgeschichtlich* negativ durch äußere Merkmale von der Menschengattung abgegrenzt, so wird er *naturphilosophisch* im Vergleich zu menschlichen Qualitäten und Fähigkeiten bewertet und dem Menschen in der natürlichen Stufenordnung untergeordnet. Das anthropomorphe teleologische Prinzip der Naturphilosophie: „Alle äußere Form der Natur ist Darstellung des inneren Werks" (Ideen 1827, 138) besiegelt das Schicksal der Menschenaffen, da schon die äußere Form der menschlichen Natur – seine aufrechte Gestalt und Kopfhaltung –, die den entscheidenden Schritt zu Vernunft, Sprache, Freiheit und Humanität präformiert, den Menschen über das Tier triumphieren lässt. Das Tier bleibt daher bei Herder ein „gebückter Sklave" im Unterschied zum Menschen, der „erste Freigelassene der Schöpfung; er stehet aufrecht" (Ideen 1827, 173). Naturphilosophisch schließt Herder an Bonnets Konzept einer *scala naturae* an und betont ausdrücklich die diskreten Stufen in der Stufenleiter der Natur zwischen Mensch und Menschenaffe:

> „Auch die Angrenzung der Menschen an die Affen wünschte ich nie soweit getrieben, daß, indem man eine Leiter der Dinge sucht, man die wirklichen Sprossen und Zwischenräume verkenne, ohne die keine Leiter stattfindet." (Herder, Ideen 1806, 72)

Alle Varianten von Naturmenschen auf der Erde können nach Herder auch ohne den „Pongo" sprich Menschenaffen, erklärt werden. Herder bietet hier also kein theoretisches evolutionäres Erklärungsmodell für die Entstehung des Menschen an, denn die genetische Herleitung des Menschen sei ebenso

> „unwahrscheinlich als entehrend [...]. Wahrlich, Affe und Mensch sind nie ein und dieselbe Gattung gewesen, und ich wünschte jeden kleinen Rest der Sage berichtigt, daß sie irgendwo auf der Erde in gewöhnlicher Gemeinschaft leben." (Herder, Ideen 1827, 72)

Hier distanziert sich Herder von Rousseaus Spekulation über eine Vermischung von Mensch und Affe sowie von weit früheren Äußerungen bei Bontius, d. h. von Erzählungen von Eingeborenen, Menschenaffen könnten mit Menschen in geschlechtlicher Verbindung stehen. Was die genetische Herleitung angeht, so konvergieren in diesem Punkt die einer Anthropomorphismuskritik unterzogenen Befunde der Naturgeschichte und Herders eigene teleologische naturphilosophische Konstruktion.

Warum stellt die Herleitung oder allzu große Nähe des Menschen zum Menschenaffen eine „Entehrung" dar? Hier bekennt sich Herder bei aller Naturwüchsigkeit zur Gottähnlichkeit des Menschen und argumentiert nun auf einer dritten, nämlich theologischen Ebene. Aus dieser Perspektive legt er großen Wert darauf, dass all die verschiedenen Menschenformen auf Erden zu einer einzigen Gattung gehören. Als Naturkundiger nutzt er die empirischen Befunde, sogar als Naturphilosoph würdigt er gewissermaßen die Menschenähnlichkeit der Menschenaffen, wenn auch zu deren Abwertung, aber als Humanist und Theologe erschrickt er fast vor dieser Nähe, wie der Anthropologe Mühlmann in seiner *Geschichte der Anthropologie* meint (3. Aufl. Wiesbaden 1984, 62). Herder äußert sich ganz klar:

> *„Du aber, Mensch, ehre dich selbst. Weder der Pongo, noch der Longimanus ist dein Bruder; aber wohl der Amerikaner, der Neger. Ihn also sollst du nicht unterdrücken, nicht morden, nicht bestehlen: denn er ist ein Mensch, wie du bist: mit dem Affen darfst du keine Brüderschaft eingehen."* (Herder, Ideen 1806, 73)

Der Pongo – Schimpanse oder Orang – und der Longimanus – der Gibbon – waren in der führenden französischen Enzyklopädie von Diderot und D'Alembert für alle Gebildeten nebeneinander auf einer großen Tafel als „Le Jocko" und „Le Gibbon" wie Menschen aufrecht stehend und vereint zu sehen (Pl. XIX Fig. 1. Fig. 2). Doch sie können nach Herder nicht in eine wirkliche Brüderschaft mit dem Menschen aufgenommen werden oder gar auf moralische Gleichstellung hoffen. Wenn Herder an anderer Stelle in den *Ideen* von den Tieren als „der Menschen ältere Brüder" (1. Teil, 2. Buch, III) oder gar von einem „Thierrecht" (1. Teil, 4. Buch, VI) neben dem Völker- und Menschenrecht spricht, darf dies nicht im Sinne einer moralischen Gleichheit von Mensch und Tier missverstanden werden. Denn nur der Mensch ist zur „Humanität und Religion" gebildet. Vielmehr bekundet Herder gerade in diesen Äußerungen, dass Naturgeschichte und Naturphilosophie, also Empirie und Metaphysik einer Naturordnung, einer eminent praktischen Konstruktion einer Philosophie der Geschichte und der Kultur, und davon ausgehend der

Moral und der Religion, unterworfen sind. „Menschheit" als moralisch-theologischer Wertbegriff dominiert über „Menschheit" als philosophischer Weltbegriff einer deskriptiv-biologischen Naturgeschichte und theoretisch konstruierenden Naturphilosophie. Herders Wahrnehmung von Menschenaffen spiegelt diesen doppelten Menschheitsbegriff, der zu einer doppelten Abgrenzung des Menschen von den Menschenaffen führt. Insofern verdankt der Mensch seine Sonderstellung nur vordergründig seiner natürlichen Organisation.

Kant – der Orang am Rand der Vernunftanthropologie
Am Ende des Aufklärungsjahrhunderts wirft auch der letzte und bedeutendste Vernunftphilosoph, Immanuel Kant (1724–1804) in seiner *Anthropologie in pragmatischer Hinsicht* (1798, II. E.) anlässlich der Bestimmung des Gattungscharakters des Menschen einen wenig spektakulären Seiten- und Rückblick auf Menschenaffen (Ak VII 322). Der Mensch wird von Kant nach dreierlei Gesichtspunkten betrachtet, 1. der technischen, 2. der pragmatischen und 3. der moralischen Anlage nach. Die Frage des charakteristischen Unterschieds zwischen Mensch und Affe ist für Kant schon auf der Stufe der technischen Anlage entschieden. Er führt das Spektrum der Fragen vor Augen: ob der Mensch ursprünglich Zweifüßer oder Vierfüßler sei, wie Moscati meine; ob der Gibbon, „Orangutang" oder Schimpanse zur Vier- oder Zweifüßigkeit bestimmt sei, „worin Linneus und Camper einander widerstreiten", ob der Mensch Frucht- oder Fleischfresser oder ob er ein geselliges Tier oder Einzelgänger sei – Themen Rousseaus. Nach Kant ist der Mensch schon allein mit seiner Hand, seinen Fingern und seinen Fingerspitzen für den technischen Vernunftgebrauch bestimmt (Ak VII 322 f.).

Mit der Mensch-Tier-Abgrenzung hatte Kant sich bereits anlässlich seiner Rezension von Moscatis Schrift *Von dem körperlichen wesentlichen Unterschiede zwischen der Structur der Thiere und Menschen* (1771; Ak II 421–425) beschäftigt. Darin stimmte er zwar Rousseaus These von der natürlichen Vierfüßigkeit des Menschen zu, für das gesellige Zusammenleben aber hielt er den aufrechten Gang für die geschickteste Stellung (Brandt 1999, 322 f.). Kommentare verweisen zudem auf Christian Friedrich Ludwigs *Grundriss der Naturgeschichte der Menschenspecies* (1796), dessen zweiter Abschnitt „Von den besonderen Unterschieden zwischen dem Menschen und den menschenähnlichsten Affen" die Ansichten von Linné, Camper und Moscati behandelt (Brandt 1999, 322).

Im aktuell publizierten Anthropologiekolleg von 1791/92 behandelt Kant den „Orang" ausführlicher (Kowalewski/Stark 2000, 175–454). Wenn „Vom

Charakter der Menschengattung" die Rede ist, erfolgt erstens die „Charakterisierung des Menschen im Vergleich mit der Tiergattung" (2000, 448 f.) und wir stoßen auf P. Moscatis (1740–1824) mechanische Bedenken gegen die ursprüngliche Zweifüßigkeit des Menschen: 1. Die Schädlichkeit für das Eingeweide, die aufrecht gehend gedrückt würden, daher bestehe 2. Gefahr eines Foetusabganges für schwangere Frauen und es ergebe sich 3. noch ein physiologischer Nachteil: „Das Blut müsse beim Zirkulieren immer steigen". Dagegen spreche, dass der Mensch an den „Waldmenschen" grenze, dass schon wirkliche Affen auf zwei Füßen gingen. Den Ausschlag gibt für Kant wiederum Campers Untersuchung, wonach der Affe schon aufgrund seiner Bauart mit Füßen greifen und „nie sprechen lernen" könne. Bei aller Menschenähnlichkeit des „Orang-Outan", z. B, dass er sich mit Stöcken verteidigen könne, konstatiert Kant: „Es ist also umsonst zu glauben, dass der Mensch eine Affengattung wäre." (Kowalewski/Stark 2000, 449)

Die von Kant gerne gelesene *Physische Geographie* skizziert unter „a. Ungeschwänzte Affen" (Rink II 1802, 49) das für seine öffentlichen Hörer vorgesehene Minimalwissen zum „Affengeschlecht":

> *„Der Orang-Utan, der Waldmensch, davon die größten in Afrika Pongos genannt werden. Sie sind in Kongo, ingleichen in Java, Borneo und Sumatra anzutreffen, gehen immer aufrecht und sind sechs Schuh hoch. Wenn sie unter Menschen gebracht werden: so nehmen sie gerne starke Getränke, machen ihr Bette ordentlich und decken sich zu. Das weibliche Geschlecht hat seine monatliche Reinigung und ist sehr melancholisch. Meinung der Javaner von ihrem Ursprunge. Es giebt noch eine kleinere Gattung, welche die Engländer Schimpanse nennen, die nicht größer ist als ein Kind von drei Jahren, aber mit den Menschen viele Ähnlichkeit hat. Sie gehen zu ganzen Heerden aus und erschlagen die Neger in den Wäldern." (Kant, Ak IX 337)*

Kant will seinen Zuhörern einen Extrakt zur naturgeschichtlichen Bildung über Menschenaffen mitgeben, über äußere Unterschiede oder Verhaltensähnlichkeiten zwischen ihnen und den Menschen, doch eine klare Differenz verliert er nicht aus dem Auge: Der Mensch ist von Natur ein vernunftfähiges Tier, ein *animal rationabile*, das sich gemäß seinem Vernunftauftrag zur Kultivierung und Moralisierung zu einem *animal rationale* entwickeln kann. Davon ist der Menschenaffe weit entfernt.

Mit Details wie der „monatlichen Reinigung" und der seit Tulpius thematisierten Melancholie des Orang-Weibchens befriedigt Kant die Neugierde und Erwartungen seiner Zuhörer. Diese Informationen über Geschlechterdifferenzen und „Melancholy Apes" bleiben bei Kant aber Randnotizen und stehen keinesfalls im Dienste der Förderung perspektivischer Empfindsamkeit, der „modern sensibility", gegenüber Menschenaffen wie etwa in anderer zeitgenössischer Literatur (Schiebinger 1995; Brown 2010).

Der Vernunftphilosoph Kant und die Affen sind natürlich auch der Literatur nicht entkommen. Der Dichter und Schriftsteller Johann Daniel Falk (1768–1826) zeichnet in seinem *Taschenbuch für Freunde des Scherzes und der Satire* in „einem saubern Konterfey auf die kantische Philosophie" (Leipzig 1797) ein komplexes Spottbild auf seinen Zeitgenossen Kant, auf dessen Anhänger und Gegner wie auch über die „Affen" aus, die zunächst an einem Fallschirm mitfliegen, als Kant im Ballon zum Himmel aufsteigt:

> *„Die wollten mit. Kaum sah es Kant, so sprach er zu den Affen: Weicht! denn ich hab' euch nie erkannt, Und nichts mit euch zu schaffen. Drauf bog er sich ergrimmt herab, und schnitt die Schnur am Fallschirm ab."* (Falk 1797, 213)

Doch bleibt dem „Affenvolk" am Boden Kants professorale Kleidung, die auch hinab fällt, um sich darüber streitend damit auszustaffieren. Jenseits der Satire sind sich Kant, seine Anhänger und Gegner im letzten Drittel des 18. Jahrhunderts allerdings weitgehend über die prinzipielle Verschiedenheit von Mensch und Tier einig. Selbst wenn Tiere eine immaterielle Seele besitzen sollten, verfügten sie bestenfalls über ein „Analogon der Vernunft", von dem mit den für die damalige Gelehrtengemeinde repräsentativen Worten aus der *Metaphysik* (1784, 428) des Gottlob August Tittel (1739–1816) gilt: „Aber Menschenvernunft ist es doch nicht." Tiere mögen eine Seele haben, aber keine Vernunft.

> *„Der Aff kommt in manchem dem Menschen etwa noch am nächsten. Aber mache man doch aus ihm einen Rechenmeister oder Mechaniker! Nicht zu einem Besenbinder wird er taugen. Auch das allergeschickteste Thier wird man in dem, was einige Überlegung oder deutlichen Begrif erfordert, nicht so weit bringen, als man vielleicht den dummsten Menschen bringen kann. So weit noch stehet das Thier vom Menschen ab."* (Tittel 1784, 427)

Vernunft und Sprache unterscheiden Mensch und Tier, welches weder über vernunftbegriffliche Klarheit in Schlüssen noch über praktische Intelligenz verfügt. Trotzdem wird ein Anhänger Kants, Girtanner, dem kultivierten Affen mehr Aufmerksamkeit schenken.

Der Orang in der Naturgeschichte Ende des 18. Jahrhunderts

Was denken Spezialphilosophen der Naturgeschichte gegen Ende des 18. Jahrhunderts über Menschenaffen? Beziehungen und Abgrenzungen zu den Rassen der Menschen werden zu einem Dauerthema und das Nachdenken über Artzugehörigkeit und den taxonomischen Ort der afrikanischen und asiatischen „Einwanderer" wandelt sich. Das ethische Nachdenken über Tiere steht allerdings noch ganz am Anfang. Vorrangig interessiert man sich für domestizierte Arbeitstiere und Hausbegleiter wie Pferde, Hunde, Katzen oder für Nutztiere wie Schwein und Rind, die Nahrungszwecken dienten. Auch einheimisches Wild, die Jagd auf Fuchs oder Hase, werden reflektiert (Ingensiep 1996). Wie Tierethiker dieser Zeit das naturgeschichtliche Wissen nutzen, davon gibt der dänische Theologe und Gelehrte Laurits Smith (1754 bis 1794) ein eindrucksvolles Beispiel (Baranzke 2002).

Smith gehört zu den raren Intellektuellen, die für eine „Würde" der Tiere und besondere Pflichten des Menschen gegenüber ihnen eintreten. In seinem *Versuch eines vollständigen Lehrgebäudes der Natur und Bestimmung der Thiere und der Pflichten des Menschen gegen die Thiere* (Kopenhagen 1793) zeigt Smith auch am Beispiel der Affen die Ähnlichkeit von Mensch und Tier auf. Sie seien zur Nachahmung menschlicher Handlungen fähig, gebrauchten sogar Waffen, könnten aber nichts erfinden.

> „Nur von einer einzigen Affenart (Troglodytes, Chimpanse, Pongo, Jacko, Barris), welche sich in Angola, Congo u. a. O. aufhält, erzählt man, daß sie haufenweise in den dicksten Wäldern leben, und eine Art von Lauben in den Bäumen anlegen, um sich gegen Wind und Wetter zu schützen; aber so gerne auch dieser Affe bey dem Feuer verweilt, das etwa die Wilden angezündet und verlassen haben, weis er doch selbst kein Mittel ausfindig zu machen, um es in Brand zu halten; ein Beweis, daß dies Thier darauf eingeschränkt wurde, die Gaben der Natur in ihrem ursprünglichen Zustande zu genießen, und seine Bedürfnisse unmittelbar aus ihrer eignen Hand zu empfangen." (Smith 1793, 261)

Der Menschenaffe sei also auf seinen engen Wirkungskreis beschränkt und letztlich auch durch „die allgemeinen Naturtriebe" bestimmt (Smith 1793, 261 f.), der Mensch aber sprengt diesen engen natürlich vorgegebenen Wirkungskreis. Die erste deutsche Ausgabe *Ueber die Natur und Bestimmung der Thiere wie auch von den Pflichten der Menschen gegen die Thiere* (Kopenhagen 1790) ist in den „Erläuterungen" zur „Intelligenz der Thiere" (1790, 213) noch weniger weitläufig als in der späteren stark erweiterten Auflage von

1793 und schließt mit den üblichen Ausführungen über Affen (1790, 266 bis 283). Affen zeigten eine „sowohl einsame als republikanische Lebensart" und seien „häsliche Thiere", auch von „geiler Natur" und würden stehlen etc. (1790, 267) – Letzteres sind klassische Ansichten. „Sie verstehen die menschliche Sprache ohne sie nachahmen zu können" (1790, 272) – vielleicht ein Hinweis auf Herders Differenzierungen. Die ungewöhnlichen Leistungen des „Orang-Outang", ihr aufrechter Gang, ihre Gelehrigkeit und ihr kultiviertes Essverhalten werden beschrieben – als Belege dienen Battels und Buffons Beobachtungen: „Ein Wort, ein Zeichen, und unser Orang Outang that alles was man haben wollte" (1790, 280), und es schien sogar, als ob er „sich Freundschaft und Wohlwollen ausbäte" (1790, 282). De la Brosse habe gesehen, wie zweijährige Orangs ihre Bedürfnisse durch Zeichen mitteilten und sich sogar medizinisch behandeln ließen.

Smiths reichhaltige Offerierung von naturgeschichtlicher Information und Anekdoten über Tiere dient einem tierethisch propädeutischen Anliegen, nämlich dass alle Menschen „auf die sympathetische Stimme der Natur Acht haben" und Tiere als ihre Mit- und Nebengeschöpfe anerkennen (1790, 211). Auch Tiere besitzen nach Smith eine unvergängliche Seele und sind durch Gott zum Glück bestimmt. Ihnen sei daher mit „Achtung" und „Wohlwollen" zu begegnen, wodurch diese Haltungen zugleich den Menschen gegenüber gefestigt werde (1790, 212). Zwar geißelt Smith in seiner Tierethik primär den unvernünftigen Missbrauch von Haus- und Nutztieren oder von Tieren in der Wissenschaft, im Prinzip aber bestehen ebenso Pflichten gegen wilde Tiere, denn auch sie dürfen als lebendige Gottesgeschöpfe nicht mutwillig gequält oder misshandelt werden. Man müsse mehr über die Tiere wissen, um sie besser verstehen und behandeln zu können.

In seiner eigentlichen Pflichtenlehre wird der Orang nur einmal erwähnt. Gehe er aufrecht und mit Stock, so „ist diese seine Stellung freiwillig und ihm natürlich", während eine solche Haltung bei Bären unnatürlich erzwungen und daher „eine Kränkung des Rechts des Thieres" sei (1790, 151). Naturgeschichtlich vermitteltes Wissen über natürliches Verhalten muss nach Smith als Norm die konkrete Handlung anleiten.

> „Je besser wir die Natur kennen gelernt, je genauer wir uns von dem Werthe und der Absicht einer jeden Sache belehren lassen, desto behutsamer werden wir in unserer Behandlung gegen die andern lebendigen Wesen werden, die Gott nebst uns hier auf die Erde setzte." (Smith 1790, 143)

Nicht zufällig argumentieren Smith und andere Philosophen und Theologen im Jahrhundert der Französischen Revolution und der Erfindung der Menschenrechte für natürliche Rechte der Tiere, ähnlich wie im 20. Jahrhundert „Menschenrechte für Menschenaffen" (Cavalieri/Singer 1994) mit deutlichen Anleihen an die Allgemeine Erklärung der Menschenrechte durch die UNO propagiert werden. Keimhaft liegen somit im 18. Jahrhundert Gedanken bereit, die zwei Jahrhunderte später mit Vehemenz die Anerkennung der Menschenaffen als moralische Personen aufgrund ihrer besonderen Persönlichkeit und „Intelligenz" fordern (vgl. Kap. 9).

Nicht immer waren selbst Philosophen der Naturgeschichte auf der Höhe der Zeit, wie ein Blick in die *Philosophie der Naturgeschichte* (Berlin 1791) des schottischen Kompilators und Gelehrten William Smellie (1740–1795) zeigt. In seinen Notizen über Menschenaffen (2. Teil, 1791, 195–200) ist Smellie – offensichtlich in Unkenntnis von Campers anatomischen Befunden – immer noch davon überzeugt, dass dem Orang „unstreitig das Sprechen gelehrt werden" könne, dass er aber aufgrund seiner Unfähigkeit zum Nachdenken „die Bedeutung der Wörter nicht verstehen" könne (1791, 200). Daher hält Smellie trotz der Gelehrigkeit des Orangs am Vorrang des Menschen als einem denkenden Wesen fest.

Smellie ist ein typischer Anhänger des Konzepts der Stufenfolge der Wesen im Geiste Bonnets, was auch rassistische Ansichten tangiert. Es bestehe nämlich ein klarer Unterschied zwischen einem „aufgeklärten Philosophen, und einem viehischen Hottentotten!" (1791, 289) und steige man die Leiter der Lebewesen weiter hinab, „zu unserer Demüthigung müssen wir es bemerken", stoßen wir auf die uns in der Gestalt ähnlichen „Orang-Utangs", [...] welche wirkliche unvernünftige Thiere sind" (1791, 290 f.). Doch seien die Stufen manchmal unmerklich: „Von den Orang-Utangs und Affen bis zu den Pavianen ist der Zwischenraum kaum bemerkbar." (1791, 291) Weil unkundige Philosophen in der Naturgeschichte häufig Irrtümern ausgesetzt seien und andererseits kundige Naturalisten wenig von Ideen verstünden, die die Seele bereichern, plädiert der Gelehrte Smellie für ein interdisziplinäres Vorgehen und zeigt sich doch selbst in Bezug auf die Menschenaffen als ein naturgeschichtlich nicht hinreichend kundiger Philosoph, wofür schon sein deutscher Übersetzer, Zimmermann, ihn rügt.

Auf dem Hintergrund der prominenten Vorstellung von der natürlichen Kette bzw. Stufenfolge der Wesen – *scala naturae* – (Lovejoy 1985) fungieren Menschenaffen ebenso wie andere „doppelartige Naturgeschöpfe" als Bestätigung der Naturidee und demonstrieren morphologische Verbindungen und Übergänge. Ein markanter Titel von Christoph Ludwig Pfeiffer, der auch diverse politisch-iuridische Schriften verfasste, lautet *Der Orang-Outang oder Wald-Mensch: samt den übrigen doppelartigen Naturgeschöpfen als Verbin-*

dungsgliedern der großen Naturkette in den verschiedenen Naturreichen / Nach der Naturgeschichte betrachtet (Mannheim 1787). Den Impuls zu dieser Abhandlung gab die Frage, ob denn Orang und Mensch zu einer Art gehören. Der verbreitete Hinweis auf die große Ähnlichkeit des „Orangoutang" mit dem „wilden Neger", der seinerseits laut „Reisebemerkungen" den Orang als wilden Menschen betrachte (Pfeiffer 1787, 1), schien die Artzusammengehörigkeit von Orang und Mensch zu belegen. Prominente Denkanstöße liefern Rousseaus „Thiermensch" oder „Naturmensch", Robinets atheistische Entwicklungsphilosophie der Organismen und Herders idealistische Geschichte der Natur. Weit davon entfernt, sich diesen Positionen anzuschließen, mobilisiert Pfeiffer Buffons Auffassung von der „Thier"-Natur des Affen gegen die Behauptung, diese „Halbbrüder" als wirkliche Brüder des Menschen anzuerkennen (Pfeiffer 1787, 29). Im Rahmen des noch statischen Konzepts von Bonnets natürlicher Stufenfolge der Wesen argumentiert Pfeiffer schließlich umständlich gegen eine essenzielle Anverähnlichung von Mensch und Affe.

Eine Spezialphilosophie der Naturgeschichte und Ansichten zu Menschenaffen liefert der Arzt Christoph Girtanner (1760–1800) in *Ueber das Kantische Prinzip für die Naturgeschichte. Ein Versuch diese Wissenschaft philosophisch zu behandeln* (Göttingen 1796, 275–281). Girtanner beantwortet die Frage „Ist der Orang-Utang ein Mensch, und das Geschlecht der Orang-Utangs eine Menschen-Rasse?" mit Argumenten von Tyson und Camper und in Abgrenzung gegen die Auffassung von Rousseau und Monboddo, es handle sich um wilde Menschen. Wie Rousseau macht er den Vorschlag zu einem imaginären *experimentum crucis*: „Das *einzige* Mittel" für einen empirischen Beweis wäre eine fruchtbare Kreuzung eines Orangs mit einem Menschen. Dann

> „*wäre er ein Mensch, und gehörte mit dem Menschen zu Einer Natur-Gattung, seine Gestalt sei übrigens von der menschlichen so verschieden, als sie nur will. Ein Versuch würde also die Frage entscheiden. Allein hier kommt der menschliche Forschungsgeist in Kollision mit der Moral, und die letztere verbietet mit Recht den Versuch, als unstatthaft, schädlich und abscheulich.*" (Girtanner 1796, 277)

Nichtsdestotrotz glaubt Girtanner Belege dafür anführen zu können, dass derartige „abscheuliche und unerlaubte Vermischungen" unter wilden Völkern bisweilen stattfinden, dass aber nicht „ein einziges *glaubwürdiges* Zeugnis von der Fruchtbarkeit einer solchen unnatürlichen Vermischung vorhanden ist, und dass die Verschiedenheit des Orang-Utangs von dem Menschen ausgemacht zu sein scheint" (Girtanner 1796, 277).

Der deutsche Anatom, Physiologe und Anthropologe Johann Friedrich Blumenbach (1752–1840) gilt nicht nur als Mitbegründer der empirischen Anthropologie sowie der neueren Epigenesislehre in der Entwicklungstheorie. Blumenbach zieht gegen Ende des 18. Jahrhunderts ein einflussreiches Fazit aus der bisherigen Naturgeschichte der Menschenaffen. In seinem oft aufgelegten *Handbuch der Naturgeschichte* (1779/1780; 12. Aufl. 1831) erfolgt die Klassifizierung einer Art aufgrund ihres Totalhabitus auf vergleichend-anatomischer Grundlage statt nach Linné mit Hilfe von Einzelmerkmalen, z. B. Zähnen. Die enge Verknüpfung von Form und Funktion, z. B. von Gliedmassen eines Skelettes, bringt Blumenbach dazu, Menschen streng von nichtmenschlichen Primaten abzusondern, wobei die Fähigkeit zum aufrechten Gang eine besondere Rolle spielt. In diesem Punkt bestand bis dahin große Verwirrung (Spencer in Corbey/Theunissen 1996, 17).

Tyson, Buffon, teils auch Vosmaer, präsentierten ihre Menschenaffen meist als aufrecht stehende Individuen mit unterstützendem Stock (Abb. 5). Blumenbach hingegen sieht in der Fuß- und Beinform der Affen ernsthafte Hindernisse für einen effektiven Gang in bipeder Manier. Die veränderten Proportionen machten es höchst wahrscheinlich, dass es sich um Quadrupedia, also um Vierfüßler, handele. „Homo sapiens" wird 1779 zunächst als „Homo inermis", wehrloser Mensch, dann 1780 als „Bimanus" – Zweihänder – einer eigenen Ordnung zugerechnet und gegen Linnés Systematik von den Menschenaffen separiert. Der neuen Ordnung „Quadrumana" – Vierhänder – werden von nun an die großen afrikanischen und asiatischen Menschenaffen zugerechnet und alte Berichte von vermeintlich wilden Menschen als einer Subspezies des Menschen sinken zu einer mythologischen Fußnote herab (Spencer in Corbey/Theunissen 1996, 17). Blumenbachs Handbuch transportiert bis weit ins 19. Jahrhundert hinein, dass unter „Bimanus" einzig „Homo. Erectus, bimanus" zu verstehen sei, der in fünf „Rassen" auftrete und grundsätzlich von den „Quadrumana" zu unterscheiden sei, den vierhändigen Säugetieren, d. h. einer Morphologie, „wie es ihre Lebensart und Aufenthalt auf den Bäumen erfordert". Zu diesen gehört nach Blumenbach der „Satyrus, der Orangutang" – er „ist, wie Camper aus der Zergliederung eines solchen Thiers gezeigt hat, weder einer menschlichen Rede, noch eines natürlichen aufrechten Ganges fähig" – und der „Troglodytes, der Schimpanse" (Blumenbach 1814, 65–73). Blumenbachs terminologische und klassifikatorische Trennung setzt sich bald durch und bleibt über Cuvier bis in die Zeiten von Darwin und Haeckel bestehen, bis Letzterer sie nach Mitte des 19. Jahrhunderts im Zeichen der Darwin'schen Evolutionstheorie wieder verändert und den Menschen mit den Menschenaffen wieder zusammenführt.

Eine nach 1800 bekannte Enzyklopädie, Abraham *Rees's New Cyclopaedia* (45 Bde. 1802–1820), präsentiert auf der ersten kolorierten Tafel von Murray die „Quadrupeds" (Plate I) und unter „Ape" die wichtigsten Varianten früherer Menschenaffendarstellungen des 18. Jahrhunderts (Farbtafel 5). Die Tafel versammelt einen weiblichen Schimpansen mit einer Milchschale an der Brust, eine Illustration von Scotin, die erstmals 1738 in London erschien (auf Farbtafel 5 als Nr. 3 „Chimpanzee"), Buffons „Jocko" aus dem 14. Band seiner Tiergeschichte von 1766 (als Nr. 2 „Chesnut Otang" auf Farbtafel 5), Haags auf einen Stab gestützten Orang aus Vosmaers Abhandlung von 1778 (als Nr. 1 „Oran Otang" auf Farbtafel 5) und ferner einen Gibbon (als Nr. 4 „Long Armed Ape" auf Farbtafel 5). Alle bis dahin kultivierten Menschenaffen stehen aufrecht und sind von menschenähnlicher Gestalt; weitere kleinere Affen, darunter ein Berberaffe, hocken oder klettern auf einem Baum. So sehr sie hier den früheren Darstellungen ähneln, als die Aufklärer noch um ihre Menschennähe rangen, so ist dennoch ihr Verhältnis zum Menschen für die meisten Naturhistoriker und Philosophen dieser Zeit abgeklärt. Aus dem einstigen aufgeklärten Menschenaffen ist ein abgeklärter Menschenaffe geworden, der die philosophischen Gemüter bei Weitem nicht mehr derart erregt wie noch zu Zeiten La Mettries oder Rousseaus, denen Menschenaffen gerade die rechten Mittel in die Hand gaben, um ihre provokanten Aufklärungsthesen zu untermauern.

Naturgeschichtliches Wissen und philosophische Gedanken zu Menschenaffen tangieren am Ende selbst das Theater. Karl Friedrich Henslers (1759–1825) Stück *Der Orang Outang. Oder das Tigerfest. Ein Lustspiel in drey Aufzügen,* 1791 in Wien aufgeführt und publiziert 1792, handelt von kuriosen interkulturellen Begegnungen zwischen Europäern und Indianern in Mittelamerika, von Grausamkeit, Menschenliebe und Verbrüderung. Der instinktiv gutmütige „Orang" ist darin Diener, Narr und Lebensretter. Doch bleibt er dumm und stumm, kann weder Feuer machen noch sprechen: „Jammerschad, daß ich mich nicht mit ihm in einen Diskurs einlassen kann." (Hensler 1792, 24)

Menschenaffen vor und nach Darwin

„Nichts Menschliches fehlt ihm, außer der Sprache."
(Thomas Love Peacock in *Melincourt or Sir Oran Haut-ton*, 1817)

Im 19. Jahrhundert – rückblickend aus biologischer Perspektive das Jahrhundert Darwins – vollzieht sich ein grundlegender Wandel, der die Vorstellungen von Menschenaffen, aber auch das innerste Wesen des Menschen selbst und die Weltanschauung betrifft. Der Mensch erkennt seine Abstammung aus der Tierwelt, was nicht bedeutet, dass er sie anerkennt. Die bekannten Menschenaffen werden recht problemlos in die neue evolutionäre Weltanschauung integriert, aber „der Mensch" wird sich vor dem Hintergrund der Evolutionstheorie selbst zu einem Problem. Zwar hatten einige Literaten schon vor Darwin an dem Projekt der Kultivierung des Menschenaffen gearbeitet, während die großen idealistischen Philosophen diesen wenig Aufmerksamkeit gezollt hatten. Aber nach Darwin sehen sich Intellektuelle herausgefordert, angesichts der biologischen Beziehung zu den Menschenaffen neu über den Menschen selbst nachzudenken, dessen „Wesen" umso problematischer wurde, je höher es mit metaphysischen Besonderheiten der herrschenden philosophischen Systeme ausgezeichnet war, z. B. mit dem „Geist" im Idealismus eines Hegel. Im ersten Drittel des Jahrhunderts zeugen Texte und Illustrationen in Natur- und Reisegeschichten von kleinen Wendungen und Kuriosa zu Menschenaffen, z. B. vom Aufstieg auf die Bäume. In nachdarwinischer Zeit aber stellen sich neuartige philosophische Fragen mit existenziellen und politischen Dimensionen – so bei Büchner, Nietzsche und Engels. Außerdem wird ein besonderer Menschenaffe in die neue „Kultur" des „Daseinskampfes" aufgenommen: der Gorilla. Der Affe scheint zur bedrohlichen Fratze und der Mensch selbst zum „Gelächter" zu werden. Doch bevor wir den langen wechselhaften Weg der Menschenaffen im 19. Jahrhundert mit Schüben ihrer Verfriedlichung wie ihrer Bestialisierung – z. B. im Monster-Mythos vom Gorilla – beschreiben, blicken wir auf die liebenswürdige Inszenierung von Menschenaffen in der Literatur seit dem Anfang des 19. Jahrhunderts zurück.

Menschenaffen in der Literatur

Literaten bearbeiten das neue Thema des kultivierten Affen auf ihre Weise. „Sir Oran Haut-ton" lautet der Nebentitel des Romans *Melincourt* (Philadelphia 1817) von Thomas Love Peacock (1785–1866). Angeregt durch Gedanken von Rousseau und Monboddo gibt Peacock einem sprachlosen „Sir

Oran" die Hauptrolle eines vernünftigen Naturmenschen, der schließlich als netter Baron in der Gesellschaft immer weiter aufsteigt. In dessen liebenswürdiger Figur hält der Satiriker Peacock der Gesellschaft den Spiegel vor. Seine originelle Idee findet zunächst geringen Anklang bei den Zeitgenossen und erst eine spätere Ausgabe im Jahr 1856 sowie eine mit Illustrationen von Townsend ausgestattete Ausgabe von 1896 gegen Ende des Jahrhunderts stößt auf mehr Interesse. Eine Illustration zeigt den Flöte spielenden Baron „Sir Oran" gleich neben dem Titelblatt (Peacock 1896; Schiebinger 1995, 162 f.; Brown 2010, 1 ff.). Peacocks Leitmotiv zur Charakterisierung des melancholischen Affenbarons lautet: „Nichts Menschliches fehlt ihm, außer der Sprache" und knüpft an früheste Kenntnisse über Menschenaffen bei Bontius sowie bei Buffon und Monboddo an (Peacock 1896, 44).

Auch Wilhelm Hauff (1802–1827) übt in seinem Märchen *Der Affe als Mensch* im Jahr 1827 satirische Gesellschaftskritik durch die Rolle eines kultivierten Affen. Darin lässt Hauff eine spießbürgerliche Gesellschaft anfangs den von einem Fremden erzogenen und vornehm gekleideten merkwürdigen Begleiter aufnehmen und bewundern. Der Jugend wird dieser Mitbürger zum Vorbild, er entpuppt sich jedoch im Rahmen eines bürgerlichen Konzertes als unflätiger, unerzogener und kaum domestizierbarer Affe. Die getäuschten Spießbürger sind empört: „Was, ein Affe, ein Orang Utan in unserer Gesellschaft? Der junge Fremde ein ganz gewöhnlicher Affe?" Das Fell des Wilden findet seinen Weg ins Naturalienkabinett (Schaefer/Köhler 1994, 162, 406; Gerigk 1989, 41–48).

Die skizzierten Inszenierungen kultivierter Affen zu Beginn des neuen Jahrhunderts enden sowohl bei Peacock als auch bei Hauff mit dem Sieg des Naturhaften, wenngleich in unterschiedlicher Weise. Rousseaus Naturalismus liegt auch einer frühen Verteidigung des Vegetarismus zugrunde, die der Freidenker Joseph Ritson (1752–1803) mit seinem *Essay on Abstinance from Animal Food as a Moral Duty* (London 1802) vorlegt. Der vornehme Wilde ist ein Vorbild, und auch die Ernährung des Orangs soll die klassische These untermauern, Fleischnahrung mache grausam und wild und sei daher unnatürlich für den Menschen. Ritsons Impuls bleibt wenig beachtet, aber es gibt eine Verbindung zu dem Dichter Percy Bysshe Shelley (1792–1822). Shelley führt in *A Vindication of Natural Diet* (1813) den Orang als Früchteesser an, um eine natürliche Ernährung zu verteidigen. Solche Beispiele zeigen: Der kultivierte Menschenaffe dient nicht nur negativ der Kulturkritik, sondern auch positiv als Vorbild und moralischer Botschafter des Natürlichen. Als literarisches Hilfsmittel fungierte der Affe schon in der Antike, doch nun tritt der Menschenaffe als Träger einer Bildungsbotschaft auf.

Menschenaffen können jedoch auch die Rolle von Kultursaboteuren spielen oder unter dem Motto „Die Schöne und das Tier" das Triebhafte verkörpern. Dem Amerikaner Edgar Allan Poe (1809–1849) gelingt dies in außergewöhnlicher Weise in *Die Morde in der Rue Morgue* (1841). Die Aufklärung eines rätselhaften grauenhaften Doppelmordes an zwei Frauen führt zu dem verblüffenden Ergebnis: Ein Orang-Utan aus Borneo war der Mörder. Man kann diese Story zugleich als Metapher für den sexuell aggressiven Mann lesen (Gerigk 1989, 136–140). Wie auch immer – jedenfalls wurde der reale Menschenaffe literarisch fiktiv weiter kultiviert. Wie der Orang als Imitator sogar in die politische Metaphorik des jungen Nordamerika eindringt, zeigt eine sehr merkwürdige Geschichte von Adolph Görling in *Die neue Welt. Skizzen von Land und Leuten der Nordamerikanischen Freistaaten* (Leipzig 1848). Die Story dient der Veranschaulichung der seinerzeit sehr verwickelten politischen Interessen in der Sklavenfrage. Es handelt sich um eine Zeitungsgeschichte aus Südcarolina über einen „Orangutang", die politisch bilden und aufklären soll.

> *„Ein Gelehrter besaß einen Orangutang, welcher dem Nachbar gegenüber ein Dorn im Auge war; denn der Gelehrte benutzte den großen Affen, um den Nachbar, eine Gerichtsperson, lächerlich zu machen. Der Affe ward nämlich ebenso angezogen, wie der Richter sich trug, mit Frack, Degen, Allongeperücke und Dreimaster versehen. Vergebens versuchte es der Richter, den Affen aus der Welt schaffen zu lassen. Er nahm endlich zur List seine Zuflucht und diese List war eben auf die Affennatur des Orangutangs gegründet. Legte sich bisher der Richter in's Fenster, so lag der Affe auch da, rauchte der Erstere, so rauchte auch der Affe auf einem Stabe, lachte der Mann, so fing auch der „Schatten" drüben an, das Gesicht zu verzerren und die Zähne zu fletschen. Eines Tages band sich daher der Richter ein Tuch um den Hals, nahm ein Messer und stellte sich, als der Affe sich zeigte, an's Fenster, vorläufig sein Messer präsentirend. Nach einigen Sekunden verschwand der Orangutang, um mit einem breiten Küchenmesser zurückzukehren. Der Richter schnitt sich mit einem herzhaften Zuge quer in sein Halstuch, der Affe säumte nicht nachzufolgen, und in dem nächsten Augenblicke lag er mit durchschnittener Kehle todt am Fußboden. Fabula docet: Dieser Affe führte einen anderen Namen, als den der Nordamerikanischen Union!" (Görling 1848, 351f.)*

England versuche, so die Deutung der Affenmetapher, aus ökonomischen und eigennützigen politischen Interessen über die Sklavenfrage moralischen Druck auf die Staaten auszuüben, aber nicht aus aufrichtigen humanitären

Gründen. Denn England wolle vielmehr zum eigenen Vorteil Druck auf die Union ausüben, sie also quasi zum „Orangutang" machen, d. h. durch Abschaffung der Sklaverei in den wirtschaftlichen Selbstmord treiben: „Aber der Orangutang hieß nicht die Union!" (1848, 353) Der hinlänglich bekannte Orang wird zur politischen Metapher und zugleich wird die populäre Vorstellung einer dummen Nachäfferei bedient.

Menschenaffen in der Naturgeschichte und im System

Die Evolutionsphilosophie von Lamarck um 1800 kannte zwar eine natürliche Höherentwicklung und Vervollkommnung der Tierwelt auf dem Weg einer Parallelevolution einzelner Arten aus einfacheren Vorstufen, doch Lamarcks Prinzip der adaptiven Entwicklung durch Vererbung von in je besonderen Umwelten erworbenen Eigenschaften erschien unplausibel. Seine *Zoologische Philosophie* (1809) behandelt Menschenaffen am Rande, aber der Schimpanse wird immerhin zum Vorfahren des Menschen (vgl. Barsanti in Corbey/Theunissen 1995). Lamarck glaubt, dass Vierhänder sich aufgrund spezifischer Umweltbedingungen allmählich durch Gewohnheit zu Zweihändern umgewandelt hätten, wodurch der Mensch zur Herrschaft gelangt sei. Der aufrechte Gang sei für die bekannten Affen allerdings eine unnatürliche Haltung und nicht ihrer Organisation gemäß.

> *„Der Orang von Angola (Simia troglodytes. Lin.) ist das vollkommenste aller Tiere: es ist vollkommener als der indische Orang (Simia satyrus, L.), den man Orang-Utang genannt hat; nichtsdestoweniger stehen beide hinsichtlich ihrer Organisation in ihren körperlichen und geistigen Fähigkeiten dem Menschen weit nach. Diese Tiere stehen bei vielen Gelegenheiten aufrecht, da aber diese Haltung nicht ihre bleibende Gewohnheit ist, so ist dadurch ihr Körper nicht hinreichend abgeändert worden, so dass die aufrechte Haltung für dieselben ein höchst unbequemer und lästiger Zustand ist." (Lamarck, Zoologische Philosophie, 1809/1990, 262)*

Reiseberichte bestätigten, dass der Orang sich auf der Flucht auf alle viere fallen lasse. Bei aller Menschennähe besteht also auch bei Lamarck, dem wichtigsten Theoretiker der Evolution vor Darwin, eine große körperliche und geistige Kluft zwischen Mensch und Menschenaffe.

Weniger spekulativ und weitaus nüchterner, häufig unscheinbar und doch in großer Breite und Vielfalt erobern die bekanntesten Menschenaffen – der Schimpanse und der Orang-Utan – im ersten Drittel des 19. Jahrhunderts die bürgerliche Bildungswelt. In den vielen Naturgeschichten für Bürger, Lehrer und Schüler oder in den großen Kompendien, Enzyklopädien, Lexika und Handbüchern sind Menschenaffen allgegenwärtig. Bereits auf halbem Weg Gebildete schauten in ihren Jugendjahren auf Kupfertafeln ganz unvermittelt einem „Orangutang" ins Auge, beispielsweise in Funkes *Lehrbuch der Naturgeschichte als Ergänzung zur allgemeinen Schulencyclopädie* (Braunschweig 1803, Tafel V). Weitere spezielle Berichte zu Orangs aus Borneo waren bekannt geworden (z. B. von Wurmb 1780/1798) und Tilesius in A. J. von Krusensterns *Reise um die Welt* (Tilesius 1812) und wurden in Auszügen zur naturgeschichtlichen „Unterrichts-Lectüre" erklärt (Krusenstern 1848, 15–26). Die erwachsenen Bildungsbürger dagegen informieren sich über Lorenz Okens *Allgemeine Naturgeschichte für alle Stände* (Stuttgart 1838). Man hat sich an Menschenaffen gewöhnt und kennt sie. Für Philosophen dieser Epoche stellen sie keine extravagante Herausforderung mehr dar wie noch im Jahrhundert zuvor. Erst nach Mitte des 19. Jahrhunderts, im Zeichen des philosophischen Leib-Seele-Streites und dann vor allem im Kontext von anthropologischen Weltanschauungsfragen im Gefolge der Darwin'schen Evolutionstheorie, ändert sich das.

In der Naturhistorie folgt man Blumenbach und Camper, kennt die natürliche Unfähigkeit zum aufrechten Gang und zum Sprechen. Goethes Entdeckung des Zwischenkieferknochens war lediglich eine interessante Episode, die bei aller Ähnlichkeit die Kluft zwischen Mensch und Menschenaffe nicht wirklich zu überbrücken vermochte. Blumenbach hatte aus der empirisch ermittelten Gang-Sprache-Differenz die systematische Konzequenz gezogen und Menschenaffen als „Quadrumana", also als „Vierhänder", deutlich vom Menschen („Bimana") als „Zweihänder" abgesetzt und dies im *Handbuch der Naturgeschichte* (1779/80; 12. Aufl. 1831) verbreitet. Linnés *Homo troglodytes*, das fabelhafte Gemisch eines weißen Mohren und Orangutangs, wird entfernt (Blumenbach 1814, 71). Die Ordnung der „Quadrumana" hält sich ihrer „Lebensart" entsprechend auf Bäumen auf, da sie nach Camper nicht eines „natürlichen aufrechten Ganges" fähig sei.

Der schweizerische Arzt und Lehrer der Naturgeschichte H. R. Schinz hebt in seinem großformatigen Bildband mit Lithografien von K. J. Brodtmann (Zürich 1824) zur Betonung menschlicher Exklusivität so an: „Der Mensch bildet eine eigene Gattung, und diese Gattung bildet eine besondere Ordnung", die „nach dem Verstande des Menschen, das Ideal der thierischen Schöpfung auf dieser Erde" sei und daher „oben an das Thierreich gestellt" werde (1824, 3). Die zweite Ordnung der Säugetiere bilden die Vierhänder, deren erste Gattung die Orangs, hier lat. „Simia (Erxleben) bzw. Pithecus (Geoffroy)", bilden. Auf einer Tafel mühen sich ein Orang und ein Schimpan-

Abb. 9: „Der Orang-Utang" und „Der Schimpanse" (Schinz 1824)

se als vierhändige Kletterer an Ästen ab, um ihrer Ordnungsbestimmung im System gerecht zu werden (Abb. 9).

Halb stehend, halb sitzend und starr um sich greifend wird das Vierhändertum des Orangs und des Schimpansen visuell mehr schlecht als recht untermauert (Schinz 1824, 26, Tafel 19). Weitere Differenzierungen zeichnen sich ab. Georges Cuviers (1769–1832) Lehrbuch beschreibt das „Thierreich, geordnet nach seiner Organisation" (2. Aufl. übers. von Voigt, 1. Bd. Leipzig 1831) und orientiert sich ebenfalls an der Scheidung zwischen Zweihändern und Vierhändern. Cuvier kritisiert die bisherigen Abbildungen vom Orang und Schimpansen und lobt allein die Darstellung eines lebend beobachteten Orang von Vosmaer (1831, 74 Anm. 1). Im *Grundriss der Zoologie* (2. Aufl. Nürnberg 1834) des Bonner Zoologieprofessors Georg August Goldfuß (1782–1848) steht der „Orang-Utang" in der 16. Ordnung der „Vierhänder" in der VI. Familie der Simia, Affen – ein asiatischer und ein afrikanischer Orang. Goldfuß hält angesichts der stufenweisen Entwicklung im Tierreich fest: „In gerader aufsteigender Linie gehen die Eichhörnchen in die Affen über" und zum Menschen: „Der Mensch ist das Gehirnthier der Säugethiere, die ihm gegenüber nur Geschlechts-, Verdauungs- und Respirationsthiere sind; in ihm vereinigen sich harmonisch alle Organe des ganzen Thierreiches und alle Thiere zusammengenommen sind der in seine Theile zerlegte Mensch." (1834, 645 ff.) Unter dem Einfluss der romantischen Naturphilosophie ist der Mensch schon körperlich das höchste und vollendete Erdprodukt der letzten Produktionsperiode der Natur, wie schon bei dem Naturphilosophen und Naturhistoriker Lorenz Oken (1779–1851).

Oken integriert Menschenaffen in seiner populären *Naturgeschichte für alle Stände* in ein eigenwilliges naturphilosophisch inspiriertes System der „Haar- oder Säugethiere" als die „Dritte Stufe" unter der V. Ordnung der „Nagethiere" als „16. Zunft. Affen. Obstfresser." Der Mensch bevölkert die 17. Zunft der „Alles-Esser" (7. Bd., 3. Abt., Stuttgart 1838, V–VI). Die verbreitete Literatur zum Orang-Utan und Schimpansen wird weitläufig vorgestellt (S. 1827–1849). Der Mensch „Vorn Hände, hinten Sohlen" zeichnet sich nach Oken durch Gleichmäßigkeit und Gleichgewicht im Arrangement seiner Organe aus, was ihm wiederum seine besondere Bedeutung verschafft: „Er ist die Gesammtheit aller Thiere, sowohl seiner Gestalt als seinen geistigen Kräften nach, und darum ist er für sich allein fähig, alles zu thun, was die Thiere nur einzeln zu thun vermögen; und eben darin besteht die Freyheit des Willens und des Handelns." (1838, 1849 f.) So erfährt die Sonderstellung des Menschen im biologischen Ordnungssystem ihre ganzheitliche Begründung und Bestätigung im Kontext einer idealistischen Morphologie, Anatomie und Systematik.

Buffons große Tiergeschichte wird weitergetragen und aufwendig illustriert (Paris 1828 und Livorno 1829), allerdings werden der „Jocko" und der „Pongo" noch völlig traditionell dargestellt: Vereinzelt stehen sie auf einem Erdflecken und stützen sich mit einen Stab (Abb. 1 u. 2 in dem monumentalen Bildtafelband, hg. v. Paco Asensio, Köln 2009, 112). Konzeptionell und in den Illustrationen traditionell durch Buffon inspiriert, orientiert sich ein Kompilator an den Forschern Camper und Cuvier, nämlich die populäre, in Englisch von William Jardine verfasste, dann von August Diezmann ins Deutsche übersetzte *Naturgeschichte der Affen* (Pesth 1837). Ein weiteres populäres *Lehrbuch der Naturgeschichte* (2. Bd. 2. Abt., Freiburg 1835) von Karl Julius Perleb erläutert die Abtrennung des Menschen als Zweihänder vom Affen als „Vierhänder" indirekt damit, dass „in Gestalt und Benehmen die Affen gleichsam als Karrikaturen des Menschen" anzusehen seien, weshalb die Ähnlichkeit „etwas überaus Widerliches" habe (1835, 738 Anm.). Deskriptive und anthropologisch wertende Komponenten untermauern also die Abtrennung. In der populären *Naturgeschichte des Thierreichs* des bedeutenden Zoologen und Paläontologen Louis Agassiz (1807–1873) wird die „Spezielle Zoologie" von Maximilian Perty verfasst und neben dem Orang und Schimpansen auch schon der gerade entdeckte Gorilla genannt. Doch alle Menschenaffen werden den Vierhändern zugerechnet und wieder betont: „Sie sind gleichsam Verzerrungen, Karikaturen des Menschen" (Stuttgart 1854, 62). Die unterschiedlichen Menschenaffen werden in der vordarwinischen Zeit bis hin zum Gorilla weiter differenziert, bleiben jedoch in den tradierten systematischen Kategorien gefangen. Ihre Distanz zum Menschen wird anatomisch, naturphilosophisch sowie durch abwertende Äußerungen untermauert.

Natürlich wird auch in Enzyklopädien und Reiseberichten ausführlich über Menschenaffen berichtet, was manchmal zu kuriosen Begegnungen führt. Grégoire Louis Domeny de Rienzi (1789–1843) war Verfasser des bedeutenden Werkes *Océanie ou cinquième partie du monde* (Firmin Didot Frères, 3 Bde., Paris 1836–1838) über „Oceanien" und wurde von Dr. C. A. Mebold aus dem Französischen ins Deutsche übersetzt. Es enthält ältere wie neuere Berichte zum „Orang-Hutan", von Buffon, von Vosmaer und aus der Zeit um 1820 von Abel, Fish, Graigman (Rienzi/Mebold 1837, 31–43), außerdem die sehr ungewöhnliche Schilderung einer brutalen Orang-Utan-Jagd auf Borneo[7]. Interessant ist, wie der Verfasser, der behauptet, selbst vor Ort gewesen zu sein, das Material über Affen, Satyre, Wilde, vierfüßige Menschen etc. arrangiert, um schließlich zu dem Schluss zu kommen, diese sonderbaren sprachlosen Geschöpfe seien als eigene Gattung anzusehen und zwar als

„menschengestaltete Zweihänder". Die Sprache spielt für de Rienzi eine wichtige Rolle. Denn würden Orangs sprechen, hätte man keine Bedenken, sie den niederen Menschenrassen wie den Hottentotten zuzuordnen. Entgegen Buffons Ansicht betont der Autor die anatomische Sprachunfähigkeit der Orangs und überhaupt wird die Sprache als unfehlbarer Beweis für eine substantielle seelische Differenz zum Menschen in Frage gestellt (Rienzi/Mebold 1837, 45).

Äußerst kurios ist nun, dass dem Werk eine Tafel mit Skeletten von Schimpanse und Mensch sowie mit Zeichnungen zur Vorder- und Seitenansicht eines Orangkopfes beigefügt ist, die diese Ähnlichkeiten belegen soll (1837, Nr. 64 nach S. 20). Es handelt sich um Ansichten des Orangkopfes aus verbreiteten Enzyklopädien wie der *Enciclopedia Italiana Illustrata* (1837, XX Zoologia, Tavola V). Sehr auffällig aber ist eine andere Tafel (1838, neben S. 32) mit der Illustration einer höchst seltsamen Begegnung und dem Untertitel: „Rother Orang Houtan mit dem Verfaßer bei Tische" (Abb. 10).

Auf einem Schiffsdeck, umringt von anderen Menschen, sitzt der „Verfaßer" mit Wasserpfeife und Turban neben dem „Orang Houtan". Beide stoßen gerade mit ihren Gläsern an, was vielleicht auf die berichtete Vorliebe für Alkohol anspielt. Augenscheinlich sieht der vermeintliche „Orang Houtan" mehr wie ein hagerer bärtiger Eingeborener aus und hat nicht die geringste Ähnlichkeit mit den gezeigten anatomischen Abbildungen zum

Abb. 10: „Rother Orang Houtan mit dem Verfaßer bei Tische" (Rienzi 1837)

Orangkopf oder Schilderungen im Text. Wie ist das zu verstehen? Entweder handelt es sich bei dieser Begegnung um eine Verwechslung mit einem Ureinwohner aus „Australien", so lautet nämlich der Titel oberhalb dieser Bildtafel, oder der weltkundige „Verfaßer" ist nie einem lebendigen Orang begegnet, musste aber auch aus Borneo berichten und sah sich vor der Öffentlichkeit zu einer solchen Inszenierung um der Unterhaltung oder des Ruhmes willen genötigt. Vielleicht war es aber auch die Unfähigkeit des Zeichners, die im Text behauptete Menschenähnlichkeit des Orangs zu visualisieren. Diese Tafeln befinden sich auch im französischen Originalwerk.

Erwähnenswert ist diese kuriose Begegnung auch noch aus anderer Perspektive, denn diese Illustration inszeniert eine offenbar friedliche und freundliche, ja kultivierte Begegnung zwischen einem Menschen und einem vermeintlichen Menschenaffen. Interaktive Darstellungen von Mensch und Orang sind vor Darwin sehr selten. Nach Darwin werden sie weniger kultiviert dargestellt und bei Wallace wird selbst der Orang aggressiv wie der Gorilla inszeniert.

Für eine adäquate Beurteilung der Illustrationen ist es wichtig zu wissen, dass seit Anfang des 19. Jahrhunderts zwar zunehmend einzelne lebendige Jungtiere – Orangs aus Asien und Schimpansen aus Afrika – nach Europa gelangen, aber keine erwachsenen Tiere. Wenige Jungtiere konnten über eine kurze Zeitspanne in Paris, London oder in Amerika beobachtet werden. Der berühmte Cuvier erhielt im Jahr 1808 einen lebendigen weiblichen Orang und beschrieb ihn ausführlich (Drugulin 1847, 73). Weitere Verhaltensbeschreibungen von Individuen kursieren in populären Natur- bzw. Menageriegeschichten (z.B. Jardine/Diezmann 1837; Oken 1838; Drugulin 1847). Seit der Ankunft des Orangs von Dr. Abel 1818 wurden demnach in England mehrere Jungtiere gezeigt (Jardine/Diezmann 1837, 62). Ferner war auch ein junges Schimpansenweibchen bekannt, das um 1838 in der Menagerie des Pflanzengartens von Paris lebte (Farbtafel 6), eine Attraktion ein Jahrhundert nachdem ein berühmter aufrecht gehender weiblicher Schimpanse London erreicht hatte. Dieses Pariser Schimpansenweib ging auf allen vieren, wurde später häufig kopiert und war wohl auch die Vorlage für eine Zeichnung, die einen Menschenaffen erstmals ungewöhnlich lebensnah in „an einem Arme schaukelnder Stellung" darstellt (Hartmann 1883, 7 f.). Diese Nebenbeobachtung wirft eine bislang nicht gestellte Frage auf: Wann und wie sind Menschenaffen in den Visualisierungen unserer Wissenskultur eigentlich auf die Bäume gelangt? Auskunft dazu geben exemplarisch Illustrationen von Orangs und Schimpansen in dieser Epoche vor Darwin.

Der Aufstieg der Menschenaffen auf die Bäume

Im Verlauf der ersten Hälfte des 19. Jahrhunderts lässt sich in Illustrationen ein Trend zu lebensnäheren dynamischen Darstellungen der Verhaltensweisen und Lebensräume von Menschenaffen beobachten sowie ihr langsamer Aufstieg auf die Bäume. Wie vollzieht sich dieser Wandel von einer statischen zu einer dynamischen Visualisierung im Detail?

Der erste Blick in die Naturgeschichten und Enzyklopädien um 1800 zeigt statische Menschenaffen wie auf der großen Übersichtstafel (Farbtafel 5) in Rees' *New Cyclopedia* (1802–1820, Plate I). Der „Chimpanzee" wird stehend nach Scotin 1738 dargestellt und der eine „Oranoutang" stehend mit Stab nach Buffon von 1766. Menschenaffen und andere Affen werden meist singulär präsentiert, d. h. jede Art befindet sich auf ihrem kleinen Landstück und steht in einer systematischen, aber nicht ökologischen oder ethologischen Beziehung zu den anderen Arten. Viele Übersichtstafeln folgen einer statischen, ja manchmal fast statuenhaften Darstellungstradition und auch in Spezialwerken ist die Darstellung von Affensingles mit Stab oder Frucht in einer Hand üblich wie z. B. in William Jardines *Naturalist's Library* (Edinburgh 1833; dt. Pesth 1837, Tafel I, II, III). Auf Lithografien im ersten Drittel des 19. Jahrhunderts finden sich auch ganze Wandergruppen aufrecht gehender Menschenaffen wie auf einer Tafel von J. J. Honegger (1821) aus Zürich, der einen solchen mit Wanderstab ausgerüsteten Schimpansen, einen Siamang (Gibbon) und einen „Orang-Uttang" vereint. Die schon erwähnte, von Brodtmann lithografierte Illustration (Schinz 1824, Tafel 19) von einem Orang und Schimpansen erscheint dem Betrachter zwar immer noch steif, aber die Affen befinden sich immerhin schon mit allen vieren auf einem Baum, wenngleich mehr stehend und fast gehend statt kletternd (Abb. 9). Viele zeitgenössische Naturgeschichten nach Buffon präsentieren Exemplare des Jocko oder Orang auch übereinander stehend, z. B. ein Individuum vorne mit Stab vor einem Baum, darüber ein anderes Individuum auf einem Ast und mit einer Frucht hantierend. Wieder ein anderer „Jocko" mit Frucht ist gerade auf dem Weg zum Baum, auf dem bereits ein „Pongo" mit allen vieren Halt sucht. Solche Illustrationen von Menschenaffen deuten im historischen Rückblick an, dass die einst sitzenden, dann vorwiegend stehenden Menschenaffen nun allmählich auf die Bäume hinauf streben.

Dieser langsame Aufstieg der Affen auf die Bäume gipfelt in Tafeln der Zoologen Cuvier und D'Orbigny mit exzellenten Abbildungen von Orangs und Schimpansen, die darauf individuell in mehr oder weniger „natürlichen" Lebensräumen und „natürlichen" Verhaltensweisen ins Auge springen (Farbtafeln 7 und 8). Solche Illustrationen setzen bereits recht spezifische Fachkenntnisse über Menschenaffen voraus. In einer Ausgabe des *Règne Animal*, herausgegeben von Geoffroy Saint-Hilaire und Cuviers Bruder Frédéric, der schon um 1800 eigene Studien zum Orang vorlegte (1795/1808, vgl. Engelmann 1846, 371), ist eine sehr elegante Oranggruppe abgebildet (Farbtafel 7). Ein dynamischer „Orang-Outang" hängt mit seiner linker Hand und seinem linken Fuß lässig an einer Liane am Baum, wobei er in der rechten Hand eine Frucht hält und mit dem rechten Fuß frei im Raum schwebt (Tafel Mammifères Pl. 10; Abb. in Robert Huxley: Die Grossen Naturforscher. München 2007, 207). Das bedeutende Tierwerk erschien zunächst in Paris 1819–1835, dann in dritter Auflage in Paris 1836–1849 (vgl. Engelmann 1846, 373 f.). Der hier locker hangelnde Orang mit dynamischem Gestus ist Mitglied einer ansprechend kolorierten Gruppendarstellung des „Orang-Outang" um 1840 (Pl. 428), die das Wildleben von drei Orangs veranschaulicht (Farbtafel 7): Während sich ein kletternder Orang oberhalb im Geäst an Früchten zu schaffen macht, geht im Vordergrund links ein gebücktes, möglicherweise männliches Individuum auf allen vieren umher, und zwar auf seine Handfingerknöchel gestützt, nicht stehend. Rechts daneben sitzt ein wohl weibliches Individuum, mit dem Rücken an den Baum gelehnt, und hantiert konzentriert mit Früchten. Diese dynamische und „natürliche" Familienidylle steht im krassen Gegensatz zu den zu dieser Zeit verbreiteten Typen von auf dem Boden oder in Bäumen herumstehenden Menschenaffen. Einen Beitrag zu dieser Verlebendigung leisten technische Sorgfalt und die genauere Wiedergabe von Detailbeobachtungen zu natürlichen Haltungen und Lebensräumen.

In dem Meisterwerk des vom Naturhistoriker Charles D. V. D'Orbigny (1802–1857) herausgegebenen *Dictionnaire universel d'Histoire naturelle* (Paris 1837, vgl. Engelmann 1846, 161), schwingt sich behende ein Schimpanse (*Pan troglodytes*), mit seiner linken Hand gerade noch den Ast berührend, dem Blick des Betrachters entgegen (Mammifères Pl. 5; Abb. in Aramata 1991, 18). Diese ebenfalls auffällige dynamische Inszenierung eines schwingenden Schimpansen unter dem Titel „Der Orangutang" (Farbtafel 8) wurde in einem deutschen Abdruck übernommen (1. Bd., 37). Die neuen dynamischen Darstellungsformen stehen am Ende eines weiten Weges, den die Menschenaffen seit der ersten Illustration eines sitzenden Satyrs bei Tulpius (1641) über den stehenden „Jocko" des Buffon (1766) seit Mitte des 18. Jahrhunderts zurückgelegt haben. Die Zeiten herumstehender Menschenaffen werden bald gezählt sein, wenngleich sie uns sogar noch in nachdarwinischer Zeit beggnen wie z. B. in Bildbandausgaben von Schuberts *Naturgeschichte*.

Idealistische Naturphilosophie

Die erwähnte systematische Trennung von Mensch und Menschenaffe seit Ende des 18. Jahrhunderts durch Blumenbach, fortgeführt durch Cuvier innerhalb der zoologischen Klassifikation wird erst nach der Jahrhundertmitte durch die Zoologen Huxley, Haeckel und Vogt in Frage gestellt bzw. aufgehoben. Der vordarwinisch zoologisch-systematischen Trennung korrespondiert in der Naturphilosophie des Deutschen Idealismus eine fast durchgehend grundsätzliche philosophische Abtrennung bzw. Verdrängung der Menschenaffen. Das eloquente aufgeklärte und ideal konzipierte Geist- und Vernunftwesen „Mensch" erschien dem etwas schrägen, sprachlosen und hässlichen Orang unendlich überlegen. Die Frage einer genetischen Verwandtschaft schwelte zwar im Hintergrund, der Mechanismus ihrer Entstehung aber war unklar, wenngleich eine Nähe zu den „Hottentotten" oder „Tasmaniern" in der Stufenleiter plausibel erschien. Die Nähe der „Neger" zum „Orang-Outang" wurde als generelle Meinung von Gelehrten, manchmal auch zur Begründung der Sklaverei akzeptiert bis eine sorgfältige Untersuchung *On the Brain of the Negro, compared with that of a European and Orang-Outang* des unter Cuvier angeleiteten und führenden Heidelberger Anatoms, Zoologen und Physiologen Friederich Tiedemann (1781–1861) in den *Philosophical Transactions of the Royal Society* (Part. II 1836) international bekannt wurde und klare Gegenbefunde lieferte. Frühere Spekulationen über Kreuzungen zwischen Mensch und Menschenaffe, wie bei Rousseau oder Girtanner, blieben ohnehin unbestätigt und Legende. Die durch die biologische und idealistische Morphologie nahe gelegte Naturwüchsigkeit des Menschen konnte in dieser Epoche noch durch keinen evolutionären Entstehungsmechanismus plausibel erklärt werden. Biologische Probleme dieser Art wurden in den großen Systemen des deutschen Idealismus von Schelling oder Hegel meist überspielt oder idealistisch integriert und auch Schopenhauer müht sich um eine Einbeziehung der Menschenaffen, aber immer bleibt die Sonderstellung des Menschen gewahrt.

Georg Wilhelm Friedrich Hegel (1770–1831) bestätigt in seiner dialektisch konzipierten Naturphilosophie die Position des Menschen, genauer des Geistes, der in die ohnmächtige Natur gefallen und auf dem Weg zu sich selbst in Rückkehr begriffen ist, wenn er in seiner *Enzyklopädie* (1830) vom „Menschen" spricht, um eine klare Abgrenzung vom „Tier" zu sichern:

> *„Zum menschlichen Ausdruck gehört z. B. die aufrechte Gestalt überhaupt, die Bildung insbesondere der Hand als des absoluten Werkzeugs, des Mundes, Lachen, Weinen usw. und der über das Ganze ausgegossene*

geistige Ton, welcher den Körper unmittelbar als Äußerlichkeit einer höheren Natur kundgibt. [...] Für das Tier ist die menschliche Gestalt das Höchste, wie der Geist demselben erscheint. Aber für den Geist ist sie nur die erste Erscheinung desselben und die Sprache sogleich sein vollkommenerer Ausdruck." (Hegel, Encyclopädie § 411)

Bildsamkeit, die Affenliebe zu ihren Jungen und der Geschlechtstrieb kennzeichnen die dialektische Position der Affen auf der höchsten Tierstufe im System, was nach Hegels Interpretation bedeutet: „der befriedigte Geschlechtstrieb wird ihnen noch objektiv, indem sie selbst in ein Anderes übergegangen sind, und in der Sorge für die Mittheilung von dem Ihrigen die höhere begierdelose Anschauung dieser Einheit haben" (zit. n. Schaefer/Köhler 1994, 106). Nur als es in der *Enzyklopädie* um die „Gattung und die Arten" geht (§ 368) sowie um Leben und Tod, nimmt Hegel in mündlichen Zusätzen konkret den Orang-Utan zur Kenntnis bzw. die Studie von Camper (Hegel, Werke 9, 1974, 507). Treviranus, Lamarck, Cuvier etc. sind ihm ebenfalls bekannt und vom „Affen" ist noch bei der Gliederung der Tiere gemäß seinen Merkmalen, mit denen das Tier sich „gegen seine unorganische Natur individuell setzt", die Rede; wodurch „es sich als für sich seiendes Subjekt" beweist. Hegel geht es um einen abstrakten Begriff vom „Tier" und er nimmt die herrschende Klassifikation der Säugetiere ohne Bedenken in sein System auf, d. h. die Einteilung „1. in Tiere, deren Füße *Hände* sind, – der *Mensch* und der *Affe*", um gleich anschließend in Klammern den Affen als unseriösen Spiegel des Menschen zu kommentieren: „der Affe ist eine Satire auf den Menschen, die dieser gern sehen muß, wenn er es nicht so ernsthaft mit sich nehmen, sondern sich über sich lustig machen will" (ebd. 1974, 515). Traditionelle Allegorie und idealistische Abstraktion treiben Hegel an.

Friedrich Wilhelm Joseph Schelling (1775–1851) ist der Impulsgeber für die idealistische Naturphilosophie und formuliert noch vor Hegel seine Ideen zu einer *Philosophie der Natur* (1797, 1803). Die Aufhebung des Gegensatzes von Natur und Geist ist sein Thema. Spekulativ stehen dabei vor allem Physik und Chemie seiner Zeit und die Produktivität der Natur mittels positiver und negativer Kräfte im Mittelpunkt. Inspiriert durch Herder wollte Schelling diese große Synthese bis hin zum Stufenkonzept des Organischen vorlegen. Auch in der Schrift *Von der Weltseele* (1798) interessieren Schelling mehr der universale Organisationsprozess sowie die treibenden Prinzipien im Organischen – Irritabilität, Sensibilität, Bildungsrtrieb etc. – nicht aber das konkrete Individuum, so dass der Orang unbeachtet bleibt. Die Naturhistoriker und philosophierenden „Biologen" Treviranus, Oken oder Schubert nehmen Schellings Ansätze auf und transformieren sie in die konkrete „Biologie" – das Wort wird um 1800 Mode.

Lorenz Oken (1779–1851) konstruierte den Menschen als vollkommensten Naturorganismus, der zwar wie alles Organische dem Urschleim entspringt, aber im aufrechten Gang und durch die so frei gewordenen Hände zur Freiheit und zum Geiste gelangt, der als einziger das Universum in seiner Totalität begreift. Wie erwähnt berichtet Oken in seiner *Naturgeschichte* ausführlich vom Orang und Schimpansen in der 16. Zunft der Affen. Diese vorletzte Zunft im System vor dem Menschen kommt im direkten Vergleich nicht gut weg, wenn es um deren „Unsitten und garstige Manieren" geht:

> *„Sie sind boshaft, falsch, tückisch, diebisch und unanständig […]. Es gibt keine einzige Tugend, welche man dem Affen zuschreiben könnte […]. Sie sind nur die schlechte Seite des Menschen, sowohl in physischer, als moralischer Hinsicht."* (Oken 1838, 1705)

Die Gottesebenbildlichkeit des Menschen bildet hier den holistischen Maßstab für die Rückständigkeit des Affengeschlechts.

Im Gefolge von Schellings Naturphilosophie verfasst Gotthilf Heinrich von Schubert (1780–1860) seine *Geschichte der Seele* (1830, 4. Aufl. 1850), in der er den Menschen schon äußerlich durch seine Gestalt klar im „schönsten Ebenmaß" vom Tier bzw. Affen abgrenzt. Wäre er ein Vierfüßler, dann wäre er das unglückseligste Wesen, denn er sei zum aufrechten Gang bestimmt und habe nicht wie Affen zum Zugreifen geschickte Füße. Nur der Mensch, vermag „wahrhaft zu lachen" etc. und bilde daher ein eigenes Naturreich (1850, 1. Bd. § 24, 474, 477). Wichtig ist die Perspektive, aus welcher Menschen und Affen zu betrachten sind: „Der Mensch ist nicht ein Thier der Erde, das sich aus der Region der Thierheit zu jener der denkenden, Gott erkennende Geister erhoben hat, sondern ein denkender Geist, der sich aus seiner uranfänglichen, höheren Region in die tiefere der Thierheit versenkt hat" (1850, 490). Schubert stellt sich mit Aristoteles gegen Linnés Konzeption vom Menschen als Säugetier, das auf einer nur wenig über den Affen erhöhten Stufe stehe. In seinem für die Schule bestimmten *Lehrbuch der Naturgeschichte* (3. Aufl. Erlangen 1827) wird daher der Orang-Outang durch die Sprache „(seine Stimme ist ein häßliches Plärren, Schreien oder Brüllen)" und den Gang vom Menschen abgesetzt, „der mehr für den Himmel gemacht ist, als für die Erde" (1827, § 71, 254). Der am Stock gehende Orang wird als Tier mit den bösen Eigenschaften des Menschen vorgestellt. Aber auch die Geschichte eines „vornehmen Europäers" im afrikanischen Senegal wird zum Besten gegeben, der, nachdem er in eine ruhig beobachtende Affengesellschaft habe schießen lassen, Zeuge wurde, wie nun diese grimmigen Affen die Europäer mit Ästen bewarfen und in die Flucht schlugen. Schuberts Naturgeschichte erfreut die Jugend noch bis 1890 mit großformatigen farbigen und längst nicht mehr zeitgemäßen Abbildungen von Menschenaffen.

Menschenaffen dienen idealistischen Anthropologen und Medizinern als Negativfolie für die Charakterisierung des Menschen. So sollen für den Anatomen und Physiologen Carl Friedrich Burdach (1776–1847) in seiner *Anthropologie für das gebildete Publikum* (2. Aufl. Stuttgart 1847) die „Orangs" als „Vierhänder" den „Wendepunkt des Thierreichs" abgeben; doch nur äußerlich ähneln sie dem Menschen, in ihrem Seelenleben aber den anderen Tieren (1847, 616–624). Die Individualentwicklung und die Sprache unterscheiden die „Orangs" vom Menschen, und es wäre gleichermaßen eine „Verirrung, den Menschen aus dem Reiche der organischen Geschöpfe herausheben, als ihn den Thieren gleichstellen zu wollen." Allein im Menschen vollende sich die „Herrschaft der Gedanken über die Materie" (1847, 624).

Selbst an Kant anknüpfende, dem Idealismus eher distanziert gegenüberstehende Philosophen und Gelehrte wie Wilhelm Traugott Krug (1770–1842) betrachten den Menschen nicht nur als körperlich und geistig weit höher stehend als die Tiere. In seinem fünfbändigen *Allgemeinen Handwörterbuch der philosophischen Wissenschaften* (1827–1829) bezeichnet er den Menschen anthropologisch als das „vollendete Erdenthier, […] von welchem die übrigen nur Bruchstücke darstellen" (Krug, 1. Bd. 1827, 144). Zur „Affenliebe" vermerkt Krug im Handwörterbuch nur deren Geistlosigkeit (1. Bd. 1827, 63 f.). Trotzdem nimmt er später den zum Katholizismus konvertierten Religionsphilosophen Friedrich Schlegel (1772–1829) aufs Korn, der in seiner *Philosophie des Lebens* (1827) behaupte, dass der Affe ein Geschöpf des Satans sei, um den Menschen als Geschöpf Gottes zu parodieren (Krug, 5. Bd. 1829, 8).

Die Beispiele zeigen Einflüsse im Umfeld der idealistischen Naturphilosophie, nach der es letztlich darauf ankommt, in der Natur sich manifestierende Ideen zu erweisen, die in dem Freiheit, Geist und Humanität verkörpernden Menschen als höchster Idee gipfelt. Eine solche essentialistische und politische Naturphilosophie dient der Erhöhung des Menschen bei gleichzeitiger Erniedrigung der Affen. Diese wird erreicht durch ihre Distanzierung in der biologischen Klassifikation, der Aufzählung abstrakter Defizienzen, Verhaltens- oder Geistesunfähigkeiten sowie den Hinweis auf die Ermangelung von aufrechtem Gang und Sprache und ferner durch ihre ästhetische und moralische Diskriminierung als hässliche und bösartige Wesen. Distanzierung, Diskriminierung, Defizienzbeschreibungen als Mittel der Depotenzierung von Menschenaffen kennzeichnen die idealistische philosophische Typologie.

Zugleich gibt es gegenläufige Tendenzen. Denn obwohl das idealistische Naturkonzept einen prinzipiellen Abstand zwischen Mensch und Tier zementieren möchte, bereitet die auch den Menschen einbegreifende ideale Selbstorganisation der Natur als Ganzes schon im Vorfeld von Darwins Evolutionstheorie die These einer aus der Tierwelt hervorgehenden und in der Natur sich höher entwickelnden Menschheit vor. Ferner tragen die durch Fossilfunde angeregten Theorien der Erdentwicklung, der Aufstieg der Geologie und Paläontologie und auch die nachhegelsche philosophische Wende zu einer physiologischen Anthropologie (Feuerbach, Moleschott, Vogt) und schließlich zu einer politischen und materialistischen Naturphilosophie bei, die im zweiten Jahrhundertdrittel zu einem Umdenken über die Natur und die Entstehung des Menschen führen; sie wird schließlich durch Darwins Evolutionstheorie neu fundiert, katalysiert und auf die Bahn des Selektionismus gelenkt.

Schopenhauer und der Intellekt im Dienst der Willens

Bekanntlich scheut Arthur Schopenhauer (1788–1860) nicht, in seinen Schriften bissige Töne anzuschlagen, so auch, wenn er das Konzept der aufsteigenden Bewusstseinsleiter im Organischen von der Pflanze über den Affen bis hin zum Studenten veranschaulicht:

„Das Leben der Pflanzen geht auf in bloßem Daseyn: demnach ist sein Genuß ein rein und absolut subjektives, dumpfes Behagen. Bei den Thieren tritt Erkenntniss hinzu: doch bleibt sie gänzlich auf Motive, und zwar die nächsten, beschränkt. Daher finden auch sie im bloßen Daseyn ihre volle Befriedigung, und es reicht zu, ihr Leben auszufüllen. Sie können demnach viele Stunden ganz unthätig zubringen, ohne Unbehagen, oder Ungeduld zu empfinden; obschon sie nicht denken, sondern bloß anschauen. Nur in den allerklügsten Thieren, wie den Hunden und Affen, macht sich schon das Bedürfniß der Beschäftigung, und somit die Langeweile fühlbar; daher sie gern spielen, auch wohl sich mit Gaffen nach den Vorübergehenden unterhalten; wodurch sie schon in Eine Klasse mit den menschlichen Fenstergaffern treten, die uns aller Orten entgegenstarren, aber nur wann man merkt, daß diese Menschen Studenten sind, eigentliche Indignation erregen." (Parerga und Paralipomena, 1851, § 50, in Schopenhauer Werke Bd. 5, 1988, 69)

Der von der romantischen Naturphilosophie inspirierte Schopenhauer ist aber auch um eine seriöse Integration der Affen und des Orangs in seine Philosophie vom „Willen der Natur" bemüht. Schon im frühen Hauptwerk *Die Welt als Wille und Vorstellung* (1819/1844) will er zeigen, wie der grundlegende Wille in der Natur die kausalen Vorstellungen der Wesen, die Intelligenz, instrumentalisiert und zugleich den jeweiligen Bewusstseins- und Daseinsgrad eines Naturwesens bestimmt. Um die den Zusammenhang von Ursache und Wirkung erkennende Intelligenz als im Dienst des Willens stehend zu erweisen, setzt sich Schopenhauer mit der Intelligenz der manchmal faszinierenden, aber auch irritierenden Affen auseinander. Ausgerechnet „die klugen Orang-Utane [unterhalten] das vorgefundene Feuer, an dem sie sich wärmen, nicht durch Nachlegen von Holz [...]: ein Beweis, dass dieses schon eine Überlegung erfordert, die ohne abstrakte Begriffe nicht zu Stande kommt." (Werke Bd. 1, 1988, 56) Schopenhauer kennt die Story von Battel, bewundert aber die „Sagacität", die Scharfsinnigkeit der klugen Hunde, Elefanten und Affen. Sie demonstrieren ihm die Möglichkeiten einer vernunftlosen Verstandestätigkeit im Tierreich. In späteren Ergänzungen glaubt Schopenhauer die Irritation durch die Parallelisierung des entwicklungsabhängigen Intelligenzverhalten mit anatomisch-morphologischen Veränderungen erklären zu können, und hält es für

> *„gewiß geworden, dass der so höchst intelligente Orang-Utan ein junger Pongo ist, welcher, wann herangewachsen, die große Menschenähnlichkeit des Antlitzes und zugleich die erstaunliche Intelligenz verliert, indem der untere, thierische Theil des Gesichts sich vergrößert, die Stirn dadurch zurücktritt, große cristae, zur Muskelanlage, den Schädel thierisch gestalten, die Thätigkeit des Nervensystems sinkt und an ihrer Stelle eine außerordentliche Muskelkraft sich entwickelt, welche, als zu seiner Erhaltung ausreichend, die große Intelligenz jetzt überflüssig macht."* (Schopenhauer Werke Bd. 2, 1988, 462f.; vgl. auch Bd. 3, 234f.)

Schopenhauer sieht damit unter Berufung auf Cuvier und Flourens seine philosophische Kernthese bestätigt, „dass der Intellekt so gut wie Klauen und Zähne, nichts Anders, als ein Werkzeug zum Dienste des Willens ist" (Werke Bd. 2, 1988, 464). Der tiefere Naturwille artikuliert sich primär, der Intellekt ist nachgeordnet.

Dennoch bleiben auch für Schopenhauer neben der Sprache vor allem der besondere Werkzeuggebrauch in Verbindung mit Vernunft als spezifische Unterscheidungen zwischen Mensch und Affe erhalten, denn würde man eine „Affenspecies" entdecken, „welche sich Werkzeuge, zum Kampfe oder zum Bauen oder sonst einem Gebrauch, absichtlich verfertigte; so würden wir sofort ihr Vernunft zugestehen" (Werke Bd. 3, 508). Es geht letztlich darum, die Vernunftvergötterung zu disqualifizieren und die Intelligenz, einerlei ob von Mensch oder Affe, dem „Willen der Natur" unterzuordnen. Im Dienste dieses metaphysischen Grundanliegens Schopenhauers stehen auch seine innovativen quasi-abstammungsgeschichtlichen Spekulationen: Die Natur habe es auf der jetzigen Erdoberfläche vorhergehend nur bis zum Affen gebracht, der Mensch stamme vom Affen ab. Was wäre, wenn die Natur nicht vom Affen, sondern vom Hunde oder Elefanten ihren letzten Schritt genommen hätte? Warum finden wir Affen nicht schön?

Evolution vor Darwin

Der Evolutionsgedanke bahnte sich schon im 18. Jahrhundert mit der Dynamisierung der Stufenfolge der Wesen in der Natur („scala naturae") hin zu ihrer Verzeitlichung („Temporalisierung der Natur") seinen Weg, verstärkt durch paläontologische Funde, die zu der Vorstellung der Millionen Jahre währenden Geschichte der Erde („Entdeckung der Tiefenzeit") und Gründung der Geologie als Wissenschaft führen. Naturphilosophen wie Robinet, Bonnet, Herder, Erasmus Darwin, Lamarck, Oken und auch Goethes Metamorphosenlehre können als Vorläufer des Evolutionsdenkens betrachtet werden, in das auch Menschenaffen integriert werden (Zimmermann 1953). Zudem werden fossile Funde zu potenziellen Urmenschen z. B. im *Archiv für die neuesten Entdeckungen der Urwelt* (Ballenstedt 1819–1821) diskutiert, lange bevor der Anthropologe Hermann Schaaffhausen den im Jahr 1856 entdeckten berühmten „Neanderhaler" beschreibt. Lehrbücher der Geologie schafften zuvor einen plausiblen planetarischen Zeitrahmen für evolutionäres Denken, insbesondere dasjenige von Charles Lyell (1830–1833). Vor Darwin erscheinen anonym die Überlegugen zu *Vestiges of the Natural History of Creation* des Robert Chambers (1802–1871), dessen sechste Auflage von dem Zoologen Carl Vogt als *Natürliche Geschichte der Schöpfung* übersetzt wird (1849; 2. Aufl. Braunschweig 1858). Der Gedanke einer natürlichen „Entwickelung" aller Organismen und damit auch einer Abstammung des Menschen vom Affen war schon seit Lamarcks Evolutionstheorie intellektuell gegenwärtig. Ungeklärt aber war, welcher Evolutionsmechanismus dem Geschehen zugrunde lag. Dass Darwins Lehre in der Luft lag, meinte schon der Zoologe und Darwinist Gustav Jäger in seiner Schrift *Die Darwin'sche Theorie und ihre Stellung zur Moral und Religion* (Stuttgart 1869). Der erwähnte Zoologe Carl Vogt hatte zuvor in *Köhlerglaube und Wissenschaft* im

Jahr 1854 den Leib-Seele-Streit mit Rudolph Wagner weiter angefacht, nachdem er zuvor in seinen *Physiologischen Briefen* (1847, 206) die natürliche Entstehung des Geistes im Gehirn mit dem berühmten Zitat verteidigte, das Gehirn stehe im selben Verhältnis zum Geist wie die Niere zu ihrer Ausscheidung, dem Urin. Jener sogenannte „Affenvogt" verteidigte Darwins Lehren in der 16. seiner *Vorlesungen über den Menschen* (Gießen 1863) und behauptete die Abstammung des Menschen vom Affen noch bevor Ernst Haeckel dies in dem 19. Vortrag seiner *Natürlichen Schöpfungsgeschichte* (Berlin 1868) unternahm. Diese Hintergründe bilden den sich schon lange vor Darwins *Origin of Species* (1859) formierenden Kontext, in dem die Abstammungsfrage des Menschen schließlich zur leitenden Affenfrage wird.

Mensch und Menschenaffen nach Darwin

Das akademische Vorfeld war also bereitet, als nicht Darwin selbst, sondern „Darwins Bulldogge", der englische Zoologe Thomas Henry Huxley (1825 bis 1895), der Öffentlichkeit nach dem Erscheinen von Darwins Hauptwerk (1859) eine kleine programmatische Schrift vorlegt *Zeugnisse für die Stellung des Menschen in der Natur* (ins Deutsche übers. v. J. Viktor Carus, Braunschweig 1863). Darin erörtert Huxley 1. die gesamte Quellenlage zu Menschenaffen in einem historischen Rückblick *Ueber die Naturgeschichte der menschenähnlichen Affen* (1863, 1–63), reflektiert 2. *Ueber die Beziehungen des Menschen zu den nächstniederen Thieren* die Verwandtschaftsverhältnisse zwischen Menschenaffen und Mensch und berichtet 3. *Ueber einige fossile menschliche Überreste* wie den frischen Schädelfund des Neanderthalers.

Neu an Huxleys Schrift ist, dass erstmals das naturgeschichtliche Bild der Menschenaffen gemeinsam mit den neuen paläo-anthropologischen Befunden und Vorstellungen rezipiert wird, eine Parallelisierung, die sich in nachdarwinischen Zeiten auch optisch im Nebeneinander von „Affenmenschen"- und „Neanderthaler"-Illustrationen manifestiert (Auffermann/Weniger 2012, 30–47). In dieser Wendezeit schlägt auch die seit dem 18. Jahrhundert erfolgte „Humanisierung" der Menschaffen im Zeichen des „Kampfes ums Dasein" in eine Phase der „Bestialisierung" von Menschenaffen um. Nicht nur der neu entdeckte Gorilla, sogar der altehrwürdige und bislang meist recht menschenfreundlich bis melancholisch beschriebene Orang fiel der Bestialisierung im Rahmen der neuen Weltanschauung bei Darwins Mitstreiter Wallace (1869) zum Opfer, worauf der Zoologe Portmann hinwies (Portmann 1967). Wie vollzieht sich diese Wende im Menschenaffenbild?

Gut ein Jahrzehnt vor Darwins Hauptwerk war in Afrika der Gorilla neu und nun endgültig für die Wissenschaft entdeckt worden. In einer Abbildung von Skeletten neben dem Titelbild seiner *Zeugnisse* (1863) stellt Huxley den Gorilla demonstrativ an die Seite des Menschenskeletts, gefolgt von den Skeletten des Chimpansen, Orang und Gibbon, so dass quasi eine Abstammungslinie suggeriert wird. Der erwähnte deutschschweizerische Zoologe Carl Vogt behandelt die neue Affenfrage akribisch in seinen *Vorlesungen über den Menschen* (1863). Vogts spezielle Schädelvergleiche eines Mikrocephalen oder Affenmenschen mit Schimpansen werden von dem anerkannten Wissenschaftler Rudolph Virchow in öffentlichen Vorträgen und Publikationen über *Menschen- und Affenschädel (*Berlin 1870, 30 f.) kritisiert.

Öffentlich noch wirkmächtiger integriert Ernst Haeckels *Natürliche Schöpfungsgeschichte* (1868) die „Menschenarten" vom Kaukasier bis zum Tasmanier in eine aufsteigende Reihe der Familiengruppe der „Katarrhinen" zusammen mit Gorilla, Schimpanse, Orang, Gibbon, Nasenaffe, Mandrill-Pavian (1868, 555). Haeckels Bildtafel – ebenfalls gleich neben dem Titelblatt – inszeniert programmatisch die Schädelbildung und Physiognomie der Gesichter innerhalb der Familiengruppe der Katarrhinen. Eine visuelle morphologische Brücke führt dabei vom „niedersten Menschen", dem „Tasmanier", über den Gorilla bis hin zum Schimpansen und Orang, den „höchsten Affen". Die merkwürdige Physiognomie des Gorillagesichts bei Haeckel vermittelt deutlich intermediäre anthropomorphe Züge, wodurch für den Rezipienten der Übergang optisch plausibel erscheint. Einen lebenden Gorilla hatte Haeckel zu diesem Zeitpunkt noch nicht sehen können, wohl aber diverse Drucke, die jedoch physiognomisch weit größere Differenzen zum Menschen aufwiesen. Haeckels spätere *Anthropogenie* (1874) verband weitere Theorien und Befunde zur Keimes- und Stammesgeschichte, um Darwins Lehren zu untermauern. Weitere Zoologen wie Gustav Jäger und auch der physiologische Materialist Ludwig Büchner sprachen sich in populären Schriften für Darwin aus. Man verteidigte die Abstammung des Menschen vom Affen und nutzte die Befunde und Bilder.

Diese Affenabstammung erregte bekanntlich den Bürger und den Klerus, doch weniger die wissenschaftliche Öffentlichkeit. Menschenaffen waren in den Sog dieses neuen Weltanschauungskampfes geraten, der ja in manchen Dimensionen bis heute anhält. Der Kampf fand und findet seitdem einen beliebten Ausdruck in solchen Karikaturen, in denen Darwin, Huxley oder auch ihre Gegner und Spießbürger als Menschenaffen, meist Schimpansen, dargestellt werden. Heute zeugen Postkarten immer noch von der Omnipräsenz oder Omnipotenz des Äffischen im Menschen oder umgekehrt von der

Menschlichkeit der Affen, wenn beispielsweise ein Schimpanse mit Brille Darwins Hauptwerk in seinen Händen hält und liest.

Die doppelte Anthropozentrik – Büchner & Co.

Nach *Origin of Species* werden alte philosophische Schlüsselfragen: „Woher kommen wir? Wer sind wir? Wohin gehen wir?" – so der Untertitel von Ludwig Büchners *Der Mensch und seine Stellung in der Natur* (2. Aufl. Leipzig 1872) – in einem anderen Licht beleuchtet. Im Anschluss an Huxley und Haeckel sieht Büchner bereits aus zoologisch-systematischer Perspektive die Differenz zwischen Mensch und Tier aufgehoben. Menschen als „Zweihänder" zoologisch von „Vierhändern" in einer eigenen Ordnung oder gar in einem eigenen Reich von anderen Tieren abzuspalten, ist für Büchner hinfällig geworden. Gorillas und andere Menschenaffen belegen klar die natürliche Nähe zu den anderen Tieren. Der physiologische Materialist zeigt paradigmatisch die ambivalenten anthropologisch-philosophischen Konsequenzen auf. Einerseits kritisiert Büchner mit Haeckel vor dem Hintergrund der Darwin'schen Evolutionstheorie den kulturgeschichtlich zufällig gewachsenen „geocentrischen und den anthropocentrischen Irrtum". Der letztgenannte,

> *„der anthropocentrische, noch heute bei der großen Mehrzahl der Menschen herrschende, betrachtet in ähnlicher Weise den Menschen als den Mittelpunkt und alleinigen Zweck der gesamten organischen Schöpfung, als das Ebenbild Gottes oder als den Herrscher der irdischen Welt, deren sonstige Einrichtungen alle mehr oder weniger nur zu seinem Nutzen und mit Rücksicht auf seine speciellen Bedürfnisse geschaffen und vorhanden seien"* (Büchner 1872, 7).

Andererseits hat der Evolutionist Büchner (1824–1899) im Zeichen des Daseinskampfes und der aktuellen Wissenschaft keinen Zweifel daran,

> *„dass bis jetzt ein Höheres oder Vollkommeneres von der Natur nicht erzeugt wurde, als der Mensch, und dass der letztere daher nicht blos das Recht, sondern auch die Pflicht hat, sich als Herrscher über das gesammte, ihm zugängliche Dasein anzusehen, dass damit ein ganz neues, vorher nicht gekanntes Princip in die Natur und die Welt überhaupt hinein getragen worden ist – ein Princip, welches sich auf das Wesentlichste von allem bisher Dagewesenen unterscheidet"* (Büchner 1872, 170).

An die Stelle der tradierten metaphysischen oder theologischen Legitimation tritt nun eine naturalistische und evolutionäre Begründung für die Sonderstellung des Menschen, die aber quasiromantisch und naturphilosophisch untermauert wird. Denn da die Natur sich gewissermaßen im Menschen selbst erkannt habe und nun im Menschen sich selbst mit Bewusstsein gegenübertrete, habe der Mensch eine Aufgabe übernommen, „deren Erfüllung sie und den Menschen immer weiter von den rohen und unvollkommenen Zuständen irdischer Vergangenheit entfernen wird" (1872, 171). Büchners optimistische Fortschrittsideologie klingt heute wie ein naiver teleologischer Kulturauftrag, der anthropomorph in die Natur hineingedeutet wird. Philosophisch betrachtet ist außerdem ein naturalistischer Fehlschluss eingebaut, wenn die vermeintlich positiven Naturgesetze zu normativen Kulturgesetzen erhoben werden.

Bekanntlich provozierten Materialismus und Darwinismus im Allgemeinen sowie die These von der Affenabstammung des Menschen im Geist Büchners, Haeckels und Vogts nicht nur in Deutschland den Widerspruch von Theologen und philosophischen Metaphysikern, aber auch manchen naturwissenschaftlich Gebildeten. Einen Diskussionsausschnitt liefert E. A. Naumann in *Die Naturwissenschaften und der Materialismus* (Bonn 1869). Er greift mit anderen Befunden die empirischen Grundlagen an oder bemüht Autoritäten, um die Hypothesen zum Ursprung des Menschen ins Wanken zu bringen und die Differenz zum Menschen zu stärken. Beispielsweise nimmt Naumann den Affenkenner Richard Owen für die These einer weitaus größeren Hirnmasse des Menschen im Vergleich zu Menschenaffen in Anspruch „und darauf kommt doch Alles an!" (1869, 91) Der Experte für den Neandertaler, Schaaffhausen, soll die These von der besonderen Erziehbarkeit des Menschen stärken: „Zeigt sich auch nur eine Spur von etwas Ähnlichem bei irgend einer Affenart?" (1869, 93) Naumann geht es um den „geistigen Gehalt des Affen", der nicht einmal ein Feuer unterhalten oder eine Hütte zu bauen versucht habe und dessen hässliche Stimme selbst im Umgang mit Menschen nie zur Sprache ausgebildet worden sei. Ginge man aber auf die Hypothese ein, dass Mensch und Affe auf einen gemeinsamen Stammvater zurückzuführen sind: „Würde dadurch die Menschenwürde auf irgend eine Weise beeinträchtigt?" (1869, 94) Der Gegner des Materialismus und des Darwinismus spricht sich jedoch letztlich gegen die Annahme eines „mythischen Anthropitheken" aus (1869, 96). Mit den Philosophen Mill, Lotze und Schopenhauer zieht er gegen den Materialismus ins Feld, den eigentlichen Gegner, während Darwin selbst als vorurteilsfreier Denker und bescheidener Forscher anerkannt und gegen den Materialismus in Schutz genommen wird (1869, 302). An wissenschaftlicher Seriosität war sowohl Gegnern als auch Verteidigern Darwins gelegen.

Aber auch die führenden Propagandisten und Anhänger Darwins bleiben vom Spott nicht verschont, wobei wiederum die Affen zum Zuge kommen. Aufwendig erscheinen *Die fünf Bücher Haeckel* von Moritz Reymond (1833 bis 1919), ursprünglich als *Das neue Laienbrevier des Häckelismus* (1878), wenig später als *Reimbrevier die modernen Naturphilosophie* (Leipzig o. J.). Auf dem Einband dieser Haeckelbibel sind im Relief zwei Menschenaffen vor einer Wegmarke der Menschheitsgeschichte dargestellt. Der eine, mit wolligem Haar, marschiert in Richtung „Süd", der andere, ein professoral bebrillter Menschenaffe, geht Richtung „Nord". Den Südgänger kommentiert Reymond mit rassistischen Anspielungen, denn „stets blieb ihm was hängen vom Affen!" (o. J., 233) Solche Anspielungen auf die Nähe von Menschenaffen und Afrikanern finden sich in der Kolonialzeit häufig und gerade in Reiseberichten.

Gegen Ende des 19. Jahrhunderts wird die Intelligenz von Tieren und Menschenaffen in der theoretischen und experimentellen Tierpsychologie ein neues Thema, das dann zu Beginn des 20. Jahrhunderts von Wolfgang Köhler verfolgt wird. Menschenaffen sollten gleich nach dem Menschen die psychologische Stufenleiter zusammen mit dem Hund anführen wie beim Evolutionisten George John Romanes (1848–1894). Der Freund Darwins legt auch neue Fundamente für die Tierpsychologie in *Die geistige Entwicklung im Tierreich* (Leipzig 1885) und berichtet darin unter Berufung auf die Autorität des Zoologen Geoffroy Saint-Hilaire von einem Menagerie-Orang „mit menschenähnlicher Vernunft": Er konnte nach kurzem Probieren den Dreierknoten eines Seils lösen, um ein Türschloss zu erreichen, das er dann öffnete (Romanes 1885, 364). Die Intelligenz von Menschenaffen und *Die Sprache der Affen* (Garner 1900) inspiriert die neu aufsteigende experimentelle und spekulative Tierpsychologie. Man sucht die alte „romantische", d. h. durch eine idealistische Naturphilosophie und Anthropozentrik gerahmte Tierpsychologie durch eine experimentelle und evolutionäre Konzeption endgültig zu überwinden. Im Kontext der wichtigen methodologischen Programmwende in der Primatologie um 1900 wird die frühere intellektuelle Konkurrenz für die Menschenaffen endgültig abgeschüttelt – gemeint sind Hunde oder Pferde. Paradigmatisch wird diese Wende vom intelligenten Alltagstier zum intelligenten Exoten, dem Schimpansen, am berühmten Fall des „Klugen Hans", eines vermeintlich denkenden und rechnenden Pferdes, nachvollzogen (Baranzke 2001). Vom Intelligenz-Desaster der klugen Pferde und Hunde um 1900 führt eine direkte Spur hin zu Köhlers Experimenten mit klugen Schimpansen, deren Einsichtsfähigkeit den intelligenten Menschenaffen den Weg in die philosophische Anthropologie des 20. Jahrhunderts ebnet (vgl. Kap. 8). Doch zuvor eröffnen sich im 19. Jahrhundert für Menschenaffen noch andere politisch-historische, gesellschaftliche und kulturphilosophische Perspektiven.

Der Affe als politischer Handwerker – Engels

In den Illustrationen vor Darwin war zu verfolgen, wie die Menschenaffen entsprechend ihrer biologischen Bestimmung als „Vierhänder" allmählich die Bäume eroberten. Nun, nach Darwin, war ihr Weg wieder von den Bäumen herab zum Menschen aufzuzeigen, der sich ja offenbar gerade durch diese Zweihändigkeit ein besonderes evolutionäres Image verschafft hatte. Die Frage: „Was ist der Mensch?" war neu bzw. anders zu stellen: Wie wurde aus einem vierhändigen Baumkletterer ein aufrecht gehender Zweibeiner und politischer Handwerker? Eine neue Philosophie des Menschen entsteht. Schon für den Hegel-Schüler Feuerbach war der Mensch zum zentralen philosophischen Thema geworden, aber in Geist und Körper noch immer deutlich und wesentlich vom Tier geschieden. Doch gemeinsam mit dem Menschen, nun in radikaler Abgrenzung von Gott, war auch der Menschenaffe dabei, ein politisches Tier zu werden.

Eine sehr spezielle gesellschaftliche und politische Dimension prägt die Wahrnehmung von Menschenaffen nach Marx und Darwin im Kontext des historischen und dialektischen Materialismus. Karl Marx hatte bereits den Begriff der Arbeit sozialanthropologisch und ökonomisch in den Mittelpunkt kritischer Gesellschaftsanalysen gestellt. Sein Mitstreiter, Friedrich Engels (1820–1895), unternimmt nun in seiner *Dialektik der Natur* gut zwei Dekaden nach Darwin (entstanden zwischen 1873 und 1883) den Versuch, die neuen biologischen Theorien und naturwissenschaftlichen Entdeckungen in eine dialektische Naturphilosophie einzugießen. Engels will auf diese Weise seine materialistische Weltanschauung und seine revolutionäre Gesellschaftstheorie als eine notwendige und objektive natur- und gesellschaftshistorische Bewegung untermauern. Engels' Beitrag von 1876 zum *Anteil der Arbeit an der Menschwerdung des Affen* (Engels 1961, 179–194) stellt eine Verbindung zwischen dem Schlüsselbegriff der politischen Ökonomie – „Arbeit" – und der natürlichen Entwicklung des Menschen – die „Menschwerdung" – her. Der entscheidende Schritt vom Affen zum Menschen liegt für Engels im lamarckistisch begründeten Wechsel der Lebensweise vom kletternden Baumleben hin zum aufrechten Gang des Menschen. Die dadurch frei werdenden Hände stehen fortan als „Organ der Arbeit" zur Verfügung. Zusammen mit der weiteren Verfeinerung der Handarbeit, ihrer praktischen

Nützlichkeit fürs Leben und der damit verbundenen Geselligkeit entsteht nach Engels schließlich auch die Sprache als Form sozialer Kommunikation – Bedürfnisse schaffen sich ihre Organe. Die zivilisierte menschliche Gesellschaft geht aus einem wilden Affenrudel von Baumkletterern hervor. So ist es letztlich allein die „Arbeit", die den Unterschied zwischen Mensch und Affe ausmacht. Sie beginnt mit der „Verfertigung von Werkzeugen", die Jagd und Viehzucht ermöglicht. Am Ende der gesellschaftlichen Entwicklung stehen Recht, Politik und Religion. Der Mensch wird durch Arbeit zum alleinigen Erdbeherrscher und unterscheidet sich dadurch vom Tier. Die positive Bestätigung dieser instrumentellen Herrschaft des Menschen hatte Engels vor Augen, bis hin zur modernen Dampfmaschine und den Produktionsweisen, die den Profit und die gesellschaftliche Organisation bestimmten – Bourgeoisie, Kapitalismus, Sozialismus – und die in ihrer Dynamik revolutionär aufgehoben werden mussten. So wird das dialektische Affennarrativ zu einem politischen Programm umformuliert.

Nietzsche übte eine Kulturkritik anderer Art.

Kulturkritik mit Affen – Nietzsche

Der Kulturphilosoph Friedrich Nietzsche (1844–1900) nutzt die Figur des „Affen" als weltanschaulich-kulturkritische Metapher, um dem gottesfürchtigen oder vermeintlich aufgeklärten Vernunftmenschen den Spiegel vorzuhalten und ihm eine Absage zu erteilen. Weder als christliches Ebenbild Gottes noch als platonisch zwiespältiges Leib-Seele-Wesen vermag der Herrschaftsanspruch des Menschen gerechtfertigt zu werden. Aber eben auch nicht durch Darwin, denn der biologische Abstammungsweg führt für Nietzsche zurück zum Affen, nicht aber zu einem neuen Menschen:

> *„Ehemals suchte man zum Gefühl der Herrlichkeit des Menschen zu kommen, indem man auf seine göttliche Abkunft hinzeigte: dies ist jetzt ein verbotener Weg geworden, denn an seiner Thür steht der Affe nebst anderem greulichen Gethier, und fletscht verständnisvoll die Zähne, wie um zu sagen: nicht weiter in dieser Richtung! So versucht man es jetzt in der entgegengesetzten Richtung [...]."* (Nietzsche, Morgenröthe. Gedanken über die moralischen Vorurtheile, in Nietzsche's Werke, 1. Abt. Bd. IV, Leipzig 1900, 52)

Der Zähne fletschende Affe dürfte bei Nietzsches Zeitgenossen das Bild von einem aggressiven Gorilla hervorgerufen haben, der bei Nietzsche zu einer Metapher wird, die den Menschen an seinen unbequemen natürlichen, nicht aber göttlichen Ursprung erinnert. Jedoch will Nietzsche den Menschen keineswegs wieder zum Affen machen, also zu dem, was er ohnehin häufig genug noch ist. Er ist nicht daran interessiert, wie der Mensch in der Natur entstanden ist, das mögen szientistische Reduktionisten klären. Nietzsche geht es vielmehr um eine leiblich-psychische Lebensbejahung anstelle einer pessimistischen Lebensverneinung, von der die überholten christlichen oder rationalistischen Anthropologien und selbst noch Schopenhauers Philosophie predigen. Im Lichte von Darwins Evolutionslehre vom Wurm bis zum Affen fragt der Prophet Zarathustra die Menschen:

> *„Alle Wesen bisher schufen Etwas über sich hinaus: und ihr wollt die Ebbe dieser grossen Fluth sein und lieber noch zum Thiere zurückgehn, als den Menschen überwinden?*
>
> *Was ist der Affe für den Menschen? Ein Gelächter oder eine schmerzliche Scham. Und ebendas soll der Mensch für den Übermenschen sein: ein Gelächter oder eine schmerzliche Scham.*
>
> *Ihr habt den Weg vom Wurme zum Menschen gemacht, und Vieles ist in euch noch Wurm. Einst wart ihr Affen, und auch jetzt noch ist der Mensch mehr Affe, als irgend ein Affe."* (Nietzsche, Zarathustra, Vorrede 3, in Nietzsche's Werke, 1. Abt. Bd. VI, Leipzig 1899, 13)

Nietzsche spielt auf Heraklits Positionierung des Menschen zwischen Affe und Gott an (Kap. 1) und destruiert sie zugleich programmatisch. Gott ist tot und der Weg zurück zum Affen keine Option. Der Jetztmensch soll überwunden werden, aber nicht durch natürliche Selektion und Zuchtwahl im Sinne Darwins, nicht durch Rückfall in ein darwinistisches Affentum oder gar in Rousseau'sche Naturvorbilder. In seiner Kritik aller bisherigen Anthropologie setzt Nietzsche an die Stelle Gottes nun den „Übermenschen" und zielt auf ein individuelles Ja zur Selbstgestaltung. Die Frage lautet nicht länger: Was ist „der" Mensch?, sondern: Was kann der Mensch als Individuum aus sich machen? Oder aus neuer kulturphilosophischer Sicht: Was wird aus dem Menschen, wenn „Gott tot" ist und die alte Moral mit ihren leeren Versprechungen oder Vertröstungen auf das Jenseits überwunden ist? Leib und Leben mögen vom Affen abstammen, aber für Nietzsche gibt es weder ein Zurück zum Affen noch ein Nein zum Leben wie bei Schopenhauer.

Nietzsche vollzieht eher einen radikalen kulturkritischen Befreiungsschlag als ein klar fassbares Programm zu entwerfen. Aber der Prediger des „Übermenschen" ist kein naiver Anhänger Darwins, weder Sozialdarwinist noch Protonazi, wenngleich schon frühe Anhänger Nietzsches sozialdarwinistische Brücken schlugen wie Alexander Tille in *Von Darwin bis Nietzsche. Ein Buch Entwicklungsethik* (Leipzig 1895). Die Affen seien viel zu gutmütig, als dass der Mensch von ihnen abstammen könnte, notiert Nietzsche spöttisch in Nachlassfragmenten zur *Unschuld des Werdens*. Hier wird die ganze Ambivalenz von Nietzsches Projekt des „Übermenschen" deutlich, das mit seiner Unterscheidung von Sklaven- und Herrenmoral den Weg für den frühen Sozialdarwinisten Tille bereitete, der Nietzsches Übermenschen als im Sinne einer biologisch „stärkeren Species Mensch" las und sich aufgefordert sah, den biologischen Fortschritt durch unbarmherzige soziale Selektion voranzutreiben (Tille 1895, 235). Nietzsches Anliegen zielte jedoch darauf, die anthropologische Grundsituation des gedemütigten Menschen sichtbar zu machen, der sich in seiner Herkunft radikal auf die Natur verwiesen sieht, sich als ein Lebewesen unter vielen auf diesem Planeten oder als ein Staubkorn im Kosmos erkennt und sich zugleich über den „Tod Gottes", d. h. über das Fehlen absolute Maßstäbe zur Bewertung seines individuellen Lebens, bewusst geworden ist. Weder Gott noch eine unfehlbare Vernunft liefern dem Menschen einen moralischen Leitfaden für die individuelle Selbstgestaltung. Bei aller „Zucht" und „Züchtung" geht es Nietzsche also nicht um einen biologischen, sondern letztlich um einen kulturellen Fortschritt. Als Kraft suchendes Individuum ist der Mensch im Kosmos und in der Kultur ganz auf sich zurückgeworfen, soll sich aber nicht selbst durch Leibfeindlichkeit und Unterwerfung unter fremde Normen verfehlen. Menschenaffen sind vielleicht seine Vorfahren, aber keine Vorbilder. Nietzsches Projekt „Übermensch" indiziert die unendliche anthropologische Grenzsituation des modernen Menschen und fordert jedes Individuum zu einer eigenständigen Antwort auf die Schlüsselfrage: „Was ist der Mensch?" heraus. Nietzsche transformiert die alte anthropologische Frage in eine unbestimmte Zukunftsvision vom Menschen, für den der Jetztmensch ein „Gelächter" ist, wie es einst der Affe für den Menschen war.

> *„Der Mensch ist ein Seil, geknüpft zwischen Thier und Übermensch, – ein Seil über einem Abgrunde. Ein gefährliches Hinüber, ein gefährliches Auf-dem-Wege, ein gefährliches Schaudern und Stehenbleiben. Was gross ist am Menschen, das ist, dass er eine Brücke und kein Zweck ist: was geliebt werden kann am Menschen, das ist, dass er ein Übergang und ein Untergang ist."* (Nietzsche, Zarathustra, Vorrede 4, in Nietzsche's Werke, 1. Abt. Bd. VI, Leipzig 1899, 16)

Diese Unbestimmtheit, mit der der Mensch auf dem Weg in unbekanntes Gelände ist, die programmatische „Offenheit" in der Antwort Nietzsches, kennzeichnet die neue philosophische Problemlage nach Schopenhauer und Darwin. Diese anthropologische Existenzfrage steht im Hintergrund der bald neu aufkeimenden philosophischen Anthropologie im ersten Drittel des 20. Jahrhunderts, deren Protagonisten Scheler, Plessner und Gehlen sich auch der Affenfrage neu stellen. Menschenaffen interessieren dann weniger als Vorläufer des Menschen oder als existenzielle Metaphern einer Kulturkritik, sondern sind wieder als empirische Forschungsgegenstände gefragt, die reale Vergleiche und Abgrenzungen zum Menschen, d.h. neue Reflexionen auf dessen Identität und Differenz ermöglichen. Köhlers Intelligenzprüfungen an Anthropoiden werden diesen Anstoß geben.

Naturbilder im Rückblick

Vom Ende des 19. Jahrhunderts aus betrachtet kann neu gefragt werden: In welche Naturbilder wurden die Menschenaffen integriert und welche Reibungen ergaben sich? Im 17. Jahrhundert konnte der „Satyr" in biblische, religiöse und theologische Kontexte eingefügt werden – ob nun als diabolischer Satyr in einer Konzeption des Sündenfalls – der *natura lapsa* – oder als historische Verschmelzung von Natur- und Bibelerzählungen wie bei Scheuchzer, der dem behaarten Esau ein Affenweib zur Seite setzt. Um die Mitte des 18. Jahrhunderts etabliert sich der Menschenaffe als aufrechter Wilder, marschiert unter Rousseaus Schirmherrschaft in die Aufklärung hinein, um als Vorbild für den Menschen und zugleich als wichtiges Bindeglied zwischen dem Menschen und höheren Tieren auf der Stufenleiter der Wesen zu dienen. Die Aufklärung konstruiert und säkularisiert den Menschenaffen zum „philosophischen Tier". Die Vernunft hinterfragt und untersucht seine Eigenarten und gewöhnt sich an seine Stellung in der *scala naturae* wenig unter dem Menschen. Anfang des 19. Jahrhunderts sind Menschenaffen durch neuere anatomische Befunde – z.B. ihre Unfähigkeit zur Sprache und zum aufrechten Gang – und philosophisch durch den alles überragenden Geist des Menschen depotenziert. Die idealistische Naturphilosophie zeigt wenig Interesse an ihrer Integration in das Naturbild. Trotzdem bevölkern Menschenaffen nun die bürgerlichen Naturgeschichten und erreichen den Alltag. Als „Vierhänder" wird ihr philosophischer Aufstieg auch biologisch ausgebremst, aber sie erreichen ihre Baumwelt. Erst im nachdarwinistischen Naturbild werden Menschenaffen wieder brisant, weniger, weil sie dem Menschen so ähnlich sind, sondern vor allem, weil sie einen wirklichen Affen im Menschen und dessen reale Vorfahren repräsentieren. Zudem werden sie zum „politischen Tier" und zukünftigen Handwerker, wenn es darum geht,

Affen mit ökonomischen und sozialen Prozessen in Verbindung zu bringen wie bei Engels. Der Mensch steht ferner neben dem aggressiven Gorilla und kann sich nun als Siegerspezies in der natürlichen Selektion verstehen, ob bei Huxley oder den frühen Sozialdarwinisten.

Heftige Reibungen zwischen Mensch, Menschenaffe und Naturbild erfolgen im kultivierten Europa immer vor dem Hintergrund des tradierten biblischen Selbstbildes des Menschen als Ebenbild Gottes – *imago dei*. Nicht nur der in der antiken Seelenordnung verwurzelte Anthropozentrismus steht gänzlich in Frage. Auch die Substanz der Vernunft des Menschen, die weder im Geist der idealistischen Naturphilosophie noch in einer göttlichen Seele fest verankert werden konnte, sieht sich durch den Verweis auf den erblichen unbewussten Affen im Menschen unterminiert. Man hat all dies mit Freud als dritte Menschheitskränkung nach Kopernikus und Darwin verstanden. Allerdings lauert im Vorblick mit Nietzsche jetzt auch der „Übermensch", der sowohl den Jetztmenschen als auch den Menschenaffen als Vorfahren hinter sich lassen will. Die alten Anthropina – Seele, Geist und Vernunft – überzeugen nicht länger als absolute Maßstäbe. Der Mensch wird sich zunehmend selbst zum Problem und neue Orientierung in der Natur und Kultur ist gefordert. Sie erfolgt als weltanschauliche Domestizierung des Menschen durch die philosophische Integration der Menschenaffen in die neu aufkeimende philosophische Anthropologie im ersten Drittel des 20. Jahrhunderts.

Gorillas zwischen Bestialisierung und Humanisierung

7

„Jetzt glich er gänzlich einem höllischen Traumbilde [...]"
(Paul Du Chaillu in *Brehms Tierleben*, 1864)

„Jeder Gorilla ist eine Persönlichkeit für sich, trägt einen Namen und wird in seiner Stadt zu einer populären Erscheinung."
(Steinemann 1955)

Seit ihrer Entdeckung kurz vor Mitte des 19. Jahrhunderts bis in die Gegenwart weisen Gorillas sicherlich die spannendste Karriere unter den Menschenaffen in der Wissenschaft und in öffentlichen Medien auf. Die Wahrnehmung von Gorillas als „Monster" durchlief schon in den ersten wissenschaftlichen Abhandlungen, Naturbüchern und Magazinen diverse Wandlungen, bis ihnen am Ende des 20. Jahrhundert auf wechselvollen Wegen der philosophische Ehrentitel einer „Person" zuteil wurde und ein neuer Mythos des Gorillas als eines „besseren Menschen" sich abzeichnete. Sehr heterogene Materialien und Inszenierungen spielen dabei eine Rolle, sowohl bei der „Mythologisierung" als auch bei der „Entmythologisierung" des Gorillabildes – will man überhaupt eine solche perspektivische Scheidung nach Intentionen von Akteuren vornehmen. Hinzu kommt, dass klare Kriterien und scharfe Grenzen zwischen „Mythos" und „Wissenschaft" nicht einfach zu formulieren sind.

Einige Trends und Fakten vorweg: Die ersten Jugendbücher und Berichte des Afrikaabenteurers Paul Du Chaillu seit den 1860er Jahren, die Tarzan-Romane und -Filme nach Edgar Rice Borroughs (1914), schließlich die kaum überschaubaren „King Kong"-Filme seit 1933 und viele Illustrationen haben eindeutig zur „Mythologisierung" dieses Giganten als „Monster" unter den Menschenaffen beigetragen. Andererseits haben auch schon frühe populäre Tierwerke wie *Brehms Tierleben* seit den 1860ern, die wissenschaftlichen Abhandlungen des Gorillaforschers Carl Akeley seit den 1920ern, der erste Dokumentarfilm mit dem gleichnamigen Buch *Congorilla* (1933) des Ehepaars Johnson sowie einige Illustrationen erheblichen Anteil an der frühen „Entmythologisierung" des Gorillas weit vor George Schaller und Dian Fossey. Im letzten Drittel des 20. Jahrhunderts etabliert sich im Rahmen der Mission ein neuer Mythos. Der sanfte Gigant wird als Vegetarier und Person zum

Vorbild. Tendenzen dazu lassen sich in Geoffrey Bournes *The Gentle Giants* (1975), dann in Buch und Film *Gorillas im Nebel* (1983) über die Forscherin Dian Fossey verfolgen. Der Mythos gipfelt im Buch zum „Great Ape Projekt" von Cavalieri/Singer (1993), worin die Primatologin Francine Patterson am Beispiel der Gorilladame Koko den Personstatus für Menschenaffen verteidigt. Auf einem Titelbild der Zeitschrift *National Geographic* (1978) wird der neue Mythos weltweit medialisiert (Farbtafel 13): Koko dokumentiert quasi ihr „Selbstbewusstsein", indem sie sich im Spiegel selbst fotografiert. Sie wird zur öffentlichen „Person". Die Entmythologisierung des einstigen Monsters mündet in einen Mythos, der philosophische Positionierung und Kritik neu herausfordert (vgl. Kap. 9).

Der Weg vom „Monster" zur „Person" – so deutet es sich an – ist steinig und hat viele Facetten, die im Detail zu beleuchten sind. Einige werden nachfolgend unter dem Stichwort „Humanisierung" der Gorillawahrnehmung abgehandelt. Diese „Humanisierung" des Gorillas tangiert philosophische Aspekte der epistemischen und ethischen Anthropomorphologie, vor allem den methodologischen Einsatz von anthropomorphen Analogien zwischen Mensch und Gorilla (Kap. 10). Ferner sind zum Verständnis historische Kontexte der Wissenskonstruktion und ganz konkrete interessenabhängige Formen der medialen Inszenierung relevant, sei es in Wissenschaft, Literatur oder Kunst. Wichtige Aspekte aus der Frühphase der Visualisierung des Gorillas im 19. Jahrhundert werden daher vorgestellt und erörtert und zeigen, wie sich Wissenschaftler, Literaten oder Künstler an der Erschaffung des Gorillabildes beteiligen. Drei Formen der Illustration bzw. Topoi und Schicksale werden exemplarisch angesprochen: 1. Eine frühe naturhistorische Gruppenszene aus dem Jahr 1853, wenige Jahre nach der Gorillaentdeckung (Farbtafel 9), 2. eine frühe Abenteuerszene in einem Magazinbericht von 1868 über Du Chaillu auf Gorillajagd, und 3. das wissenschaftliche Fotoportrait aus einer Monografie (Hartmann 1880) über Mpungu, den berühmtesten Junggorilla seiner Zeit (Farbtafel 11). Daran anschließend lässt sich anhand weiterer exemplarischer Gorillabiografien die Geschichte ihrer Humanisierung und Verfriedlichung bzw. Entmythologisierung in der Zoogorillawahrnehmung des 20. Jahrhunderts verfolgen.

Vom Skelett zur Gruppenidylle

Ein protestantischer Missionar am Gabon, Thomas Savage, berichtete dem angesehenen Forscher Richard Owen im Jahr 1847 in London von einem großen Affen, den er im Gegensatz zu dem kleineren Schimpansen *Troglody-*

tes mit dem Namen *Gorilla* belegte (Savage 1847). Dessen Schädel wird von diesem Anatomen näher beschrieben (Owen 1848). Ein weiterer Missionar, J. L. Wilson, schickte einen Schädel mit Notizen nach Boston, wo er von Jeffries Wyman beschrieben wurde (Wyman 1847). Das erste Gorillaskelett gelangte schließlich durch den Missionsarzt Ford im Jahr 1851 nach Amerika (Hartmann 1883, 4). Die Ironie der Geschichte will also, dass christliche Missionare einen wesentlichen Anteil an der frühen Entdeckungsgeschichte gerade desjenigen Wesens haben, das weltanschaulich nach Darwin und Huxley der Religion einige Probleme bereitete.

Die Befunde und Beschreibungen markieren die wissenschaftliche Entdeckung des Gorillas, die ja vielleicht eine mehrfache Wiederentdeckung war. Denn schon in der Antike um 525 v. Chr. gab der karthagische Afrikasegler Hanno mit dem Namen „Gorilla" erste Rätsel auf und um 1620 lieferte die Beschreibung zweier verschiedener afrikanischer Monster durch den Engländer Battel Indizien, dass neben dem Schimpansen schon der Gorilla gesichtet worden sein könnte. Der französische Zoologe Isidore Geoffroy St. Hilaire erwähnt in den *Archiven des Museums der Naturgeschichte* (1858–1861) weitere potenzielle frühere Hinweise. So ist auf einer Afrikareise des Engländers Edward Bowdich im Jahr 1817 von einem seltenen „Ingenu" die Rede (Hartmann 1880, 3). St. Hilaire verweist zudem auf einen Balg des Kapitäns Thouret aus dem Jahr 1836 und vor allem auf den Schiffswundarzt Gautier-Laboullay, der schon im Jahr 1846 Kenntnis von einer „sehr gefürchteten Affenart, deren Nachbarschaft den dortigen Schwarzen den größten Schrecken einflößt" hatte. Gautier-Laboullay wandte sich nach einem Schädelfund auch an die amerikanischen Missionare Walker und Wilson, doch Savage kam ihm in der Bekanntmachung dieses neuen Großaffen zuvor. Wie auch immer diese Vorgeschichte zur offiziellen Entdeckung führte, wichtig wird um 1850 die Frage, welche konkrete Vorstellung man sich von dem neuen Menschenaffen machen sollte, von dem ja bis dahin noch kein Lebendexemplar Europa erreicht hatte bzw. als Gorilla erkannt wurde. Die Vorgeschichte ist noch komplexer als hier skizziert, aber es geht um die Frage: Wie kommt es zu den ersten Illustrationen und wie werden Gorillas dargestellt?

Besondere Geschehnisse und Befunde inspirieren die frühesten bildlichen Darstellungen. Im Jahr 1849 gelangten einige Gorillareste über Gautier-Laboullay nach Paris, die von D. von Blainville und Isidore Geoffroy Saint-Hilaire (1805–1861), dem Sohn des berühmten französischen Naturforschers Etienne Goeffroy Saint-Hilaire, untersucht wurden. St. Hilaire verlieh der neuen Spezies 1852 offiziell den Gattungsnamen *Gorilla*, wodurch er fortan klar vom Schimpansen unterschieden war. Weitere Gorillateile erreichten das

Museum 1851 und 1852 über Dr. Franquet und den Admiral Penaud. Erste Abbildungen wurden im Atlas von Blainville (*Ostéographie* 1839–1864, Tafel IV, Pl. I), dann von Isidore Geoffroy Saint-Hilaire und Duvernoy im erwähnten *Archives du Muséum d'histoire naturell de Paris* (T. X., T. VIII) publiziert. Der Gorillakenner Hartmann erläutert die Details: „Dr. Franquet kaufte am Gabon ein junges, etwa fünfjähriges Weibchen, Admiral Penaud ein ca. 2–3 Jahre altes Exemplar (wohl männlichen Geschlechts). Nach dem Cadaver des letzterwähnten Exemplars hat Terreil die schönen Daguerreotypen aufgenommen, welche Geoffroy Saint-Hilaire in so trefflicher Weise auf den Stein übertragen liess." (*Description des Mammifères, Nouveaux ou Imparfaitement Connus de la Collection du Muséum d'Histoire* etc. IV Mémoire, Pl. VII, Fig. 1, 2; *Archives du Muséum* Bd. X, Paris 1854, zit. n. Hartmann 1880, 4f.). Saint-Hilaire stellt 1854 einen mächtigen ausgewachsenen „Gorille Gina" (Bocourt del. et lith., d. h. von Bocourt gezeichnet und lithografiert) in aufrechter Gestalt und mit beeindruckenden Eckzähnen vor, ganz offenbar ein Flachlandgorilla (vgl. Abb. in Aramata 1991, 17).

Der niederländische Anatom, Pathologe und Zoologe Willem Vrolik (1801–1863) fasst im gleichen Jahr in enger Anlehnung an die wissenschaftliche Fachliteratur im *Album der Natur* für die Öffentlichkeit die wichtigsten Kenntnisse über *De Anthropomorphen* zusammen (Vrolik 1854, 113–146). Die Illustrationen im Text zeigen einen ausgewachsenen, stehenden und zähnefletschenden Gorilla in imponierender Kampfstellung; er hält einen Stock in der Rechten, während die linke Hand an einen Baumast nach oben greift. Ein Jungtier wird ferner separat und in Sitzhaltung eher possierlich dargestellt. Diese Darstellungen gehen auf die Abbildungen von St. Hilaire zurück (1854, 119, 121). Wie in den ersten Entdeckungsgeschichten und Beschreibungen ist auch von der Wildheit des Gorillas die Rede (1854, 118), doch wie sich der Gorilla in Gefangenschaft verhalte, wisse man nicht (1854, 121). Vrolik ist seriöser Naturforscher und will Wissen vermitteln, ohne auf Sensationen aus zu sein.

Eine sehr frühe charakteristische Illustration – immer noch war ja kein lebender Gorilla nach Europa gelagt – wird dem französischen Publikum im *Magasin Pittoresque* vorgestellt (Tome XX, September 1852, Nr. 58, 297 Abb.). Als „Le Gorille" betitelt erscheint die Illustration unter Berufung auf das *Muséum d'histoire naturelle* (E. Bocourt del./A. Gusnand sc., d. h. von Bocourt gezeichnet – „delineavit" – und von Gusnand gestochen – „sculpsit"). Der Verfasser des Artikels informiert nach einer Replik zu Buffon bzw. Menschenaffen über die neue Spezies und beruft sich auf de Blainville und den Skelettfund von 1849, ferner auf Penaud, Franquet, Fouquet (*Magasin*

Nr. 58, 1852, 298). *Le Magasin Pittoresque*, eine bekannte populäre enzyklopädische französische Zeitschrift, hatte schon 1833, in ihrem ersten Erscheinungsjahr, dem gebildeten Publikum den seinerzeit obersten Menschenaffen, den „Orang-Outang", vorgestellt (*Magasin* Nr. 43, 2. Nov. 1833, 337 ff., 337 Abb.). Der damalige Illustrator präsentierte den Orang originell an einer Urwaldtränke, wie er gerade mit den Händen Wasser schöpft. Im Hintergrund lauert, kaum erkennbar, ein Jäger mit seiner Dame und legt mit dem Gewehr auf den „Orang-Outang" an. Eine solche idyllische Friedlichkeit zeichnet nicht den Gorilla aus, der nun im Magazin ganz anders dargestellt wird. Das deutet sich bereits in der Gorilladarstellung aus dem *Magasin Pittoresque* von 1852 an, die wohl als Vorlage für eine außerordentlich schön kolorierte Lithografie im Jahr 1853 diente (Farbtafel 9). Diese auffällige Illustration einer Gorillagruppe stammt aus einer populären, enzyklopädisch angelegten, natur- und kulturgeschichtlichen Albenserie, die unter dem Titel *Das Buch der Welt* erschien (1842–1871, Verleger Carl Hoffmann, Stuttgart 1853, Tafel 12). Diese Art der Darstellung prägt frühe Gorillaillustrationen der 1850er Jahre bis etwa zum Jahr 1859, dem Erscheinungsjahr von Darwins *Origin of Species*, bzw. bis 1861, dem Jahr der Erstausgabe der Abenteuerberichte von Du Chaillu. Man muss diese interessante frühe Gorilla-Illustration näher betrachten, um die naturhistorische Perspektive besser nachvollziehen zu können (Farbtafel 9).

Nicht ein Einzeltier, sondern an Bäumen angelehnt sitzende Individuen einer familiär anmutenden Gruppe werden in einer natürlichen Umgebung inszeniert – es handelt sich wohl um ein Männchen mit Jungtier und einen weiteren erwachsenen Gorilla, der im Hintergrund aufmerksam wacht. Man könnte den Eindruck einer bürgerlichen Kleinfamilienidylle im Wald haben. Allerdings wird zugleich durch das sichtbare Gebiss und die herausstehenden, überlangen Eckzähne ein aggressiver Gestus vermittelt, jedoch ohne eine unmittelbare Drohhaltung oder die Imagination der Angriffspose eines „Monsters" zu inszenieren. Angesichts der Schädelfunde und im Vergleich zu den berüchtigten Gorillageschichten erscheint diese frühe Darstellung noch moderat und dem damaligen Wissensstand gemäß „realistisch". Warum aber setzt sich in der Folgezeit nicht dieser Darstellungstypus durch, sondern ein anderer, der die Mächtigkeit und Aggressivität befeuert?

Eine besondere Illustration des „Troglodytes Gorilla" setzt dessen Mächtigkeit und Größe imposant in Szene – eine handkolorierte Lithografie von Joseph Wolf in einem Bericht des nach Darwin bedeutendsten britischen Zoologen Richard Owen (1804–1892) in den *Transactions of the Zoological Society* (Owen 1865, Pl. 43; Abb. in Dance 1989, 164). Ein nach London gelangter Gorillakadaver gibt Richard Owen 1858 die einmalige Gelegenheit zu einer umfassenden anatomischen Analyse, nach der der Eindruck entsteht, als wäre der Gorilla dem Menschen ähnlicher als dem Orang-Utan und dem Schimpansen. Owen war überzeugt, dass Gorillas bereits aus anatomischen Gründen besser laufen konnten als der Orang-Utan und der Schimpanse. Owen stellt seine Befunde am 4. Februar 1859 in einem Vortrag an der Royal Institution vor, und zwar vor Joseph Wolfs lebensgroßen Darstellungen des Gorillas und Schimpansen – mit dem Fazit: Der Gorilla ist der dem Menschen ähnlichste Affe, wenngleich auch bedeutende Unterschiede an Schädel und Zähnen vorliegen. Wenig später präsentiert der Zoologe und Darwinist Thomas Huxley diese Nähe des Gorillas zur *Stellung des Menschen in der Natur* (1863).

Die expressive Haltung, Mächtigkeit und Dynamik von Wolfs ausgewachsenem Gorilla, der sich gerade an einem Baumstamm hochbewegt, auch sein gefletschtes Gebiss, wirken bedrohlich. Wie kommt der Künstler dazu?

Der in Deutschland geborene und zum Lithografen ausgebildete Joseph Wolf (1820–1899) lebte seit 1848 in London und publizierte 1853 die ersten Chromolithografien von Vögeln. Wolf war umworben und wohl der bedeutendste Tiermaler des 19. Jahrhunderts (Schulze-Hagen/Geus 2000). Über Wolf gibt es einen direkten Brückenschlag zu Darwin und zu den neuen Weltanschauungsfragen, die bald auch Tierdarstellungen prägten. Wolf begegnet im Jahr 1858 dem halb verwesten und stinkenden, aber ersten vollständigen Gorillakadaver; es handelte sich um ein von Eingeborenen in Gabun getötetes Männchen. Aus diesem Kadaver kreiert Wolf im Jahr 1864 noch eine andere Gorilladarstellung. Diese Farblithografie zeigt eine Familienidylle mit drei Individuen, einem sanft dreinblickenden Weibchen mit Jungtier und Früchten in der Hand und einem Männchen, welches in seinerzeit ungewöhnlicher Haltung dem Betrachter einfach den Rücken zukehrt und davontrottet (Owen 1865, Pl. 44; Abb. in Schulze-Hagen in ders./Geus 2000, 196, dort auch das Foto eines Gorillakadavers, der gerade aus der Tonne gezogen wird).

Erstaunlich ist, wie Wolf aus einem Kadaver derartig unterschiedliche Dramaturgien umsetzt, einerseits eine Familienidylle, noch sanfter und lebensnäher als in den erwähnten früheren Gorilladarstellungen, und andererseits den imposanten aufrecht stehenden und Zähne fletschenden Gorillamann. Möglichst große Lebensnähe lag im Interesse der Betrachter. Als 1887 ein erster lebendiger Gorilla in den Londoner Zoo gelangt, wird er dort gleichfalls von Wolf morphologisch und ethologisch studiert und naturnah inszeniert. Welchen Weg nimmt Wolfs mächtiger Gorillamann?

Von aggressiven Gesten zur Bestialisierung nach Darwin

Nicht die erwähnten frühen Gorilla-Familienidyllen, wohl aber Wolfs imposanter Droh-Gorilla wandert nun durch die Werke und verstärkt den Monster-Mythos. Wolfs Gorilla-Illustration wird von Richard Illner (1831–1895) schon in der ersten Ausgabe von *Brehms Thierleben* (Bd. 1, 1864, 13) aufgenommen und prägt so maßgeblich die öffentliche Wahrnehmung im deutschsprachigen Raum. In Brehms Begleittext wird die kämpferische Natur des Gorillas mit Auszügen aus Du Chaillus Abenteuererzählungen untermauert, wenngleich nicht ohne Skepsis gegenüber der Rede vom „Scheusal", das einem „höllischen Traumbilde" gleiche, dessen „Gebrüll für Donner" gehalten werde (Brehm 1864, 17), da selbst der „Gorillajäger" Du Chaillu angab, nicht allen Eingeborenengeschichten zu trauen.

Wolfs wirkmächtige Inszenierung liegt auch Gorilla-Illustrationen der Folgezeit zugrunde, z. B. der Brehm-Ausgabe von Alphonse Tremeau de Rochebrunes, den *Iconographie de Régne animal* (Paris, 1878–1885), die auch den Gorillaforscher Robert Hartmann nennt. Dieser seinerzeit führende Kenner eröffnet den Anhang seiner klassischen Gorillamonografie mit einer imposanten Farbtafel, in der ebenfalls ein durch Wolfs Illustration inspirierter Typus des mächtigen Gorillamannes dominiert (Farbtafel 10). Dem wird allerdings von dem Tiermaler Gustav Mützel (1839–1893) ein junges männliches Individuum sowie ein ausgewachsener Gorilla im Hintergrund beigesellt (Hartmann 1880, 160, Tafel I), laut Hartmann nach „Photographien von Devéria, O. Falkenstein u.s.w. chromolithographiert". Mützel und Hartmann sind um Wissenschaftlichkeit und ethologische Naturnähe bemüht, denn ausdrücklich wird das ältere Tier dargestellt, „wie es im Begriffe steht, mit einem Bunde ausgerissener Yamswurzeln (*Dioscoraea*) einen Feigenbaum (*Urostigma*?) zu erklettern". Vegetarische Kost benötigt der Gigant, der zwischen Ölpalmen, Seidenwollbaum und Bananen naturhistorisch möglichst getreu inszeniert wird, aber eben als recht bedrohliches Individuum (Hartmann 1880, 160). Der Beitrag dieser paradigmatischen Illustrationen zum Bestie- und Monster-Mythos des Gorillas bedurfte allerdings zur weiteren Verstärkung noch der Augenzeugenberichte eines Abenteurers sowie der Unterstützung durch die neue darwinistische Weltanschauung.

Die Berichte des Afrikareisenden Paul Belloni Du Chaillu

Im Oktober 1855 verließ der junge Paul Belloni Du Chaillu (1831–1903), ein in Frankreich geborener, aber mittlerweile in Amerika naturalisierter Bürger (Vaucaire 1933, 7 ff.), die Vereinigten Staaten in Richtung afrikanischer Westküste zu einer vierjährigen Expedition mit Unterstützung der Akademie der Wissenschaften von Philadelphia. Ein Ergebnis seiner Forschungsreise waren umfangreiche ethnologische, naturgeschichtliche und geografische Reisebeobachtungen, publiziert im Werk *Explorations and Adventures in Equatorial Africa* (London, New York 1861). Zahlreiche Illustrationen bereichern den Text, und Gorillas spielen dabei eine wichtige Rolle. Schon neben dem Titel erscheint eine doppelseitige, aufklappbare Gorilladarstellung mit dem massiven Gorillamann nach Wolf. Ein Dutzend der 80 Illustrationen tangieren Gorillas und auch die Gorillajagd, u. a. die später weit verbreitete Szene „Death of the Gorilla", bei der Gorillajäger Du Chaillu gerade mit einem Gewehr auf einen vor ihm aufrecht stehenden Gorilla zielt (1861, 486). Eine andere berühmte Szene „Death of my Hunter" zeigt, wie der Gorilla gerade den Gewehrlauf eines einem am Boden liegenden Eingeborenen verbiegt (1861, 343). Oft nachgedruckt wird später die Szene (Abb. 11) mit dem ersten von Du Chaillu erlegten Gorilla: „My first Gorilla" (1861, 100).

In 26 umfangreichen Kapiteln auf über 500 Seiten werden weitere Beschreibungen und Illustrationen zu Tieren, Menschen und besonderen Situationen in Afrika geschildert. Nur zwei Kapitel handeln von afrikanischen Menschenaffen und eines „On the Bony Structure of the Gorilla and other African Apes" (1861, Kap. XXI.). Es handelt sich also um eine vielseitige Dokumentation und keinesfalls um eine Gorilla-Monografie. Aber der Gorilla wird unübersehbar als Lock- und Kompositionsmittel eingesetzt, da gerade

Abb. 11: „My first Gorilla" von Paul Belloni Du Chaillu (1861)

diesem Tier das besondere Interesse des damaligen Lesers galt. Dieser fand dort eine, aus heutiger Sicht, partiell fehlerhafte Beschreibung des Westlichen Flachlandgorillas. Danach publizierte Du Chaillu *A Journey to Ashango-land and further Penetrations into Equatorial Africa* (London 1867) und diverse Ausgaben in Französisch und Deutsch. Er ist am Ende des Jahrhunderts eine berühmte und weltgewandte Persönlichkeit, mit eleganter Handschrift und vielen Plänen, die auch nicht selten in New York anzutreffen war.

Nicht nur als Unterhaltungsschriftsteller war Du Chaillu gefragt, auch die Wissenschaft war an ihm interessiert. Gegen Ende des Jahres 1860 bot der später sogenannte „Gorillajäger" (Vaucaire 1933) dem Forscher Richard Owen Gorillahäute an und reiste im Februar 1861 nach London, wo Owen ihn bei der Herausgabe seines Reiseberichts unterstützte. Außerdem verhalf Owen ihm zu einem Vortrag vor der Royal Institution. In der amerikanischen Ausgabe bedankt Du Chaillu sich ferner bei seinem Freund, dem Harvard-Professor Jeffries Wyman. Du Chaillu gehörte insofern zur Scientific Community und wollte auch dazu gehören, denn er selbst stellt im Untertitel seine diversen Mitgliedschaften in ethnologischen, geografischen und naturhistorischen Gesellschaften vor. Der Abenteurer hatte sich mit seinen Beschreibungen afrikanischer Sitten und Gebräuche, von Krokodilen, Leoparden, Elefanten, Flusspferden etc. auch wissenschaftliche Anerkennung verschafft.

Das große frühe öffentliche Interesse an Illustrationen und Erzählungen vom Gorilla belegt die amerikanische Zeitschrift *Harper's New Monthly Magazine*, die im Jahr 1868 mit einem längeren Bericht über „Du Chaillu, Gorillas and Cannibals" und einem Hinweis auf dessen *Stories of the Gorilla Country, narrated for Young People* (Vol. XXXVI, No. 215, April 1868, 582–594) aufwartete. Unter den Illustrationen befindet sich auch die immer wieder gezeigte Szene „Gorilla Hunting". Der Jäger Du Chaillu im Hintergrund, gekleidet in feines Tuch, streckt gerade mit seinem Gewehrschuss ein Gorillaweib nieder – mit einem lebenden Jungtier an der Brust (1868, 591). Seine für die Bestialisierung relevante Schilderung der ersten Begegnung mit einem Gorilla wurde in verbreiteten Tierwerken wie in *Brehms Tierleben* wiedergegeben.

Anders als in früheren Illustrationen und Berichten von Orangs und Schimpansen wird beim Gorilla das Merkmal Aggressivität klar in den Vordergrund gerückt. Dies gilt insbesondere für die Visualisierung von Jagdszenen, in denen der Gorilla als ein außerordentlich aggressives „Monster" ins Bild gesetzt wird, obwohl auch die anderen Menschenaffen gejagt wurden. Sensationell ist die Begegnung von Mensch und Gorilla insbesondere dann,

> **Du Chaillus erste Begegnung mit einem Gorilla**
>
> „Schnell vorwärts bewegte es sich im Gebüsch, und mit einem Male stand ein ungeheurer männlicher Gorilla vor mir. […] – ein Anblick, den ich nie vergessen werde! Der König des afrikanischen Waldes kam mir wie eine gespenstische Erscheinung vor. Aufgerichtet war der ungeheure, fast sechs Fuß hohe Körper; frei zeigten sich die mächtige Brust, die großen, muskelkräftigen Arme, das wild blitzende, tiefgraue Auge und das Gesicht mit seinem wahrhaft höllischen Ausdruck. Er fürchtete sich nicht! Da stand er und schlug seine Brust mit den gewaltigen Fäusten, dass es schallte, wie wenn man eine große metallene Trommel schlägt. Das ist die Art des Trotzbietens, das ist das Kampfeszeichen des Gorilla! Und dazwischen stieß er einmal nach dem andern sein grässliches Gebrüll aus: – ein Gebrüll, so grauenerregend, dass man es den eigenthümlichsten und fürchterlichsten Laut der afrikanischen Wälder nennen muß. Es beginnt mit einem scharfen Bellen, wie es ein großer Hund hören lässt, dann geht es in ein tiefes Dröhnen über, welches genau dem Rollen eines fernen Donners am Himmel gleicht: – habe ich doch mehr als einmal dieses Gebrüll für Donner gehalten, wenn ich den Gorilla nicht sah. Wir blieben bewegungslos im Vertheidigungszustande. Die Augen des Scheusals blitzten grimmiger, der Kamm des kurzen Haares, welcher auf seiner Stirn steht, legt sich auf und nieder; er zeigte seine mächtigen Fänge und wiederholte das donnernde Brüllen. Jetzt glich er gänzlich einem höllischen Traumbilde, einem Wesen jener widerlichen Art, halb Mann, halb Thier, wie es die alten Maler erfanden, wenn sie die Hölle darstellen wollten.
>
> Du Chaillu (dt. in: Brehms Thierleben, Bd. 1, 1864, 17)

wenn entweder sein Abschuss oder jene Szene im Mittelpunkt steht, in welcher die wütende Bestie einen Gewehrlauf verbiegt und der Mensch in höchster Gefahr schwebt.

Soweit bekannt, werden im Fall des Gorillas erstmals in großem Umfang Tötungsszenen und gefährliche Begegnungen mit Menschenaffen einer breiten Öffentlichkeit dargeboten. Tatsächlich lag die Aggressivität aber vor allem aufseiten der weißen Jäger, Abenteurer und Wissenschaftler, die umso legitimierter erschienen, je aggressiver das animalische Gegenüber ins Bild trat, kontrastiert durch den kultivierten Auftritt der in feines Tuch gekleideten Sieger vor der toten Beute. Dass in der Tat bei früheren Jägern und Forschungsreisenden Skrupel bestanden, belegen erste Schilderungen von Jagdgemetzeln z. B. auf Orangs in Fernasien, die aber bemerkenswerterweise nicht illustriert wurden. Allein die Darstellung eines friedlichen Orangs an der Tränke von 1833 im *Magasin Pittoresque* zeigt, wie ein im Hintergrund versteckter Jäger auf den Menschenaffen anlegt. Ein bedrohliches Gorillamonster war dagegen gut geeignet, nach gefahrvoller Tötung jegliches mitleidsvolle Bedenken beim Betrachter zu zerstreuen. Der humanistische Jäger wollte als seriöser Wissenschaftler, als kultivierter Bürger oder als heroischer Kämpfer erscheinen, nicht wie die Eingeborenenjäger als Barbar. Je aggressiver der Gorilla, desto skrupelloser musste sich das „Opfer", der bedrohte Jäger, erwehren. Schoss er denn nicht in Notwehr?

Der gerade Mitte des 19. Jahrhunderts in angelsächsischen Ländern erstarkte bürgerliche Tierschutz beschränkte sich auf bestimmte Haus- und Nutztiere – Katzen, Hunde, Pferde, Schweine, Kühe. Sympathie und sentimentale Identifikation für das leidende Wildtier waren auf die heimische Hetzjagd mit Hunden oder auf tanzende Bären beschränkt. Die Tötung exotischer aggressiver Wildtiere wie Löwen, Tiger, Krokodile und Gorillas wurde in der Öffentlichkeit als eine Art Notwehrrecht wahrgenommen. Erst allmählich verändert sich im 20. Jahrhundert die Einstellung zur Menschenaffenjagd bei Fängern, Forschern und Jägern.

Die Rolle des Darwinismus
Grundlegend für die Gorillawahrnehmung war – noch zwei Jahre vor Du Chaillus Hauptwerk – das Erscheinen von Darwins *Ursprung der Arten* im Jahr 1859, das nicht nur unter Naturforschern diskutiert wurde. Darin war die Abstammung des Menschen vom Affen zwar nicht eigens behandelt worden, aber nach Darwin sollte „Licht" auch auf den Menschen fallen. Längst hatte sich der ältere Slogan vom „Kampf ums Dasein" in der Öffentlichkeit mit Darwins Lehren verbunden, obgleich Darwin selbst betonte, es handle sich nur um eine Metapher. Erst in seiner *Abstammung des Menschen* (engl. 1871; dt. 1874), als andere Forscher wie Huxley, Haeckel oder Vogt die Affenabstammung längst ausgefochten hatten (vgl. Kap. 6), widmete Darwin bei der „Geschlechtlichen Zuchtwahl" der Entstehung des Menschen und dem „Gesetz des Kampfes" seine Aufmerksamkeit (1874, 635 f.). Er rezipiert Hinweise auf Kämpfe von „barbarischen Nationen" wie Australiern und auf „die Kämpfe der männlichen Gorillas" aus der ersten Publikation von Thomas Savage (1874, 635). Diese Verbindung zweier Grundelemente von Darwins Lehre – 1. der Abstammung des Menschen von dem ihm nach Owen so ähn-

lichen nächsten Affen, dem Gorilla, und 2. dem „Kampf ums Dasein" im Sinne der natürlichen Selektion der Motor der Evolution – wurde nun durch die ins Bild gesetzte Aggressivität des Gorillas plausibilisiert. Die evolutionäre Abstammung des Menschen und selektionsrelevante Aggressivität kulminieren in dem neuen Medientypus des Gorillas. Vorher als Jägerlatein abgetane Erzählungen von aggressiven Verhaltensweisen, Angriffen oder gar Entführungen durch Gorillas erschienen plötzlich im Rahmen der neuen Weltanschauung plausibel und fungierten fortan gleichsam als Logo zum „Kampf ums Dasein".

Mit welcher Spannung die Öffentlichkeit die leibhaftige Begegnung mit einem Gorilla erwartete, demonstriert ein früher Zeitschriftenartikel vom November 1868 im *Atlantic Monthly* mit dem Titel „My Visit to the Gorilla" (vol. XXII, no. 133, 550–557). Der anonyme Autor, ein mit den Darstellungen von Du Chaillu, Huxley etc. vertrauter, naturhistorisch bewanderter Besucher einer Barnum-Show in New York, wird insbesondere von seinem Interesse an den aktuellen Weltanschauungsfragen zu einem Gorilla-Besuch angetrieben. Aber er wird gründlich enttäuscht, denn nach sorgfältiger Beobachtung und reiflicher Überlegung ist ihm klar, dass ihm Barnum nur einen Scheinanthropoiden in Gefangenschaft als Gorilla präsentiert. Zynisch beglückwünscht der anonyme Besucher Mr. Barnum zu seinen 8000 Dollar für „a miserable, second-class monkey" (1868, 556), der offensichtlich nicht dazu geeignet war, die Affenabstammung des Menschen und den „Kampf ums Dasein" augenscheinlich zu bestätigen.

Auf die Ankunft eines Gorillas musste Amerika noch lange warten, denn Jungtiere zu erlangen, zu ernähren, gesund auf dem Seeweg von Afrika nach Amerika zu transportieren und dabei vor weiteren Krankheiten und Komplikationen zu schützen, war äußerst schwierig.[8] Der berühmteste Gorilla erreichte 1876 zunächst Europa, nachdem auch dort „Kämpfende Gorillas" längst in Wort und Bild angekommen waren, nicht nur in Jugendbüchern nach dem Muster von Du Chaillu, auch in populären Tierschriften von Zoologen und Darwinisten. „Kämpfende Gorillas", gezeichnet nach Specht, enthält z. B. das großformatige Werk *Wanderungen durch das Thierreich aller Zonen* des Zoologen und Darwinisten Gustav Jäger (Abb. in Jäger 1880, 5).

Aber nicht nur Gorillas, auch der altbekannte friedlich-melancholische Orang-Utan gerät in den Strudel der Darwin'schen Weltanschauung. Ausgerechnet der reisende Orangkenner, Freund und einstige Konkurrent Darwins, Alfred Russel Wallace (1823–1913), Mitschöpfer der Selektionstheorie, berichtet aus dem fernen Asien über den „Kampf ums Dasein" beim Orang. Ein aggressives Kampfszenario schmückt die Titelseite seines Werkes *The*

Malay Archipelago. The Land of the Orang Utan and the Bird of Paradise (London 1869): Umringt von Jägern beißt ein aufrecht stehender Orang einem Eingeborenen böse in den Oberarm. Auch andere Naturgeschichten stellen den nachdarwinschen Orang aggressiver dar (vgl. Portmann 1967). Um 1895, als diverse Unklarheiten in Darwins Lehren fast ausgefochten waren und der „Neodarwinismus" seinen Siegeszug antrat, inszeniert der Künstler Emmanuel Frémiet (1824–1910) eine berühmte Plastik neu: Ein Borneo-Orang überfällt eine nackte Frau und würgt sie. Die Plastik wird 1898 im Museum für Naturgeschichte in Paris aufgestellt. Frémiets Darstellung steht in krassem Gegensatz zu den zahlreichen gemächlich sitzend, stehend, gehend oder kletternd dargestellten Orangs aus der ersten Hälfte des 19. Jahrhunderts sowie zu der erwähnten Illustration im *Magasin Pittoresque* von 1833, die einen Wasser schöpfenden Orang an einer Urwaldquelle zeigt. Frémiet hatte 1859 schon eine Skulptur „Gorilla raubt Frau" hergestellt. Diese Darstellung des Raubs einer Afrikanerin durch einen aggressiven Gorilla war zunächst vom Pariser Salon als Beleidigung des öffentlichen Anstands abgelehnt worden, begründete aber dennoch eine eigene ikonografische Tradition (Auffermann, Weniger 2012, 40f.). In Konfrontation mit der anthropomorphen Darstellung von de Rienci (Abb. 10), die einen friedlichen „Orang Houtan" in Tischgesellschaft mit dem Autor zeigte (de Rienci 1837, 32), wird die Abstrusität beider Orang-Illustrationen noch offensichtlicher.

Am Ende des 19. Jahrhunderts ist die sprichwörtliche Aggressivität des erwachsenen männlichen Gorillas nicht nur der Jugend aus der Abenteuer- und Jagdliteratur bekannt und wird bis weit ins 20. Jahrhundert hinein fortgeschrieben.[9] Auch angesehene Tierdarsteller nehmen sich des Faszinosums der männlichen Aggressivität des Gorillas an und bedienen die Erwartungshaltung der Bildungsbürger. So erscheint in der illustrierten Familienzeitschrift *Für alle Welt* (Heft 1, 13) „Ein Schrecken des Urwaldes" nach einer Originalzeichnung von Wilhelm Kuhnert aus dem Jahr 1896 (Abb. 12). Das bekannte Periodikum erschien seit den 1880er Jahren bei Bong in Berlin. Der Berliner Wilhelm Kuhnert (1865–1926) war einer der bedeutendsten Tiermaler dieser Epoche und steuerte auch zu *Brehms Tierleben* (1900) Illustrationen bei. Kuhnert bereiste sogar Ostafrika, um Tiere in freier Wildbahn zu jagen und zu malen.

Kuhnert inszeniert den Gorilla als Zähne fletschenden Riesen, der mit einem Afrikaner auf Leben und Tod kämpft. Dieser hält einen Dolch in seiner Hand, aber die Chancen, den höllischen Kampf mit dem „Monster" zu überleben, erscheinen dem Betrachter gering. Ein solcher „Schrecken des Urwaldes" wird jedenfalls kein Mitleid erregen, wohl aber das Opfer, ein Mensch.

Abb. 12: „Ein Schrecken des Urwaldes" (Kuhnert 1896)

Diese exemplarischen Stationen der frühen „Bestialisierung" des Gorillas im Kontext von Wissenschaft, Literatur und Kunst zeigen, wie sich der Monster-Mythos manifestiert. Seine weitere Ausgestaltung im 20. Jahrhundert, z. B. durch den Film *King Kong*, ist bekannt (z. B. Morris 1968). Wenig Aufmerksamkeit ist bislang der frühen „Humanisierung" des Gorillabildes zuteil geworden. Diese besondere Form der Kultivierung eines Menschenaffen in Europa wurde weitgehend übersehen oder ausgeblendet. Vielleicht liegt der Grund dafür darin, dass die moderne historische Analyse vor allem die Ideologiekritik an dominierenden Klischees pflegt, für die das Monsterbild vom Gorilla ein dankbares Beispiel hergibt. Aber die historischen Quellen dokumentieren doch auch ganz andere Gorillaspuren, die auf Umwegen unser gegenwärtiges Gorillabild prägen und nun im Detail verfolgt werden: die Humanisierung und Verfriedlichung des Gorillas.

Ein junger Aristokrat am Anfang der Humanisierung

Einer deutschen Afrikaexpedition gelingt es, einen jungen Gorilla auf einer spektakulären Reise, mit Umwegen über London und mit Grüßen von Darwin versehen, im Jahr 1876 lebendig in die Metropole Berlin zu bringen. Dieser erste lebende Gorilla in Europa entsprach in Aussehen und Verhalten nicht ganz den Erwartungen der Wissenschaftler und der Öffentlichkeit. Die nachfolgenden Schilderungen aus Familienzeitschriften vermitteln das besondere Pathos, mit dem die Öffentlichkeit auf den neuen Europäer reagierte.

Gorilla Mpungu reist an

„Bei gesunder Bewegung und völlig menschlicher Kost nahm er an Stärke, Gewicht und Lebendigkeit dauernd so zu, dass wir bei unserer Einschiffung am 5. Mai dem Capitain des Dampfers „Loanda", Mr. Clancy, zuversichtlich vorhersagen konnten, der M-pungu würde gesund und kräftig Europa erreichen, wenn er ihm seine Nachsicht und Fürsorge angedeihen lassen würde. M-pungu hat Europa erreicht mit einer Lebenskraft und Fülle, welche die kühnsten Hoffnungen bei Weitem übertrafen. Aber in wie freundlicher Weise hat nicht Capitain Clancy seine Aufgabe erfüllt, wie selbstlos hat er sich und sein Quarterdeck geopfert! Er ließ M-pungu zum ersten Cajüten-Passagier avancieren, lauschte auf alle seine Wünsche, ganz gleich, ob sie sich auf ein starkes Tau zu Turnübungen oder auf ein Flaggentuch zum Schutz gegen eine Nordbriese richteten. […] Jedermann verzog und liebkoste ihn, ja, ein kleines englisches Kind trieb seine Zärtlichkeit so weit, ihn, mit den Händen nach ihm langend, Papa zu tituliren. Die ganze Reise glich einem Triumphzuge; an allen Küstenplätzen strömten die Neger in Canoes herzu, um ihren Bruder,

> wie er scherzweise genannt wurde, in Augenschein zu nehmen. […] Weit entfernt sich genirt zu fühlen, gab er unaufgefordert die besten Vorstellungen, wenn die meisten Gäste versammelt waren.
>
> Wie wohl thaten uns die Ausrufe ungeheuchelten Erstaunens, wie angenehm berührte uns das mit der nahenden Heimath wachsende Interesse des Publicums! Aber je näher wir England kamen, um so ängstlicher hüteten wir auch den Schatz in unseren Händen, er gehörte eigentlich schon längst nicht mehr uns, sondern wir gehörten ihm. – Endlich am 29. Juli wurde Liverpool und damit der Glanzpunkt in M-pungu's bisherigem Leben erreicht. Die ganze ungeheure Stadt war in Aufregung. Unter den Fenstern unseres Hotels wogten schwarze Massen auf und ab, während die besser Situirten, darunter die Spitzen der Stadt und die ersten Gelehrten, uns persönlich ihre Aufwartung machten und der greise Darwin brieflich seinen Glückwunsch übermittelte.
>
> Auf die Bitte des Curators des Museums, Mr. Moore, stellten wir M-pungu einem seiner Vorfahren, einem alten ausgestopften Gorilla, vor, da möglicher Weise eine höchst interessante Erkennungsscene erwartet werden konnte. Er ließ aber uns und den Alten in komischer Enttäuschung stehen, mit dem Zeigefinger Ohren und Nase eines jungen Schimpanse befühlend, als wollte er sagen: „Wie kann man mich mit dir verwechseln!"
>
> Etwas ermüdet, aber stolz auf unsern Schatz, verließen wir die Stadt und vertrauten M-pungu wenige Tage den wohlbewährten Händen des Dr. Hermes an. Möge es ihm gelingen, M-pungu solange am leben zu erhalten, bis die Behauptung der Neger geprüft werden kann, welche erzählen, dass alte Gorillas ganz weiß behaart seien."
>
> Illustriertes Blatt (o. J., 558)

In dem großformatigen *Illustrierten Blatt* waren wie üblich auch Abbildungen des jungen Gorillas beigefügt. Ein ähnlicher Bericht von Fr. Lichterfeld erschien 1877 in *Westermann's Jahrbuch der Illustrirten Deutschen Monatshefte. Ein Familienbuch für das gesammte geistige Leben der Gegenwart"* (Bd. 41, Braunschweig 1877, 405–409). In seinem Beitrag „Der erste lebende Gorilla in Europa" schildert Lichterfeld ausführlich die Entdeckungsgeschichte des Junggorillas und dessen Anreise über Liverpool und über Hamburg nach Berlin, wobei der Preis für diese „Sensation" von anfangs 600 Pfund am Ende auf 20 000 Mark stieg. Bemerkenswert erschien, dass „M'Pungu" bei den Eingeborenen „Teufel" bedeute. Die Beschreibung Lichterfelds fällt noch wenig schmeichelhaft aus: Der Gorilla mache „den Eindruck eines recht plumpen, dickbäuchigen Negerkindes", er sei „ungestüm und bengelhaft", die Augen blickten „schalkhaft, aber auch bösartig" (1877, 409). Die beigefügten Illustrationen vermitteln jedoch ein kleines Individuum hinter Gittern mit einer Schaukel in der Hand. Von diesem neuen Europäer gibt es ein wirklich beeindruckendes fotografisches Portrait, welches „M'Pungu" der Fachwelt vorstellt, nachdem er im Jahr 1876 für kurze Zeit im Aquarium gelebt und große Aufmerksamkeit erregt hatte (Farbtafel 11). Dieses Portrait reproduzierte der Gorillaforscher Robert Hartmann (1831–1893) in seiner Gorilla-Monografie „nach Photographien von Halwas u. a." (1880, 160 Tafel II)[10].

Der anfangs noch kranke M'pungu war auf Umwegen in die Hände des Arztes und Zoologen Falkenstein gelangt, eines Mitglieds der deutschen Afrikaexpedition. Der Triumphzug führt den Gorilla am 30. Juni 1876 in das Berliner Aquarium, wo er am 13. November 1877 durch „die allen anthropoiden Affen Verderben drohende Lungenkrankheit" stirbt, wie Direktor Hermes in einem öffentlichen Vortrag vor der Versammlung der deutschen Naturforscher und Ärzte berichtet. Doch immerhin sei „ein Verlust für die Wissenschaft wenigstens nicht mehr zu beklagen. Was an ihm zu beobachten war, hatte reichlich beobachtet werden können, und sein Körper gab außerdem noch Gelegenheit, alle Organe bis in die feinsten Details zu studieren" (zit. n. Brehm 3. Aufl., 1. Bd., 1890, 71). Mpungu wird von allen bedeutenden englischen und deutschen Anthropologen und Zoologen beobachtet oder untersucht. In *Brehms Tierleben* werden die Hintergründe dieses wissenschaftlichen, nationalen und internationalen Ereignisses für die Öffentlichkeit dargelegt: „Deutschland zur Ehre, der Menschheit zur Freude, der Wissenschaft zum Ruhme" (Brehm, 1. Bd., 1890, 75). Der junge Gorilla wird fortwährend von Ärzten besucht, darunter der berühmte Mediziner Rudolf Virchow, und es gibt täglich „mehr als hundert Anfragen nach seinem Befinden". Das öffentliche Fazit ist: „In kürzester Zeit hatte er es verstanden, der allgemeine Liebling zu werden, und unstreitig ist Mpungu einer der populärsten Bewohner der deutschen Reichshauptstadt." (Brehm, 1. Bd., 1890, 74).

Bürger und der Kaiser konnten sich mit diesem König der Affen identifizieren. Weniger königlich als gut bürgerlich war die Verpflegung, die über die vegetarische Kost hinausging:

> *„Zum Frühstück erhält er ein Paar Wiener, Frankfurter oder Jauersche Würste oder ein mit Hamburger Rauchfleisch, Berliner Kuhkäse oder sonst wie belegtes Butterbrot" und später „ist ihm ein Stück eines gebratenen Huhnes am willkommensten." (Brehm, 3. Aufl. 1. Bd., 1890, 74)*

Der Monster-Mythos hatte „Schrecklichkeit" erwarten lassen, doch das lebende Jungtier wurde wahrgenommen als „ein armer Teufel von Affen, nicht ein höllisches Traumgebilde, halb Mensch, halb Bestie". Ältere Berichte werden revidiert und sein Beobachter Falkenstein schwärmt von der Hilflosigkeit Mpungus, dessen „Anhänglichkeit und Zutraulichkeit", „Geschicklichkeit und Behutsamkeit", „Reinlichkeit" und „Gutmütigkeit und Schlauheit oder eigentlich Schalkhaftigkeit" (1890, 69 ff.). Direktor Hermes nobilitiert die Haltung des Ankömmlings, der „wie eine Pagode" sitzt, „als habe er ein Adelspatent mit auf die Welt gebracht". Der Gorilla vermittle eine „Vornehmheit, die den Eindruck, als gehöre er den höheren Ständen an, hinterlässt" (1890, 73). Solche Lobpreisungen orientieren sich am Schema der Majestätsverehrung oder demjenigen eines wohlerzogenen Kindes. Sowohl die große Bildtafel mit Mpungus Aktivitäten im Brehm und vor allem sein Portrait in Hartmanns Monografie verstärken derartige aristokratische Eindrücke. Selbst die nüchternen *London News* stellen 1877 fest, dass dieser muntere und freundliche Gorilla gar keine Ähnlichkeit habe mit den zähnefletschenden Ungeheuern, wie sie etwa Du Chaillu schildere (Strehlow 1985, 74).

Die neue Wahrnehmung bleibt nicht auf Mpungu beschränkt. Auch die wenig später kurzzeitig nach Berlin gelangten Junggorillas erweisen sich als „liebenswert und gutmütig" (1890, 75) und es fand sich keine Spur von der „Wildheit und Furchtbarkeit seiner Eltern", die noch im Dienste des zeitgenössischen darwinistischen Paradigmas vom „Kampf ums Dasein" standen (Strehlow 1987, 106, vgl. Ingensiep 2001a).

Wie elend in Wirklichkeit spätere Junggorillas aussahen, vermitteln weitere Fotos aus dieser Zeit, die müde, ausgemergelte und traurige Individuen zeigen, wie z. B. in der *Zeitschrift für Ethnologie* von 1892 (Nr. 24, vgl. Ingensiep 2001a, 157). Bis um 1900 hielten es nur zwei Gorillas für längere Zeit in deutschen Zoos aus, ein Männchen, das vier Jahre im Aquarium zu Berlin verweilte, und ein Weibchen, das von 1897 bis 1907 im zoologischen Garten zu Breslau lebte (Knauer o. J., 86). Eine hohe Krankheitsanfälligkeit ist auch für die Folgezeit bekannt. Hagenbeck, der zwischen 1905 und 1907 acht junge Gorillas nach Hamburg einführte, diagnostizierte als Ursache für ihren frühen Tod „seelische Leiden [...], welche die melancholisch beanlagten Geschöpfe dahinraffen"; deshalb heißt er es auch gut, dass Oberstleutnant Heinicke von der deutschen Schutztruppe in Kamerun seinen jungen Gorillas zwei „Negerboys" zur Gesellschaft mitgab – belegt durch ein eindrucksvolles Foto (Hagenbeck 1909, 410 f., Abb. S. 407). Diese und andere Gründe führen zu einer längeren gorillalosen Zeit und erst Ende der 1920er Jahre gelingt es wieder, einen besonderen Gorilla nach Berlin zu bringen und dort mehrere Jahre zu halten. Endlich kann man öffentlich ein ausgewachsenes „Monster" präsentieren.

Gigant Bobby als Publikumsliebling

Ein weiterer Schritt zur Humanisierung der Gorillawahrnehmung erfolgt im deutschsprachigen Raum nicht nur über einen neuen Repräsentanten, einen erwachsenen Gorilla im Zoo, sondern auch über eine literarische Verarbeitung, die den Aufbau einer speziellen Ich-Du-Beziehung zwischen Mensch und Gorilla figuriert. Für diese Form der Verfriedlichung des einstigen „Monsters" steht Gorilla „Bobby", der Ende der 1920er Jahre die Weltstadt Berlin erreicht und dort aufwächst. Der Tierschriftsteller Paul Eipper (1891 bis 1964) beobachtet und beschreibt ihn eindringlich im Buch *Tiere sehen dich an* (Eipper 1929a).

Bobby wurde als Gorillajungtier in Kamerun gefangen und dort auf einer Farm drei Jahre lang aufgezogen, bevor er im Jahr 1928 in Marseille angeboten und über den Tierhändler Ruhe an Zoodirektor Ludwig Heck vermittelt und erworben wurde. Er war seinerzeit der einzige in Europa lebende Gorilla. Der spektakuläre Transport wird vom Tierschriftsteller Eipper einfühlsam beschrieben und Bobby wird als kleine Menschenpersönlichkeit vorgestellt:

> *„Niemand kann sich Bobbys lieber Art entziehen; er ist ganz einfach ein Kind, ein stilles nachdenkliches Wesen. Und nun obliegt dem Berliner zoologischen Garten das schöne Amt, dieses seit frühester Jugend an menschlichen Umgang gewöhnte, gesunde Tier zu betreuen und groß zu ziehen, damit uns dereinst das noch nie Dagewesene ermöglicht werde, – der Anblick eines ausgewachsenen Gorillamanns."* (Eipper 1929a, 154)

Ein liebliches Foto vom jungen Bobby an der Brust des populären Tierschriftstellers schmückt dessen Bestseller *Tiere sehen dich an* gleich neben dem Titelbild. Ebenso wird Bobby auf einem späteren Foto in den Erinnerungen des Tiergärtners Ludwig Heck nun an dessen Männerbrust hängen (Eipper 1929a, Heck 1938). Bobby wächst mit der fürsorglichen Hilfe seines Pflegers Liebetreu tatsächlich zu einem über fünf Zentner schweren Riesen heran (Abb. 13). Er wird in einem damals üblichen Eisengitterkäfig gehalten, der später mit einem Tau an der Käfigdecke, einer Schaukel und Kletterstangen ausgestattet und schließlich noch mit einem Schimpansen bestückt wird. Dichtgedrängte Menschenmengen stehen vor seiner Behausung. Der unerwartete Tod des „gewaltigen Riesen" wird 1936 teilnahmsvoll beschrieben:

„*Er war der Liebling der Berliner Zoobesucher […] ein munteres, zärtliches, anlehnungsbedürftiges Wesen. […] Aus dem spielenden Kinde war ein phlegmatischer Riese geworden. Ein Mensch, ein gewaltiger Neger mit tierhaft verzerrten Zügen aß breit und behäbig seine Suppe. Dann saß er da und sah mit runden tiefen Urwaldaugen uns Gaffer lange und ernst an.*" (Berger/Schmid 1936, 33)

Abb. 13:   „Bobby" (aus Berger/Schmid 1936)

Die Autoren illustrieren kurz nach Bobbys Tod *Das Reich der Tiere* mit einem eindrucksvollen Portrait des mächtigen Silberrückenmannes (vgl. Abb. 1936, 40). Die Erinnerungen des Tierhändlers Ruhe enthalten nicht nur ein Bild mit dem Junggorilla, sondern auch ein Bild vom ausgewachsenen massigen Gorillariesen, der gerade an einer Decke zieht, die sein Tierwärter Liebetreu am Käfiggitter hält (Ruhe 1960, 173; Ingensiep 2001a). Äußerlich macht Bobby zwar den Eindruck eines Giganten, aber seine Verhaltensweise entspricht gar nicht dem eines Monsters. Eipper und andere Tierschriftsteller hatten gute Vorarbeit geleistet und gerade die „Tierkinder" ästhetisch und ethologisch verfriedlicht, übrigens auch einen jungen weiblichen Berggorilla, den er liebevoll beschreibt und an die Brust nimmt (Eipper 1929b, 19).

Der verstorbene Supergorilla Bobby, der „einer lebenden Fettmasse glich und nichts weniger als schön war", hatte dennoch, wie später auch andere Gorillas, nicht nur die „Freundschaft" ihrer Pfleger und Tiergärtner gewonnen, sondern auch die Herzen der Berliner Bürger (Stemmler-Morath 1941, 48). Gorilla Bobby ist immer noch als ausgestopftes Präparat im Berliner Naturkundemuseum zu bewundern, wodurch die einst empfundene Ich-Du-Beziehung aber wohl kaum nachvollziehbar wird. Gerade diese besondere Ich-Du-Beziehung bei Gorillas stellt eine neue Qualität in der öffentlichen Gorillawahrnehmung dar und setzt sich auch in der Folgezeit auf unterscheidliche Weise fort. So tragen Tierkenner in üblichen Schilderungen von Tierfreundschaften ihren speziellen Beitrag zum Wandel im Gorillabild bei, auch durch diverse Anekdoten zu „Gorillas als Spielgefährten", dann in den 1950ern zu „Achilla", „Butschi" oder „Stefi" im Zoo von Basel mit dem Fazit: „Jeder Gorilla ist eine Persönlichkeit für sich, trägt einen Namen und wird in seiner Stadt zu einer populären Erscheinung." (Steinemann 1955, 35)

Eine wichtige Rolle spielen sicherlich auch neue Darstellungen von wildlebenden Gorillas von Afrikareisenden wie Carl Akeley oder dem Ehepaar Osa und Martin Johnson, die seit den 1920er Jahren ihre Beobachtungen aus Belgisch-Kongo in Publikationen und über einen Dokumentarfilm vermitteln. Die Johnsons drehen *Congorilla*, den ersten Tonfilm in Zentralafrika, liefern Eindrücke vom Gruppenverhalten, von Fürsorge und Vegetarismus bei Gorillas. Im Jahr 1931 bringen sie erste Berggorillas in die USA, in den Zoo von San Diego, auch in der Absicht, den Geschichten über ihren vermeintlich bestialischen Charakter den Boden zu entziehen. Martin Johnson findet aber auch sehr selbstkritische Worte zu den immensen Fangverlusten im Vorfeld bzw. zur Zoogorillahaltung: „Höre ich da jemanden fragen:

warum hast du denn deine Gorillas gefangen?" Johnsons Antwort: „[…] es tut mir ernstlich leid, daß ich sie von ihren Bergen entführt habe. […] Und ich werde nie wieder ein Tier in Gefangenschaft schicken." (Johnson 1933, 171 f.)

Jenseits vom Monster-Mythos, von Tarzan und „King Kong" manifestieren sich also auch Empathie und sogar ein öffentlich bekundetes Unrechtsbewusstsein bei Gorillakennern. Was sich schon beim ersten europäischen Junggorilla Mpungu ein halbes Jahrhundert zuvor als frühe Entmythologisierung und Abwendung vom Monsterbild abzeichnet, setzt sich nun fort. Neben der rudimentären ästhetisch-literarischen Verfriedlichung (Eipper), der theoretischen Aufklärung über wilde Gorillas (Akeley, Johnson) oder auch Bingham (1932) klingt allmählich auch ein neues Ethos in der Beziehung zwischen Mensch und Gorilla an. Doch ist es noch ein weiter Weg bis zur medialen Entmythologisierung des Gorillabildes im letzten Drittel des 20. Jahrhunderts. Noch eine weitere interessante Station in dieser Entwicklung des Gorillabildes liefert die Zoogeschichte.

Goma – Familienbeziehungen zwischen Gorilla und Mensch

Goma, das Gorillakind (Lang 1961) wurde am 22./23. September 1959 in Basel als erster europäischer Gorilla im Zoo geboren und in der Familie des Tiergärtners Ernst Lang aufgezogen, weil Gomas Mutter, Achilla, ihr Kind nicht annahm. Gomas Geschichte ging im Nachkriegszeitalter der Illustrierten, Bildbände und Medien um die Welt, und ihr Beitrag zur Entmythologisierung erscheint zunächst sehr profan. Wie ein Menschenkind wird Goma in der Familie Lang im gutbürgerlichen „Wisa-Gloria-Laufgitter" wie das eigene Kind aufgezogen (Abb. 14).

Die Ich-Du-Beziehung bei „Bobby" wird durch eine komplexe Familienbeziehung erweitert. Gomas familiäre Biografie endet schließlich im Basler Zoo. Das gutbürgerliche Familienethos und das wissenschaftliche Forscherethos gelangen daher zeitweise in Konflikt miteinander, und auch die gängigen Kategorien „Tier" und „Mensch" geraten in der Familie Lang durcheinander. Angesichts von Gomas menschenähnlichem Verhalten schreibt Lang beschwörend: „Wir sagten uns immer und immer wieder: Goma ist doch nur ein Tier." (Lang 1961, 101) Der Forscher Lang versucht, Goma als Exemplar seiner Art objektiv und emotionslos zu beobachten, aber der Familienvater Lang erkennt Goma als besonderes Individuum und als vollberechtigtes Familienmitglied an. Über Gomas Rückkehr in den Zookäfig tröstet sich Lang damit hinweg, dass Goma immerhin nicht den „fürchterlichen Schock" aller Wildgorillas erleiden musste, von ihrer Mutter weggenommen

Abb. 14: Goma mit „Wisa-Gloria-Laufgitter" (Lang 1961)

zu werden. Europa hat den ersten eingeborenen Gorilla in seine bürgerliche Familienkultur aufgenommen – mit einigen Problemen.

Schon 1932 hatte die Amerikanerin A. Maria Hoyt, deren Mann für das Naturkundemuseum in New York Gorillas jagte, auf einer Jagdreise ein verwaistes Gorillaweibchen mit Namen „Toto" adoptiert und es aus dem Kongo auf Umwegen über Europa und Havanna in Kuba bis nach Florida gebracht, wo es 1968 verstarb. *Toto and I. A Gorilla in the Family* war die berühmte Biografie dieses Hausgorillas, die ebenfalls mit vielen persönlichen Episoden und Beobachtungen versehen war (Hoyt 1941). Wie Goma, so leistete auch Toto durch ihr Leben in einer bürgerlichen Familienkultur einen programmatischen Beitrag zur Integration von Menschenaffen in die westliche Personalkultur.

Wie die idyllische und einfühlsame bürgerliche Familienbeziehung zur Basis der Identifizierung mit Persönlichkeiten wird und damit die Humanisierung des Gorillabildes ein Jahrhundert nach der Inszenierung des Gorillas als „Monster" fortschreibt, illustriert der Zooforscher Lang wenig später eindrucksvoll in seiner neuen Gorilla-Monografie. Darin wird die Mutter-Kind-Beziehung zwischen Achilla, der Mutter von Goma, und ihrem neuen, zweiten Kind „Jambo" in den Mittelpunkt gestellt. Achilla zieht Jambo nun selbst auf. Langs Vorwort vermittelt in Kürze die Emphase im neuen Ethos. Bürgerliche Impulse tragen zur Humanisierung des Gorillas bei auf seinem Weg von einer Persönlichkeit zur Person.

Gorilla Mutter und Kind

„Interesse und echte Toleranz sind notwendig, soll man im fremden Gewand das Verwandte unverzerrt und in seiner eigenen Würde entdecken und mit ihm fühlen und erleben können.

Aus wachem Miterleben ist das vorliegende Buch erwachsen, und es möchte zum Miterleben führen. Es zeigt, wie im engen Bereich des Zoologischen Gartens, im engen Gorillakäfig, Leben sich in faszinierender Weise entfaltet. Eine Gorillamutter gebiert ihr Kind, umhegt und betreut es mit Liebe. Unter der Mutter Betreuung und Führung, ja Einführung, gewinnt das Gorillakind seine Welt und wird vom hilflosen Wesen allmählich zur eigenständigen Persönlichkeit. Auch die Einführung in die Gesellschaft ist Anliegen der Mutter. Sie wird nicht müde, ihre Freunde und Bekannten einzuladen, ihr Kind zu bewundern und zu begrüßen, und sie demonstriert geradezu ihre mütterliche Zärtlichkeit und Liebe und ihr Wohlgefallen an dem kleinen Schlingel."

Lang et al. (1965, 5)

Achillas zweites Kind „Jambo" wird also, anders als Goma, im Jahr 1961 von ihr selbst aufgezogen. Was zuvor mit Goma in der bürgerlichen Menschenfamilie erlebt wurde, wird nun in Bildern und im Text dem bürgerlichen Leser auch mit Bezug auf die neue Zoogorillafamilie vermittelt. Alles zielt auf eine begeisterte Einfühlung in die gutbürgerliche Mutter-Kind-Beziehung (Lang et al. 1965). „Mitfühlen, ja Miterleben […]. Etwas wie Bruderschaft und lebendige Wesensgemeinschaft kann beglückend aufleuchten." (Lang et al. 1965, 7) In dieser Apologie für eine andere Gorillawahrnehmung fallen große Worte wie „echte Toleranz", „Würde" und „Persönlichkeit" und bestimmen die neue Grundhaltung gegenüber Gorillas. Betrachtet man diese Artikulation einer humanen Haltung gegenüber Gorillas aus heutiger Sicht, so steht sie in einem recht merkwürdigen Kontrast zu den Fotos der seinerzeit üblichen beengten Verhältnisse im Zookäfig und den recht geringen Entfaltungsmöglichkeiten der Gorillas. Doch hieße dies, einen anachronistischen Maßstab an die damalige Gorillahaltung anzulegen (Ingensiep 2001a).

So wird der weiteren Humanisierung des Gorillabildes bis um 1970 vorgearbeitet. Wie schon der ausgewachsene übermächtige Gorilla „Bobby" in den 1930ern zur alltäglichen Entzauberung des Monster-Mythos' beitrug, so erst Recht die neuen familiären Persönlichkeiten und Idyllen um Achilla, Goma und Jambo. Es war zudem vom praktischen Zoostandpunkt aus auch die einzige Möglichkeit, die Humanisierung durch eine unmittelbare öffentliche Begegnung von Mensch und Tier voranzutreiben, ob nun gewollt oder ungewollt, auf jeden Fall aber auch zoopädagogisch geschickt.

Am vorläufigen Ende der „Gorilla Story"

Das öffentliche Gorillabild setzte den Humanisierungsprozess seit den 70ern fort, nicht nur mit neuen Büchern über Gorillas, sondern nun auch vermittels öffentlicher TV-Dokumentationen und Zoopräsentationen. In Deutschland trugen die Naturfilme und wöchentlichen Sendungen von Bernhard Grzimek (1909–1987) zu einer breiten Popularisierung bei. Im Angelsächsischen kritisierten auch Bildbände den klassischen Gorilla-Mythos (Groves 1979) und die „Gorilla Story" wurde in aufklärenden Monografien neu geschrieben wie in *The Gentle Giant*s (Bourne 1975). Frühere Arbeiten über wilde Berggorillas von Akeley aus den 1920ern und Schaller seit den 1950ern hatten den Weg bereitet (Schaller engl. 1963, 4. Druck 1972; dt. 1968), ebenso eher populäre Erzählungen wie diejenigen des Afrikakenners Walter Baumgärtel (Baumgärtel 1960). Pioniere der Gorillaforschung werden später im historischen Rückblick in Wort und Bild gewürdigt (Nichols 1998). Seitdem ist es üblich in hochglänzenden Bildbänden „Mythen, Legenden und Geschichten" über „Gorillas" voranzuschicken (Godwin 1994); hinzu kommt ein starkes umweltethisches Engagement für den Artenschutz (Turner 2005).

In der medial orientierten Wissens- und Unterhaltungsgesellschaft kommt aber der durchschlagende Erfolg erst nach spektakulären Untersuchungen und Begegnungen der berühmten Leakey-Menschenaffen-Frauen, d. h. seit Jane Goodalls Werk *Wilde Schimpansen* (van Lawick-Goodall 1967/1970). Die Gorillaforscherin Dian Fossey stößt in ihrer Begegnung in der Wildnis auf echte und tragische Persönlichkeiten wie den Gorillamann

„Digit", mit dem sie Freundschaft pflegt und der schließlich auf grausame Art umkommt. Eine paradigmatische Ich-Du-Beziehung zwischen Mensch und Gorilla, bei Fossey geprägt von sehr persönlichen und komplexen Hintergründen, zerbricht. Der Film *Gorillas im Nebel* (1983), der die seit 1966 durchgeführte 14-jährige Forschungsarbeit von Dian Fossey sowie ihre tragische Ermordung in Afrika zeigt, bewegt das mediale Pendel endgültig zugunsten der sanften Vegetarier, wobei Fossey Gorillas manchmal höher schätzte als Menschen.

Eine weitere amerikanische Primatologin, Francine Patterson, vermittelt seit Jahrzehnten Einblicke über die besonderen Fähigkeiten ihrer Hausgenossin, der Gorilladame „Koko", mit der sie eine Interspezies-Ich-Du-Beziehung von besonderer Qualität pflegt. Ihre langjährigen Forschungen zur Interspezies-Kommunikation setzt Patterson in dem Projekt und Buch *Menschenrechte für große Menschenaffen* „zur Verteidigung des Personenstatus von Gorillas" (Cavalieri/Singer 1994, 94–122) ein. Vom Gorilla als einstigem „Monster" ist nichts mehr übrig, und es scheint fast, dass sich nun ein neuer, die ethische Diskussion zunehmend beeinflussender Mythos etabliert: der Gorilla als „besserer Mensch". (vgl. Kap. 9) Damit ist der vorläufige Gipfel der Humanisierung des einstigen Monsters Gorilla erreicht.

Die Art der Humanisierung ist vor allem durch eine eurozentrische Wahrnehmungskultur geprägt, die vage schon seit der Aufklärung andere Menschenaffen als „Brüder" ansah. Moralisch gezähmte Intellektuelle der rezenten europäischen und angelsächsischen Wissensgesellschaft wie der Romanautor Daniel Quinn in seinem Buch *Ismael* rezipierten aufmerksam den Wandel im Gorillabild. Schriftsteller und Regisseure transformierten Gorillas in komplexe Weltanschauungskontexte hinein, um damit eine neue Aufklärung zu betreiben. Filme wie der *Planet der Affen* verkehren weiterhin die Perspektiven. Es geht am Ende nicht nur um eine neue Tierethik, sondern auch um die Grenzen der Menschenethik und das anthropozentrische Selbstverständnis. Doch bleibt immer die Frage, was hier eigentlich „Mensch" bedeutet, wenn dieses Wort aus heutiger philosophischer Sicht als eurozentrische „Konstruktion" angesehen wird und daher für die ideologiekritische Dekonstruktion freigegeben worden ist.

Schimpansen auf dem Weg zu Intelligenz und Kreativität

8

„Die Schimpansen zeigen einsichtiges Verhalten von der Art des beim Menschen bekannten."
(Wolfgang Köhler, *Intelligenzprüfungen*, 1917)

„Dem intelligentesten Lebewesen in der Tierreihe, dem menschenähnlichsten, fehlt der Sinn für's Negative."
(Helmuth Plessner, *Stufen*, 1928)

Das 20. Jahrhundert ist das Jahrhundert der Menschenaffen. Nie zuvor erhielten sie so viel Aufmerksamkeit, da sie mit immer neuen, bislang dem Menschen vorbehaltenen Fähigkeiten aufwarteten. In dem Maße in dem klassische Differenzen zwischen Mensch und Menschenaffen biologisch abgebaut, geistig überwunden oder uninteressant werden – aufrechter Gang, intelligenter Werkzeuggebrauch, künstlerische Kreativität, expressive und soziale Fähigkeiten wie Lachen, Weinen, Kooperation und Kommunikation – werden von philosophischer Seite neue Hürden errichtet. So werden die Primatologen zu einem endlosen Hürdenlauf von den essentialistischen Fragen angetrieben, die Philosophen in Bezug auf das Wesen der Spezies *Homo sapiens sapiens* aufwerfen.

Der komplexe Prozess der Kultivierung von Menschenaffen im 20. Jahrhundert erfolgt in drei Episoden in unterschiedlichen Epochen: 1. Im Umgang mit der Intelligenzfrage seit den 1920er Jahren nach Köhlers Untersuchungen mit Schimpansen, durch den die „Philosophische Anthropologie", in Deutschland vertreten durch Max Scheler, Helmuth Plessner und Arnold Gehlen, sich herausgefordert sieht, die Sonderstellung des Menschen durch feinsinnige Bestimmungen zu zementieren. 2. In den 50er Jahren werden malende Menschenaffen wie der Schimpanse „Congo" zur Sensation und um 1960 nach Untersuchungen von Morris mit Schimpansen auf ihre Kreativität geprüft. 3. Im Umgang mit Fragen zur Kommunikation und „Sprache" bei Menschenaffen, nachdem Schimpansen um 1970 bei den Gardners lernten, sich mittels einer Taubstummensprache zu artikulieren. Dies wiederum spornt Philosophen der Wissenschaft, der Sprache oder des Geistes an, die Interspezies-Kommunikation zwischen Mensch und Menschenaffe einer kritischen Prüfung zu unterziehen, während die Primatologin Francine Patterson auf Grundlage der Kommunikationserfahrung die

Forderung nach Anerkennung der Menschenaffen als Personen erhebt (Kap. 9).

Intelligenz, Kreativität, Kommunikation, Personalität – stets schwebt der Verdacht des Klugen-Hans-Effektes über den Leistungen der Menschenaffen. Der Kluge Hans war ein Berliner Droschkenpferd, das kurz nach 1900 die Welt durch vermeintlich intelligente Leistungen wie Kopfrechnen und Klopfsprechen in Erstaunen versetzte (Baranzke 2001). Die scheinbare Pferdeintelligenz stellte sich jedoch als Artefakt einer unbewussten Feindressur und als Produkt eines durch den Versuchsleiter induzierten Erwartungseffekts heraus und führte 1907 zur Entdeckung des „Klugen-Hans-Fehlers" durch den Mitarbeiter des Begründers der Gestaltpsychologie Carl Stumpf, Oskar Pfungst (1874–1932). Dieses klassische Werk von Oskar Pfungst *Das Pferd des Herrn von Osten. (Der kluge Hans). Ein Beitrag zur experimentellen Tier- und Menschen-Psychologie* (Leipzig 1907) ist bis heute aktuell (Reprint 1983). Fortan wurde versucht, den Kluger-Hans-Fehler methodisch auszuschließen, im Lauf der Verhaltensforschung u. a. durch die Trennung von Versuchsleiter und Versuchstier und das Arrangement sogenannter Kaspar-Hauser-Versuche.

Die Versuche Wolfgang Köhlers waren ein Meilenstein in der Menschenaffenforschung. Wie kam es zu seiner Primatenstation auf Teneriffa? Die Samson-Stiftung forderte die Preußische Akademie der Wissenschaften auf, die „wissenschaftlichen Forschungen und Untersuchungen über die natürlichen, biologischen Grundlagen der Moral, der individuellen sowohl wie der sozialen, zu ermöglichen oder zu fördern" (Zentr. Archiv der Akad. der Wissenschaften der DDR-II-XIII Z-Bd. 1, Blatt 23–25, zit. n. Lück 1987, 171). Vor diesem Hintergrund beabsichtigte Akademiemitglied Stumpf, seinen Mitarbeiter und Entzauberer des Klugen Hans, Oskar Pfungst, auf eine Anthropoidenstation auf Teneriffa zu schicken. Da dieser jedoch ablehnte, übernahm schließlich Stumpfs Schüler und ab 1922 auch Nachfolger auf dem Direktorenstuhl des Berliner Psychologischen Instituts, Wolfgang Köhler, diese Aufgabe, um dort erste systematische und seriöse Prüfungen von „Intelligenzleistungen" bei Anthropoiden vorzunehmen. Erster Leiter der Station war aber Eugen Teuber, ein Mitarbeiter des Mediziners Max Rothmann, der 1912 vorschlug, neurologische Untersuchungen an Affen durch psychologische zu ergänzen. Teuber reiste Ende Dezember 1912 nach Teneriffa und pachtete im Norden der Insel, südöstlich von Puerto de la Cruz, für sieben Jahre das Gelände einer Bananenpflanzung (Lück 1987, 170 f.). Was im Detail auf dieser ersten deutschen Primatenstation geschah und welche Rolle die Akteure spielen, ist aufschlussreich und prägt die Folgezeit.

Wolfgang Köhler: Einsichten auf Teneriffa

Unter dem Eindruck der „Klugen Hans"-Episode, d. h. angesichts der peinlichen Erfahrungen von Selbsttäuschung und anthropomorphen Fehlinterpretationen tierischen Verhaltens, beginnt die moderne Tierpsychologie und Primatenforschung mit möglichst seriösen Methoden und Interpretationen, möglichst frei von Anthropomorphismen. Auf dem Weg vom Klugen Hans zum Klugen Affen dokumentieren und interpretieren Wolfgang Köhlers (1887–1967) *Intelligenzprüfungen an Anthropoiden* (Berlin 1917) für die wissenschaftliche Gemeinschaft konkrete Intelligenzleistungen bei Schimpansen, die wiederum Anstöße für weitere Experimente und auch philosophische Diskussionen geben. Schimpansen wie „Sultan", die praktisch-technische Intelligenz zeigen, regen traditionelle Philosophen zur Reflexion an und die neu erstarkende Philosophische Anthropologie ergreift die Gelegenheit, das Profil des Menschen im Affenvergleich zu schärfen. Diese Untersuchungen werden nicht nur ablehnend und skeptisch, sondern auch neugierig und wohlwollend aufgenommen. Doch dienen kritische Differenzierungen vornehmlich dazu, eine „Sonderstellung" des Menschen zu belegen. Köhlers Untersuchungen in den Jahren von 1914 bis 1920 auf der Anthropoidenstation in Teneriffa sind bis heute paradigmatisch für zoologische Verhaltensforschung, aber das neue Bild von Menschenaffen berührt auch die junge Forschungsrichtung der Gestaltpsychologie (Lück 1987; Schurig 1987). Wie begann es und was waren die Ziele und Interessen in diesem berühmten primatologischen Forschungsprojekt?

Vorstudien

Bereits vor Köhlers Ankunft formulieren die Forscher Max Rothmann und E. Teuber Intentionen, Ziele und Aufgaben für die neue Primatenstation auf Teneriffa; sie machen auch erste Beobachtungen zu Schimpansen (Rothmann/Teuber 1915). Die experimentelle Hirnphysiologie und die evolutionäre Nähe von Menschenaffen zu Menschen geben den Hauptanstoß, ab 1912 auf der Insel Teneriffa unter den dortigen, für Schimpansen guten klimatischen Bedingungen zu forschen. Von Anfang an sollen Methoden vermieden werden, die in früheren Beobachtungen und Experimenten der „Tierpsychologie" durch „Dressur" induzierte Höchstleistungen ähnlich einem menschlichen Gehirn hervorbringen, „da doch Pferde und Hunde so Hervorragendes leisten könnten" – eine solche Methodik wird entschieden abgelehnt. Vielmehr solle es um die Erfassung der „Eigenleistungen" der Tiere gehen, auf einem besonderen, ihnen zuträglichen, freien, mit einem Drahtnetz überdachten Gelände (Rothmann/Teuber 1915, 5). „Die Tiere haben so das Gefühl völliger Freiheit, können aber nicht entweichen." Sieben Schimpansen werden „frisch gefangen"; der erste namens „Konsul" stammt aus Südnigeria; die anderen kommen aus Kamerun, darunter sechs fünf- bis sechsjährige schwarzgesichtige Schimpansen (1915, 6). Das zweite Männchen namens „Sultan" gilt schon damals als das intelligenteste Individuum.

Dem Bericht nach waren sie anfangs durch den langen Aufenthalt in engen Kisten sehr „eingeschüchtert", überwanden dann aber im Freigehege ihre „Ängstlichkeit" und zeigten nun eine Neigung zur „Herdenbildung". Zur Überraschung der Beobachter zeigte sich auch, „daß sie sehr häufig ganz spontan den aufrechten Gang einnahmen" (1915, 8). Sogar Spiele und „Tänze" mit sexueller Bedeutung wurden bei „Sultan" beobachtet, ferner „Wortverständnis" und auch schon ein spezifischer Werkzeuggebrauch, nämlich das Vermögen Sultans, mit einem Stock eine ihm sonst nicht erreichbare Banane heranzuholen (1915, 15).

Zukunftsziele der Station waren die Fortpflanzung der Schimpansen und weitere vergleichende Untersuchungen zu Lebensgewohnheiten und Ausdrucksbewegungen mit Orangs und Gorillas vorzunehmen (1915, 18). Ausdrücklich wird in diesen Vorstudien den beobachteten Menschenaffen schon „Weinen" und „Lachen" im Minenspiel zugestanden, nicht aber eine eigentliche „Sprache" in dem Sinn, wie es früher schon Garner (1900) behauptet hatte (Rothmann/Teuber 1915, 14). Bereits in diesen Vorstudien werden also wichtige Impulse und Aspekte angesprochen, die später Köhler zugeschrieben werden, wie z. B. Werkzeuggebrauch bei Schimpansen.

Zugang und Interessen Köhlers
Was und wie untersuchte Köhler? In seiner ersten Einzelstudie auf Teneriffa befasst sich Köhler mit optischen Untersuchungen, vor allem mit dem Schimpansen „Sultan" und mit Hühnern (Köhler 1915). Es ging ihm zunächst um die Feststellung ihrer Fähigkeiten zum binokularen räumlichen Sehen und zum Farbensehen, die als Hauptergebnis erbrachte, dass der Schimpanse wie der Mensch Oberflächenfarben sehen könne. Solchen gestaltpsychologischen Fragen galt Köhlers besonderes Interesse. Bei diesen Voruntersuchungen mit „Sultan" zum Wahlverhalten mit Früchten legt Köhler besonderen Wert darauf, Methoden zu finden, um die Abhängigkeit der Wahl von jeglicher Zeichengebung durch den Versuchsleiter auszuschalten. Das erscheint Köhler seit der Pfungst-Prüfung des „Klugen Hans" unbedingt notwendig, um während der Studien eine wissenschaftliche Tierdressur bei der Wahl zu verhindern (Köhler 1915, 28 ff.). Das Aufmerksamkeitsverhalten der Schim-

pansen sollte nicht auf den Versuchsleiter, sondern ganz auf die Wahlobjekte gelenkt werden, z. B. durch eine „neutrale Gesichts- und Körperhaltung" des Experimentators. Sein Rückzug auf eine neutrale Beobachterperspektive sollte ein Höchstmaß an Wissenschaftlichkeit verbürgen.

> *„Damit können wir uns beim Schimpansen durch unmittelbare Beobachtung gegen diese Fehlerquelle sichern, während das bei Tieren anderer Blickart (dem Pferd z. B.) nicht in demselben Grade möglich sein dürfte. […] Unser Verhalten bot ja hier, wo Erfolg und Misserfolg bei der Wahl allein wirkten und wir neutrale Beobachter waren, viel weniger Anlaß, uns zu beachten, als in jenen Versuchen mit Sultan." (Köhler 1915, 30)*

Ergebnisse und Hintergründe

Köhlers klassische Intelligenzprüfungen umfassen Untersuchungen zum Verhalten mit Umwegen oder zur Nachahmung, vor allem aber zum Werkzeuggebrauch und zur Werkzeugherstellung durch Schimpansen. Die Ergebnisse werden erstmals in dem viel zitierten Werk *Intelligenzprüfungen an Anthropoiden. I* (Köhler 1917) publiziert, worin auch die später weltberühmten fotografischen Dokumentationen zu finden sind (Abb. 15). Köhlers Kernkonzept war, Schimpansen mehrere Hindernisse in den Weg zu setzen, bevor sie ihr primäres Triebziel, z. B. eine Banane, erreichen konnten. Also mussten sie fortlaufend Mittel herbeischaffen, wie Kisten oder Stöcke, um dieses Triebziel zu erreichen und so das „Problem" zu lösen. Aus seinen Ergebnissen zieht Köhler folgende allgemeine Schlüsse:

> *„Die Schimpansen zeigen einsichtiges Verhalten von der Art des beim Menschen bekannten. […] Dieser Anthropoide tritt nicht nur allein mit allerhand morphologischen und im engeren Sinne physiologischen Momenten aus dem übrigen Tiersystem heraus und in die Nähe der Menschenrassen, er weist auch jene Verhaltensform auf, die als spezifisch menschlich gilt. […] Soweit stimmen die Beobachtungen gut zu den Erfordernissen entwicklungsgeschichtlicher Theorien; insbesondere bestätigt sich die Korrelation von Intelligenz und Gehirnentwicklung." (Köhler 1917, 209 f.)*

Köhlers Untersuchungen richteten sich gegen die Auffassung des Psychologen Thorndike, dass sogenannte Intelligenzleistungen bei Affen rein assoziativ erlernt würden, ja, dass daher gar keine eigentliche „Einsicht" der Individuen in die Gesamtsituation vorliege. Daher legt Köhler auf die Überschaubarkeit der Gesamtsituation in seiner Experimentalanordnung besonderen Wert. Schon im Experimentalaufbau bezieht Köhler von Anfang an Stellung „gegen die Assoziationspsychologie" (Köhler 1917, 4f.), die den in einer Belohnungsbox eingesperrten Tieren gar nicht ermögliche, eine solche Gesamtsicht zu erlangen. Folglich bedurfte es der Schaffung adäquater Rahmenbedingungen, damit sich ein Tier als intelligent erweisen konnte.

Der amerikanische Lernpsychologe Edward Lee Thorndike (1874–1949) hatte in der von Köhler kritisierten Weise experimentell die tierische Intelligenz bzw. besondere Leistungen von Affen untersucht. Thorndike war so zu dem Schluss gekommen, Affen sogar die ihnen sprichwörtlich nachgesagte Nachahmungsfähigkeit abzusprechen (Thorndike 1901; Dembowski 1956, 225). Köhler wollte seine Studien daher so anlegen, dass er einerseits nicht den gefürchteten Verdacht des Anthropomorphismus auf sich zog, unter dem die Tierpsychologie nach dem Dilemma mit dem „Klugen Hans" litt, andererseits musste und wollte Köhler gegen eine zu minimalistische und reduktionistische Assoziationserklärung von Intelligenzleistungen bei Affen ein plausibles Konzept vorlegen. Deshalb wurde die intelligente „Einsicht" an eine Gesamtschau der Situation, in damaliger Diktion, an die Erfassung einer „Gestalt" gebunden. Diese besondere Gestaltperspektive bei Intelligenzleistungen von Menschenaffen wollte Köhler induzieren und in seiner Experimentalanordnung überprüfen. Ganz offenbar hatte auch der Experimentator erhebliche theoretische konzeptionelle Hürden zu überwinden, während die Schimpansen nun sehr konkrete experimentelle Hürden zu nehmen hatten.

Wie war nun die Problemlage aufseiten der Probanden? Neun Schimpansen standen Köhler zur Verfügung, wobei sieben schon zuvor auf Teneriffa waren und zwei hinzukamen, aber bald eingingen. Köhler stellt alle Schimpansen ausführlich vor und betont die individuellen Unterschiede (1917, 6). Exemplarische Experimente und Verhaltensinterpretationen zum Schimpansen „Sultan" illustrieren die Lage und das Vorgehen. Das Prüfungsziel bestand meist darin, eine Frucht, z.B. eine Banane, zu erlangen. Dies konnte durch Heranziehen mit Fäden, mit Hilfe eines Stocks oder durch ein Bauen mit Kisten geschehen, z.B. um eine hoch hängende Frucht zu erreichen. Köhler beobachtete auch andere, nicht vorgesehene originelle Methoden zur Zielereichung, z.B. die Nutzung der Schulter eines Menschen oder einer „Springstange" – einem vier Meter langen Bambusstab, an welcher der Schimpanse kurzzeitig balancierend hochgeklettert war, um die Frucht zu erlangen. Ferner beobachtete Köhler in seiner Kolonie kurzzeitige „Moden" wie das Ameisensammeln mit Hilfe von Strohhalmen, das Spielen mit Hühnern, Steine werfen, Malen mit Kalk und ein Sich-Schmücken. Solches wurde von Köhler als Anzeichen für „Erfindungen" oder für einen starken Nachahmungstrieb angesehen.

Mit Stöcken und Kisten, aber ohne Anthropomorphismen
Sehr große Aufmerksamkeit erregte der Gebrauch von Werkzeugen bzw. die Anfertigung von Werkzeugen wie das Zurechtbiegen eines krummen Drahtes, um damit an eine Frucht außerhalb des Käfigs zu gelangen. Besonders interessant waren die Versuche mit zwei oder drei Stöcken, die zusammengesetzt wurden, um durch diese Stockverlängerung bis an die Frucht zu reichen. Der Schimpanse Sultan fügte zwei Bambusstäbe zusammen und lieferte damit ein berühmtes Leitbild in Köhlers Untersuchungen (Abb. 15). Erstmals 1917 auf Tafel II im Anhang erschienen, wird es über die englischen Auflagen seines Werks *The Mentality of Apes* weit verbreitet (1925, 1927, reprint. 1948, 1951, 1956 neben S. 128).

Abb. 15: Werkzeuggebrauch bei Schimpansen (Köhler 1917)

Ein solcher Werkzeuggebrauch erforderte nach Köhler optische Kontrolle, Orientierung und „Einsicht". Bei den Kistenversuchen schien die Lösung ganz plötzlich zu kommen, in Folge eines „Aha"-Erlebnisses. Dann ging es zur Tat und die Kisten wurden aufgebaut, um an die Frucht zu gelangen. Allerdings registrierte Köhler beim Kistenbau nur unkoordinierte Zusammenarbeit der Schimpansen, auch Behinderungen und zudem wenig Gefühl für die Stabilität der Konstruktion, gestand ihnen aber Raumorientierung, Denkpausen und Voraussicht zu. Gerade im Hinblick auf diese Beobachtungen betont Köhler die Erklärung der Aktivitäten durch das „Gestaltprinzip", d. h. aufgrund eines ganzheitlichen Erfassens der Situation im individuellen Gesichtsfeld, wobei recht verschiedene Bestandteile zusammengedacht werden müssen, um schließlich das Ziel zu erreichen.

Im zentralen Abschnitt über die Werkzeugherstellung durch Schimpansen (1917, 78–105, 105–135) erwähnt Köhler auch die wichtige frühere Beobachtung von Teuber zum Verhalten von Sultan, der einen Gegenstand außerhalb des Gitters mit eigens dazu hergestellten Hilfsmitteln zu erreichen suchte. Nachdem Sultan den Gegenstand durch das Gitter nicht mit seinen Armen erreichen kann, geht er auf die Suche, findet einen Schuhreiniger und zerbricht ihn, um dann mit einer daraus herausgebrochenen Stange an den Gegenstand zu gelangen. Köhler überlegt dazu, dass es sich bei den Einzelhandlungen – isoliert betrachtet – durchaus um „sinnlose Bestandteile" handle, gesteht dann aber zu, dass Sultan fortgehe, „wie jemand, der eine Aufgabe hat". Und genau an dieser Stelle sieht sich Köhler veranlasst, den skeptischen Leser direkt anzusprechen:

> *„Und hier bitte ich noch einmal dringend, nicht von ‚Anthropomorphismus', von ‚Hineinlegen in das Tier' u. dgl. zu sprechen, wo nicht der mindeste Grund für derartige Vorwürfe ist. […] Ist das ein Anthropomorphismus, so enthält auch der folgende Satz einen solchen: ‚Der Schimpanse hat die gleiche Zahnformel wie der Mensch.'" (Köhler 1917, 80)*

Der Gesamteindruck sei doch genau so wie bei Menschen, es gehe hier um die elementare „Phänomenologie des Schimpansenverhaltens", wenn es einmal heißt: „Sultan trottete munter umher" und in einer anderen Situation: „Er ging suchend über den Platz." Geradezu beschwörend verwahrt sich Köhler gegen den möglichen Verdacht des Anthropomorphismus. Empirisch begründete psychologische Analogieschlüsse sind demnach bei Köhler ebenso erlaubt wie in der deskriptiv vergleichenden Anatomie, er stellt allerdings klar, dass es ihm dabei nicht um eine Aussage über das „Bewusstsein" des Schimpansen gehe, sondern um dessen „Verhalten" (1917, 81). Die Episode verdeutlicht einerseits den Anthropomorphismus-Verdacht, unter dem auch diese Experimente standen, andererseits die vertrackte Komplexität der experimentell zu erfassenden Intelligenzleistungen. Köhler nimmt gleichfalls frühere Beobachtungen des Tierkenners Sokolowski im Hagenbeck'schen Tierpark (Sokolowski 1908) gegen die Kritik in Schutz, es handle sich nur um eine anthropomorphisierende Ausdrucksweise (Köhler 1917, 135 Anm. 2). Köhler möchte es offenbar so verstanden wissen, dass mit derartigen subjektiven Formulierungen nicht introspektiv auf das innere Bewusstsein des Schimpansen Bezug genommen wird, sondern allein auf dessen äußerlich beobachtbares Verhalten.

Bei der abschließenden Interpretation der Versuche bezieht sich Köhler ausdrücklich auf die seinerzeit von Wertheimer in die Diskussion gebrachte Gestalttheorie und versucht auch eine Deutung bestimmter Unfähigkeiten der Schimpansen von diesem Standpunkt aus. Gerade bei gewissen Schwierigkeiten der Schimpansen, trotz optischer Gesamtsicht die vorgegebenen Hindernisprobleme zu lösen, vermutet Köhler daher eine relative „Gestaltschwäche" (1917, 211). Genau diesen Punkt wird später der Philosoph Plessner aufnehmen, um eine besondere Differenz zwischen Schimpanse und Mensch herauszuarbeiten.

Orang-Studien eines Schimpansoiden
Die vorangegangenen Einblicke konkretisieren Köhlers Perspektiven und Interessen. Geläufige Einschätzungen von Köhlers Aktivitäten auf Teneriffa und seiner Schimpansenversuchen liegen vor (Lück 1987; Schurig 1987). Weniger bekannt sind seine Briefe aus dieser Zeit und noch weniger seine *Intelligenzprüfungen am Orang* (Jaeger 1988). In den Briefen artikuliert Köhler seine Ziele und Forschungsinteressen sowie seine persönliche Einstellung zu Schimpansen. Als objektiver Wissenschaftler geht es ihm um Fragen der Gestalttheorie. Aber er hat auch subjektive Probleme mit den Schimpansen. Sie scheinen sich auf seine Forschungen auszuwirken, denn Köhler sah die Schimpansen schon 1915 lieber in anderen Händen:

> *„Zwei Jahre jeden Tag Affen; man wird schon selber schimpansoid, und das wissenschaftlich Unangenehme: Es fällt einem nicht leicht mehr etwas an den Tieren auf." (Brief von Köhler, zit. n. Jaeger 1988, 58)*

In einem anderen Brief vom 15. Juli 14 schildert Köhler Probleme mit der Haltung und mit Krankheiten der Tiere, und er äußert sich über seine Grundintentionen im Hinderniskonzept beim experimentellen Vorgehen zur Prüfung der Intelligenz der Affen (Jäger 1988, 48). Offen bekennt Köhler in diesen Briefen, dass seine Probanden ihn weit mehr beeinflussen, als ihm lieb ist, denn „schimpansoid" zu werden erscheint nun als die andere Seite des gefürchteten Anthropomorphismus. Doch gibt es noch weitere persönliche Aspekte in seinem Verhältnis zu Menschenaffen.

Köhlers unpublizierte Orang-Untersuchungen wurden von ihm selbst kaum erwähnt und sind fast vergessen. Köhler hatte ein durchaus intensives Interesse an einem Vergleich der Schimpansenversuche mit anderen Menschenaffen, und auch Gorillas hätte er gern gehabt. Die Wissenschaft forderte diverse Opfer, bis Köhler endlich zwei lebendige Orangs zugesandt werden konnten. Er hatte zuvor noch keine lebenden Orangs gesehen und war von ihrem ganz anderen „Gesamtcharakter" und ihrer typologisch völlig anderen „Phänomenologie" erstaunt: „Wie sehen die Tiere asiatisch aus!" (Köhler in Jäger 1988, 134) Wenig spektakulär sind allerdings die Ergebnisse, die Köhler zur „Intelligenz" und Einsichtsfähigkeit des einzigen am Ende übrig gebliebenen, manchmal recht widerspenstigen Orangweibchens liefern kann. Die eingestreuten und abschließenden methodischen Reflexionen zur Gestaltpsychologie und zur Einstellung des Psychologen offenbaren aber seine Sensibilität für die komplexe Versuchssituation. Denn nun findet sich ja ein Orang in einer Versuchssituation vor, in der er quasi Schimpansenprobleme lösen soll, um seine Intelligenz unter Beweis zu stellen. Sowohl vom Temperament als auch in der ganzen Ausrichtung ihres Verhaltens auf ein Baumleben erkennt Köhler das primatologiemethodische Problem der Orangs: Der Orang sei im Vergleich zum Schimpansen gar kein Bodentier und gehe daher als Versuchsperson (Vp.) ganz anders vor.

> *„Mit einiger Übertreibung könnte man sagen, dass es dem Orang als Vp. auf dem Boden manchmal ähnlich gehen wird, wie einem Menschen, dessen gar nicht einsichtiges Verhalten geprüft wird, während er doch schwebt." (Köhler 1988, 188 Anm. 36)*

Der vertrackte Vergleich zeigt, wie schwierig es ist, die adäquate Versuchsituation zu wählen, wenn Menschen, Schimpansen und Orangs auf Intelligenz geprüft werden sollen. Sowohl die interspezifische als auch die intraspezifische individuelle Differenz in den Leistungen und Lösungen der Menschenaffen ist Köhler klar, dass nämlich im Fall seiner Orangstudien die Untersuchung eines einzigen Individuums wenig aussagt.

Diese Orangstudie enthält noch beiläufige, sehr subjektive und merkwürdige Sympathieäußerungen Köhlers. Köhler erwähnt, dass ihm der früh verstorbene, traurige männliche Orang ein „Rätsel" gewesen sei – dessen Obduktion bringt einen fadenförmigen 15 cm langen Wurm im Herzbeutel zutage (Köhler 1988, 138 f.). Mit dem überlebenden, im Jahr 1916 auf vier

Jahre geschätzten Weibchen kommt es zu „Kitzeln" mit erotischen Komponenten (Köhler 1988, 141). Der Umgang mit „Catalina", so ihr Name, ruft bei Köhler den Eindruck hervor:

> *„dies Wesen steht uns (Europäern) der ganzen Art nach viel näher als die Schimpansen, es ist ‚weniger Tier' als sie; und dieser Eindruck kommt nicht durch intelligente Leistungen zustande, in denen vielmehr einige der Schimpansen Catalina sicherlich übertrafen; sondern allein durch das, was man Charakter, Sinnesart o. dgl. nennt"* (Köhler 1988, 142).

Bemerkenswerterweise erscheint Köhler hier nicht die „Intelligenz", die er bei Schimpansen prüfte und für menschenähnlich befand, sondern die Persönlichkeit des Orangs der europäischen Kultur, sprich dem europäischen Menschen, besonders nahe zu stehen. Der Orang war mehr Mensch und „weniger Tier". Gegenüber Schimpansen aber bilde sich ein „physischer" Widerwille aus, was Köhler durch deren „widerwärtige Koprophagie" bestätigt sieht. Bei Catalina hatte er das Essen von Kot nie, das Auflecken von Urin nur vereinzelt beobachtet (Köhler 1988, 142). Köhler schildert noch andere Eigenarten, z. B. die Mauern zerstörenden Aktivitäten des Orangweibchens, die Sinnlosigkeit von Strafen in ihrem Fall, die zudem die Experimentallösung verhinderten, und auch ihr Bedürfnis nach Versöhnung. Er bewundert ihre Gelenkigkeit im Klettern und ist überrascht von ihrer Art, an Objekte zu gelangen, indem sie eine Decke dabei wie einen Stock als Werkzeug einsetzt. Sein Fazit ist: Der Psychologe müsse bei der Verhaltensbeschreibung und Theorie die primäre Dynamik von Primaten berücksichtigen, ja „Achtung vor der Kreatur" haben (Köhler 1988, 167). Wenngleich Köhler mit „Achtung" hier eher die theoretische Berücksichtigung von Wissen über die jeweilige Lebensform meint als ethischen Respekt, so überrascht doch die subjektive Formulierung an dieser Stelle. Und dennoch formuliert er hier ein Experimentalethos, das bereits anklang, als er forderte, eine adäquate Experimentalsituation zu schaffen, um einsichtiges Verhalten prüfen zu können.

Obgleich die einzelnen Versuche nicht viel hergeben, konstatiert Köhler beim Orang schließlich doch „eine Tendenz zu diffus breiigem Handeln"; er kann sich das aber auch nicht durch „eine optische ‚Gestaltschwäche' noch höheren Grades als bei den Afrikanern", den Schimpansen, erklären; doch zeigten sich ihre „Handlungsentwürfe" nicht so klar wie bei Schimpansen. Am Ende gesteht er dem Orang unerwartet einsichtige Einzelleistungen zu (Köhler 1988, 177 ff.). Die abschließenden theoretischen Betrachtungen sind bezüglich der Orangstudien wenig erhellend, aber dokumentieren doch eine gewisse Unsicherheit im Umgang mit seinen wenig bekannten Fragmenten zu *Intelligenzprüfungen am Orang*. Aber anders als bei seinen Intelligenzprüfungen an Schimpansen erfahren wir mehr über den Experimentator und seine subjektive Beziehung zu den „Objekten".

Nachwirkungen
Köhlers Schimpansenversuche wurden in der Öffentlichkeit viel beachtet. Nicht zuletzt dürften auch die späteren englischen Publikationen von *The Mentality of Apes* (1925, 1927, 1948, 1951, 1956) mit den diversen Fotos zum Kistenbau und Gebrauch von Werkzeugen dazu beigetragen haben. Darin findet sich nicht nur paradigmatisch: „Sultan making a double-stick" (London 1956, Plate III), auch auf dem Umschlag steht das Fazit: „This is undoubtedly the most important book in animal psychology which has appeared for many years. It is fascinating." Außer Ruhm und Ehre blieb aber auch die Kritik an Köhler nicht aus. So wurde hinterfragt, ob nicht Herkunft und Lebensgeschichte der individuellen Schimpansen für ihr Intelligenzverhalten bzw. für ihre Einsicht und ihr Lernverhalten oder auch bedingte Reflexe eine wichtige Rolle gespielt haben könnten (Brandes 1939, 4 f.; Dembowski 1956). Tatsächlich hatten Köhlers Schimpansen ja vor den Intelligenzstudien einige Jahre im Urwald zugebracht und daher blieb unklar, ob wirklich eine spontane „Einsicht" in die komplexe Problemsituation ohne jegliche individuelle Vorerfahrung vorlag. Dennoch galten und gelten Köhlers Versuche als paradigmatischer Nachweis menschenähnlicher Intelligenzleistungen bei Schimpansen.

Natürlich bleibt auch Köhler die immer wiederkehrende anthropomorphe Grundfrage nicht erspart: „Dürfen wir das Verhalten des Schimpansen auf menschliche Art interpretieren? Sicher nicht." So hält im Hinblick auf die Mensch-Tier-Differenz der Tierpsychologe Dembowski Köhlers Ansicht fest, es bestehe ein „unüberbrückbarer Abgrund", der den Schimpansen sogar vom primitivsten adulten Menschen trenne. Das Gehirngewicht betrage nur ein Drittel des Menschenhirns. Also handle es sich um „zwei verschiedene zoologische Arten" (Dembowski 1956, 116). Dagegen zeige ein konkreter experimenteller Vergleich der Leistungen erwachsener Schimpansen mit denjenigen eines dreijährigen Menschen seit Platon und Aristoteles, dass hier eine Vergleichbarkeit tatsächlich gegeben sei (Dembowski 1956, 118). Der Vergleich der Intelligenzleistungen von Schimpansen mit Menschen wie Dreijährigen wurde zwar bei Köhler implizit mitgedacht und antizipiert, er hatte dazu aber keine systematisch vergleichenden Untersuchungen angestellt.

Im Dezember 1913 erreichte Köhler mit seiner Familie Teneriffa und blieb wegen des Ersten Weltkriegs dort bis Mai 1920. Ursprünglich hatte der Forscher beabsichtigt, das „Eigenverhalten" von Menschenaffen zu beobachten. Allerdings hätte man dazu eigentlich Feldstudien in ihrer natürlichen Umgebung unternehmen müssen. Teneriffa war also von Anfang an ein Kompromiss, um etwas über eine „natürliche" Intelligenz der Menschenaffen in einer artifiziellen Experimentalsituation zu erfahren. So betrachtet, und bei Berücksichtigung der Gesamtsituation lief es doch mehr auf die Prüfung einer „künstlichen" Intelligenz in komplexen Lebenssituationen hinaus. Ob wirklich „Einsicht" bei den Probanden vorlag, hängt davon ab, was man darunter versteht. Köhler verstand darunter Einsicht in die gesamte Problemsituation, die gestaltpsychologisch vor allem visuell indiziert wurde. Ferner lag eine funktionelle Einsicht vor, wenn bestimmte Mittel zur Erreichung von Zwecken, also „Werkzeuge", eingesetzt wurden. Und schließlich gab es eine kreative Komponente, wenn bestimmte Mittel als Werkzeuge neu erfunden wurden, wie es im Fall der von Sultan zusammengesteckten Stöcke der Fall zu sein schien. Doch zeigten sich auch diverse Mängel und Unvermögen, die in der philosophischen Erörterung noch eine Rolle spielen werden.

Der Amerikaner Robert M. Yerkes (1876–1956) suchte früh Kontakt zur Station in Teneriffa und hatte um 1915 seinerseits erste Überprüfungen der Intelligenz mit Hilfe komplizierter Wahlversuche vorgenommen, auch beim Orang. Davon hatte Köhler bei Studienabschluss Kenntnis (Köhler 1917, 212). Yerkes publizierte u. a. *The mental Life of Monkeys and Apes: A Study of Ideational Behavior* (Yerkes 1916). Durch Yerkes, den Initiator der amerikanischen Freilandforschung zu Primaten in Florida und Leiter der *Yale Laboratories of Comparative Psychobiology,* wurde auch ein weiblicher Gorilla namens „Congo" in Gefangenschaft untersucht. Diese ersten Ergebnisse einer Gorillapsychologie wurden durch Yerkes' Forschungsarbeiten unter dem Titel *The Mind of a Gorilla* von 1926–1929 beschrieben (Mitchell 1999, 116; Bourne 1975, 146 f.). Die bislang vernachlässigte Gorillaforschung erhielt nach Carl Akeleys Tod 1926 noch weitere Impulse durch zwei amerikanische Expeditionen nach Afrika: Im Jahr 1929 erfolgte eine Expedition des American Museum of Natural History in Verbindung mit der Columbia University unter der Leitung von Henry C. Raven (Gregory/Raven 1937) und 1929/1930 eine Expedition der Yale University und Carnegie Institution in Washington zur Erforschung von Berggorillas (Bingham 1932). In der Yalegruppe gab es auch frühe Feldstudien zu Schimpansen (Nissen 1931; Voss 1955). Diese außergewöhnlichen Feldstudien und weitere Studien zur Intelligenz der Menschenaffen erlangten aber bei Weitem nicht die Berühmtheit von Köhlers Versuchen zu Anthropoiden (Dembowski 1956). Lethmate überprüfte erst 1977 das Problemlöseverhalten beim Orang-Utan nach Köhlers Ansatz und fand kaum Abweichungen zu Köhlers Schimpansen (Wuketits 1995, 86).

Köhlers Intelligenzprüfungen sind nach wie vor bedeutend in der Geschichte der modernen Primatologie und Verhaltensforschung (Groves 2008; Wuketits 1995) und sein experimenteller Zugang wurde in der Folgezeit zum Standard für alle Menschenaffen erklärt (Mitchell 1999, 24). Seine Spur führt auch zum Wolfgang-Köhler-Primaten-Forschungszentrum in Leipzig und zu dem rezenten Anthropologen und Kognitionsforscher Michael Tomasello, der die Frage, was Menschen und Menschenaffen in ihrem Denken, Kommunizieren und Kooperieren in je besonderer Weise kennzeichnet, aus kultureller Perspektive angeht (Tomasello 2001). „Intelligenz" ist seitdem ein wichtiger Prüfstein für die Differenz zwischen Mensch und Menschenaffe. Daher verwundert es nicht, wenn sich unmittelbar nach der Publikation von Köhlers Ergebnissen Philosophen zu Wort melden.

Philosophische Anthropologie

Warum fühlen sich Philososophen durch Köhlers Intelligenzprüfungen herausgefordert? Es bestand einerseits allgemeiner naturphilosophischer Klärungsbedarf vor dem Hintergrund der Evolutionstheorie, andererseits insbesondere in der sich gerade frisch etablierenden Philosophischen Anthropologie – hier groß geschrieben, weil es sich um eine besondere Strömung oder Disziplin handelt. Nach Darwin, Nietzsche, Freud und Husserl wurde die Grundfrage „Was ist der Mensch?" neu gestellt. Die Antwort konnte nun aber nicht einfach am nächsten Verwandten des Menschen vorbei formuliert werden. Die wichtigsten Vertreter in dieser Epoche, die Philosophen Scheler, Plessner, Gehlen, beziehen daher Stellung. Um ihre unterschiedlichen Antworten würdigen zu können, ist es wichtig, ihren Umgang mit dem Intelligenzbegriff, ihre konzeptionellen biophilosophischen Hintergründe sowie die Rolle des Personbegriffs und natürlich die der biologischen Fakten im Auge zu haben.

Max Scheler: Technische Intelligenz ja, aber Weltoffenheit?
Max Scheler (1874–1928) ist der erste bedeutende deutsche Philosoph, der die neuartige phänomenologische Methode Edmund Husserls auf diverse Gegenstandsfelder in der Ethik oder in der philosophischen Anthropologie anwendet. Scheler ist der programmatische Neubegründer der Philosophischen Anthropologie, die ganz wesentlich ein deutsches Anliegen war. Phänomenorientiert, unter Einbeziehung damaliger Wissensbestände zu Tier und Mensch, sollte die klassische Wesensfrage: Was ist der Mensch? in der kleinen, aber wirkmächtigen Schrift *Die Stellung des Menschen im Kosmos* (1928) fundiert beantwortet werden.

Wie tritt der originelle Denker an die Affenfrage heran? Scheler hält sich nicht wie einige Vorgänger damit auf, Tieren Verstand und Intellekt gänzlich abzusprechen. Verstand oder Intellekt kennzeichnen nach Scheler in der letzten von ihm selbst abgeschlossenen Schrift *Philosophische Weltanschauung* (Scheler 1929) die Fähigkeit eines Organismus, sich über den bloßen Instinkt, ferner über Assoziation und Gedächtnisfähigkeit hinaus in neuen Situationen anzupassen, und zwar unabhängig von vorherigem Probierverhalten. Der Affe vermag durchaus Besonderes, so Scheler, aber beim spezifisch Menschlichen sei noch eine weitere Hürde zu überwinden.

Das spezifisch Menschliche nach Scheler

„Diese Fähigkeit [zu technischer Intelligenz] hat nicht nur der Mensch, sondern in geringerem Grade auch das Tier, z. B. der Affe, der plötzlich den Stock als Verlängerung seines Armes benutzt, um eine Frucht heranzuziehen. Solange aber der schließende Verstand nur im Dienste der Lebenstriebe steht, Nahrungs-, Geschlechts- und Machttriebe, und im Dienste der praktischen Reaktion auf die Umweltreize, ist er noch nicht spezifisch *menschlich*. Erst wenn der Intellekt (beim Tier nur Schlauheit und List) in den Dienst der *Vernunft* tritt, d. h. in den Dienst der Anwendung vorher vollzogener apriorischer *Wesen*serkenntnisse auf die zufälligen Tatsachen der Erfahrung; in den Dienst ferner oberster Einsichten in den Beziehungen der objektiven *Wert*ordnung, d. h. in den Dienst der *Weisheit* und eines sittlichen Ideals, wird er etwas spezifisch Menschliches."

Scheler, Philosophische Weltanschauung (1929, 8)

Zwar wird eine lebensspezifische „Intelligenz" der Anthropoiden akzeptiert, aber ein neuer Qualitätssprung hin zur „Vernunft" ist noch zu nehmen. Denn „Vernunft", „Geist" und „Person" erheben sich nach Scheler nicht nur über das Leben, sie sind sogar dem Leben entgegengestellte Wesensbefunde im Menschen. Bloß technische Intelligenz indiziert zwar Lebenstauglichkeit, macht aber nach Scheler noch keinen neuen Wesenssprung zwischen „Tier" und „Mensch" aus; wohl tun es allerdings die Phänomene „Geist" und „Person". Mit diesem besonderen Wesensverständnis entwickelt Scheler eine neue intuitive Phänomenaxiomatik, die aus späterer Perspektive – kritisch betrachtet – als phänomenologische Wesensakrobatik angesehen werden könnte. „Mensch" und „Tier überhaupt" treten auf diese Weise in einen scharfen

Gegensatz (1947, 11). Der Phänomenologe Scheler erfasst diesen scharfen Gegensatz wie ein Jahrhundert zuvor der Dialektiker Hegel mittels intuitiver Schau des Absoluten. Dieses intuitive Wesenswissen von den Dingen der Welt soll aber wie bei Hegel auch mit den realen Weltdingen zusammenstimmen können, weshalb Scheler verhaltensbiologische und psychologische Befunde in seinen metaphysischen Lebensbegriff einbezieht.

Welches philosophische Lebenskonzept verfolgt Scheler? Was waren seine Probleme? Scheler fasst unter den obersten Begriff des Seins – dem Anfang aller Metaphysik – zwei Grundattribute: erstens den unendlichen Geist, der aus sich auch die menschliche Vernunft entlässt, und zweitens den von ihm sogenannten irrationalen Drang:

> *„eine dynamische phantasiereiche Mächtigkeit, in der die Kraftzentren und -felder der organischen Natur und das eine, an allen lebenden Formen rhythmisch in Geburt und Tod von Individuen und Arten erscheinende Leben gleichmäßig verwurzelt sind. In welcher genauen Weise, das hat die Naturphilosophie des Anorganischen und Organischen zu zeigen."* (Scheler 1929, 9)

Nicht einem Wortzauber, sondern echten Wesenseinsichten möchte Scheler folgen, wenn es um *Die Stellung des Menschen im Kosmos* (1928; Neuaufl. München 1947) geht. In dieser Schrift stellt Scheler mit Befriedigung fest, dass die Probleme einer Philosophischen Anthropologie jetzt in den Mittelpunkt aller philosophischen Problematik getreten sind und Biologen, Mediziner, Psychologen und Soziologen zur gemeinsamen Arbeit an einem neuen Menschenbild zusammenführen. Drei Ideenkreise, denen „jede Einheit untereinander" (1947, 9) fehle, haben nach Scheler das bisherige Bild des Menschen im abendländischen Denken bestimmt: 1. Die jüdisch-christliche Tradition ausgehend von der Schöpfungslehre, 2. Die griechische Tradition ausgehend von der Logos-Vernunft des Menschen und 3. Die modernen Naturwissenschaften ausgehend von der Evolutionstheorie. Theologische, philosophische und naturwissenschaftliche Anthropologie stehen daher unvermittelt nebeneinander und deren jeweilige Erschütterung mache einen klaren Begriff vom Menschen, so „problematisch" wie nie zuvor in seiner Geschichte, weshalb Scheler anstrebt,

> *„auf breitester Grundlage einen neuen Versuch einer Philosophischen Anthropologie zu geben. Im folgenden seien nur einige Punkte, die das Wesen des Menschen im Verhältnis zu Pflanze und Tier, ferner die metaphysische Sonderstellung des Menschen betreffen, erörtert und ein kleiner Teil der Resultate angedeutet, zu denen ich gekommen bin."* (Scheler 1947, 10)

Wie gelangt Scheler zu den Schlüsselbegriffen, die Differenzierungen zwischen Pflanze, Tier und Mensch bzw. zwischen Menschenaffe und Mensch ermöglichen? Wie wird der Intelligenzbegriff konstruiert und in den Lebensbegriff eingebettet? Scheler greift auf klassische Bezugspunkte für die Wesensbestimmung des Menschen in der Stufenordnung der Lebewesen zurück. Doch er betont, dass es ihm nicht um eine naturwissenschaftliche Begriffsbestimmung des Menschen als eine besondere Art von Tier gehe, also nicht um die morphologische, physiologische und psychologische Ähnlichkeit zwischen Mensch und Menschenaffen. In dieser Bedeutung wäre der „Mensch" nur ein „Tier" unter vielen anderen Tierarten. Der Ausdruck „Tier" steht für Scheler nicht für eine biologische, sondern für eine phänomenologische bzw. metaphysische Gegenbedeutung zum „*Wesensbegriff des Menschen*":

> „*Ob dieser zweite Begriff, der dem Menschen als solchen eine Sonderstellung gibt, die mit jeder anderen Sonderstellung einer lebendigen Spezies unvergleichbar ist, überhaupt zu Recht bestehe – das ist unser Thema.*" (Scheler 1947, 11)

Ausgangspunkt ist eine Stufenfolge psychischer Kräfte im Organischen entlang dem tradierten Konzept einer hierarchischen Seelenstufenordnung, wobei für Scheler die Grenze des Organischen mit der Grenze des Psychischen zusammenfällt. In diesem Begriff des Psychischen klingt die aristotelisch-scholastische Seelenordnung an – *anima vegetativa*, *anima sensitiva* und *anima rationalis* – doch gibt es Unterschiede. Außer Selbstbewegung, Selbstformung, Selbstdifferenzierung und raumzeitlicher Selbstbegrenzung von Lebewesen, die sich dem äußeren Beobachter bieten, ist „ein *Für sich- und Innesein*" das Wesensmerkmal alles Lebendigen – das psychische Urphänomen des Lebens. Auf unterster Stufe zeigt sich „Gefühlsdrang" bei Pflanzen, weder Empfindung, noch Reflexe, noch Gedächtnis, aber ein „Drang zu *Wachstum und Fortpflanzung*" – für Scheler auch ein Beweis dafür, dass Leben eben nicht wesentlich „Wille zur Macht" sei, wie Nietzsche meinte. Die Pflanze verhält sich in ihren Lebensäußerungen im Gegensatz zum aktiven Tier nur passiv und ist vom Tier her betrachtet nur durch negative Bestimmungen gekennzeichnet: ohne spontane Ortsbewegung, ohne Empfindung, ohne Trieb, ohne Assoziation, ohne Reflex, ohne nervliches Machtzentrum. Pflanzen erscheinen Scheler im Vergleich zum Tier quasi als Mängelwesen, existieren aber weder für das Tier noch für den Menschen.

Im „Tier" zeigt sich in unterschiedlichen Stufungen die zweite Wesensform über den „ekstatischen" Gefühlsdrang hinaus, zunächst im „Instinkt" –

ein eigen- oder fremddienliches Verhalten, das nach festem Rhythmus abläuft. Instinktbewegungen sind nicht erworben, sondern angeboren und artdienlich, wobei äußere Empfindungsreize als Auslöser für den Ablauf von Instinkttätigkeiten dienen. Tierinstinkte stehen in Beziehung zur Umweltstruktur im Sinne des Funktionskreises in der neu aufkommenden Umweltlehre nach Jacob von Uexküll. Als dritte Wesensform zeigt sich gewohnheitsmäßiges Verhalten auf der Basis des assoziativen Gedächtnisses. Durch Probierverhalten kann der Organismus Gewohnheiten erwerben und fixieren. An das assoziative Gedächtnis, ein Spezifikum der Tiere, das ein Sensorium und Motorium voraussetzt, schließt auch Nachahmungsverhalten an, eine Grundlage für eine Tradition von erworbenem Verhalten bei geselligen Tieren. Mit der Assoziation befreie sich der Organismus zunehmend vom Mechanismus der Instinkte – das assoziative Gedächtnis löst das Individuum aus der Artbindung und Starrheit des Verhaltens heraus.

Endlich ist eine weitere Stufe der Intelligenz erreicht. Als Korrektiv zum assoziativen Gedächtnis tritt nämlich auf höherer Stufe die noch „organisch gebundene praktische Intelligenz" (1947, 29) als vierte Wesensform des psychischen Lebens auf. Scheler legt besonderen Wert darauf, dass es sich hierbei um ein Verhalten handelt, in welchem Organismen neuen, weder art- noch individualtypischen, Situationen gegenüberstehen, worin sie „*plötzlich* und vor allem *unabhängig von der Anzahl* der vorher gemachten Versuche, eine triebhaft bestimmte Aufgabe" (1947, 30) lösen. „Praktisch" ist diese Intelligenz als neuartige Einsicht und Antizipation für das Individuum, weil sie auf das Handeln zielt.

Dies ist der Ort, an dem Köhlers Versuche zur Sprache kommen. Deren Ergebnis sei, so Scheler, dass die individuelle Schwankungsbreite der Intelligenz bei Schimpansen genau so groß sei wie beim Menschen, wobei Werkzeuggebrauch und Werkzeugherstellung als Ansatzpunkte gewählt wurden. Köhlers Ergebnisse hatten eine Kontroverse darüber entfacht, ob wirklich echte Intelligenz bei Schimpansen nachgewiesen worden sei. Scheler verbindet nun seine Wesensform der „praktischen Intelligenz" mit den Beobachtungen Köhlers. Praktische Intelligenz illustriere die Plötzlichkeit der Einsicht, die im Aufleuchten der Augen des Tieres quasi als Aha-Erlebnis zum Ausdruck komme. Der Nachweis erfolge durch den Werkzeuggebrauch, wie im Fall des Zusammensteckens von Stöcken. Eine derartige Werkzeugherstellung wurde bislang als Spezifikum des Menschen – *Homo faber* – angesehen. Köhlers Versuche belegen nach Scheler in der Tat echte erfinderische Intelligenz und sind weder durch bloße Instinkte noch durch assoziative Gewohnheit erklärbar. Wollte man also den Werkzeuggebrauch zum Wesensunterschied zwischen Menschen und Tier erheben, wäre der Ansatz gescheitert, was Scheler in einer Fußnote auf den Punkt bringt: „Zwischen einem klugen Schimpansen und Edison, dieser nur als Techniker genommen, besteht nur ein – allerdings sehr großer – *gradueller* Unterschied." (Scheler 1947, 34)

Doch nun geht Scheler daran, über den Evolutionisten Köhler hinausgehend eine tatsächliche qualitative Differenz zwischen Mensch und Menschenaffe herauszuarbeiten. Umschrieben mit den Begriffen „Geist" oder „Person" komprimiert Scheler diese wesensmäßige Differenz in seinem Schlüsselterminus „Weltoffenheit" (1947, 37). In der „Weltoffenheit" des Menschen wird der Umweltbann des Tieres im Menschen überwunden, kurz: „Menschwerdung ist Erhebung zur Weltoffenheit kraft des Geistes." (1947, 37) Davon ausgehend entfaltet Scheler weitere Differenzbegriffe.

Die Weltoffenheit des Geistes ermögliche distanzierte Reflexion auf Umweltdinge, d. h. auf von der speziellen Umwelt des Tiersubjektes abgehobene, abstrakte Gegenstände – und damit eine Vergegenständlichung als solche. Weltoffenheit ermöglicht zudem über bloßes Bewusstsein hinaus ein Selbstbewusstsein, das dem „Tier" fehlt: „Das Tier hört und sieht – aber ohne zu wissen, dass es hört und sieht", wobei Scheler hier den Affen pauschal in die Umweltgebundenheit einschließt und so charakterisiert: „Der Affe, der plötzlich hierhin, dann dorthin springt, lebt sozusagen in lauter punktuellen Ekstasen (Pathologische Ideenflucht des Menschen)." (1947, 39) Diesen Fähigkeiten des Menschen entspringen nach Scheler auch die „Ding- und Substanzkategorie". Aus einer Beobachtung beim Affen, dass er vor einer halbgeschälten Banane fliehe, während er eine ganze Banane schäle und fresse, macht Scheler einen Beleg für die These, dem Affen fehle daher das Bewusstsein für einen „identischen Realitätskern" (1947, 41). Auf diese Weise wird die Überlegenheit des „Geistes" des Menschen phänomenologisch ausgebaut bis hin zu dessen Fähigkeit, über das Leben und das Organische hinaus hin zum Sein und zu Gott zu transzendieren. Auf dieser Wesenshöhe spielen Menschenaffen phänomenologisch keine Rolle mehr.

Der Anthropologe und Philosoph Raymond Corbey kritisiert diesen klassischen Versuch Schelers, die menschliche Sonderstellung zu sichern, und hält die Argumente für partiell widerlegt (Corbey in Cavalieri/Singer 1994, 206 f.; Corbey 2005). Zwar verkürzt Corbey Schelers Argumentation, jedoch ist seine Widerlegung im Detail zutreffend, beispielsweise wenn Scheler jegliche Gegenstandserkenntnis als solche bei Menschenaffen bestreitet. Außerdem ist vom Standpunkt einer philosophischen Methodenkritik anzumerken, dass Scheler beliebig zwischen phänomenologischen Wesensaussagen und empirischen Beobachtungsaussagen über Menschen und Menschenaffen hin und her springt. Das methodische Grundproblem besteht im phänomenologischen Zugang: Man mag ideale phänomenologische Wesensaussagen über „den Menschen" und „das Tier" quasi abstrakt beschreiben und normativ interpretieren, doch beim konkreten Menschen oder Schimpansen werden immer wieder spezielle Fähigkeiten vorliegen oder auch fehlen. So werden die essentialistischen Konstruktionen von „Mensch" und „Tier" unterlaufen oder bleiben unbestätigt.

Man kann unter Essenzen von „Mensch" und „Tier" alles Mögliche subsumieren, das ihnen real korrespondiert oder auch nicht. Das grundsätzliche methodische Problem bleibt: Weder können Wesensaussagen empirisch widerlegt, noch können sie empirisch bestätigt werden. Wesensaussagen können bestenfalls illustriert werden. Denn Wesensaussagen bleiben, was sie ihrem Anspruch nach sind: metaphysische Aussagen aus einer totalitären Geistesperspektive. Ihr Hauptproblem liegt in der Gewinnung intuitiver Wesenserkenntnis aus einer erstpersonalen Akteurs- und Erlebnisperspektive des eigenen „Geistes" oder der eigenen „Person". Auf dieser Höhe formulierte Wesensaussagen zu „Mensch" und „Tier" sind insofern unangreifbar und immunisieren sich selbst. Das wird deutlich, wenn Scheler emphatisch sein Lebensstufenkonzept in eine erhabene metaphysische Seinsfrage transformiert.

Der Mensch als Person bei Scheler

„Der *Mensch* aber ist es kraft seines Geistes noch ein drittes Mal: im Selbstbewusstsein und in der Vergegenständlichung seiner psychischen Vorgänge und seines sensomotorischen Apparates. Die ‚Person' im Menschen muss dabei als das Zentrum gedacht werden, das über dem Gegensatz von Organismus und Umwelt erhaben ist. Ist das nicht, als gäbe es eine Stufenleiter, auf der ein urseiendes Sein sich im Aufbau der Welt immer mehr auf sich selbst zurückbeugt, um auf immer höheren Stufen und in immer neuen Dimensionen sich seiner inne zu werden – um schließlich im Menschen sich selbst ganz zu haben und zu erfassen?"

Scheler, Die Stellung des Menschen im Kosmos (1947, 40)

Helmuth Plessner: Affen-Intelligenz ja, aber ein Sinn fürs Negative?
Beeinflusst von der Phänomenologie, von Kants Transzendentalphilosophie, vor allem aber von der theoretischen und empirischen Biologie seiner Zeit versucht ein anderer Biologe, Soziologe und Philosoph, zunächst noch Mit-

arbeiter von Max Scheler, einen neuen Anlauf in der Philosophischen Anthropologie. Helmuth Plessner (1892–1985) liefert mit dem Werk *Die Stufen des Organischen und der Mensch* (1928, 3. Aufl. 1975) ein neues biophilosophisches Konzept, das zwar von Schelers Ansatz profitiert, sich aber zugleich deutlich absetzt. Deshalb fällt auch Plessners Sicht der Menschenaffenintelligenz anders aus.

Welche Motive treiben Plessner zu seiner Analyse? Schelers Anthropologie war wesentlich von dem metaphysischen Gegensatzpaar „Geist" und „Drang" bzw. „Leben" bestimmt. Plessner lehnt Schelers metaphysische Begrifflichkeit ab und sucht nach einem Ausgleich dualistischer Urgegensätze in der Philosophie, was sich methodisch bereits in dem Terminus „Doppelaspektivität" ausdrückt. Folgerichtig wendet er sich auch gegen die cartesianische Spaltung des Menschen in eine Naturmaschine und einen Geist. Eine vollständige Reduktion des Menschen auf eine bloße Maschine einerseits oder auf reine Subjektivität im Bewusstsein andererseits ist ebenso problematisch. Die konkrete Person und der ganze Mensch sollen Gegenstand der Philosophischen Anthropologie sein, wozu seine Geschichtlichkeit und Leiblichkeit ebenso zählen wie sein Verhältnis zu anderen Lebewesen bzw. zur Natur. Biophilosophie und Naturphilosophie müssen daher in die Philosophische Anthropologie einbezogen werden. Phänomenologie als angewandte Wesensschau, wie sie Scheler betrieben hatte, oder abstrakte Biotheorie reichen nach Plessner nicht aus. Auch erscheint ihm Schelers Verhältnis zur Evolutionstheorie problematisch. Wieso, meint Plessner, der später selbst nach der Rolle der Evolution gefragt wird, kann in einer naturphilosophischen Anthropologie überhaupt noch von „Stufen" die Rede sein – angesichts der zeitlichen Kontinuität der Evolution der Organismen? Plessner selbst muss sich gegen diesen Verdacht des Denkens in diskreten Stufen wehren: „Stufen? Ist der Autor etwa evolutionsfeindlich, wohl gar ein Anhänger idealistischer Morphologie? Klingt ‚Stufen' nicht nach Hierarchie der Formen Pflanze, Tier, Mensch, für die schon Aristoteles das Modell geliefert hat?" (Plessner 1975, IX). Doch sind noch andere Elemente im Konzept der Philosophischen Anthropologie problematisch.

Über Scheler meint Plessner ironisch: „Biologische Differenzen besagen nichts. Zwischen Edison, als dem Idealtypus des Homo Faber, und einem Schimpansen ist nur ein gradueller Unterschied. Von Natur gibt es keinen Menschen." (1975 XI) Plessner selbst will den Unterschied zwischen Mensch und Tier jedenfalls nicht im Rückgriff auf Gott oder die Metaphysik begreifen. Sein zentraler, ihm eigentümlicher, programmatischer Leitbegriff lautet „Positionalität". Er stellt nach Plessner keine „Konstruktion" dar, sondern wird „an der anschaulichen Struktur sogenannter Dinge unserer Wahrnehmung gewonnen" (1975, XIX). Ausgangspunkt seiner Bestimmung ist das „Faktum der Begrenzung und der durch sie gewährleisteten Selbständigkeit eines für belebt geltenden physischen Körpers", von Plessner als „Minimalbedingung" für Lebendigkeit verstanden (1975, XX). Die „Stufen des Organischen" finden ihren systematischen Ausgangspunkt im Grundphänomen der Doppelaspektivität alles Lebendigen – einmal als Außenaspekt und einmal als Innenaspekt. Mit einer Strukturanalyse des Organischen zeigt er, dass diese „Doppelaspektivität" von Außen und Innen bereits auf unteren Stufen einsetzt und das Lebendige kategorial bestimmt.

Positionale Wesen – Pflanze und Tier – unterscheiden sich nach Plessner insbesondere hinsichtlich der Form ihrer Organisation. Ideell – nicht empirisch – sind Pflanze und Tier organisatorisch streng geschieden, auch wenn es konkrete Zwischenformen gibt. Kein „Gefühlsdrang" am Urgrund des Lebens, wie Scheler meinte – auch nicht symbolisch –, markiert das Leben der Pflanze. Ihre besondere Organisationsweise der offenen Form kommt ohne die Annahme irgendeiner Psyche oder Triebkräfte aus. Was ist nun das Tier? Die geschlossene Organisationsform des Tieres „ist diejenige Form, welche den Organismus in allen seinen Lebensäußerungen mittelbar seiner Umgebung eingliedert und ihn zum selbständigen Abschnitt des ihm entsprechenden Lebenskreises macht" (1975, 226). Das sensomotorische Schema, der „Funktionskreis" nach Uexküll, sei die Bedingung der Möglichkeit für das Realsein der geschlossenen Form (1975, 230). Der Begriff des Funktionskreises soll die Einheit aller Wesensmerkmale des Tieres verständlich machen, d.h. deren morphologische Merkmale, wie die Ausbildung innerer Flächen zu Organen und zu Organsystemen, deren spontane Ortsbewegung, Atmung und Ernährung, schließlich auch deren psychische Merkmale, d.h. das Aufnehmen und Verarbeiten von Reizen zu Empfindungen sowie das Auftreten von Trieben und Willensimpulsen. Durch das Auftreten eines zentralen Repräsentationsorgans wird im Tier der Doppelaspekt von Körper und Leib erst möglich. Das Tier ist Körper und hat einen gefühlten Leib; daher ist es Subjekt des Seins und Habens. Im Bewusstsein hat es einen „Leib", doch verharrt es gleichsam in der Mitte seines Bewusstseins und kann aus dieser Mitte nicht heraustreten. Kurz gesagt, das Tier verbleibt mit seiner geschlossenen Organisationsform in der Seinsweise zentrischer Positionalität. Soweit zum Lebenskonzept und zur Bestimmung von Pflanze und Tier.

Wie steht es nun beim Tier mit der Intelligenz und der Differenz zum Menschen? Plessner akzeptiert Köhlers Intelligenzprüfungen an Menschenaffen insoweit, als dass die Wesensgrenze zwischen Mensch und Tier höher angesetzt werden müsse, als es viele kritische Tierpsychologen und Philosophen bis dahin glaubten. Das Problemlöseverhalten der Schimpansen, ihr Werkzeuggebrauch, wird von Plessner als Merkmal intelligenten Verhaltens anerkannt. Allerdings seien erst solche Versuche interessant, die die Grenze und Schwäche der Schimpansenintelligenz zeigten. Plessner richtet seine Aufmerksamkeit daher auf diejenigen Versuche Köhlers, in denen die Schimpansen unter bestimmten optischen Bedingungen nicht in der Lage waren, ihre Aufgabe, z. B. das Erreichen einer Frucht, zu lösen. So komme es zum Ineinanderstecken zweier Schilfrohre nur, wenn diese in der Sehlinie des Tieres annähernd hintereinander liegen, dagegen nicht, wenn die zwei Stöcke parallel liegen. Handelt es sich bloß um eine „Gestaltschwäche" wie Köhler meine, fragt sich Plessner oder zeigt sich hier doch das tiefere „Symptom eines qualitativen ‚Mangels' des Schimpansenbewußtseins im Verhältnis zum menschlichen Bewußtsein"? (Plessner 1975, 269). Auf dieser Spur findet Plessner weitere Beispiele für Mängel in der Gestalterfassung der Problemsituation. Beispielsweise würden Hindernisse im Weg nicht weggeräumt oder eine Kiste mit Steinen nicht ausgeräumt. In solcher Art von Versagen zeige sich ein wesensmäßiger Unterschied zwischen Mensch und Menschenaffe, den Plessner auf einen epistemologischen Punkt bringt.

Plessner zum Menschenaffen

„Dem intelligentesten Lebewesen in der Tierreihe, dem menschenähnlichsten, fehlt der Sinn für's Negative. […] *Echte Dinge, wie sie der Mensch wahrnimmt, zeichnen sich im Anschauungsbild durch ein Plus und zwar ein Plus an Unsichtbarkeit gegenüber dem reell anschaulichen Tatbestand aus, ein Plus an Negativität also.* […] *Eben diese Gegenständlichkeit ist ein dem tierischen Bewußtsein, selbst der höchsten Tiere, verschlossener Charakterzug. Für die Tiere mit zentralistischer Organisation bleibt das Ding im Umfeld Korrelat des sensomotorischen Funktionskreises, Ausgangspunkt der Reize und Angriffspunkt der Aktionen."*

Plessner, Stufen des Organischen (1975, 270)

Das „Tier" habe keinen Sinn fürs „Negative" – das bedeutet: Tierbewusstsein bleibt nach Plessner in seiner subjektiven Umwelt gefangen und vermag reflektiertes Gegenstandsbewusstsein nicht zu erreichen. Das „Negative", das

Nichtpräsente, die Rückseite der Dinge, sei für das Tier im Erkennen nicht erreichbar. Dazu wäre echtes Gegenstandsbewusstsein erforderlich, das den Gegenstand von seiner unmittelbaren Konstellation in der Anschauung ablöst, um ihn als solchen, d. h. echten Gegenstandssachverhalt, zu erfassen. Doch „Abwesenheit, Mangel, Leere – sind ihm verschlossene Anschauungsmöglichkeiten" (Plessner 1975, 271). Das „Tier" erfasse weder den Gegenstand begrifflich vom Umfeld abgehoben noch sein Ich als von der tierischen Subjektivität selbst abgehoben. Das Tier sei sich als Subjekt verborgen, kenne keine echte Gegenständlichkeit, sei daher „reines Mich, nicht Ich". Plessner schließt weiter:

> *„Infolgedessen muß dem Tier jede Anschauung homogener Leere in Raum und Zeit versagt sein, woraus die von Köhler beobachtete Gestaltschwäche selbst eines hochentwickelten Tierbewußtseins als Wesensprädikat der Positionalität geschlossener Form verständlich wird." (Plessner 1975, 271f.)*

So wird das „Negative" zum Kriterium für die entscheidende Differenz. Dem Erkenntnisniveau tierischer Intelligenz sind nach Plessner also wesentliche Schranken gesetzt, denn es kommt vom konkreten Gegenstand weder zum Allgemeinbegriff einer „Sache" noch zum „Bewußtsein des Sachverhaltes". Zwar haben auch Affen echte Einsicht in die Auswahlmöglichkeiten je nach Feldstruktur. Allerdings unterscheide diese Einsicht sich von der menschlichen Einsicht in einen Sachverhalt. Dem Tier sei „Ideation" – nach Husserls Phänomenologie ein Ausdruck für die Voraussetzung einer Abstraktion mit dem Ziel der Begriffsbildung – und damit jede echte „Begriffsbildung verwehrt" (1975, 273). Tierisches Bewusstsein sei wesensmäßig zu sachlicher Einstellung unfähig.

> *„Echte Einzelheit und echte Allgemeinheit haben jedoch die Fähigkeit zur Voraussetzung, das Negative als solches zu erfassen, das Fehlen von etwas, den Mangel, die Leere. Homogene Raum- und Zeitanschauung, Hohlraum und Hohlzeit mit Leerstellen, […] sind infolgedessen mit echter objektiver Dingwahrnehmung und echter ideativer Abstraktion wesenskoexistent. Einzelnes und Allgemeines, Begriffs- oder Sachallgemeines, kennt erst der Mensch." (Plessner 1975, 276)*

Plessner hat sich damit an die Feinstrukturen von erkenntnistheoretischen Grundbestimmungen herangereflektiert, die allein dem Menschen zukommen sollen. Diese fundieren am Ende die besondere Sphäre des Menschen, das Ich und die Person:

> *"Welche Bedingungen müssen erfüllt sein, damit einem lebendigen Ding das Zentrum seiner Positionalität, in dem es aufgehend lebt, kraft dessen es erlebt und wirkt, gegeben ist? Offenbar als Grundbedingung die, daß das Zentrum der Positionalität, auf dessen Distanz zum eigenen Leib die Möglichkeit aller Gegebenheit ruht, zu sich selbst Distanz hat. Gegeben sein heißt Einem gegeben sein."* (Plessner 1975, 289)

Dieser Bezugspunkt ist selbst nicht mehr raumzeitlich relativierbar, ist unhintergehbare Subjektivität, die in eine reflexive Beziehung zu sich selbst eintritt. Während die tierische zentrische Existenz in ihrer Umfeldgerichtetheit aufgeht und damit die Position der „Frontalität" einnimmt, kann der Mensch durch Reflexion aus seiner Erlebnismitte heraustreten, sich frei wissen und damit exzentrisch eine „Person" werden.

> *"Ist das Leben des Tieres zentrisch, so ist das Leben des Menschen, ohne die Zentrierung durchbrechen zu können, zugleich aus ihr heraus, exzentrisch. Exzentrizität ist die für den Menschen charakteristische Form seiner frontalen Gestelltheit gegen das Umfeld."* (Plessner 1975, 291f.)

Hier liegt die Grundbedingung für personales Sein, das bei Plessner positional betrachtet dreifach charakterisiert ist:

> *"das Lebendige ist Körper, im Körper (als Innenleben oder Seele) und außer dem Körper als Blickpunkt, von dem aus es beides ist. Ein Individuum, welches positional derart dreifach charakterisiert ist, heißt Person."* (Plessner 1975, 293)

Von diesem Begriff der Person ausgehend kann Plessner seine Begriffe von „Außenwelt, Innenwelt, Mitwelt" entwickeln, um schließlich noch besondere „anthropologische Grundgesetze" zu formulieren: I. das Gesetz der natürlichen Künstlichkeit, II. Das Gesetz der vermittelten Unmittelbarkeit und III. das Gesetz des utopischen Standorts. Behandeln wir nur je einen Grundbegriff und ein anthropologisches Gesetz, um exemplarisch die Differenz zwischen dem Menschen als Person und dem Menschenaffen deutlicher werden zu lassen.

Die exzentrische Positionalität des Menschen ermöglicht dem Menschen „Mitwelt", d. h. ein reines „Wir oder Geist". „Mitwelt ist die vom Menschen als Sphäre anderer Menschen erfaßte Form der eigenen Position." (1975, 302) In der Sphäre der „Mitwelt" begegnet der Mensch dem Menschen als Ich und Du. Mitwelt ist immer personale Mitwelt bei Plessner, sie wird von der Person getragen als eine „Welt des Wir".

Das erste anthropologische Grundgesetz der „natürlichen Künstlichkeit" des Menschen lautet: „Als exzentrisch organisiertes Wesen muss er sich zu dem, was er *schon ist, erst machen.*" (1975, 309) Der Mensch geht nicht – wie das Tier – in seinem positionalen Zentrum auf, sondern lebt im Vollzug aus exzentrischer Position heraus. „Der Mensch lebt nur, indem er ein Leben führt." (1975, 310) Der exzentrischen Existenz ist das Leben nicht einfach gegeben wie der zentrischen Existenz des Tieres. „Weil dem Menschen durch seinen Existenztyp aufgezwungen ist, das Leben zu führen, welches er lebt, d. h. zu machen, was er ist – eben weil er nur ist, wenn er vollzieht – braucht er ein Komplement nichtnatürlicher, nichtgewachsener Art. Darum ist er von Natur, aus Gründen seiner Existenzform *künstlich.*" (1975, 310) Der Mensch ist daher nach Plessner von Natur auf Kultivierung angelegt und angewiesen.

> *„Exzentrische Lebensform und Ergänzungsbedürftigkeit bilden ein und denselben Tatbestand. [...] In dieser Bedürftigkeit oder Nacktheit liegt das Movens für alle spezifisch menschliche, d. h. auf Irreales gerichtete und mit künstlichen Mitteln arbeitende Tätigkeit, der letzte Grund für das Werkzeug und dasjenige, dem es dient: die Kultur." (Plessner 1975, 311)*

Herausgestellt wird die antike Sonderfigur des Menschen als eines kulturbedürftigen Mängelwesens, das sich im Vergleich zum kulturlosen Tier durch echte „Mitwelt" und „natürliche Künstlichkeit" auszeichnet – das Apriori der *conditio humana*. Ein Menschenaffe ist für Plessner weit davon entfernt, in diesem philosophischen Sinne „Person" zu sein oder „Kultur" zu besitzen.

Man kann Plessners Konzeption auf vielfältige Weise kritisieren, methodisch wiederum den phänomenologischen Ansatz, der essentialistische Leitbegriffe für die Reflexion hervorbringt, wie dessen Exzentrizität, die nur dem „Wesen" des Menschen eigen sei. Man kann seine anthropologischen Kategorien „Ich, Person und Individuum" sowie den Kulturbegriff als spezifische soziale Konstrukte auffassen. Man kann sie als Wesenseinsichten in Frage stellen und bemängeln, dass sie keine natürlichen Vorläufer in anderen Organismen haben können. Man kann auch kritisieren, dass die soziale Formung des Subjekts von außen durch die Gesellschaft und durch sich selbst im Handeln vernachlässigt sei. Man kann aber auch den biophilosophischen Unterbau und das typologische Konzept der „Positionalität" im Ganzen kritisieren, da es immer noch idealistischen Motiven, einem Stufenbau oder dem Typus des Uexküll'schen Funktionskreises verpflichtet ist. Kritisierbar ist ferner, dass biologische und evolutionäre Übergänge, z. B. zwischen Pflanze, Tier und Affe und Mensch, für irrelevant gehalten werden. – Mit Gehlen nähern wir uns den biologischen Grundfragen noch auf andere Weise.

Was bei Scheler und bei Plessner im Hinblick auf die Auseinandersetzung mit den Köhler'schen Menschenaffenversuchen ins Auge springt, ist einerseits deren spezifische Würdigung und Kritik, andererseits der exklusive Begriff von „Person". Dieser die technische Intelligenz bei weitem übersteigende Personbegriff orientiert sich wesentlich an einem theoretischen epistemologischen Personbegriff, der neukantianisch und phänomenologisch geprägt ist. „Person" schließt dann schon abstrakte Reflexivität auf Subjektivität und Objektivität ein, vor allem eine exzentrische Selbstreflexivität, welche ein zentrisches Gefühlsleben, artspezifische Umweltwahrnehmung und Triebhaftigkeit übersteigt und zugleich ein Fundament für eine personale Mitwelt bietet. Entsprechend werden anthropologische Grundgesetze für die Kulturfähigkeit des Menschen formuliert, die für Menschenaffen unerreichbar sind. Menschenaffen, wenn nicht schon einige Menschen, müssen schon an diesem hochreflektierten theoretischen und essentialistischen Personbegriff scheitern. Von der Köhler'schen „Einsicht" der Schimpansen beim Werkzeuggebrauch scheint kein Weg zur exzentrischen Selbstreflexivität einer Plessner'schen „Person" zu führen. Sobald aber, wie im letzten Drittel des 20. Jahrhunderts, der philosophische auf den psychologischen Personbegriff zurückgeführt wird – wie im „Great Ape Project" – werden auch Menschenaffen als „Personen" integrierbar und in die ethische Kultur aufgenommen. Da bei Scheler und Plessner ein phänomenologischer Begriff der „Person" einem Kulturbegriff vorgeschaltet ist, wird er zur unüberwindbaren Hürde für Menschenaffen. In der klassischen Philosophischen Anthropologie war der Intelligenzsprung in die „Person" und in die Kultur für Affen daher nicht zu schaffen.

Arnold Gehlen: „Intelligenz" ja, aber ohne Handlungsstruktur
In der ersten Hälfte des 20. Jahrhunderts gibt ein dritter Denker der Philosophischen Anthropologie, Arnold Gehlen (1904–1976), weitere Impulse, indem er verstärkt die biologische sowie die kulturell-gesellschaftliche Dimension einbezieht. In seinem Hauptwerk *Der Mensch. Seine Natur und seine Stellung in der Welt* (1940; 13. Aufl. 1986) setzt Gehlen sich kritisch mit Scheler und Plessner auseinander und konzentriert sich mehr auf die Empirie, was auch in seiner Beschäftigung mit Köhler deutlich wird (1986, 149–157). Die Sonderstellung des Menschen wird nun in einer an Herder anknüpfenden biologisch fundierten Mängeltheorie des Menschen verankert, die den Menschen als ein unspezialisiertes und instinktreduziertes Lebewesen begreift. In unspezialisierten Primitivismen, wie z. B. dem Gebiss, sei schon anatomisch-biologisch die Sonderstellung des Menschen auszuweisen. Die

biologische Unspezialisiertheit wird nach Gehlen zur kulturellen Chance des Menschen, da er seine Mängel durch gesellschaftliche Institutionen zu kompensieren vermöge. Aufgrund seiner Instinktreduziertheit ist der Mensch zur Sicherung seiner Überlebensfähigkeit zum Handeln – einem Zentralbegriff in Gehlens Anthropologie – gezwungen und durch Weltoffenheit charakterisiert. Menschen sind die eigentlichen Handlungstiere, die als solche weder durch Schöpfung noch durch Abstammung von Affen erklärt werden können. Anders als Menschen seien Menschenaffen auf besondere artspezifische Umwelten, z. B. Baumwelten, hoch spezialisiert. In seiner Unspezialisiertheit und Unangepasstheit wurzelt nach Gehlen die Weltoffenheit und Kulturfähigkeit des Menschen, was aus den Perspektiven der Handlung, Kommunikation und Sprache im Hinblick auf Institutionen deutlicher wird.

Wie werden Köhlers Beobachtungen zur Intelligenz von Anthropoiden integriert? Gehlen fokussiert wie Plessner auf die „Leistungsgrenzen der Tiere" (1986, 149). Die Gesamtkonstitution der Schimpansen offenbare einen qualitativen Unterschied zum Menschen. Bereits in den biologischen Beziehungen zwischen Hand und Auge, ferner im Hantieren, in den kommunikativen Bewegungen ergeben sich qualitative Unterschiede, die zum Fehlen echter Einsicht und Sachlichkeit beim Problemlösen führen. In Gehlens Detailanalysen von Köhlers Versuchen erweisen sich Schimpansen als „Schildbürger" (1986, 152), die die Problemlösung mangels Entfernung von Hindernissen verfehlten, weil sie – wie schon Scheler und Plessner bemerkten – nicht vermochten, „einen Sachverhalt als solchen zu begreifen, ja auch nur wahrzunehmen", sondern dem „Situationsdruck des präsenten Triebreizes" unterworfen blieben. Damit steht fest: Köhlers Menschenaffen handeln nicht, vielmehr: „sie probieren sinnlos" (1986, 153). Letztlich fehlt ihnen „die gesamte […] Handlungsstruktur kommunikativen und verselbstständigten Handelns", und zwar, „weil die Tiere überhaupt kein sachliches, erregungsentlastetes Situationsbild haben" (1986, 154).

> *„In allen Fällen – auch in der völligen Verwirrung, in die die Tiere geraten, wenn ihre eingeübten Gewohnheiten gekreuzt werden – zeigt sich, wie ihnen qualitative Handlungsfiguren fehlen, wie unfähig sie sind, sich mit ihren Leistungen aus dem Situationsdruck zurückzuziehen und sie in sich selbst aufzubauen, geschweige denn sich vorstellend und planend ein Orientierungsschema zu entwerfen, was erst mit der Sprache möglich wäre. Natürlich gibt es dann bei ihnen erst recht nicht aus dem Handlungsumgang entspringende und selbstständig aufgenommene Motive."* (Gehlen, Der Mensch, 1986, 155)

Für Gehlen liegt das Problem nicht in einem quantitativen Mangel an „Intelligenz", sondern darin, dass die Affen „kein ‚sachliches', d. h. von dem Funktionswert der Dinge im unmittelbaren Triebinteresse unabhängiges Verhältnis zu ihnen" (1986, 155) haben. Sie kommen nicht zum Handeln, weil sie sich von ihrem sensomotorischen Bewegungs- und Antriebssystem nicht freimachen können. Daher bleiben auch für Gehlen Köhlers intelligente Schimpansen qualitativ, und nicht nur quantitativ, vom Menschen als einem kommunikativen Handlungswesen verschieden, und zwar aufgrund ihrer biologisch-ethologischen Gesamtkonstitution – ein Kriterium, das nicht durch ein letztlich unüberprüfbares, durch Introspektion gewonnenes anthropomorphes Intelligenzkriterium unterwandert werden dürfe.

> **Gehlens These zur Rolle der Intelligenz**
>
> „Es ist grundfalsch, den Wesensunterschied von Mensch und Tier erst an der ‚Intelligenz' aufzeigen zu wollen: er ist anatomisch, sensomotorisch und, wie wir jetzt sehen, sinnesphysiologisch schon da. Da wir in die Tiere nicht hineinsehen können, darf man die Frage des ‚Verstandes' nicht zum Kriterium machen."
>
> Gehlen, Der Mensch (1986, 156)

Der Mensch in seiner Sonderstellung, in der Qualität seiner „Weltoffenheit", wird von Gehlen verteidigt, aber nicht wie bei Scheler metaphysisch im „Geist" erblühend von oben, sondern biologisch fundiert von unten, was ihm den Biologismusvorwurf eingebracht hat. Gehlen grenzt sich auch von Plessners biophilosophisch begründeter „positionalen Exzentrizität" der menschlichen „Person" ab. Unabhängig vom klassischen Stufenschema der Naturwesen versucht Gehlen eine qualitative Wesensdifferenz zwischen Mensch und Tier in der menschlichen Handlungsstruktur festzumachen.

Weltoffenheit, exzentrische Positionalität, Personalität, Handlungstruktur – diese philosophischen Schlüsselbegriffe der drei Protagonisten der Philosophischen Anthropologie, Scheler, Plessner und Gehlen, sind nach wie vor in anthropologischen Reflexionen von Philosophen präsent. Speziell das kommunikative Handeln (Habermas) wird nach dem Untergang der Philosophischen Anthropologie zu einem wichtigen Ausgangspunkt.

Kulturphilosophie – Rothacker, Klages, Schweitzer

Die Begründung der Sonderstellung des Menschen beschäftigt Geistes- und Kulturphilosophen auch nach der Hochzeit der Philosophischen Anthropologie immer wieder. Der Philosoph Erich Rothacker (1888–1965) setzt sich in seinem Kolleg *Philosophische Anthropologie* Anfang der 1950er Jahre intensiv und kritisch mit den Ansichten Schelers, Plessners und Gehlens auseinander (Rothacker 1964; 5. Aufl. 1982). Die Differenz zwischen Mensch und Tier wird nun wesentlich an Reflexivität, Sprache und Handlung festgemacht. Rothacker wagt nicht zu entscheiden, ob die Leistungen von Köhlers hellstem Schimpansen „Sultan" tatsächlich von Einsicht geleitet waren oder ob sie eher als Zufallsprodukte unter Laborbedingungen zu betrachten seien. Die Problembewältigung von Umwegen könne vielleicht auf Einsicht hindeuten (1982, 11). Rothacker zeigt sich in der Auseinandersetzung mit diesem Punkt als Eklektiker. Mit Scheler könne man von praktischer Intelligenz sprechen, in der sich der Mensch als „Homo faber" nur graduell vom Tier unterscheide. Gehlen spreche sich dagegen zu Recht für eine qualitative, wesentliche Verschiedenheit aus, da sich selbst Schimpanse „Sultan" nicht von seinem Triebdruck habe befreien können. Deshalb liege die Wesensdifferenz schon im besonderen „Leben" des Menschen und nicht erst im Scheler'schen außervitalen „Geist", durch den der Mensch erst „Person" und Vollstrecker im Aktzentrum sei (1982, 9–17). Gegen Schelers Flucht ins Metaphysische betont Rothacker die „Freiheit" als existenziellen Unterschied. Er diskutiert den Werkzeuggebrauch und das Feuer, um sich am Ende unerwartet auch noch der wahrnehmungspsychologischen These des Lebens- und Kulturphilosophen Ludwig Klages (1872–1956) anzuschließen: „Nur der Mensch kann zeichnen." (1982, 55)

> *„Es besteht also ein unüberbrückbarer Unterschied von Mensch und Tier definiert durch die Schaufähigkeit, was ich voll akzeptiere. Das Tier kann nicht zeichnen: das ist eine ausgezeichnete und sehr in das Wesen dieser seelischen Unterschiede dringende Feststellung."* (Rothacker 1982, 60)

Kunst beruhe auf Anschauung und Schauen und diese beruhe auf Freiheit. Somit wurzelt nach Rothacker die Sonderstellung des Menschen schon im biologischen „sinnesnahen Anschauungsapparat" des Menschen (1982, 61).

Klages geht in seinem Hauptwerk *Der Geist als Widersacher der Seele* (1929–1932; 6. Aufl. 1981) nur beiläufig, anlässlich der „Affensprache", auf Köhlers Versuche ein (1981, 372 u. 489 Anm. 55). Im 35. Kapitel „Vom menschlichen und tierischen Erkennen" diskutiert er die „Intelligenz" der Tiere und bestreitet, dass nach Köhlers Befunden die Differenz zwischen Tier und Mensch noch länger an Werkzeuggebrauch, Sprache oder Denkvermögen festzumachen sei. Klages zweifelt nicht länger an einem dem unsrigen gleichartigen verständigen Erfahrungsvermögen bei Menschenaffen und verweist dabei interessanterweise auch auf die Nebenaspekte Schönheitssinn und spielerisches Malen.

Als „Kuriosum" tut Klages kund, dass er die Menschenaffen für „Überlebsel" einer verschollenen, viele Jahrhunderttausende alten „Menschheitsrunde" halte, die schon im Besitz eines menschlichen Verstandes gewesen sei. Eine Differenz zwischen dem Tier und dem ursprünglichen Menschen liegt für ihn vielmehr im Verhältnis von „Empfinden" und „Schauen" begründet, da im Tier, z. B. bei der Kuh oder dem Adler, das Schauen vom Empfinden, im ursprünglichen Menschen jedoch das Empfinden vom Schauen abhänge. Daher fasse der Mensch z. B. eine Landschaft in völlig anderer Weise bildlich und gestaltlich auf als ein Tier (1981, 370 f.). Der Intelligenzbegriff und die Menschenaffenfrage spielen also in dieser Lebensphilosophie keine Rolle und auch die These, dass Menschenaffen malen können, hat nicht das Gewicht, das der Philosoph Rothacker ihr zuspricht. Vielmehr zeigt sich, dass sich die Frage der Mensch-Tier-Differenz mit der Thematisierung der Rolle von „Empfinden" und „Schauen" nun mehr in die Wahrnehmungspsychologie hinein verlagert.

Wenngleich die Suche nach philosophischen Stellungnahmen zur Köhler'schen Intelligenzfrage wenig ergiebig ist, sollte man den einzigen Kulturphilosophen dieser Epoche, der wirklichen Menschenaffen vor Ort begegnet ist, wenigstens kurz beleuchten. Albert Schweitzer (1875–1965) hatte in Afrika unmittelbaren und langjährigen Kontakt zu Affen und Menschenaffen. 1913, im selben Jahr, als Wolfgang Köhler zur Anthropoidenstation nach Teneriffa aufbrach, machte sich Schweitzer als Tropenarzt auf den Weg zu dem durch ihn berühmt gewordenen Lambarene im heutigen Gabun. Im Ersten Weltkrieg wurde er als feindlicher Ausländer interniert, ausgewiesen und kehrte im Jahr 1924 zurück, um in Lambarene mit diversen Unterbrechungen bis zu seinem Tod 1965 zu arbeiten.

Als Denker und Praktiker, als tätiger Arzt, Kulturphilosoph und Ethiker der „Ehrfurcht vor dem Leben" gab er – im Gegensatz zu seinen philosophischen Kollegen Scheler, Plessner, Gehlen, Rothacker – der Tierschutzbewegung wichtige ethische Anstöße. Er kritisierte sogar ausdrücklich die europäischen Philosophen, die streng darauf geachtet hatten, dass ihnen keine Tiere in der Ethik herumliefen. Eben diese Tiere, dazu noch exotische, liefen in seinem Spital zu Lambarene herum: Gazellen, Pelikane oder Affen. Der später als „Biozentriker" eingeordnete und von modernen Tierethikern als metaphysisch kritisierte Lebensphilosoph vertrat ein humanitäres Ethos der Ehrfurcht und Verantwortung (Baranzke 2012) – nicht nur, aber auch, wenn es um Tiere ging. Denn der Mensch und seine besondere moralische Vervollkommnung stehen für Schweitzer im Mittelpunkt seiner Kulturphilosophie. Insofern müsste man Schweitzer ethisch eigentlich als philanthropischen Anthropozentriker einordnen. Klassische Denker wie Kant, Goethe, Schopenhauer und Nietzsche prägen seinen existenziellen Humanismus. Alles Leben, das inmitten von Leben lebt, will leben, doch allein der Mensch vermag zu den Widersprüchen des Lebens, dem Fressen und Gefressenwerden, ethisch Stellung zu nehmen.

Diese ethische Sonderrolle des Menschen artikuliert Schweitzer in Briefen, Predigten, Reden und Büchern, aber – und dies unterscheidet ihn deutlich von den bisherigen Philosophen – auch in seinem persönlichen Handeln (Schweitzer/Gräßer 2011). Schweitzer stellt in seinem persönlich tätigen Ethos einen praktischen Gegenpol zu den theoretischen, am Intelligenzbegriff orientierten Mensch-Tier-Diskussionen über Menschenaffen dar. Da sich in seinen Theorieschriften zu Menschenaffen wenig findet, muss über andere Materialien indirekt einiges aus seiner persönlichen Praxis ermittelt werden.

Konkrete Hinweise auf Schweitzers Umgang mit Menschenaffen, z. B. mit den Schimpansen „Fritzli" und „Julot" oder zu Gorilla „Peter", überliefern in einer Broschüre (Schweitzer 1979) kurze „Tiergeschichten aus Lambarene" von Helferinnen (Schweitzer 1979, 13 f., 17 f., 21 f.) und Gedanken des Tierpsychologen und Zoodirektors Heini Hediger über „Albert Schweitzer und die Tiere" (Schweitzer 1979, 23–30). Auch Lilian M. Russell berichtet in ihrem Buch *Meine Freunde die Affen* (1950) über ihre Zeit als Helferin und über „Mensch und Tier in Albert Schweitzers Lambarene und anderswo". In Schweitzers Spital wurde beispielsweise ein junger Schimpanse gepflegt, dem eine Hand abgerissen worden war (Abb. in 1979, 16). Schweitzers Schimpansen Fritzli und Julot gelangen später in den Zoo von Zürich, und Heini Hediger, der praktische Tierpsychologe, weiß sich eins mit Schweitzers Grundanliegen. Er verteidigt die besondere Rolle der Menschenaffen und das Konzept „Ehrfurcht vor dem Leben" gegen frühere Vorstellungen von Tieren als gefühlsblinde, cartesianische Tierautomaten. Nicht die Frage der Intelligenz ist für Schweitzers Ethos ausschlaggebend, sondern die physische und psychische Bedürftigkeit sowie das Leiden und die Verletzbarkeit der Tiere.

Seine Menschenaffen sind alltägliche Lebensgenossen im Spital, machen Streiche und begleiteten Schweitzer auf Fahrten. Der Gorilla „Peter" wird von einer Pflegerin als „richtiger Philosoph" beschrieben, der zu familiären

Streichen aufgelegt ist: „Oft sass er scheinbar in Gedanken versunken auf der Wasserleitung, um dann plötzlich einem ahnungslos vorbeigehenden Menschen unvermutet den Tropenhelm vom Kopf zu schlagen. Dabei verzog sich sein Affengesicht zu einem breiten Grinsen, und der Schalk schaute ihm aus den Augen." (1979, 22)

Die Menschenaffenproblematik stand Schweitzer und seinen Helfern konkret vor Augen. Man pflegte Affenwaisen wie Schimpanse Julot, die bei der Affenfleischjagd der Eingeborenen übrig geblieben waren. Man kannte die Ausfuhrverbote und Probleme ihrer Aufzucht, je nachdem ob sie vor Ort wieder ausgesetzt werden sollten oder für europäische Zoos bestimmt waren (Russel 1950). Schweitzers Helferin, Mrs. Russel, empfand Mitleid mit dem Schicksal der Gorillawaisen, deren Eltern getötet worden waren, um europäische Zoos mit Jungtieren zu beliefern, die dort früh starben. Manche Gorillas waren verletzt, doch wusste man, dass „Doktor Schweitzer und seine Helfer nicht auf einer falschen Würde bestehen, sondern bereit sind, die Leiden der Tiere ebenso zu lindern wie die der Menschen" (1950, 69 f.). Russel schildert die unterschiedlichen menschenähnlichen Persönlichkeiten der Gorillas „Grillali", „Nestor" oder „Seppi", die sie selbst nicht als „Tiere" bezeichnen mochte und wie Familienkinder aufzog. „Ehrfurcht vor dem Leben" war ihr ausdrückliches Motto, als sie sich in den 1920er und 1930er Jahren um Leprakranke und um Affen kümmerte, bis sie 1949 starb. Russel folgte dem Grundsatz, den Schweitzer in *Kultur und Ethik* (1923), im XXI. Kap. über „Die Ehrfurcht vor dem Leben", ausführlich darlegt. Als unbegrenztes situatives Ethos fordert es in jeder konkreten Lage vom einzelnen Menschen neu, sich ethisch zu positionieren. Ob es nun um Tierschutz im Alltag, Tierschlachtung oder um wissenschaftliche Tierversuche geht, tätige Verantwortung ist nach Schweitzer auch gegenüber den nichtmenschlichen Kreaturen zu zeigen – und daher auch gegenüber Menschenaffen. Doch bleibt Albert Schweitzer in einer Zeit, in der sich Primatologen und Philosophen der Intelligenzfrage widmen, kulturphilosophisch eine Ausnahmeerscheinung. Die Intelligenzfrage scheint für ihn keine Rolle gespielt zu haben, umso mehr aber seine persönliche Beziehung zu Tieren und Menschenaffen.

Natürlich wird auch innerhalb der Tierpsychologie bis in die 1960er Jahre und darüber hinaus differenziert über Köhlers Intelligenzstudien diskutiert (Mitchell 1999). Beispielsweise werden weitere Vergleichsstudien vorgestellt (Dembowski 1956). Köhler wird auch in die kritische Diskussionen über *Die „Sprache" der Tiere* einbezogen (Kainz 1961, 96–102). Dieser wissenschafts- und philosophiehistorische Hintergrund ist auch im Hinblick auf die späteren „Sprachuntersuchungen" mit großen Menschenaffen relevant (Bahner

1997). Doch erst die neuen Beobachtungen und experimentellen Befunde seit Ende der 1960er Jahre zur Interspezies-Kommunikation von Menschen mit Menschenaffen geben der philosophischen Diskussion über die Sonderstellung des Menschen den Anreiz, den Begriff der Person derart in den Mittelpunkt zu rücken, dass er noch in der angloamerikanisch induzierten neuen Tierethik und Tierrechtsbewegung auch für Menschenaffen eine Wende einleitet (Cavalieri/Singer 1994). Der einzige Philosoph, der auf Menschenaffen in deren Heimatland traf und sie human behandelte – Albert Schweitzer – wird dann allerdings als irrationaler „Biozentriker" abgetan. Doch zuvor ist über ein Intermezzo der besonderen Art zu berichten, in dem die anthropologische Leitfrage „Wer ist so wie wir?" nicht unter der Variante „Wer ist so intelligent wie wir?" abgehandelt wurde, sondern vielmehr unter dem Vorzeichen der Frage nach der Kreativität: Wer kann so malen wie wir?

Von Menschen zum Malen angestiftete Affen

> „Die Zeichnung liefert einen eindrucksvollen Beweis
> für die sensitive Erfindungsgabe des Schimpansen." (Morris 1963)

Malende Affen sind ein klassisches Motiv in der Kunstgeschichte seit dem 17. Jahrhundert, mit dem der Künstler sich als *simia naturae*, als nachahmender Affe der Natur, reflektiert oder karikiert (Tompkins 1994).[11] Erst im 20. Jahrhundert kommt ein moderner Künstler, Arnulf Rainer, auf die Idee, zusammen mit Schimpansen zu malen und ihre Produkte zu übermalen. Diese Aktion bildet ein ganz besonderes Lehrstück in der europäischen Wahrnehmung von Menschenaffen (Rainer 1979, 1991).[12]

Im letzten Drittel des 19. Jahrhunderts schlagen Künstler Brücken von fiktiven malenden Affen zu Themen der Evolution oder Primatologie. Die klassische Leitfrage, ob Orangs malen können, formulierte zuvor im 18. Jahrhundert der Philosoph Monboddo in seinem Werk über den *Ursprung und Fortschritt der Sprache* (Buch II, Kap. 4). Monboddo wiederum inspirierte den Schriftsteller Peacock zu seinem Roman *Melincourt* (1818; Neuaufl. 1896), in dem gefragt wird: „Can Sir Oran draw?" Monboddo, so vermerkt Peacock, überlegte, ob die „oran outangs" nicht nur die Erfinder des Hüttenbaus und des Stockgebrauchs sein könnten, „but also have contrived a way of communicating to the absent, and recording their ideas by the method of painting and drawing, as is practised by many barbarous nations" (1896, 111 f. Anm. 2). Eine Illustration von Towsend in dieser Ausgabe von Peacocks Roman zeigt den zivilisierten Menschenaffen „Sir Orang" als Künstler, untertitelt mit: „Sir Oran sat down in the artist's seat." (Abb. in Peacock 1896, 110) Eine weitere phanthasievolle Vorwegnahme von Affenmalerei in der Zeit nach Darwin schmückt das Werk des Zoologen und Darwinisten Gustav Jäger, *Wanderungen durch das Thierreich aller Zonen* (Stuttgart 1880), mit

Abb. 16: Malende Affen – Buchdeckelillustration (Jäger 1880)

Zeichnungen von Fr. Specht und Holzschnitten von Adolf Cloß. Eine großformatige Buchdeckelillustration präsentiert einen malenden Orang-Utan, der von einem kleineren Affenlehrling unterstützt wird (Abb. 16).

Beide sitzen auf einem Malergerüst und agieren wie professionelle Maler mit einer Farbpalette in der linken und einem Malerpinsel in der rechten Hand. Die Künstler sind bemüht, den Menschenaffen mit großer Malergeste in Szene zu setzen. Der kulturell gebildete Künstler und Rezipient dürfte den Topos vom „simia naturae", vom Künstler als äffischem Imitator, assoziiert haben, während der Naturwissenschaftler durch ein solches Motiv wohl eher zum Nachdenken über die kreativen Fähigkeiten der evolutionsbiologisch nächsten Verwandten des Menschen angestoßen worden sein dürfte. So ließe sich von fiktiven malenden Affen eine spekulative Brücke zu wirklichen Affen schlagen (Lenain 1997, 42–59). Jedenfalls verschmelzen bei der Thematik des malenden Affen traditionelle Symbolik, künstlerische Fiktion und wissenschaftliche Inspiration.

Darwins Lehre und die Affen hinterlassen gleichermaßen sehr konkrete Spuren bei Künstlern wie Gabriel von Max (1840–1915) und dessen berühmtem Gemälde *Die Affen als Kunstrichter* (1889). Von diesem Künstler gibt es in Öl noch einen weiteren, hoch konzentriert beobachtenden Affen am Fenster, der gerade nach einer Heuschrecke in den Blumen zu greifen scheint. Gabriel von Max war ein Anhänger Darwins. Er hielt selbst Affen vor Ort und Affenfotos dienten ihm als Vorlagen für das Gemälde.

Die vermeintlich anthropomorphe „Affenjury" offenbart sich dem genauen Betrachter als eine wirklichkeitsgetreue Naturstudie von Affenverhalten. Der Titel *Die Affen als Kunstrichter* wurde offenbar erst später hinzugefügt und man glaubt daher heute, der Künstler kritisiere gar nicht die wenig beliebten Kunstkritiker, „sondern die alte Kunst, die aus Tieren nur Symbole und Karikaturen machte" (Blühm/Lippincott 2007, 90). Dann hätte der Künstler mit diesem Bild eine kritische Reflexion auf die lange künstlerische Tradition der moralischen Symbolisierung von Affen vorgelegt. Bekannt ist, dass Gabriel von Max sich in seiner „wissenschaftlichen Sammlung" intensiv auf seine diversen Affendarstellungen vorbereitet hat. Die Werke des Gabriel von Max sind offenbar durch eine interessante Doppelperspektive gekennzeichnet: Seine eindringlichen Affenbilder reflektieren abstrakte anthropologisch-philosophische Grundfragen im Verhältnis von Menschen und Affe oder von Leben und Tod mit Hilfe von akribischen Verhaltensstudien konkreter Affenindividuen (vgl. Tellenbach et al., in Kort/Hollein 2009, 188–211).

Im Jahr 1893 signiert der deutsche Tiermaler Alfred Weczerzick (1864–1952) ein sehr interessantes Gemälde, das wenig später unter dem Titel *Neu-*

gierige Modelle Eingang in eine Zeitschrift des Deutschen Verlagshauses Bong & Co in Berlin findet (Farbtafel 12). Sehr realistisch werden vom Künstler Menschenaffen, Schimpansen und andere Affen in der Auseinandersetzung mit diversen Malerutensilien in Szene gesetzt. Die Farbtuben werden von den Affen ausgedrückt, neugierig beobachtet oder untersucht. Die Bildmitte nimmt ein in menschenähnlicher Reflexionshaltung in sich versunkener Schimpanse ein, während ein anderer Affe sich nachdenklich am Kinn kratzt. Es entsteht der Eindruck, als sännen sie über die Künstlerutensilien nach. Doch handelt es sich – realistisch und naturalistisch betrachtet – um Affen in Gefangenschaft. Sinnbildlich betrachtet kann die Szene auch als Reflexion des Künstlers auf das eigene künstlerische Schaffen verstanden werden. „Neugierige Modelle" – der Titel legt nahe, dass Weczerzick vielleicht Affen im Zoo realiter zunächst als „Modelle" beobachtete. Vielleicht entwickelten sie zufällig Interesse an den Malerutensilien und inspirierten den Künstler. Der legt nun Pinsel und Farbtuben hin, die von den Affen aus Neugierde ergriffen werden oder die Modelle bei Laune halten soll. Ferner scheint, dass der Künstler sich links im Hintergrund vor den Gittern selbst schemenhaft als „simia naturae" porträtiert, als einen Affenkünstler vor seiner Staffage, der als Nachahmer der Natur aktiv ist.

Welche Motive ihn auch antreiben, wie auch immer die Szene zu deuten ist – der Künstler Weczerzick reflektierte in nachdarwinscher Zeit ein komplexes Verhältnis von Mensch und Affe. Im Zeichen des sich seiner Abstammung vom Affen bewusst werdenden menschlichen Künstlers stellt sich zunehmend auch die Frage nach dem realen Ursprung der Kunst, die in weitere ambivalente Fragen mündet: Ist der Maler ein Emporkömmling unter den Affen – wie der Mensch – oder ist vielleicht sogar der Affe ein potenzieller Maler?

In dieser Zeit geben auch Tierkundler erste Hinweise auf künstlerische Aktivitäten bei Menschenaffen (Lenain 1997, 60 f.). Der Direktor des zoologischen Instituts in Berlin beobachtete um 1875 ein Schimpansenmännchen, das beim Spiel mit seinem Sohn wie dieser den Schreibstift nahm, ihn in Tinte tauchte und Linien aufs Papier zeichnete (Lenain 1997, 60). Ein anderer Affenkenner, der Amateurprimatologe R. L. Garner, berichtet im letzten Jahrzehnt des 19. Jahrhunderts im Zoo von Manchester von einem Schimpansen, der mit Kreide runde und ovale Formen auf seine Zellenwände malte; mit Stiften konnte er auch Linien und Winkel auf Papier zeichnen (Lenain 1997, 61). Wolfgang Köhler beobachtete beiläufig beim Umgang seiner Schimpansen mit Dingen ein zufälliges spielerisches „Malen" bzw. „Anpinseln von Balken, Eisenstangen und Wänden" im Gehege auf Teneriffa; auch eine Technik, den Ton zuvor mit Lippen und Mund anzufeuchten, um dann den Brei aufzutragen, wird notiert (Köhler 1917, 77). Aber etwas anderes als große weiße „Schmierflecken" oder eine „vollkommen geweißte Balkenfläche" sei dabei nicht herausgekommen, so Köhler. „In Zukunft können die Tiere auch einmal andere Farben erhalten." (1917, 78) Köhlers Beobachtungen wurden von den Philosophen Klages und Gehlen registriert und bewertet. Solchen zufällig bemerkten Anfängen der „Affenkunst" folgten erste systematische Beobachtungen und Untersuchungen.

Die russische Forscherin Nadja Kohts begann schon im Jahr 1913 in Moskau mit vergleichenden Studien zu „Jungaffe und menschliches Kind". Ihr Bericht wurde aber erst im Jahr 1935 veröffentlicht (Kohts 1935; Morris 1963, 21 f.). Kohts dokumentierte Kritzelzeichnungen vom Jungschimpansen Joni aus den Jahren 1913–1916 und vergleicht die Produkte mit späteren Kritzelzeichnungen ihres Sohnes Rudi aus den Jahren 1925–1929. Kohts sieht Unterschiede zwischen Schimpanse und Mensch: „Obwohl Joni ständig mit dem Bleistift drauflos kritzelt, kommt er nicht weiter als bis zu Arbeiten, die eine gewisse Linienüberschneidung aufweisen, während Rudi (im Alter von zwei bis drei Jahren) schon ein paar einfache Grundfiguren nach Gegenständen aus seiner Umgebung andeuten kann." (zit. n. Morris 1963, 22; darin vergleicht Abb. 1 vier Zeichnungen von Joni und Rudi). Später erforscht Kohts noch das grafische Verhalten von Schimpansen und von Kapuzineraffen im Vergleich (Lenain 1997, 63). Interessanterweise machte Wolfgang Köhler in seinen klassischen Studien keine weiteren systematischen Untersuchungen zum grafischen Verhalten von Schimpansen, obgleich sein gestalttheoretischer Zugang dies nahegelegt hätte. Auch der Psychologe W. N. Kellogg und seine Frau veröffentlichen systematische und vergleichende Studien von Zeichnungen ihres Kindes und denen eines jungen Schimpansen, die hier, anders als bei Kohts, einen direkten Vergleich zulassen (Kellogg 1933; Morris 1963, 19).

Weitere Hinweise stammen von Zoofachleuten und Privatbeobachtern. Der deutsche Zookenner Alexander Sokolowsky publizierte in *Erlebnisse mit wilden Tieren* (1928) die Zeichnung eines Schimpansen namens „Tarzan II" aus Hagenbecks Tierpark unter dem Titel „Bleistiftschrift des Schimpansen „Tarzan II" (Abb. 17). Sokolowsky hatte Tarzan Papier und Bleistift gereicht und schildert seine Überlegungen.

> *„Tarzan so hieß der Affe, setzte sich damit auf den Boden, nahm den Bleistift in die Hand, wobei er wie ein ungeschicktes Kind denselben in die Faust schloß, und kritzelte damit auf dem Papier umher. Obwohl es sich dabei selbstverständlich um eine völlig unverstandene Nachahmung*

handelte, so lag doch unverkennbar Absicht in diesem Versuch. Das Tier war sich, so scheint es, der Wirkung des Stiftes, Striche zu verursachen, bewusst. Der Schimpanse handelte in diesem Falle nicht viel anders als ein drei bis vier Jahre altes Kind, das sich ebenfalls bemüht, das Schreiben nachzuahmen. Das „Geschreibsel" Tarzans habe ich aufbewahrt und gebe nebenstehend einen getreuen Abdruck davon als Kuriosität." (Sokolowsky 1928; 2. Aufl. 1932, 32)

Bereits die Ausdrucksweise „Geschreibsel" verrät die Skepsis gegenüber derartigen Aktivitäten von Menschenaffen, wenngleich die Fähigkeit zur Nachahmung zugestanden wurde. Es handelt sich bei diesen wenigen Strichen um ein wenig sensationelles Dokument dieser zufällig indizierten und beobachteten Aktivitäten bei Menschenaffen, aber nicht auf das Produkt, sondern auf

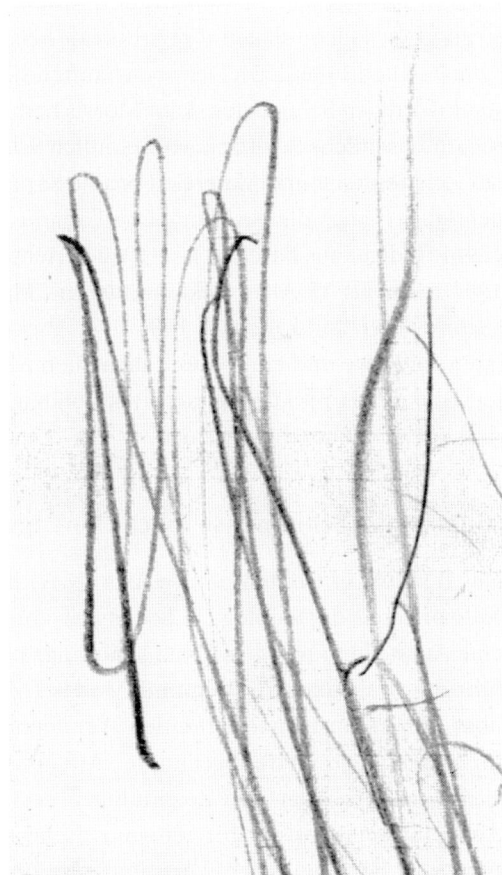

Abb. 17: Bleistiftschrift des Schimpansen „Tarzan II" (Sokolowsky 1932)

die neue Art seiner Produktion und deren Wahrnehmung kommt es hier an. Die aus Österreich stammende Amerikanerin Maria Hoyt beobachtete eine besonders merkwürdige Begebenheit bei ihrem Familiengorilla „Toto". Ihre Mutter brachte der Gorilladame bei, ein Gesicht mit Hilfe ihrer Finger in die Luft zu malen (mit den drei Zeichen Kreis, Punkt und Strich), was dann quasi zu einem Begrüßungszeichen wurde. „Später übertrug ‚Toto' diese Malereien von Gesichtern mit Kreide auf die Steinfliesen." (Hoyt 1941; Grzimek 1969, 248 f.).

Philosophen und Kulturtheoretikern kam die Möglichkeit, dass Menschenaffen malen könnten, nicht in den Sinn. Für Rothacker gehörte Zeichnen zu den exklusiven Fähigkeiten des Menschen. Der Anthropologe Arnold Gehlen kannte Köhlers Beobachtungen der „Schmierereien" seiner Schimpansen, glaubte aber nicht, dass Menschenaffen in der Lage seien, ein Motiv weiterzuverfolgen. Dies gründe nicht in einem Mangel an „Intelligenz", sondern in ihrer gesamten Konstitution, ihren sensomotorischen Bewegungsstrukturen, welche sie auf ihre arboreale artspezifische Umwelt hin spezialisiere (Gehlen 1986, 155). Dennoch häuften sich die Beobachtungen zu diesen merkwürdigen Fähigkeiten. Laut Morris hatten bis in die 50er Jahre hinein 32 nichtmenschliche Primaten, vornehmlich Schimpansen, aber nur zwei Gorillas, Zeichnungen und Malereien produziert (Morris 1963, 161). Unter ihnen befand sich auch die berühmte Gorilladame „Achilla", über die der Zoologe Heini Hediger aus Basel im Jahr 1952 berichtete. Nach Rensch waren im Jahr 1984 mehr als 45 Affen bekannt, deren „Malereien und Kritzeleien untersucht worden" sind (Rensch 1984, 17). Aber es bedurfte erst einer spektakulären Initiative und einer durch die neuen Medien mobilisierten breiten Öffentlichkeit, damit künstlerische Aktivitäten von Menschenaffen ernsthafter und intensiver beachtet wurden.

Congo – ein Schimpanse macht Kunstgeschichte

Das Institute of Contemporary Arts (ICA) in Verbindung mit Granada TV Network und der Zoological Society of London präsentieren im Jahr 1957 eine Ausstellung mit dem Titel: „Paintings by Chimpanzees", mit einer Einführung des Biologen Desmond Morris (Morris 1957). Diese Ausstellung über „Affenkunst" markiert einen Wendepunkt, denn erst diese mit, in und für Medien inszenierte sogenannte „Affenmalerei" macht Furore. Es sind vor allem die Farbbilder und Zeichnungen des Schimpansen „Congo" und die Ausstellung im Institut für zeitgenössische Kunst in London, begleitet von Analysen des englischen Verhaltensforschers Desmond Morris, die diese

Form der Primatenkreativität einer breiten Öffentlichkeit vorstellen (Morris 1957, 1958).

Im Alter von zwei bis vier Jahren produzierte Schimpanse Congo in den Jahren von 1956 bis 1959 in London 384 Blätter, die Morris auflistet (Morris 1963, 49). Beide, Schimpanse Congo und Morris, werden weltberühmt. Morris kommentierte Congos Produkte im Bildtitel mit Hinweisen auf die jeweilige Art der Gestaltung, z. B. „Unsymmetrisches Fächermuster" (Privatbesitz, Los Angeles), „Aufgelockertes Fächer-Muster mit zentraler Markierung durch einen gelben Punkt und durch einen schwarzen Punkt" (Sammlung Sir Herbert Read, Yorkshire) oder es wird als „Einfache Malerei Congos mit horizontalem, vertikalem und diagonalem Duktus" bezeichnet.

Wie Morris zu dieser Interpretation von Congos Werken kommt, lässt sich exemplarisch anhand seiner Analyse der sogenannten „Fächermuster" verfolgen, die bei Congo erstmals am 8. Dez. 1956 und letztmalig am 9. Nov. 1958 auftreten. Die Struktur ist auf 90 von 384 Blättern bei allen angewandten Techniken zu finden (Morris 1963, 107–115). Morris beobachtet, dass die Fächerlinien sich nach Verlängerung in der Körpermitte des malenden Tieres treffen. Er stellt fest, dass „jeder Strich des Fächers am oberen Blattrand begonnen wurde und auf den Körper des Tieres zugeführt wurde", was auf eine „biologische Ursache" hindeute (Morris 1963, 108). Diese „biologische" Ursache vermutet Morris im Nestbauverhalten, bei dem der Schimpanse ähnliche Bewegungen vollziehe, z. B. beim Ausrichten der Materialien. „Die Verhaltensweise bei dieser Nestbautätigkeit hat einige Ähnlichkeit mit der Verhaltensweise beim Zeichnen eines Fächermusters." (1963, 108) Weitere Überlegungen und Beobachtungen „legen den Schluß nahe, dass der Ursprung des Fächermotivs mit der offenbar angeborenen Verhaltensweise beim Nestbau zusammenhängt". Das Motiv wird psychologisch nicht als eine Ersatzhandlung verstanden, sondern als „primäre Veranlagung zu einer solchen rhythmisch-radialen Tätigkeit", die eine solche Bildstruktur begünstigt (1963, 109). Allerdings diskutiert Morris auch Einwände und die Alternative einer Art von mechanischer bzw. motorischer Vereinfachung.

Wie auch immer der Ursprung des Fächermotivs zu erklären ist, offenbar gibt es noch eine Entwicklung bzw. Steigerung dieses Motivs, die Morris in Varianten beobachtet und spezifisch kennzeichnet und illustriert. Ein Beispiel wäre das „Schlaufenfächermuster", in welchem jedes Glied des Fächers durch einen Doppelstrich gebildet wird (Abb. 1963, 114). Morris kommt hier zum entscheidenden Punkt: „Die Zeichnung liefert einen eindrucksvollen Beweis für die sensitive Erfindungsgabe des Schimpansen." (1963, 115) In den mittlerweile berühmten Malereien des jungen Congo tauchen auch Fächer als Nebenmotiv auf (1963, 144 Tafel X). Ein Schema von Morris zeigt eine Übersicht zu den thematischen Variationen des Fächermusters (1963, 186, Abb. 55).

Dieser Rekapitulation von Ergebnissen seiner Versuche folgt eine Analyse der menschlichen Kunst von Kindern in enger Verbindung mit prähistorischer Malerei. Morris kommt schließlich auf die „Entwicklung und Rückentwicklung der gegenständlichen Malerei", also auch auf die „heutige Situation" (1963, 170–180). Hier sieht Morris nun diverse Parallelen in Darstellungen aus den Werken moderner Maler wie Klee, Miró, Dubuffet mit Kinderzeichnungen (Abb. 1963, 174 f.). Die umfangreiche Analyse führt am Ende zu sechs Prinzipien bzw. Kennzeichen der Kunst: 1. Aktivität um ihrer selbst willen, 2. Kompositionskontrolle, 3. kalligrafische Differenzierung, 4. thematische Variation, 5. optimale Spannung, 6. allgemeinverbindliche Schemata wie z. B. der Goldene Schnitt (Morris 1963, 181). Für Morris handelt es sich dabei um biologische Prinzipien des Bildermalens, die also sowohl das bildnerische Verhalten von Affen als auch dasjenige von Menschen speziesübergreifend steuern (Morris 1963, 192).

Wie zu erwarten, initiierte die eingangs erwähnte Ausstellung von Congos Bildern eine Kontroverse, die teilweise heftig als öffentliche Debatte über Kunst geführt wurde. Für einige Betrachter waren die Bilder von Menschenaffen offenbar eine „Beleidigung der Menschenwürde", für andere galten diese Produkte, wie Morris meinte, als „Durchbruch zu einer neuen, vitalen Quelle der Kunst" (Morris 1963, 13). Auch eine wissenschaftliche Diskussion wurde angestoßen, da Morris 1962 eine erste Analyse der Beobachtungen an malenden Schimpansen vorgelegt hatte, wodurch die ungewöhnliche Primatenaktivität als „Biologie der Kunst" einen Wissenschaftsstatus erhielt (Morris 1963). Die zahlreichen Mal- und Zeichentests sollten belegen, dass die Tiere zu einer visuellen Kontrolle ihrer Aktivitäten fähig und zu einem gewissen ästhetischen Grundvermögen veranlagt sind. Morris' Forschungsinteresse zielte auf die biologischen Fundamente der Ästhetik. Auch andere Forscher wollten etwas über die psychologischen Grundlagen der Wertung bildender Kunst erfahren, was den deutschen Evolutionsbiologen Bernhard Rensch (1900–1990) zu einer Untersuchung veranlasste (Rensch 1984). Methodisch sollten Kompositionsparallelen zwischen Menschenaffenmalereien, Kinderzeichnungen und abstrakter Kunst weiterführen. Evolutionsbiologen wie Gavin R. De Beer (1899–1972) oder Bernhard Rensch betrachteten die „Affenmalerei" im Lichte der Werke van Goghs oder Picassos. Immerhin schafften einige von Congos Werken es bis in Picassos Studio und auch Henry Moore war fasziniert (Lenain 1997, 95).

Derartige Interpretationen der Biologen aus den Anfängen der wissenschaftlichen „Affenmalerei" und insbesondere die ersten biologisch-psychologischen Deutungen von Desmond Morris wurden später einer grundlegenden Kritik unterzogen. Diese anfänglich eher biologischen Deutungen wurden sowohl im historisch-kulturellen Kontext als auch aus der theoretischen Perspektive ästhetischer Produktion analysiert (Lenain 1997; Ingensiep 2001b).

„Affenkunst" wirft viele Fragen auf. Man kann durchaus die Ähnlichkeiten zwischen den Produkten von Menschen und Affen in den Mittelpunkt der Analyse stellen, wie Morris und Rensch es taten, und die Fragestellung auf evolutionäre Wurzeln der Kunst hin fokussieren. Man kann „Affenmalerei" aber auch als ein synthetisches Produkt der zufälligen Begegnung von evolutionär interessierten Biologen und neugierigen Menschenaffen ansehen. Dann handelt es sich um eine besondere Etappe auf dem Weg der Kultivierung und Inkulturierung des Menschenaffen. Mit Malutensilien ausgerüstet beginnen die Affen, spielerisch zu agieren und Quasikunstwerke zu produzieren, die sie als solche möglicherweise gleichgültig lassen.

Dies führt weiter zur Frage: Worin besteht nun die ästhetische Qualität eines Kunstwerks von Menschenaffen? Aus der Perspektive der klassischen Kunstwissenschaft bringt erst eine komplexe Dreiecksbeziehung zwischen Künstler, Objekt und Betrachter ein „Kunstwerk" hervor. Vor allem die Fragen: Welches Kompositionskonzept verfolgt der Künstler? Hat er überhaupt ein Konzept? führen zu der entscheidenden anthropomorphen Frage: Verfolgen Menschenaffen eine ästhetische Intention? Reicht es, zur Beantwortung das produzierte „Objekt" zu analysieren und daraus Prinzipien der Gestaltung zu extrahieren? Welche Rolle spielt der Betrachter, der möglicherweise anthropomorphe ästhetische Intentionen ins Objekt hineinlegt? Beginnt der künstlerische Prozess vielleicht erst, wenn das Produkt von dem Affen verlassen wird, weil es spielerisch für ihn uninteressant geworden ist? Wurden im Fall von Congo und den anderen malenden Menschenaffen vielleicht nur quasikünstlerische Produkte erzeugt?

Der belgische Kunstphilosoph Thierry Lenain versteht die Produkte der Menschenaffen als Ergebnisse eines „game of the disruptive mark" (Lenain 1997, 115). Was bedeutet das? Lenain analysiert dezidiert die experimentelle Ausgangssituation, die Bedeutung des visuellen Feldes, die Vorlage eines leeren Blattes, von Malutensilien etc. Die Analyse hebt auf die damit geschaffene interaktive Herausforderung für den Affen ab, vor allem auf die sukzessive komplizierter werdenden Bauelemente der „Affenkunst". Eine skeptische Frage lautet dabei: Kann man wirklich vom Vorhandensein symmetrischer oder rhythmischer Strukturen im Bild auf einen ästhetischen Ordnungssinn bzw. auf einen Kompositionswillen schließen, wie Morris es tat? (Lenain 1997, 117) Beispielsweise erklärt Lenain die erwähnten, bei Congo häufig auftretenden Fächermuster durch einen sukzessiven Aufbau aus einfachen Elementen im visuellen Feld der Schimpansen; situationsbedingt werden in spielerischen Operationen vertikale und schräge Striche wiederholt (Lenain 1997, 126). Bei vorzeitigem Abbruch können solche Aktionen zu asymmetrischen und inkompletten Strukturen führen:

> „It is the completed series, as a descrete whole, that constitutes the pictorial act. The discontinuity of the process is probably one route by which the chimpanzee might reach the threshold of the idea of a ‚motif‘ (if not cross the threshold)." (Lenain 1997, 128)

Dabei spielt, wie im Fall der Untersuchungen von Morris, die Lage der Malutensilien im Sichtfeld der Schimpansen eine wichtige Rolle. Aus methodologischer Vorsicht müsste daher nach Lenain zur besseren Beurteilung jede derartige Kunstaktivität von Schimpansen gefilmt werden. Abgesehen von solchen Detailanalysen sieht Lenain grundsätzlich die Notwendigkeit, die quasikünstlerischen Menschenaffenprodukte aus der Sicht der Gestaltpsychologie zu betrachten, wie es der Kunsttheoretiker Ernst Gombrich intendierte (Lenain 1997, 116). Umso erstaunlicher ist es rückblickend, dass der durch die Gestaltpsychologie inspirierte Primatologe und Pionier der Intelligenzforschung, Wolfgang Köhler, es in seinen Untersuchungen unterließ, die künstlerischen Aktivitäten seiner Affen zu filmen und es bei beiläufigen Notizen beließ.

Aus heutiger kunsttheoretischer Perspektive könnte es sich bei der evolutionären Interpretation der „Affenkunst" als „Biologie" oder als „Ursprung" der Kunst auch um einen Mythos handeln. Wenn sie sich am Ende nur als Produkt eines explorativen, unterbrochenen Markierungsspiels erwiese, dann stellte sich erneut die grundsätzliche Frage: „What is a monkey painting?" (Lenain 1997, 176), und zwar ganz unabhängig von der generellen Frage: Was ist Kunst?

„Apestract" – kreative Menschenaffen

Gegenwärtig malen diverse Menschenaffen „abstrakt" in Zoos. „Apestract" ist eine Mode geworden – ob zur Beschäftigung gelangweilter Zooaffen, als Zoowerbung oder als kreative Aktion unter den kritischen Blicken von Primatologen. Nicht nur Schimpansen, auch Orangs kreieren beeindruckende

Bilder (Farbtafel 14). Wie bei der Intelligenzforschung, so besteht auch im Hinblick auf die „künstlerischen" Aktivitäten von Menschenaffen das grundsätzliche Problem, welcher Definition von „künstlerischer Kreativität" man folgen soll. Mit welchem Maßstab soll „Kreativität" gemessen und bewertet werden?

Kreativität als solche muss keinesfalls den hohen Anforderungen klassischer oder moderner Kunst entsprechen, wie so mancher konkurrierende Unterton in Äußerungen von Künstlern unterstellt. Zeigen Menschenaffen intellektuelle Kreativität, wenn sie, wie bei Köhler, Werkzeuge „machen" oder wenn sie neue Wörter erfinden oder alten Wörtern eine neue Bedeutung geben, wie in der durch Taubstummensprache gestützten Interspezies-Kommunikation? So bildete Gorilla Koko in Ermangelung des passenden Zeichens für Feuerzeug spontan die Zeichenkombination „Flasche-Streichholz", obgleich weder eine Flasche noch ein Streichholz vor Ort waren. Als sie das erste Mal ein Zebra sah, formte sie das Doppelzeichen „weißer Tiger" und sich selbst bezeichnete die kluge Gorilladame nach vergeblichem Betteln um Saft – ihr blieb schließlich nichts anders übrig, als Wasser zu trinken – als einen „traurigen Elefanten" (vgl. Patterson in Cavalieri/Singer 1994). Sind das kreative Handlungen oder episodische Zufallskombinationen?

Diese spontanen Äußerungen können durchaus als qualitative Anzeichen von einer an Intelligenz und Einsicht gekoppelten intentionalen Kreativität betrachtet werden. Sie lassen sich auch quantitativ ausdrücken. So hatte Koko in den ersten zehn Jahren von 876 Zeichen in der von ihr erlernten Taubstummensprache immerhin 54 Zeichen selbst erfunden. Keine Frage, dass Koko auch malen kann! Nachdem Gorillas endlich als „Künstler" entdeckt worden sind, präsentieren sich heute auch die Primatologin Francine Patterson und Koko mit Palette und Staffage als Malaktion im Internet.

Längst haben wir mit der Debatte über Kreativität implizit Sprache, Kommunikation und Selbstbewusstsein bei Menschenaffen vorausgesetzt. Wir haben nicht gefragt, ob Selbstbewusstsein vorliegen muss, wenn von einem „Künstler" die Rede ist, sondern wir gehen davon aus. Wir haben uns an der Forschungslage orientiert, als sei die einzig wichtige Frage die szientistische, ob Menschenaffen tatsächlich intellektuell kreativ sein können – sei es in Worten und Gebärden oder in Zeichnungen und Malereien. Die Intelligenz- und Kreativitätsdebatte über Menschenaffen ist aber nicht notwendig auf die von der traditionellen Philosophie, Biologie und Anthropologie diktierte Frage der Abgrenzung von menschlichen Fähigkeiten festgelegt. Dahinter verbirgt sich die essentialistisch formulierte Kernfrage der philosophischen Anthropologie: „Was ist der Mensch?", die weiterhin davon ausgeht, dass es ein solches „Wesen" des Menschlichen gibt. Die Primatenspezies Mensch stellt die Frage nicht nur aus narzisstischen Gründen, sie ist zwecks Stiftung einer besonderen Art von Spezies-Identität vermutlich unverzichtbar. Nur so ist zu verstehen, dass die Frage „Wer ist so wie wir?" zu einer Leitfrage in der Primatenforschung des 20. Jahrhunderts geworden ist, ob in der Formulierung: Wer ist so intelligent wie wir? Oder: Wer malt so wie wir? Die empirischen Antworten der Primatologen auf essentialistische Fragen dieser Art forderten wiederum Philosophen und Geisteswissenschaftler zu kritischen Stellungnahmen heraus, und so kennzeichnet die Dynamik dieses Frage-Antwort-Spiels „unter Primaten" das 20. Jahrhundert, – ob anlässlich der Befunde zum Werkzeuggebrauch bei Menschenaffen zu Beginn oder am Ende des Jahrhunderts die experimentelle Interspezies-Kommunikation, wodurch neuartige Formen der Begegnung mit Menschenaffen ermöglicht werden. Vielleicht haben sie sich nicht immer verstanden, aber auf jeden Fall haben sich Mensch und Affe dabei wechselseitig kultiviert.

Sind Menschenaffen Personen?

„Gib Bonbon"
(Schimpanse Washoe, 1967)

„Gibt es ohne den Gorilla Hoffnung für den Menschen?"
(Daniel Quinn, *Ismael*, 1991)

Wie nordwesteuropäisch kultiviert muss man sein, um als „Person" gelten und in den vornehmen Club der ethisch „Gleichberechtigten" aufgenommen werden zu können? Dieser ethische Club stellt sich angesichts von Menschenaffen heute immer noch die Frage: Wer ist so wie wir? Historisch betrachtet scheint eine solche ethische Verbrüderung mit dem einstigen hässlichen „Monster" bevorzustehen. Der Streit zwischen Primatologen und Philosophen, ob Menschenaffen mit dem Menschen Intelligenz, Kreativität, Kommunikation und Selbstbewusstsein teilen, ist keineswegs entschieden. Nicht wenige Forscher und Denker wollen unseren „haarigen Vettern" einen personalen Rechtsstatus verleihen; der kultivierte Affe ist offenbar am Höhepunkt seiner kulturellen Integration angelangt. Zugleich wird im modernen ethischen Kontext unklar, ob es überhaupt ethisch relevant ist, ein „Mensch" zu sein oder ob es sich dabei nicht lediglich um ein auf einen Artegoismus bzw. „Speziesismus" gegründetes Vorurteil handle, aufgrund dessen Menschen eine ethisch unbegründete moralische Bevorzugung genießen. Solche Thesen werden philosophisch noch genauer zu betrachten sein.

Ein literarisches Exempel für die moderne Gorilla-Wahrnehmung bietet der preisgekrönte und in 21 Sprachen übersetzte Roman *Ismael* des amerikanischen Publizisten und Zivilisationskritikers Daniel Quinn, der zuerst 1991 in New York erschien. An diesem Ort hatte einst „King Kong" Manhattan in Schrecken versetzt. Nach der Entmythologisierung des klassischen Monster-Mythos scheint nun eine neue Mythologisierung bevorzustehen, wozu sich wiederum erhabene Gorilla-Silberrücken bestens eignen. Ismael, ein kluger gefangener Gorilla, trägt nicht zufällig den Namen des vom Stammvater Abraham verstoßenen älteren Halbbruders Isaaks. In langen philosophischen Gesprächen präsentiert Ismael seinem menschlichen Schüler eine evolutionstheoretisch interpretierte biblische Urvätererzählung als anthropozentrischen Mythos. Es ist die evolutionäre und kulturelle Siegergeschichte eines Oberprimaten namens *Homo sapiens sapiens*, die sich aktuell als globale Umweltkrise darstellt. Folgerichtig endet Ismael mit der Frage: „Gibt es ohne den Gorilla Hoffnung für den Menschen?"

Quinn stilisiert Gorilla Ismael zu einem aufgeklärten Philosophen mit evolutionärem Totaldurchblick. Der Mythos steht für eine moderne intellektualisierte Variante der Gorilla-Wahrnehmung, die sich nicht mehr im Geiste Rousseaus damit begnügt, Menschenaffen als naturbelassene, ursprungsverhaftete Vorbilder zu inszenieren. Gorillas können heute als Zukunftspropheten auftreten und als bizarre Spiegel menschlichen Versagens dienen. Dieses zeitgenössische Produkt literarischer Phantasie im Angesicht der industriellen Umweltkrise, vereint mit aktueller Evolutions- und Gorillaforschung, stellt resigniert Menschenaffen nicht nur als Personen, sondern letztlich als die „besseren Menschen" vor.[13]

Vom Individuum zur Persönlichkeit

Schon im Zusammenhang mit Köhlers Intelligenzstudien an Schimpansen und Orangs deutete sich an, dass nach der Individualisierung der Haustiere im Kontext der Entstehung des frühneuzeitlichen Tierschutzethos moderne Forscher auf dem Weg waren, nun auch den Menschenaffen als individuelle Persönlichkeit zu entdecken und nicht länger lediglich als Exemplar seiner Art zu betrachten. Sultan, Catalina und Koko sind trotz permanenten philosophisch-anthropologischen Widerspruchs (Kap. 8) jeweils mehr als nur ein Schimpanse, ein Orang und ein Gorilla – ein beliebiges Individuum ihrer Art. Sie zeichnen sich vielmehr durch besondere, nur ihnen eigene Charakteristika aus, die sie für das menschliche Gegenüber unverwechselbar machen. Aus einem Individuum als Exemplar wird eine individuelle Persönlichkeit mit Eigennamen – wie einst bei den vertrauten Haustieren, so nun bei den kultivierten und inkulturierten Menschenaffen.

Im Verlauf des 20. Jahrhunderts sammelte sich mit der Zeit eine Menge kaum überschaubarer Einzelstudien und Schilderungen zu Einzelpersönlichkeiten unter den Menschenaffen. Schimpanse *Toto* von Kearton (1931), Orang-Utan *Buschi* von Brandes (1939), Gorilla *Toto* von Mrs. Hoyt (1941), dann *Freundschaft mit Tieren* von Stemmler-Morath (1941) oder *Meine Tierkinder im Zoo* von Steinemann (1955) oder der malende Schimpanse „Congo" von Morris (1963) sind die Wegbereiter für heute noch bekanntere Persönlichkeiten unter den Menschenaffen.

Anfangs wurden solche realen Begegnungen und Beziehungen mit Menschenaffen in Büchern festgehalten. Später wanderten sie in Fernsehfilmen als telegen zugerichtete Fiktionen in die Wohnzimmer, wie Schimpanse „Cheeta" an der Seite von „Tarzan" (Lever 2009) oder Schimpanse „Toto" in Fernseh-Soaps wie *Daktari*. Auch in Afrikadokumentationsfilmen und

Natursendungen wie *Ein Platz für Tiere* von Bernhard Grzimek werden Menschenaffenpersönlichkeiten popularisiert. Immer turnt irgendwo ein Schimpanse „Charly" durch beliebte Jugend- und Familienfilme. Dazu kommen unendlich viele Schimpansen im Zoo oder im Zirkus, die mit ihrem vermeintlichen Un- und Weisheitssinn zivilisierte Bürger amüsieren oder belehren.

In der Öffentlichkeit kommt der individuellen Zooperspektive eine besondere Rolle zu. Zoos waren und sind bürgerliche Tore zur exotischen Welt, Orte höchst individueller Begegnung mit einem Alter Ego, Orte, die wenige Minuten Aug in Auge mit Menschenaffen ermöglichen. Das klassische Beispiel für eine berühmte Menschenaffenpersönlichkeit im 19. Jahrhundert war Junggorilla „Mungu", dessen kurze Lebensgeschichte unter dem sorgenden Blick von Berliner Forscherkapazitäten in den Ausgaben von *Brehms Tierleben* verbreitet wurde (Kap. 7). Im 20. Jahrhundert wurden um 1930 der Berliner Gorillamann „Bobby" und um 1960 die Basler Gorilladame „Achilla" mit ihren Kindern „Goma" und „Jambo" ebenso berühmt (Lang 1961, 1965). In ihren Lebensgeschichten näherten wir uns schon dem Begriff der „Person" und über anekdotische Brücken ihrer „Persönlichkeit". Einige weitere Beispiele sollen „Biografien" solcher „Persönlichkeiten" veranschaulichen.

Manche der frühen persönlichen Beziehungen zu Menschenaffen waren außergewöhnlich, wie diejenige zu Gorilladame „Toto", die quasi als der erste gut bürgerliche Familiengorilla angesehen werden kann, sieht man von Begegnungen in Schweitzers Urwaldspital Lambarene ab. Toto wuchs in einer Familie auf und blieb dort bis zu ihrem Tod. Totos Mutter war 1932 im Kongo-Dschungel bei einem Jagdgemetzel getötet worden, und die verwaiste Toto wurde über Frankreich und Havanna nach Florida transportiert, wo sie 1968 starb (Hoyt 1941; Grzimek 1969, 245). Die österreichische Weltreisende Maria Hoyt schildert in ihrem Buch *Toto* eine Vielzahl persönlicher Beziehungen und Anekdoten. Beispielsweise hatte Toto eine Vorliebe für Damenhüte. Sie malte, war manchmal beleidigt, schloss alle Türen auf, sperrte ihren Pfleger ein, verstand Spanisch, adoptierte eine Katze, mit der sie gleich neben dem Titelbild ihrer Biografie im Großformat gezeigt wird. Toto half ihrem Hund, wollte Kognak beim Zähneziehen, verliebte sich in Menschenmänner, stahl Gegenstände, mochte keine Fotografen, tröstete ihren Pfleger, liebte das Fernsehen – diese Geschichten über Toto wurden auch über die Medien verbreitet (Grzimek 1969, 245–262). Gorilladame „Toto" war vor Francine Pattersons Gorilladame „Koko" (Patterson 1994) wohl die berühmteste in einer familiären Situation kultivierte Gorilla-Persönlichkeit des 20. Jahrhunderts.

Schimpansen wurden noch in weit größerem Umfang als andere Menschenaffen als originelle individuelle Persönlichkeiten bekannt. Nicht selten ist ihr Name wiederum „Toto", wie im Fall der „Abenteuer eines Schimpansen", die der berühmte englische Tierfotograf Cherry Kearton (1871–1940) in *Mein Freund Toto* beschreibt (Kearton 1931). In dieser Lebensgeschichte eines Schimpansen auf dem Weg vom Kongo bis nach London wird geschildert, wie Toto vom zufällig erworbenen Unterhaltungstier zum „Freund" des Reisenden wird. Kearton zweifelt nicht an Totos Intelligenz und an dessen Fähigkeit zum logischen Denken, zögert aber, ihm eine „Sprache" zuzugestehen. Andererseits ist Kearton überzeugt, dass Toto Wörter und Sätze auf Englisch, Französisch und Suaheli versteht. Toto war für Kearton daher ein „Affengenie", das nur einmal unter Millionen vorkomme (Kearton 1931, 7 ff.). Über den Geniebegriff wird man am besten von einer Persönlichkeit zu Person, wie wir noch sehen werden. Der Tierbeobachter und Tierfotograf Kearton versieht seine liebevolle Apologie „echter Freundschaft" zwischen Mensch und Schimpanse natürlich mit Fotos von Toto.

Die Biografie eines weniger glücklichen Schimpansen, der im Kölner Zoo von 1950 bis 1986 lebte und anfangs ein berühmter Kölner Liebling war, nach einem aggressiven Ausbruch aber erschossen wurde, wurde jüngst von Walter Filz mit dem Titel: *Der Affe zu Köln oder Petermanns Rache* (2010) vorgelegt.

Frühe Orangbiografien sind weit rarer. Seine Erfahrungen mit „Catalina" publizierte der Schimpansenforscher Köhler nicht selbst (Köhler 1988; vgl. Kap. 8). Eine frühe Biografie eines Orang-Utans verfasste der deutsche Professor und Zoodirektor Gustav Brandes, worin er die Lebensgeschichte des männlichen Orang *Buschi. Vom Orang-Säugling zum Backenwülster* darlegt und fotografisch dokumentierte (Brandes 1939).

Erst in der zweiten Hälfte des 20. Jahrhunderts entwickelt sich eine wirklich kultivierte Avantgarde unter den Menschenaffen. Ein Vorläufer mit individuellem Geniestatus war der malende Schimpanse „Congo" in den 50ern. Die eigentliche Avantgarde etabliert sich um 1970 mit der kommunizierenden Schimpansin „Washoe", später dem Computerfritzen „Kanzi", einem Bonobo, sowie mit Pattersons Gorilladame „Koko". Solche besonderen Persönlichkeiten unter den Menschenaffen sind nun nicht nur in, sondern auch außerhalb von Europa und Amerika zu finden. Mit Eigennamen versehen werden Freilandprimaten erstmals von der Schimpansenforscherin Jane Goodall, dann von der Gorillaforscherin Dian Fossey, durch die die „wilden" Gorillas „Digit" und „Peanuts" bekannt wurden. Feldstudien, Biografien, Anekdoten, Episoden und Erzählungen zu Menschenaffen bringen ihre

„Persönlichkeit" zur Sprache und bereiten ihre neue kulturelle Rolle als „Personen" vor, die ihnen zu spielen nach dem postmodernen Untergang der philosophischen Anthropologie, dem Aufstieg der Tierethik und der Sprachphilosophie bis heute in unterschiedlicher Weise zugedacht wird. – Mancher wäre gern Gorilla, ist dann aber Pavian geworden, wie Robert M. Sapolsky in *Mein Leben als Pavian* (2001).

Vor allem erregen eingängige Primatenstudien das öffentliche Interesse, weil die Akteure über die Medien ihre Individualität zur „Sprache" gebracht haben wie in der *Kolonie der sprechenden Schimpansen* (Linden 1980): „Affen können reden – eine Revolution der Wissenschaft." Einige Individuen dieser Avantgarde müssen vorgestellt und diskutiert werden.

Von der Persönlichkeit zur psychologischen Person – Washoe, Kanzi, Koko

Der Schimpanse „Washoe" gilt als erster Menschenaffe, der sich mittels einer Zeichensprache, der Gebärdensprache Ameslan, mit Menschen verständigte. Der 1965 in Westafrika gefangene Schimpanse wurde seit 1966 von dem Ehepaar Gardner aufgezogen und unterrichtet, worüber sie 1969 in *Science* publizierten. Die Psychologin Beatrice Gardner wurde in ihrer Ausbildung vor allem durch die europäische Ethologie von Lorenz und Tinbergen geprägt, während Allan Gardner mehr durch die amerikanische behavioristische Experimentalpsychologie nach Skinner beeinflusst war. Linden skizziert das methodologische Dilemma der Gardners in Bezug auf ihren unterschiedlichen Zugang zum Tierverhalten in einem Kapitel über „Washoe, Skinner und Lorenz" (Linden 1980, 210–229). Die Gardners verfolgten quasi eine Kombination der beiden unterschiedlichen ethologischen Ansätze, gingen aber von der Lerntheorie nach dem Reiz-Reaktions-Modell aus. Washoe sollte so die Ameslan-Zeichen lernen, ergriff aber bald selbst die Initiative und erfand unorthodoxe Zeichenvarianten, z. B. für „verstecken" (Linden 1980, 32). Als erste Wortkombination lernte sie 1967: „Gib Bonbon". Die Gardners und der Psychologe Roger Fouts bemerkten den Gebrauch folgerichtiger Wortstellungen wie „öffnen Schlüssel essen", um an den Kühlschrank mit Nahrung zu kommen (Linden 1980, 35 f.).

Trotz weiterer Kombinationen und Vergleiche mit menschlichen Kindern waren die Gardners bis 1971 nicht bereit, Washoe eine rudimentäre Syntax zuzugestehen (vgl. Linden 1980, 50). Forscher wie Roger Brown, Ursula Bellugi und Jacob Bronowski unterzogen Washoes Wortstellungen einer kritischen Analyse aus evolutionärer und philosophischer Perspektive und urteilten, dass die bloße Kenntnis von „Namen" für Objekte aus dieser Perspektive bedeutungslos bleibe, da Wortbedeutung und Syntax aufeinander angewiesen seien (Linden 1980, 60–64). Sie vermerken weiterhin Unterschiede zwischen Menschenkindern und Schimpansen in Hinsicht auf den „symbolischen Neuaufbau der Umgebung durch Sprache", auf „Reifikation" als Verdinglichung und auf die „Rekonstruktion der Realität in symbolischen Begriffen". Dies alles galt bis dahin als privilegiertes Instrumentarium des Menschen, um Macht über die Natur und den Rest des Tierreiches zu gewinnen.

Washoe aber ließ sich von der Kritik nicht beeindrucken und gab unterdessen ohne Aufforderung ihrer Betreuer die erlernte Zeichensprache an ihr Adoptivkind Loulis weiter. Nach den Beobachtungen Roger Fouts versteht Washoe gesprochenes Englisch, bildet Mehrwortsätze, ist sprachlich kreativ, kann fluchen etc. Obgleich die Primatologen auf die Kritik der Linguisten eingingen, blieben weitere Fragen offen, z. B. diejenige nach der Weltsicht von Menschenaffen: „Aber Washoe lieferte mit ihrer Verwendung der Symbole keine Erkenntnisse darüber, wie man sich als Schimpanse fühlt, und genau das wollten viele Leute wissen", so die Primatologin Savage-Rumbaugh (Savage-Rumbaugh/Lewin 1995, 54).

Wie Washoe bei den Gardners, so ging bei der Forscherin Savage-Rumbaugh später ein anderes Wunderkind, diesmal ein Bonobo, in die Schule und erlernte ihre „Sprache" mittels Symbolsprache und Computer in einem besonderen sozialen Umfeld. Auf diese Weise wurde eine weitere Persönlichkeit unter den Menschenaffen hervorgebracht, berühmt geworden als *Kanzi der sprechende Schimpanse* (1995). Mit „Kanzi" rückten die Bonobos ins Licht der Öffentlichkeit, eine Spezies, die erst um 1930 entdeckt und beschrieben wurde.[14] Wie schon „Washoe", so provozierte auch „Kanzi" Kritik und Selbstkritik und trieb die Forschung weiter – Ausschaltung von Dressur, „Kluger-Hans-Effekt", die Rolle frühkindlicher Erfahrung, Qualität vor Quantität, mehr Sprachverstehen statt Sprachproduktion etc. (Bahner 1997, 264–272). Nun lockt die deutsche Übersetzung von Savage-Rumbaugh mit dem Untertitel „Was den tierischen vom menschlichen Verstand unterscheidet" und nicht mit dem Gemeinsamen.

Doch unter den frühen kommunikativen Schimpansen gab es nicht nur Genies. Daher sei „Sarah" erwähnt, die unter David Premack seit 1971 behavioristisch eine „Plastikmarkensprache" erlernte. „Sarah" kommunizierte mit Hilfe von verschiedenen Plastiksteinen mit unterschiedlichen Bedeutungen und konnte auf einer Magnettafel daraus Sätze kombinieren. Diese Methode stellte eine besondere Herausforderung für den Menschenaffen dar, aber auch für die Experimentatoren, die darum bemüht waren, eine introspektive Interpretation zu vermeiden. „Sarahs" Leistungen erschienen im Vergleich zu denen von „Washoe" mangelhaft (Linden 1980, 157–170).

Schließlich sei auch „Chantak", der „sprechende" Orang-Utan, erwähnt, der quasi die Ehre der allzu lange unterschätzten, vermeintlich langsamen Orangs rettete. Chantak erlernte im Alter von neun Monaten die Gebärdensprache, darüber den symbolischen Sprachgebrauch und konnte auch die Perspektive anderer einnehmen. Mit Chantak, vorgestellt als „Die alte ‚Person' des Waldes" (Miles in Cavalieri/Singer 1994, 70–93), kehren wir gewissermaßen zu den Anfängen der Neuzeit zurück, als die Eingeborenen den „Orang Utan" als ersten „Waldmenschen" vorstellten. – Somit ist der Weg der Interspezieskommunikation beschritten und führt zu den Versuchen, immer tiefer in die Vorstellungswelt von Menschenaffen einzudringen.

Auf diese Weise werden immer mehr wissenschaftlich erzeugte Persönlichkeiten hervorgebracht, denen viele Forscher aufgrund ihrer Fähigkeiten und psychologischen Eigenschaften den Personstatus zuerkennen wollen, wie die Psychologinnen Francine Patterson und Wendy Gordon im Fall des Gorillas Koko.

Zur Verteidigung des Personenstatus von Gorillas

„Wir stellen Ihnen dieses Individuum vor und bitten Sie, eingehend über den folgenden Bericht nachzudenken:

Sie verständigt sich in einer Zeichensprache und benutzt dabei ein Vokabular aus mehr als eintausend Wörtern. Sie versteht auch gesprochenes Englisch und führt oft ‚zweisprachige' Gespräche, indem sie auf Englisch gestellte Fragen mit Zeichensprache beantwortet. Sie lernt die Buchstaben des Alphabets und kann einige gedruckte Worte lesen, unter anderem ihren eigenen Namen. Im Stanford-Binet Intelligenztest hat sie zwischen 85 und 95 Punkte erzielt.

Ihr Selbstbewusstsein kommt deutlich zum Ausdruck, wenn sie vor dem Spiegel auf sich selbst gerichtete Handlungen vollzieht, indem sie beispielsweise Grimassen schneidet oder ihre Zähne untersucht, und wenn sie zutreffende selbstbeschreibende Aussagen macht […]

Sie lacht über ihre eigenen Scherze und die anderer. Sie weint, wenn sie verletzt oder allein gelassen wird, und schreit, wenn sie sich fürchtet und ärgert. Sie spricht über ihre Gefühle und verwendet dabei Worte wie ‚glücklich', ‚traurig', ‚furchtsam', ‚freuen', ‚begierig', ‚enttäuschen',

> ‚böse' und sehr oft ‚Liebe'. Sie trauert um diejenigen, die sie verloren hat – eine Lieblingskatze, die gestorben ist, einen Freund, der weggegangen ist. Sie kann darüber sprechen, was geschieht, wenn jemand stirbt, aber sie wird nervös, und es ist ihr unangenehm, wenn man sie auffordert, über ihren eigenen Tod oder den Tod ihrer Freunde zu sprechen. Sie kann außerordentlich zärtlich mit jungen Katzen oder anderen kleinen Tieren umgehen. Sie hat sogar Mitgefühl für andere gezeigt, die sie nur auf Bildern gesehen hat.
>
> Hat dieses Individuum Anspruch auf moralische Grundrechte?"
>
> Francine Patterson und Wendy Gordon (in Cavalieri/Singer 1994, 94 f.)

Die Gorilladame „Koko" ist wohl der berühmteste und ungewöhnlichste Menschenaffe, der, seit 1972 mit der Gebärdensprache vertraut, scheinbar alles zu bieten hat, was man einer „Person" zurechnen könnte. Die amerikanische Psychologin Francine Patterson summiert die Befunde zur Verteidigung ihres Personenstatus, darunter ein Ameslan-Vokabular von über tausend Wörtern, das Verständnis von gesprochenem Englisch in einem Umfang von weit über tausend Wörtern, das Lesen einiger gedruckter Wörter. Über diese komplexe Interspezies-Kommunikation werden besondere menschenähnliche Zustände und Aktivitäten wie Selbst- und Todesbewusstsein, Kreativität, Humor, Trauer, Lüge, Beleidigtsein der Gorilladame zugerechnet. Kokos mess- und beobachtbare Intelligenzleistungen, Wortassoziationen, Definitionen und Metaphern ermöglichen Rückschlüsse auf ihre Denkprozesse und „Weltsicht". Koko fotografierte sich zudem selbst im Spiegel, was die für ihre spektakulären Fotos berühmte Zeitschrift *National Geographic* im Oktober 1978 zu einer ungewöhnlichen Titelseite anregte (Farbtafel 13). Dieses Foto versammelt programmatisch alle neuen Errungenschaften kultivierter Menschenaffen im 20. Jahrhundert auf dem Weg zur „Person": Intelligenz, Kreativität, Kommunikativität, Selbstbewusstsein und Persönlichkeit.

Hatten die Vertreter der Philosophischen Anthropologie anlässlich von Köhlers Schimpansenbeobachtungen die Anwendung eines *metaphysisch-essentialistischen Personbegriffs* auf „das Tier" noch rundherum abgelehnt (Kap. 8), so plädiert eine Reihe von Psychologen und Primatologen nun für die Anwendung eines *psychologischen Personbegriffs* auf der interpretatorisch umstrittenen Basis sprachlicher Selbstmitteilung einzelner Menschenaffen, um ihnen derart eine Brücke in die vermeintlich exklusive menschliche Moralgemeinschaft zu bauen, die nach Maßgabe der derzeit dominanten sprachanalytischen Ethik auf dem psychologischen Personbegriff John Lockes aufbaut. Doch bevor der Begriff der Person in der Tierethikdebatte näher beleuchtet wird, soll ein Seitenblick auf die linguistische sowie auf die zeitgenössische sprach- und geistesphilosophische Kontroverse der Interspezieskommunikation geworfen werden.

Kritik und methodologische Vorsicht

Solche seit 1970 wissenschaftlich produzierten „Persönlichkeiten" unter den Menschenaffen haben kritische Rückfragen in Bezug auf die Formen der „Sprache" bzw. der „Interspezies-Kommunikation" provoziert. Washoe, Koko oder Kanzi wurden von Primatologen zwar intensiv studiert und in der Tat konnten viele merkwürdige Phänomene beobachtet werden. Dennoch waren kritische Sprach- und Wissenschaftsphilosophen kaum davon zu überzeugen, dass in all diesen Fällen wirkliche Sprache, echte Kommunikation und echtes Verstehen vorliegen. Die Vorwürfe des „Klugen-Hans-Effekts" und des „Anthropomorphismus" konnten angesichts mancher methodischer Mängel und verführerischer Anekdoten über das Verhalten von Menschenaffen nicht restlos ausgeräumt werden. Primatologen wie Patterson wurden weiterhin kritisch beäugt – auch von der eigenen Zunft, weil die Beurteilung der Zeichen subjektiv sei. Mehr anerkannt sind die Computertests mit Kanzi, weil die Experimentatoren für den Bonobo in der Regel nicht sichtbar waren und seine Reaktion nicht beeinflussen konnten. Klassische Kritiker bestanden dennoch auf eine spezifisch menschliche generative Grammatik im Geiste des Sprachtheoretikers Noam Chomsky und sahen aus linguistischer Perspektive methodische Mängel wie z. B. Sebeok (vgl. Dupré 2005).

Auch moderne Sprach- und Geistesphilosophen wie Donald Davidson vermissen in den genannten Fällen eine echte Grammatik und Semantik. Logisches und rationales Denken setzt demnach wahrheitsdifferente Überzeugungen und eine kulturelle Sozialisation durch Sprache voraus (in Perler/Wild 2005, 117–131). Der Sprechakttheoretiker John Searle dagegen will im Streit um den *Geist der Tiere* (in Perler/Wild 2005, 132–152) schon Hunden eine Art von wahrnehmungsgestütztem Denken zugestehen. John Dupré sieht in seinem Artikel „Gespräche mit Affen. Reflexionen über die wissenschaftliche Erforschung der Sprache" (in Perler/Wild 2005, 295–322) weiterhin Mängel in Bezug auf die Unterscheidung einer operanten Konditionierung von einem echten Symbolgebrauch und beklagt immer noch Ungenauigkeiten bei Beobachtungen, Aufzeichnungen und Interpretationsleistungen im Gebrauch von Ameslan. Immer noch mangele es an wissenschaftlicher Objektivität, Emotionslosigkeit, theoretischer Klarheit und Reproduzierbarkeit der individuellen Höchstleistungen.

Trotz dieser methodischen Einwände konnte die Kunstsprachenforschung mit Menschenaffen einige Phänomene recht gut sichern, die auch zunehmend anerkannt werden. So vermochten die Menschenaffen nach dem Training durch Primatologen Symbole zu verwenden bzw. zu verstehen sowie Hinweise auf abwesende Objekte zu geben. Es konnten spontane Kommentare erfolgen, Handlungsabsichten angekündigt werden und es wurde gegenseitiger Symbolgebrauch und eine Weitergabe bei Affen beobachtet. Ein signifikantes Verständnis gesprochener Sprache liegt vor. Dennoch bleiben diese trainierten Menschenaffen aus Sicht der Kritiker letztlich „exotische Artefakte". Folgerichtig wird mehr Forschung an wildlebenden Gruppen eingefordert, um eine „natürliche" Kommunikation und Sprache zugestehen zu können, womit die Primatologie weiter angetrieben wird.

Diese Einblicke in die neuere Geschichte der Menschenaffen zeigen: Es sind recht unterschiedliche Aspekte, die auf der Ebene des theoretisch-psychologischen Begriffs der „Person" zu diskutieren wären wie Selbstbewusstsein, die Fähigkeiten zu einer Theorie des Geistes, zu Denken und Sprache, aber auch das grundsätzliche Problem der Intersubjektivität bei Menschenaffen (Bahner 1997). Denn schon diese anerkannten, wenngleich mit epistemologischen Restzweifeln behafteten Phänomene im Feld der Sprache und Kommunikation mit Menschenaffen sind auch ethisch in mehrfacher Hinsicht relevant, insbesondere wenn von „Selbstbewusstsein" oder „Lügen" und „Täuschen" die Rede ist. Die einstigen „Monster" sollen nun aufgrund ihres eventuellen theoretisch-psychologischen Personstatus in den der „moralischen Person" überführt werden.

Der kultivierte Menschenaffe als moralische Person?

Das philosophische Projekt „Menschenrechte für Menschenaffen" fokussiert auf den Personbegriff in der ethischen Debatte über Menschenaffen, die zugleich nicht unberührt bleibt von humanbioethischen Diskussionen der letzten Dekaden, z. B. über Embryonen und geistig schwerbehinderte Menschen. Das seit der frühneuzeitlichen Tierrechtsdebatte bekannte „marginal-case"-Argument, der Vergleich von Tieren mit Kleinkindern oder geistig eingeschränkten Menschen, gewinnt im Kontext der medizinisch-technischen Entwicklung noch einmal an Schärfe.

Die Initiatoren des Projekts und Herausgeber des Bandes *Great Ape Project. Equality beyond Humanity* (1993; dt. *Menschenrechte für die Großen*

Menschenaffen 1994), Paola Cavalieri und Peter Singer, versammeln ca. drei Dutzend sehr unterschiedliche Positionen aus Natur-, Geistes- und Sozialwissenschaften, dem sie ein Manifest voranstellen, das Lebensrecht, Freiheit und ein Folterverbot für Menschenaffen fordert. Sie sprechen sich dafür aus, dass Menschenaffen in die moralische „Gemeinschaft der Gleichen" aufgenommen werden, d.h. in die Gemeinschaft, die prinzipiell durch die UN-Menschenrechtsdeklaration geschützt ist. Es geht also darum, Menschenaffen einen moralischen Personstatus zuzuerkennen.

Deklaration über die Großen Menschenaffen

„Wir fordern, dass die Gemeinschaft der Gleichen so erweitert wird, dass sie alle Großen Menschenaffen mit einschließt: Menschen, Schimpansen, Gorillas und Orang-Utans.

‚Die Gemeinschaft der Gleichen' ist die moralische Gemeinschaft, innerhalb derer wir bestimmte moralische Grundsätze oder Rechte anerkennen, die unsere Beziehungen untereinander regeln und die gerichtlich einklagbar sind. Zu diesen Grundsätzen oder Rechten gehören die folgenden:

1. Das Recht auf Leben
Das Leben der Mitglieder der Gemeinschaft der Gleichen ist zu schützen. Mitglieder der Gemeinschaft der Gleichen dürfen nicht getötet werden, außer in streng festgelegten Situationen wie zum Beispiel in Notwehr.

2. Der Schutz der individuellen Freiheit
Mitglieder der Gemeinschaft der Gleichen dürfen nicht willkürlich ihrer Freiheit beraubt werden; falls sie ohne vorheriges ordentliches Gerichtsverfahren eingesperrt sein sollten, haben sie das Recht auf sofortige Freilassung. Die Inhaftierung derjenigen, die keines Verbrechens überführt oder nicht strafmündig sind, ist nur erlaubt, wenn erwiesen werden kann, dass es zu ihrem eigenen Wohl ist oder notwendig wird, um die Allgemeinheit vor einem Mitglied der Gemeinschaft zu schützen, welches in Freiheit eindeutig eine Gefahr für andere darstellen würde. In solchen Fällen haben die Mitglieder der Gemeinschaft der Gleichen das Recht, entweder direkt oder, falls ihnen die notwendigen Fähigkeiten fehlen, einen Rechtsbeistand ein Gericht anzurufen.

> **3. Das Verbot der Folter**
> Einem Mitglied der Gemeinschaft der Gleichen entweder böswillig oder für einen angeblichen Nutzen anderer wissentlich ernsthaften Schmerz zuzufügen, gilt als Folter und ist unrecht."
>
> (Cavalieri/Singer 1994, 12 f.)

Das „Great Ape Projekt" wird durch Primatologen eröffnet, die sich, wie Jane Goodall, der Freilandforschung oder, wie Francine Patterson, der Interspezies-Kommunikation mit Menschenaffen verschrieben haben. Jane Goodall erzählt unter anderem die Geschichte von „Old Man", einem aus einem Laboratorium befreiten Schimpansen, der später einem Menschen das Leben rettet (in Cavalieri/Singer 1994, 30 f.). Die Psychologin Patterson verteidigt den Personenstatus von Gorilladame Koko durch Schilderungen von Erlebnissen in ihrer „Multi-Spezies-Familie" (in Cavalieri/Singer 1994, 94). Aus derartigen systematischen Beobachtungen von und Experimenten mit Schimpansen und Gorillas werden die empirischen Argumente für die Untermauerung des moralischen „Personstatus" von Menschenaffen gezogen. Unter Person wird dabei meist im weiteren Sinne ein individueller Träger von Gefühlen und Gedanken verstanden, der ein individuelles Bewusstsein seiner selbst besitzt. Man könnte verkürzend von einem psychologischen, emotional-kognitiv-reflexiven Personbegriff sprechen. Dieser experimentell fundierte und operational definierte Personbegriff spielt eine sehr unterschiedliche Rolle in der ethischen Argumentation der diversen Beiträge.

Keine Rolle spielt der Personbegriff in dem Ansatz des britischen Psychologen Richard Ryder, der ganz auf das empfindungsfähige Individuum bzw. dessen individuelle Schmerzfähigkeit zurückgreift. Der Vorkämpfer der modernen Tierrechts- und Tierbefreiungsbewegung und Schöpfer des Terminus „Speziesismus" spricht daher von „Sentientismus" (in Cavalieri/Singer 1994, 337) bzw. von „Painism" (Ryder 2001). Für Ryder sind Gefühl und Emotionalität als solche notwendige und hinreichende Kriterien für die tierethisch relevante Anerkennung von Menschenaffen. Der „Sentientismus" umfasst auch Menschenaffen, denn, so Ryder, sie „haben mit Sicherheit die gleichen Gefühle wie wir" (in Cavalieri/Singer 1994, 340 f.). Menschenaffen müssen nicht schon Personen im vollen Sinne sein und reflexiv über Selbstbewusstsein verfügen oder andere kognitive menschenähnliche Fähigkeiten besitzen, um ethisch berücksichtigt zu werden. Gefühl, Schmerz, Leid reichen aus, um sie über die Speziesgrenzen hinaus in die „Gemeinschaft der Gleichen" aufzunehmen und entsprechend vor z. B. schmerzhaften und leidvollen Tierexperimenten zu schützen.

Nach dem US-amerikanischen Tierrechtsethiker Tom Regan sind Menschenaffen wie andere höhere Tiere als „Subjekte eines Lebens" anzuerkennen. Solche Subjekte, die individuelle Erfahrungen machen, verfügen nach Regan über elementare Grundrechte. In Anlehnung an Kant sind sie als „Subjekte ihres Lebens" auch „Selbstzwecke", d. h. sie besitzen einen „inhärenten Wert" (in Cavalieri/Singer 1994, 309). Für Regan folgt daraus ein rigoroses Instrumentalisierungsverbot, dementsprechend höhere Tiere auch nicht um der Ernährung willen geschlachtet werden dürfen. Das Leben von „Subjekten eines Lebens" ist an sich wertvoll, so dass im Unterschied zu pathozentrischen Tierethiken auch eine schmerzfreie Tötung nicht erlaubt ist. Für Regan besteht daher eine „*moralische* Gleichheit von Menschen, Schimpansen und anderen Tieren, die Subjekte eines Lebens sind" (1994, 313). Schlüsselbegriffe der kantischen Ethik wie Achtung, Respekt, Würde und Wert von Individuen finden bei Regan auf alle höheren Tiere Anwendung allein aufgrund ihrer individuellen Subjektivität, ohne dass sie über hochkomplexe kognitive Fähigkeiten verfügen müssen, ohne also eine menschenähnliche Person im vollen Sinne zu sein, um einen natürlichen Rechtsanspruch auf ein Lebensrecht zu haben.

Schließlich kann man dem Personbegriff in einem weiten Sinn eine besondere Rolle in der Ethik einräumen, wie es der Mitinitiator des „Great Ape Projects" und Protagonist der neuen Tier(befreiungs)ethik Peter Singer in seinen zahlreichen Publikation, u. a. in seinem Hauptwerk *Praktische Ethik* (2. erw. Aufl., dt. 1994) getan hat. Singer greift in seiner pathozentrischen präferenzutilitaristischen Interessenethik auf den psychologischen Personbegriff Locke'scher Prägung zurück, der in vollem Umfang auch Zukunftswünsche, Präferenzen und reflexives Selbstbewusstsein, ein denkendes Ich, einschließt. Während jedoch John Locke in dem berühmten 27. Kapitel seiner *Essays* „On Identity" in diesen psychischen Fähigkeiten die notwendige Voraussetzung für die Zurechnungsfähigkeit einer Rechtsperson sah, verknüpft Singer wie andere Interessenethiker mit dieser Personkonzeption die Fähigkeit, Interessen und damit den moralischen Anspruch auf Respektierung dieser Interessen, z. B. auf die Fortsetzung seines Lebens, zu haben. Fehlen diese Voraussetzungen, dann fehlen auch die spezifischen Interessen und damit der Gegenstand moralischer Berücksichtigungswürdigkeit.

Daraus folgt: Nur wer über die Locke'schen psychologischen Fähigkeiten verfügt, verfügt nach Singer auch über das Interesse an der Weiterführung seiner Existenz und ist eine moralische Person mit dem Anspruch auf Respektierung ihres Lebensinteresses. Nur dann ist nach Singer ein direkter Grund für ein Tötungsverbot gegeben, nicht aber ein unabwägbares Grundrecht auf Leben – da unabwägbare Grund- oder Lebensrechte in utilitaristischen Ethiken nicht definiert sind. Jedenfalls gelten ihm Große Menschenaffen als nichtmenschliche Personen in diesem Sinne (Singer 1994, 157), weshalb er in der „Deklaration über die Großen Menschenaffen" ein sogenanntes „Recht auf Leben", das nur gegen andere schwer wiegende vitale Interessen abgewogen werden darf, unterzeichnen kann (Cavalieri/Singer 1994, 12). Für nichtmenschliche wie menschliche Lebewesen, die diese Personkriterien nicht erfüllen, existieren in der Singer'schen Ethik auch keine starken direkten Gründe für ein Tötungsverbot. In diesem Fall ist lediglich das durch das Kriterium der Empfindungsfähigkeit gegebene Interesse an Schmerz- bzw. Leidensfreiheit moralisch zu berücksichtigen, während eine schmerzfreie Tötung moralisch in Bezug auf diese empfindungsfähigen Nichtpersonen irrelevant wäre.

Singers Argumentation führt vor, dass der Begriff der Person nicht nur als Einschlusskriterium für psychologische Personen, sondern auch als Ausschlusskriterium für empfindungsfähige Nichtpersonen fungieren kann, da lediglich Personen mit aktuellen kognitiven Eigenschaften den moralischen Sonderstatus der Person erhalten. Aufschlussreich ist, dass der psychologische Personbegriff bei John Locke als Zurechnungsinstanz für Handlungsverantwortung diente, während er den Begriff Mensch als Bezugsgröße für unveräußerliche Menschenrechte wählte. Im Anschluss an Ryder denunziert Singer die menschenrechtliche Bezugnahme auf den Begriff des Menschen aber als „speziesistisch" und füllt mit anderen Interessenethikern diese Leerstelle mit einem psychologischen Begriff der Person, deren kriterielle Fähigkeiten zudem aktuell gegeben sein müssen. Die damit einhergehende Zweischneidigkeit seiner Ethik ist Singer bewusst, nämlich dass zwar nun einige nichtmenschliche Lebewesen am Schutzstatus der moralischen Person partizipieren können, der in menschenrechtlicher Logik bisher auf Menschen beschränkt war, dass aber zugleich durch die aktualistische Kriteriologie viele Menschen den menschenrechtlich garantierten Lebensschutz einbüßen, sofern sie noch nicht oder nicht mehr über die psychologisch personalen Fähigkeiten verfügen.

Auch der Behindertenpädagoge Christoph Anstötz stellt den prekären Vergleich von Menschenaffen mit Schwerstgeistigbehinderten an, versucht ihn aber in Richtung einer Erweiterung der moralischen Gemeinschaft hin zu vereindeutigen. Da es viele Fähigkeiten gibt, „wozu ein Schimpanse oder ein Gorilla in der Lage ist, und ein schwerst geistigbehinderter Mensch nicht" (in Cavalieri/Singer 1994, 254), sollte die historische Errungenschaft der Menschenrechte im Sinne einer konsequenten „Gleichheitsidee" als „offene Gemeinschaft" (in Cavalieri/Singer 1994, 262) interpretiert und für die Menschenaffen geöffnet werden.

Für den Physiologen und Philosophen Bernard E. Rollin gibt es einige „triftige Gründe", dass Menschenaffen „nach allen vernünftigen Standards Personen sind, denen man die einer Person zustehenden fundamentalen Bürgerrechte und Verfahren verweigert hat" (in Cavalieri/Singer 1994, 335). Schon lange vor den Sprachstudien habe Wolfgang Köhler „den unbestreitbaren Beweis dafür geliefert, daß sie Intelligenz besitzen" (in Cavalieri/Singer 1994, 330). Außerdem ist Rollin überzeugt, dass Menschenaffen menschenähnliche mentale Zustände besitzen, aufgrund dessen eine wechselseitige Empathie zwischen Menschen und Menschenaffen möglich, die letztere auf der Basis einer Hume'schen Sympathieethik „zu einem natürlichen Ausgangspunkt" für eine neue, um Tiere erweiterte Ethik machten. Zur Veranschaulichung dieser These erzählt er die Geschichte von einem Laborschimpansen, der – einem tödlich verlaufenden Tierversuch unterworfen – unerwartet seinem einstigen Pfleger begegnete und ihm durch das Gitter die Hände reichte, ihm in die Augen sah und starb (in Cavalieri/Singer 1994, 327).

Auch die finnischen Ethiker Heta und Matti Häyry bauen ihre Argumentation mehr oder weniger um den emotional-kognitiven Personbegriff herum, sodass aus der mentalen Ähnlichkeit von Lebewesen auch auf eine ethische Gleichbehandlung geschlossen werden muss. Mit der Frage „Wer ist so wie wir?" (in Cavalieri/Singer 1994, 265) führen sie die Menschenaffen als Personen in die elementare Gemeinschaft der moralisch gleich zu berücksichtigenden Wesen ein, obgleich sie in bestimmten Aspekten dem Menschen nur „ähnlich", aber nicht gleich sind.

Der Philosoph Steve Sapontzis dagegen kritisiert die Bindung eines personalen moralischen Status an das Kriterium der „Intelligenz". Stattdessen plädiert er dafür, „alle Wesen, die Interessen haben (das heißt alle Wesen mit Gefühlen), als Personen" in einem wertenden Sinn anzusehen (in Cavalieri/ Singer 1994, 411 f.), ohne nichtmenschlichen Wesen damit notwendigerweise gleiche Rechte wie Menschen zuzuschreiben. Werte entstehen nach Sapontzis affektiv, und erst mit der Anerkennung dieser Gefühlsposition sei der Speziesismus überwunden. Die einflussreichen tierethischen Ansätze von Singer oder Regan bleiben nach Sapontzis dem Anthropozentrismus bzw. Chauvinismus verhaftet, weil sie in verkappter Weise am intelligenten Menschen Maß nähmen, um nichtmenschlichen Lebewesen einen personalen Status zu verschaffen.

Viele der Beiträge in dem Sammelband von Cavalieri und Singer argumentieren entweder direkt für eine Erweiterung der UN-Menschenrechtsdeklaration oder spielen eine Menschenrechtsrhetorik an, die auch in der „Deklaration über die Großen Menschenaffen" sowie in dem Titel der deutschen Übersetzung zum Ausdruck kommt. Der Begriff der Menschenwürde hingegen, der – besonders deutlich in den Präambeln der Internationalen Menschenrechtspakte von 1966 und insbesondere in der deutschen verfassungsrechtlichen Debatte – als Begründung für die Menschen- bzw. Grundrechte eine hervorgehobene Rolle spielt, wird im Gefolge von Ryder und Singer in der Tierethik als Ausdruck eines menschlichen Artegoismus, eines „Speziesismus", verworfen. Dieser Vorwurf trifft auch in besonderer Weise die Ethik Immanuel Kants, in der Menschenwürde eng mit den Begriffen „Autonomie" und „Person" als „Zweck an sich selbst" verbunden ist. Kants moralischer Begriff der „Person" kennzeichnet moralische Akteure, denen Handlungen zugerechnet werden können. Wie bei Locke, so ist auch bei Kant die Person Träger von moralischer Zurechnungsfähigkeit, allerdings im Unterschied zu Locke nicht auf der Basis psychologischer Fähigkeiten, sondern aufgrund der prinzipiellen Freiheit zu vernunftgemäßer Willensbestimmung. Diese Autonomie addressiert den Menschen als Inhaber von natürlichen Rechtsansprüchen und als ein Subjekt von Pflichten. Als Ursprung von Moralität ist der Mensch als Person erst in der Lage, sich selbst Pflichten aufzuerlegen – auch „in Ansehung von" nicht moralkompetenten Lebewesen.

Die kontinentaleuropäische Vertrautheit mit dem Würdebegriff bildet den Hintergrund für eine Diskussion über das Verhältnis der „Menschenwürde" zur „Würde der Kreatur", die sich 1992 in der Schweizerischen Bundesverfassung manifestierte (Baranzke 2002) und auch auf Menschenaffen hin spezifiziert wird (Kunzmann/Knöpffler 2007). Die Positionen in der Debatte über die „Würde der Kreatur" pendeln zwischen der Befürwortung einer exklusiven, nur Menschen eignenden „Menschenwürde" und einer im Eigenwert aller Lebewesen, inklusive Pflanzen und Mikroorganismen, fundierten inhärenten Lebens-Würde. Ein vermittelnder ethischer Kompromiss sieht vor, beide Positionen zu versöhnen, indem eine ethische, der besonderen Würde des Menschen korrespondierende Haltung mit einem ontologischen Eigenwert der Würde der Kreatur verbunden wird. Psychophysische Integrität, Eigenwert und Eigenart der Tiere, besonders augenfällig im Fall von Menschenaffen aufgrund ihrer besonderen Subjektivität, seien zu berücksichtigen. Die absolute Menschenwürde bleibe dabei unangetastet und sei nicht in Form von Eigenschaften zu formulieren. So werden – jenseits der Diskussion über Personen – in der Tierschutzpraxis Abwägungen zu Menschenaffen in Tierversuchen oder im Zoo ermöglicht. Dabei soll in der einen oder anderen Form der relativen „Würde der Tiere" und „der Menschenaffen Würde" Rechnung getragen werden (Kunzmann/Knöpffler 2011, 97–100; vgl. Brenner in Liechti 2002).

Obwohl nicht zuletzt die ersten Menschenaffen in europäischen Zoos als singuläre „Persönlichkeiten" entdeckt wurden, erhält ihre Wahrnehmung als Repräsentanten ihrer Art, als schützenswerte Exemplare, unter dem Eindruck von ökologischer Krise und Artensterben eine neue Aktualität. Ohne Bezug auf Begriffe wie Person oder Würde, die Menschenaffen als individuelle Singularitäten adressieren, um ihnen fundamentale Rechte als Individuen zuzuerkennen, stehen dann die Aspekte artgerechter und möglichst naturnaher Haltungsbedingungen der Artexemplare im Zoo im Vordergrund. Aber individuelle Tierrechte und die Rolle der Würde bei der artgerechten Zoohaltung oder in Zuchtprogrammen werden ebenfalls kontrovers diskutiert (Precht 2000), wenngleich die Gorillazucht in Zoos letztlich befürwortet wird (Meder 1993). Auf dem Hintergrund ihrer Kultivierungsgeschichte als verblüffend talentierte Individuen einmal entdeckt, verteidigen heute nicht wenige „Künstlerpersönlichkeiten" unter den Menschenaffen ihre Sonderstellung als singuläre Erscheinungen, die mit ihren Produkten dem Zoo eine neue Einnahmequelle erschließen wie z. B. Orang „Barito" im Zoologischen Garten in Krefeld (Farbtafel 14).

Während der tierethische Streit über den Personstatus von Menschenaffen noch weiter geführt wird, scheint er aus juristischer Sicht vorerst entschieden. 2010 wies der Europäische Gerichtshof für Menschenrechte das Ersuchen des in Wien lebenden Schimpansen Matthias Pan, genannt „Hiasl", auf Anerkennung seines juristischen Personstatus aus eher formaljuristischen Gründen letztinstanzlich ab – Hiasl sei nicht geistig behindert, könne sich aber nicht ausweisen und sei daher nicht klageberechtigt (Christmann/Haug 2010). Der Anwalt Eberhard Theuer hatte auf Antrag des Tierrechtlers Martin Balluch seit 2006 durch alle gerichtlichen Instanzen versucht, den 29-jährigen Hiasl als juristische Person anerkennen zu lassen, um in Zukunft seine Interessen durch einen gesetzlich bestellten Betreuer rechtskräftig vertreten zu können. Der durch Wilderei verwaiste Hiasl war im Alter von zehn Monaten durch den österreichischen Zoll sichergestellt worden. Er war entgegen dem Washingtoner Artenschutzabkommen nach Europa geschmuggelt worden und sollte als Laborschimpanse für Tierversuche verkauft werden. Über viele Jahre fristete er sein Dasein im Wiener Tierschutzhaus, bis dieses 2006 aus finanziellen Gründen aufgelöst wurde. Um Hiasl vor dem erneut drohenden Schicksal des Tierversuchsschimpansen zu bewahren, bemühte sich Balluch seitdem um die Zuerkennung des Personenstatus für Hiasl, um ihn vor allem in vermögensrechtlicher Hinsicht durch einen treuhänderisch verwalteten Privatbesitz absichern zu können.

Dieser prominente und von europäischen Great-Ape-Project-Organisationen unterstützte Fall indiziert das wachsende Unbehagen, Tiere juristisch unter dem Sachenrecht zu verhandeln. Als Speerspitze fordern insbesondere Menschenaffen in besonderer Weise die vom römischen Recht ererbte disjunkte Einteilung des Rechts in Personen- und Sachenrecht heraus. Immer mehr Staaten, darunter Deutschland und Österreich, haben die Unangemessenheit der Anwendung des Sachenrechts auf Tiere mittlerweile gesetzlich festgehalten, ohne jedoch schon die Frage nach einer dritten Kategorie neben „Person" und „Sache" rechtlich positiv zufriedenstellend beantwortet zu haben. Offensichtlich erweist sich auch hier das in einer eurozentrischen Rechtskultur entstandene Kategoriensystem als zu starr.

Aber die elementare Asymmetrie im Verhältnis zwischen moralischen Subjekten und Adressaten von Rechten würde auch durch die Einführung einer neuen Kategorie nicht grundsätzlich aufgehoben werden. Die Verantwortung trägt immer ein moralisches Subjekt, d. h. heute, lebensweltlich betrachtet, ein Mensch. Wenn ein Mensch z. B. im Zoo in die Augen von Wesen blickt, die ihm als einzigartige Individuen erscheinen, kann er diese Wesen in seinen expandierenden Humanismus integrieren. Dies ist insbesondere gefordert, wenn ihre Persönlichkeit und schicksalhafte Bedürftigkeit zum Vorschein kommt. Derart eindrucksvolle individuelle Portraits und Biografien zu Schicksalen von Menschenaffen liegen etwa aus Ländern vor, in denen die Eltern der Tiere für den Buschfleischhandel getötet werden. James Mollison vermittelt dazu außergewöhnliche Porträts von Menschenaffen, die weltweit gefährdet sind (Mollison 2005).

Das Ringen um die Frage, ob Menschenaffen „Personen" sind, und wenn ja, in welchem Sinne, schreibt ihre Inkulturierung in die europäische Kultur und Tradition fort und markiert bislang die höchste Stufe ihrer Kultivierung – eben als moralische Person – nicht ohne irritierende Fragwürdigkeiten. Welche besondere Rolle bei der Integration von Persönlichkeiten unter Menschenaffen und ihrer Kultivierung zu „Personen" speziell Frauen und ihre persönlichen Beziehungen zu bestimmten Menschenaffen gespielt haben bzw. spielen, ist erst in Ansätzen untersucht worden (Hahn 1988; Montgomery 1991).

Anthropomorphologie, Anthropologie und Primatologie

„Aber wie kann man wissen, ob Menschenaffen anders sind als wir oder uns gleichen, wenn man es ablehnt, dieselben Fragen über beide zu stellen?"
(Barbara Noske in Cavalieri/Singer 1994, 403)

Nur unter der Bedingung der Möglichkeit, wissen zu können, was der Mensch ist, kann man wissen, was Vermenschlichung eines X bedeutet, ob X nun Gott oder ein Affe ist. Nun wird aber gerade in der Moderne jede Möglichkeit für eine endgültige Beantwortung der Schlüsselfrage „Was ist der Mensch?" bestritten. Eine absolute Antwort sei metaphysisch, essentialistisch, dogmatisch, ideologisch, eurozentrisch, geschlechterstereotypisch oder aus anderen Gründen problematisch. Also wendet man sich gegenwärtig mehr den relativen und empirischen Antworten zu: Der Mensch sei ein besonderer Werkzeugmacher, ein lächelndes, sprechendes, symbolisch oder sozial kommunizierendes Tier etc. In solchen Antworten verschwimmt gerade im Zeichen der Evolutionstheorie die Differenz zum „Tier", insbesondere zu Menschenaffen, deren ähnliche Eigenschaften und Vermögen die Bestimmung des spezifisch Menschlichen unmöglich zu machen scheinen. Mit dieser Feststellung zieht man sich leicht den philosophischen Vorwurf der Vermenschlichung von „Tieren" zu. Um diesen Vorwurf aber wirklich zu verstehen, müssten wir das Menschliche im Menschen kennen.

Eine kritische Anthropomorphologie als Lehre von der Menschenähnlichkeit der Affen befindet sich daher offenbar in einer paradoxen Situation: Die „Identität" als „Mensch" ist zu bestimmen, um eine „Differenz" zum „Tier" erkennen zu können. Zugleich erlaubt erst die Kenntnis der „Differenz", von einer „Vermenschlichung" anderer Wesen zu sprechen. Philosophische Epistemologie und empirische Anthropologie und Primatologie sind aufeinander angewiesen. Dieses philosophische Grundproblem durchzieht in vielen Varianten die Geschichte der Vorstellungen von Menschenaffen in der Neuzeit und besteht sowohl in der Primatologie als auch in der philosophischen Diskussion über Primaten in der Gegenwart.

Unausweichlich stehen „Geschichten von Differenz, Verwandtschaft und Identität" im Mittelpunkt der Beziehungen zwischen Menschenaffen und Mensch in der europäischen Neuzeit, die je nach Perspektive in und Verbindung zu Metaphysik, Primatologie und Kultur sehr verschieden auslegbar sind (Münch 2011; Groves 2008; Corbey 2005; Morris 1968; Janson 1952). Seit der frühen Neuzeit erkannte und erkennt sich der Mensch in den Menschenaffen. Daher ist eine Anthropomorphologie nicht nur philosophisch, sondern auch historisch gefordert, d. h. notwendig sind Reflexionen über Prinzipien und Formen der Vermenschlichung, über Fragestellungen zur Art und Weise sowie wann, wie und wo sich der Mensch im Gegenüber erkennt. Die kritische Anthropomorphologie ist eine Lehre von den Formen der Vermenschlichung, insbesondere ein permanentes Ringen um methodische Fragen in der wissenschaftlichen Erforschung, in der öffentlichen Wahrnehmung oder in der ethischen Bewertung von Menschenaffen.

Als vernunftfähige und Wahrheit suchende Wesen erheben wir den Anspruch, bei allzu menschlichen Vorstellungen zu Menschenaffen nachzufragen: Sind diese Vorstellungen über Menschenaffen wahr? Auf der Suche nach Antworten legen wir als Maßstab die je herrschende Wissenschaft an, um nach und nach das „Falsche" zu identifizieren und, wenn möglich, auszuscheiden, z. B. „unwissenschaftliches" Gedankengut über Satyre, Monster oder Wilde aus früheren Kulturen oder „wissenschaftlich überholte" Gedanken früherer Denker, Forscher oder Öffentlichkeiten über Menschenaffen. Doch dieser Versuch, eine anachronistische Siegergeschichte aus der vermeintlich objektiv-wissenschaftlichen Perspektive der Gegenwart zu verfassen, ist problemgeschichtlich und methodologisch naiv und entkommt der Anthropomorphismusproblematik nicht. Anstelle einer naiven Selbstpositionierung auf einem vermeintlich objektiven neuesten Stand der Wissenschaft ist eine kritische Anthropomorphologie auf eine Typologie und Klassifizierung von eventuell unausweichlichen anthropomorphen Vorstellungen angewiesen, um ihren Erkenntniswert zu präzisieren. Es gilt, sich selbstkritisch die Palette möglicher Anthropomorphismen vor Augen zu führen, als da wären: symbolische, morphologische, ethologische, psychologische, intellektuelle Anthropomorphismen sowie soziomorphe, rassen- und geschlechterstereotypische Ideologien.

In historischer und systematischer Hinsicht haben wir uns in erster Linie selbst zu befragen, wenn wir Verlässliches über Menschenaffen erfahren wollen: Wie haben „wir" Menschenaffen wahrgenommen? Wer ist „wir"? Welche Art von Rezeptionsfigur legen „wir" zugrunde? Die bloße Erzählung dieser Wahrnehmungs- bzw. Rezeptionsgeschichte wird aber nicht genügen. Es gilt, die jeweiligen Bedingungen „unserer" Art von Wahrnehmung, Rezeption und Einstellung aufzuzeigen, um Texte oder Bilder besser verstehen zu können. Dies können unreflektierte anthropologische Grundverständnisse sein, Überzeugungen von der menschlichen Identität und der Differenz zum Tier, aber auch epochal bestimmende, historische Rahmenbedingungen wie der imperiale Welthandel oder die Kolonisation exotischer Länder und Völker, die eine „eurozentrische" Wahrnehmungsgeschichte der Inkulturierung von Menschenaffen bedingen könnten. Wie auch immer wir uns einer systematischen oder historischen Betrachtung der Vorstellungen über Menschenaffen nähern: Es bleiben „unsere" Vorstellungen, d. h. von Menschen in besonderen Wissenskulturen, selbst wenn sie einer scharfen Kritik aus historischer, interkultureller, diskursanalytischer oder reflexiv epistemologischer Perspektive und rationaler Distanz unterzogen werden. Die Facetten der Anthropomorphologie sind also vielfältig und einige Denkanstöße hilfreich.

Rückblick auf die Ursprünge

Der Ursprung des Anthropomorphismusvorwurfs liegt im antiken Nachdenken über das Gottesbild des Menschen. Von Xenophanes stammt die erste philosophische Kritik einer anthropomorphen Gottesvorstellung, die er wiederum Homer und Hesiod zuschreibt. Man hänge den Göttern alles an, was beim Menschen Schimpf und Schande sei. Die „Neger" behaupteten, ihre Götter seien stumpfnasig und schwarz, die „Thraker", sie seien blauäugig und rothaarig und

> *„wenn Ochsen und Pferde und Löwen Hände hätten oder malen könnten [...], so würden die Pferde pferdeähnliche und die Ochsen ochsenähnliche Göttergestalten malen" (Diels/Kranz VS I 21 B 159).*

Da aber über Gott nichts Sicheres zu erfahren ist, bleibt für Xenophanes alles menschliche Wissen von Gott bloßes Vermutungswissen. Was bei Xenophanes begann, vollendeten in Europa die Philosophen Kant, Feuerbach und Nietzsche. Kant kritisierte nicht nur Gottesbeweise, sondern bestimmte auch den Anthropomorphismus als Versinnlichung einer Idee, Feuerbach erwies Gottesprädikate wie Allmacht, Allwissenheit, Allgütigkeit etc. als anthropomorphe Spiegelungen des „Menschen". Nietzsche verkündet schließlich: „Gott ist tot", und glaubt den theologischen Anthropomorphismus gänzlich überwunden zu haben.

Heraklit hatte einst den Menschen durch seine Positionierung zwischen die Pole Gott und Affe zu bestimmen gesucht, da ihm diese Referenzpunkte in ihrem Wesen selbstverständlich zu sein schienen. Nach der neuzeitlichen Destruktion der Gottesidee als dem einen zentralen Bezugspunkt des klassischen Anthropomorphismus bleibt nach Darwin nur noch der „Affe", um erneut den „Menschen" zu positionieren. Doch der Menschenaffe scheint dem Menschen so ähnlich, dass gerade er den Menschen auf sich selbst zurückwirft. Die neuzeitliche wissenschaftliche „Vermenschlichung" von „Menschenaffen" wird bereits im Klassifikationsnamen des frühen Linné erkennbar, denn Affen werden im System zu den „Anthropomorpha" gezählt. Die Aussagen von Reisenden, Naturforschern oder Philosophen erscheinen aus heutiger Sicht unkritisch anthropomorph. Letztlich kann der gesamte Weg der Menschenaffen vom „Monster" zur „Person" als fragwürdige Vermenschlichung verstanden werden.

Aufklärung, Mythos und Kritik

Schon die Aufklärer im 18. Jahrhundert betrachteten frühere Vorstellungen und Berichte über „Menschenaffen" als Märchen, Legenden, Mythen und daher als „anthropomorph". Seit der Aufklärung nimmt die beobachtende, konstruierende und rekonstruierende Vernunft zugleich für sich in Anspruch, von einem objektiven Standpunkt aus, über frühere fremde und eigene Erkenntnisse kritisch und wissenschaftlich urteilen zu können. Vom rationalen Standpunkt aus kritisierten die Naturhistoriker Buffon, Vosmaer oder Blumenbach, später Brehm, Darwin oder Huxley vorangehende oder zeitgenössische Vorstellungen zu Menschenaffen. Gorillakenner wie Akeley (1923) oder der Zoologe Portmann (1967) distanzierten sich von den Mythen. Wie werden die Vorstellungen heutiger Primatologen und Philosophen in Zukunft einmal beurteilt werden?

Im Bann des Anthropomorphismus

Die Geschichte der Menschenaffen zeigte viele anthropomorphe Perspektiven und Interessen bei dem Versuch ihrer Erfassung und Verortung. Der Physikotheologe, Calvinist und Universalgelehrte Johann Jacob Scheuchzer integriert einen von dem Mediziner Tulpius erstmals 1641 abgebildeten Menschenaffen spektakulär in die biblische Menschheitsgeschichte (Farbtafel 1). Warum wird dem biblischen Esau ein weiblicher Menschenaffe zur Seite gestellt? Scheuchzer stellt sich Esau als „Halbe Mißgeburth" vor, „welche von der natürlichen Ordnung abweichet" (1731 I 103). Auf dem Hintergrund des christlich pessimistischen Naturbildes der *natura lapsa* liest Scheuchzer aus der natürlichen Hässlichkeit einer Affengestalt eine gottgewollte Moralbotschaft heraus. Die Illustration zeigt exemplarisch, dass der anthropomorphe Blick von Gelehrten, Künstlern und Rezipienten gleichermaßen getragen wurde. Die menschlichen Wahrnehmungen unterstehen dem Einfluss von Grundeinstellungen, Interessen und komplexen historischen Kontexten, aber auch besonderen Formen der Medialisierung, der Verschriftlichung oder Visualisierung. Gerade die verschiedenen bildlichen Darstellungen von Menschenaffen im Verlauf der Geistes- und Wissenschaftsgeschichte verdeutlichen die Diskrepanz in der jeweiligen Perspektive. Zeitgebundene Medien wie Holzschnitte, Kupferstiche, Fotografien oder Filme prägen zudem durch ihre Techniken Prototypen der Visualisierung. Je besondere visuelle Medientechniken bestimmten im Verlauf der Neuzeit für kurze oder lange Zeit bestimmte Wahrnehmungen von Menschenaffen, wie die Illustrationen belegen. Man betrachte den aufrecht gehenden Jocko nach Buffon (Abb. 5) oder die Illustrationen des bedrohlichen Gorillas als „Schrecken des Urwalds" im 19. Jahrhundert bzw. im Banne Darwins (Abb. 12).

> *„Das 18. Jahrhundert hat die Menschenaffen humanisiert; eine Stütze ähnlich dem Hirtenstab ist ihr Attribut. In der Zeit des frühen Darwinismus ist dagegen das Bild dieser menschähnlichen Tiere auffällig bestialisiert worden", stellte der Zoologe Portmann bündig fest (Portmann 1967, 316).*

Heute berichten Intellektuelle von klugen, selbstbewussten, kommunizierenden Menschenaffen, und Videos im Internet bestärken den Betrachter darin, das Menschenaffen „Personen" mit dem Anspruch auf „Menschenrechte" sind (Cavalieri/Singer 1994). Bestimmte Menschenaffen wie „Koko" wurden in besonderer Weise präsentiert. Kokos fotografisches Selbstportrait auf dem Magazin *National Geographic* kann als Ikone der modernen Visualisierung und Inszenierung von Menschenaffen betrachtet werden (Farbtafel 13). Auf dem Weg zur „Person" wurden Menschenaffen von Wissenschaftlern mit Intelligenz, Kreativität, Kommunikativität und Persönlichkeit ausgestattet und erregten Fragen im Spannungsfeld zwischen Anthropomorphologie, Anthropologie und Primatologie. Was wird wie „wir" inszeniert, damit wir „Menschen" uns in diesen Individuen wiedererkennen? Als was wollen „wir" uns wiedererkennen? Wer sich selbst im Spiegel fotografiert, muss eine „Person" mit Ichbewusstsein sein, lautet die Prämisse. Kann man darauf eine ethische Botschaft gründen? „Zumindest aber sind sie Botschafter ihrer Welt in der unsrigen, und wir sollten sie, wenn nicht als gleichwertig, so doch mit Rücksicht und Respekt behandeln. Geben wir ihnen das Recht, in Würde zu existieren, so macht uns das zu besseren Menschen." (Smith in Goodall et. al. 1993, 40) Die Identität der menschlichen Rezipienten und Menschenaffen verschmilzt gleichsam in einem Foto und jede Differenz verschwindet. Ist das Anthropomorphismus?[15] Es ist kaum zu leugnen, weil epistemologisch betrachtet spätestens seit Kant der Mensch mit seinen Erkenntniskategorien immer das „Maß aller Dinge" bleibt, selbst wenn Foto oder Film eine objektiv verfahrende und wissenschaftlich urteilende Vernunft vortäuschen.

Sind Entmythologisierung und Entanthropomorphisierung möglich?

Die Wissenschaft ist kritisch und möchte rational argumentieren, um anthropomorphe Fehlschlüsse zu vermeiden. Der unkritische Mensch zeigt in lebensweltlicher Einstellung ein elementares Interesse an Menschenaffen und fragt meist grundsätzlich anthropomorph: „Wer ist so wie wir?" Die Wissenschaft übernimmt diese Frage und versucht sie so logisch wie möglich zu beantworten, wie die Philosophen Heta und Matti Häyry in ihrer philosophischen Verteidigung des ethischen Personenstatus von Menschenaffen des Great Ape Projekts (Cavalieri/Singer 1994, 265). Sie kommen zum Ergebnis, dass Menschenaffen wie Menschen ähnliche kognitive und emotionale Wesen sind und daher in gleicher Weise ethisch berücksichtigt werden müssen. Aus der ahistorischen und dekontextualisierten Perspektive des neutralen unbeteiligten Beobachters wird so theoretisch ein „moralischer Status" erschlossen. Bereits die Wahl der epistemologischen und ethischen Termini verdeutlicht, dass jeder Anthropomorphismus vermieden werden soll. So wird aus drittpersonaler Beschreiberperspektive „Identität" (z. B. „Koko ist eine selbstbewusste und kreative Fotografin") ermittelt und die erstpersonale „Differenz" des Beschreibenden zum Beschriebenen und sein besonderes Interesse (z. B. der Zeitschrift *National Geographic*) bleiben ausgeblendet, und damit auch das erkennende und handelnde Subjekt. Soweit zur philosophischen Anthropomorphologie.

Die historische Anthropomorphologie hat es mit einem komplexen Prozess des allmählichen Herauswachsens von „Wissen" aus einem in systematischem Erkenntnisinteresse unsichtbar bleibenden Eisberg vielfältiger legendärer, mythologischer oder kultureller, wissenschaftlicher Vorstellungen über Menschenaffen zu tun. Der Primatologe blickt nur auf die Spitze des Wissens-Eisbergs und versucht die anthropomorphen Tiefenschichten weiträumig zu umfahren. Dabei fährt er auch selbst nur auf anthropomorphe Sicht. Einzig vom Standpunkt eines unbeteiligten wissenschaftlichen und teilnahmslosen Beobachters könnte man daher von einem echten Fortschritt in der Entmythologisierung und Entanthropomorphisierung sprechen. Welcher Wissenschaftler verfügt über diesen rationalen Standpunkt jenseits seiner besonderen Erkenntnisinteressen und seines selektiven historischen Blickes?

Daher schließt der radikale Relativist, dass es ohnehin kein absolutes Wissen geben könne, dann auch nicht über Menschenaffen. Er bestreitet jede Art der Möglichkeit von Bewahrheitung und damit auch jede Möglichkeit zur vollständigen Entanthropomorphisierung unserer Vorstellungen von Menschenaffen. Dem weichen Relativisten genügt dagegen in den Wissenschaften meist schon ein Popper'scher Falsifikationismus: Wenn wir schon nichts als endgültig „wahr" beweisen können, dann könnten wir doch durch widerlegende Beobachtungen oder Experimente immer wieder das eine oder andere als „falsch" erweisen. Was aber weder verifizierbar noch falsifizierbar ist, wäre dann als „Pseudowissenschaft" oder schlechte Metaphysik der Menschenaffen abzugrenzen. Leider ist es nicht so einfach, Anthropomorphismen zu vermeiden, wie schon die Primatologen selbst bemerkt haben. Naturbilder spielen im Hintergrund ebenso eine Rolle wie eurozentrische, geschlechterstereotypische oder methodologische Fragen.

Naturbilder im Hintergrund

Scheuchzers Illustration eines Menschenaffen im Lichte einer von der Erbsünde gezeichneten Natur verdeutlichte den Einfluss von Naturbildern auf die Darstellung von Menschenaffen. Eine Anthropomorphologie beleuchtet aber nicht nur den historischen, wissensarchäologischen oder kulturell ideengeschichtlichen Prozess, sondern kann auch in philosophisch-systematisch anthropologischer Perspektive das zugrunde liegende Mensch-Tier-Verhältnis und Naturbild befragen. Dann wird die „Logik des Menschlichen" näher ins Auge gefasst, d. h. der Inbegriff allgemeiner und besonderer Konstruktionsprinzipien, die eine Wahrnehmung und begriffliche Erfassung von Menschenaffen durch bestimmte Begriffe, Grundsätze, Prinzipien und Methoden ermöglicht. Fragen nach den prinzipiellen Bedingungen der Möglichkeit für die menschenähnliche Konstruktion von „Menschenaffen" eröffnen ein weites Feld. Hier stoßen wir bald auf bestimmte Naturkonzepte und Mensch-Tier-Differenzen, die als Hintergrund erst eine abgrenzende Spezifizierung und Verortung von Menschenaffen ermöglichen. Neben der Naturvorstellung der Sündenfallnatur, der *natura lapsa,* und dem Stufenkonzept, der *scala naturae* (Bonnet), kommen im 18. Jahrhundert das Konzept des Naturhaushalts, der *oeconomia naturae* (Linné), im 19. Jahrhundert das Konzept der Evolution (Lamarck, Darwin) oder im 20. Jahrhundert die Naturkonzepte des ökosystemaren Gleichgewichts, der vernetzten Biodiversität und der natürlichen Selbstorganisation etc. hinzu. Je nach Einbettungskontext und Naturvorstellung erhalten dann Menschenaffen ihre besondere Funktion,

Rolle und Stellung. In der postparadiesischen Sündenfallnatur erscheinen Menschenaffen als gefallene, degenerierte Menschen, in der Stufenleiternatur der Wesen mal als menschliche Wilde oder als höchste Tiere wenig unterhalb wilder Menschen. In der darwinschen Evolution sind sie die physisch Verwandten und Vorläufer des Menschen, der ihnen aber letztlich im „Kampf ums Dasein" überlegen ist. Schließlich erscheinen Menschenaffen im Kontext globaler Artenvielfalt als zu erhaltende „Exemplare" ihrer Art im „natürlichen" Gleichgewicht des Ökosystems Urwald.

Eurozentrismus?

Man kann die Geschichte der Menschenaffen auch als eine Geschichte der interkulturellen Begegnung lesen. Diese Perspektive provoziert rasch die Kritiken des Eurozentrismus, Kolonialismus und Imperialismus. Leicht wird dabei übersehen, dass auch Menschenaffeninterpretationen außereuropäischer Kulturen, z. B. dass Orang-Utan „Waldmensch" bedeutet, in die europäische Wahrnehmung der Menschenaffen eingeflossen sind und den „Diskurs" der Philosophen und Naturhistoriker angeregt haben. Können sie aufrecht gehen? Sprechen? Frauen entführen oder vergewaltigen? Können sie arbeiten? Sind das notwendigerweise exklusiv eurozentrische Fragen? „Sie sprechen nicht, um nicht arbeiten zu müssen", lautete eine Idee von Ureinwohnern. Sie haben keinen Begriff von Arbeit, brauchen keinen Lohn und kennen kein Geld, meinte auch der Tierpsychologe Heini Hediger.

> *„Was lernen wir daraus? Tiere sind erst dann wie wir, wenn sie Homo sapiens auf heutiger Kulturstufe in Westeuropa sind."* (Precht 2000, 139)

Aus welcher Kultur auch immer die Fragen stammen, das Wissen über Menschenaffen ist offensichtlich in einem interkulturellen Diskurs gewachsen. Dieser wird dann zwar radikal in „eurozentrische" Konzepte transformiert, womit sicherlich auch besondere Herrschaftsinteressen und Ideologien befriedigt werden, aber der Diskurs geht darin nicht auf, sondern auch andere, nicht eurozentrische Perspektiven werden so eröffnet. Die berühmten „Drei Affen", oft Schimpansen, die nichts sehen, hören und nicht sprechen wollen, wurden ursprünglich im Geiste des Konfuzius, dann auch im japanischen Buddhismus positiv interpretiert, weil sie „über Schlechtes weise hinwegsehen", während sie in der westlichen Welt vermitteln, das Schlechte nicht wahrhaben zu wollen (Drei Affen. Wiki 2012). Besondere Menschenaffen wie Gibbons können auch philosophische Botschafter anderer Kulturen sein (Geissmann in Auffermann et. al. 2012). Kurz gesagt, manche Deutung von

Menschenaffen ist in der Tat „eurozentrisch", aber nicht jede ist „nur eurozentrisch", da sie auch in anderen Kulturen vorliegen kann, dann aber oft auch aus anderer Perspektive zu deuten ist.

Geschlechterstereotypien?

Das Problem des Anthropomorphismus in der Menschenaffenwahrnehmung schließt spezielle Sichtweisen und Konstruktionen ein, die von einem historischen oder ideologiekritischen Standpunkt zu beleuchten sind. Bekannt ist die historisch gewachsene eurozentrische Perspektive des „Wilden" und von Menschenaffen als Wilden oder Wilden in Menschenaffennähe, welche insbesondere die Zeit der imperialen Kolonisierungen in Afrika und Asien begleitet. Chauvinismus, Rassismus, Sexismus wären Sonderfälle eurozentrischer Sichtweisen, insbesondere Geschlechterstereotypien in der Wahrnehmung von Menschenaffen. Sie alle sind Gegenstand komplexer moderner Analysen. Die Geschichte der Primatologie ist aus dieser Perspektive sogar als Politik mit anderen Mitteln verstanden worden, einschließlich der Aktivitäten und Forschungen der großen Primatenfrauen Ende des 20. Jahrhunderts (Schiebinger 1995; Haraway 1989, 1995a, 1995b).

> *„Meine These ist, dass die wissenschaftlichen Praktiken und Diskurse der modernen Primatenforschung teilhaben an dem grundlegenden Akt der westlichen Geschichte: der Konstruktion des Menschen-Mannes. Diese Konstruktion ruft nach kollektiver Dekonstruktion." (Haraway 1995a, 144)*

Primatenforschung wird aus dieser Perspektive zur adamitischen bzw. andromorphen „Soap Opera". Beispielsweise erscheint die männliche Primatologie in einer geschlechterstereotypischen, eurozentrischen Sichtweise befangen, die letztlich nicht Wissenschaft, sondern ideologische Narrative hervorbringt. Doch dies tangiert Primatologen wie Corbey kaum, weil sie bei Haraway in solchen Dekonstruktionen die Daten vernachlässigt sehen (Corbey 2005). Dennoch sind vor diesem Hintergrund immer auch je besondere, geschlechterspezifische Gedanken in der bildlichen und textlichen Darstellung und Sprache zu analysieren. Doch darf man die jeweilige Wahrnehmungsform nicht darauf reduzieren. Beispielsweise kann eine bestimmte Form weiblicher „Sittsamkeit" wie in den Illustrationen bei Tulpius oder Le Cat (Abb. 3 und Abb. 8) die historische Wahrnehmung weiblicher Affen durch männliche Forscher bestimmen, die ihrerseits stereotype sexuelle männliche Erwartungen hegen (Schiebinger 1995). Doch ist darüber hinaus konkret zu untersuchen, ob hier tatsächliche gesellschaftliche Herrschaftsverhältnisse Stereotypien produzieren oder ob noch komplexere Beziehungen, Strukturen oder Texttraditionen der Beschreibung und Analyse zugrunde liegen, die nicht vorschnell auf Geschlechterstereotypen reduziert werden können. Die Beschreibung der komplexen Hintergründe und die Analyse der merkwürdigen Illustration des französischen Forschers Le Cat nach Mitte des 18. Jahrhunderts kann dafür ein interessantes Beispiel sein (Abb. 8).

Primatologie zwischen Scylla und Charybdis

Der aufmerksamste Beobachter eines lebenden Menschenaffen im 18. Jahrhundert war wohl der Holländer Vosmaer. Ebenso wie der seinerzeit einflussreiche Anthropologe und Naturhistoriker Blumenbach war er sich bewusst, dass Vorläufer und Zeitgenossen in Wort und Bild wohl zu viel „Mensch" in ihre Menschenaffendarstellungen hineingelegt hatten. Noch mehr war nach dem tierpsychologischen Desaster mit dem „Klugen Hans" nach 1900 – also mit rechnenden Pferden und Briefe schreibenden Hunden – die neue Affenforschung des Psychologen und Primatologen Wolfgang Köhler sorgsam darauf bedacht, jeden Verdacht eines „Anthropomorphismus" weit von sich zu weisen. Köhler wollte auf keinen Fall „anthropomorph" verstanden werden, wenn er seine Schimpansen beschrieb. Er wollte nicht subjektiv introspektiv über das Bewusstsein von Schimpansen sprechen, sondern experimentell ihr intelligentes Verhalten objektiv erforschen. Doch gab auch der um wissenschaftliche Objektivität bemühte Köhler bei seinen berühmten Intelligenzprüfungen an Schimpansen zu, ins Gegenteil zu verfallen, denn er fürchtete mit der Zeit „schimpansoid" zu werden, wie es in einem Brief um 1915 heißt (zit. n. Jäger 1988, 58).

Zwischen der Scylla des Anthropomorphismus und der Charybdis des Schimpansoismus will seitdem die nachfolgende moderne Primatenforschung durchsegeln, und noch am Ende des 20. Jahrhunderts geht das Gespenst des Anthropomorphismus um. Der bekannte Primatenforscher Frans de Waal (geb. 1948), ganz ein Kind der zweiten Jahrhunderthälfte, sieht aus seiner Forscherperspektive dem Vorwurf des Anthropomorphismus nüchtern ins Auge. In der Forschung mit Menschenaffen stellt sich ihm das Problem als „Anthropomorphismus und Anthroponegation" (de Waal 2006, 79–87). Wie so oft sollen individuelle Anekdoten – bei de Waal von einer Wasser speienden Schimpansin namens „Georgia" – das Problem der anthropomorphen Interpretation illustrieren. Die Frage ist in diesem Fall: Wie soll man Anthropomorphismen bei der Interpretation eines Täuschungsverhaltens vermeiden?

De Waal unterscheidet angesichts des Anthropomorphismusproblems in der Methodologie salopp zwei Formen von „Knauserei" – nämlich die kognitive und die evolutionäre Sicht des Problems (2006, 81). Der Behaviorismus verlange, mit möglichst geringer Begrifflichkeit mentale Fähigkeiten zu beschreiben und zu erklären bzw. möglichst einfache Erklärungen zu präferieren. So sei vielleicht der Verzicht auf die Unterstellung bewusster Täuschung die Erklärung angepassten Verhaltens von Schimpansin Georgia die einfachere Alternative. Die evolutionäre Erklärung geht dagegen von der Abstammungsgeschichte aus und vermutet ähnliche mentale Prozesse bei verwandten Tieren. Der Forscher stehe nun vor dem Dilemma, Tiere einmal als Roboter und dann wieder als Menschen zu verstehen – und die letztgenannte Beschreibung klinge immer anthropomorph. Anthropomorphismus in enger Bedeutung bezieht sich vor allem auf die falsche Übertragung menschlicher Begriffe auf tierisches Verhalten. Doch sieht de Waal auch eine weitere Fassung, „nämlich als Beschreibung von tierischem Verhalten mit menschlichen, also intentionalistischen Begriffen" (2006, 83). Ziel der Forscher sei dabei, richtige Ergebnisse, d.h. „nachprüfbare Thesen und replizierbare Beobachtungen" zu gewinnen. Entgegen der üblichen Anthropomorphismuskritik (Kennedy 1992) verteidigt de Waal einen berechtigten Anthropomorphismus in der Kommunikation und zur Hypothesenproduktion in Untersuchungen mit Menschenaffen von „jenem Anthropomorphismus, der vor allem menschliche Emotionen und Absichten auf Tiere projiziert" (2006, 84). De Waal wendet sich daher gegen eine radikale „Anthroponegation" in der Forschung, d.h. gegen eine völlige Ausblendung des Menschen, die quasi einer absichtlichen „Blindheit" in der Erklärung des Verhaltens von Menschenaffen entspreche. Der skeptische Empirist und Philosoph Hume wird als Vertreter eines aufgeklärten Anthropomorphismus mobilisiert. Letztlich hätten auch die Behavioristen die bipedischen Affen von ihrem methodischen Ansatz in der Verhaltenserklärung ausgenommen.

Die Lösung de Waals lautet daher kurz: Anthropomorphismus ist zwar gefährlich für diejenigen, die die Mauer zwischen Menschen und Tier aufrechterhalten wollen, doch aus evolutionärer Perspektive ist er insofern unvermeidlich, als anthropomorphe Erklärungen zulässige Hypothesen seien:

„Glaubt irgendjemand wirklich, dass sich Anthropomorphismus vermeiden lässt?" (de Waal 2006, 87)

Ein Kritiker de Waals mahnt die Einschränkung der wissenschaftlichen Rolle von Anthropomorphismen in evolutionären Verhaltenskontexten auf den Gebrauch „emotionaler" Begriffe an und fordert, „kognitive" Analogien und

Übertragungen bei Menschenaffen zu vermeiden (Wright in De Waal 2006, 101 ff.).

Der Disput zeigt, dass das epistemologische Problem des Anthropomorphismus offenbar tiefer liegt. Es kann jenseits pragmatischer Lösungen schon bei Kant gefunden werden. Was einst mit Bezug auf Gott von Kant als unberechtigte grenzüberschreitende „Versinnlichung einer Idee" angesehen wurde, stellt sich in Anbetracht von Menschenaffen heute so dar: Nicht die Versinnlichung einer Idee, sondern die Idealisierung der sinnlichen Befunde des Menschen über Affen ist heute das Problem, wenn beispielsweise Menschenaffen wie „Koko" zu Trägern von Ichbewusstsein bzw. zu „Personen" erklärt werden, die praktische Zwecke verfolgen.

Hier stellt sich ein Grundproblem bei der Anwendung teleologischer Begriffe, deren Bedeutung nur aus der Perspektive der ersten Person nachvollziehbar ist. Nur „Ich" weiß, was Selbstbewusstsein ist. Nur ich weiß, wie es ist, ein „Mensch" zu sein. Aber werde ich jemals wissen, wie es ist eine Fledermaus zu sein oder ein Menschenaffe? Hier gibt es erhebliche Probleme und Einwände (Nagel 1996). Diese Selbsterkenntnis soll nun aber in drittpersonaler Wissenschaftssprache distanziert beschreibend und kausal vermittelt werden und dem Beobachtenden dennoch etwas zu verstehen geben. Intentionale Begriffe erscheinen aber nur mit Bezug auf einen erstpersonalen Akteur, kurz gesagt, ein „Subjekt", einsichtig und nachvollziehbar, sie sind insofern nicht auf drittpersonale Erklärungsmuster für „Objekte" anwendbar, und wenn, dann jedenfalls nicht ohne Sinnverlust und Reduktion. Der phänomenologische Teufel steckt also bereits im Detail der Art der „anthropomorphen" Sprache über Menschenaffen. Sprache kann bekanntlich nach Wittgenstein verhext sein und erst die Probleme erzeugen, von denen wir glauben, sie lösen zu müssen. Die Frage ist heute, ob eine andere wissenschaftliche Metatheorie oder Sprache, z. B. eine „Teleosemantik" (Millikan 2008) hier neue Brücken schlagen kann, um derartige methodische Probleme anthropologisch, tierphilosophisch und epistemologisch auflösen zu können. Vielleicht aber wird durch eine neue Theorie und Sprache nur eine prinzipielle Differenz zwischen subjekt- und objekt-bezogener Reflexion verwischt, die im Fall von Menschenaffen zum Problem wird.

Erklären und Verstehen?

Die klassische philosophische Lösung wäre, einerseits mögliche objektive und rationale Bedingungen einer wissenschaftlichen Erklärung und anderer-

Fortsetzung auf Seite 271 ▶

Farbtafel 1: Ein Menschenaffe in der Bibel (Scheuchzer 1731)

Farbtafel 2: „Simia satyrus Linn." (Schreber 1775)

Farbtafel 3: Der kultivierte Orang (Haag 1776)

Farbtafel 4: „Orang oetan" (Haag 1777)

Farbtafel 5: Menschenaffen (Rees' Cyclopaedia 1802 f.)

Farbtafel 6: Affenhaus in Paris um 1840 mit „Orang-outang femelle" (oben rechts)

262　Farbtafeln

Farbtafel 7: „Orang Outang"-Gruppe (D'Orbigny 1839 ff.)

Farbtafel 8: „Der Orangutang" (nach D'Orbigny 1839 ff.)

Farbtafel 9: Gorillagruppe aus *Das Buch der Welt* (1853)

Farbtafel 10: Der große Gorilla (Hartmann 1880)

Farbtafel 11: „Der M'Pungu des Berliner Aquariums" (Hartmann 1880)

Farbtafel 12: „Neugierige Modelle" (Weczerzick 1893)

Farbtafel 13: Gorilla „Koko" fotografiert sich selbst (National Geographic 1978)

Farbtafel 14: „Apestract"-Bilder der Orang-Utans Sandra (2006, oben) und Barito (2010, unten) aus dem Krefelder Zoo

seits die subjektiven Bedingungen und Interessen im hermeneutischen Zugang zum Verstehen einer Problemsituation auseinanderzuhalten. Was wollte der Forscher Köhler? Sein Interesse am Problemlösen der Schimpansen zielte auf ein „Verstehen", wenn es z. B. um den Werkzeuggebrauch oder auch um die Interpretation eines Täuschungsmanövers ging. Man trennte seinerzeit „Erklären" und „Verstehen", woraus nach Dilthey auch der Gegensatz von Natur- und Geisteswissenschaften entsprang. Damit stellt sich auch die Frage nach dem Ort der Primatologie in diesem dualistischen Wissenschaftssystem. Doch warum sollte man bei Menschenaffen nicht von „Verstehen" reden, wenn die Perspektive der ersten Person und die „anthropomorphe" Analogie seitens ihrer Erforscher zwangsläufig eingesetzt werden muss, um das Geschehen bei Menschenaffen zu erfassen? Eine naturwissenschaftliche „Erklärung" des „Geschehens" wird im Allgemeinen dann akzeptiert, wenn kausale und drittpersonal formulierte Beschreibungen (wie „Es war zu beobachten, dass X von A nach B ging, weil dort die Banane lag.") aufgrund von Beobachtungen im Kontext von Experimenten erfolgen. Vielleicht sollte man daher schon im sprachlichen Vorfeld deutlicher machen, ob und wann ein „Verstehen" oder eine „Erklärung" angestrebt wird, anstatt begriffliche Spitzfindigkeiten einzuführen, die eine Art von Anthropomorphismus von einer anderen Art abgrenzen sollen, was letztlich im Wissenschaftsbetrieb zu besonderen Sprachverboten und Tabus in der Beschreibung des Verhaltens von Menschenaffen führt. Diese alte, sicherlich auch problematische, Divergenz von „Verstehen" und „Erklären", welche im Kern bis heute die Geistes- von den Naturwissenschaften methodisch abgrenzt, könnte vielleicht im unterschiedlichen Begreifen, dann Erklären von Verhaltensformen bei Menschenaffen wieder hilfreich sein. Die philosophischen Probleme des Anthropomorphismus sind damit nicht gelöst, aber die primäre Intention und Einstellung der Primatenforscher wäre doch deutlicher artikuliert, wenn man vorab seine Intentionen klarer offenlegt und sagt, was man eigentlich will oder wollte – Menschenaffen als handelnde Akteure verstehen oder ihr Verhalten erklären?

Anthropomorphismus und Anthropozentrismus

Ein philosophisches Minenfeld betritt, wer die vielfältigen Beziehungen zwischen Anthropomorphismus und „Anthropozentrismus" bzw. „Speziesismus" ins Auge fasst. Unterschiedliche Positionsbestimmungen sowie Methoden- oder Ideologiekritik ergeben sich schon innerhalb der Bereiche der Philosophie: Epistemologie, Wissenschaftsphilosophie, philosophische Anthropologie und Metaphysik, Sprachphilosophie und Ethik sind betroffen.

Daher liegt nicht einfach ein „Dilemma" vor, sondern es ergeben sich Tri- oder Multilemmata. Hinzu kommen noch Interessen weiterer Disziplinen, z. B. der empirischen Anthropologie, Biologie, Soziologie, Kultur- und Kommunikationswissenschaften oder Linguistik. Nur ausnahmsweise meinen Anthropologen und Sozialwissenschaftler, dass sich Methoden über den Menschen hinaus auch auf Menschenaffen anwenden lassen. Meist verteidigen sie einen „Anthropozentrismus", was wiederum Kritiker in den eigenen Reichen herausfordert:

> *„Indessen bewachen Anthropologen und andere Sozialwissenschaftler eifersüchtig das, was nach ihrer Ansicht die Domäne des Menschen ist, und applaudieren den Ängsten des Biologen vor dem Anthropomorphismus. Was derzeit als Anthropomorphismus verurteilt wird, sind jene Charakterisierungen, die er unbedingt dem Menschen, und nur dem Menschen, vorbehalten will. So wird die Drohung des biologischen Determinismus mit dem Anthropozentrismus abgewehrt. Aber wie kann man wissen, ob Menschenaffen anders sind als wir oder uns gleichen, wenn man es ablehnt, dieselben Fragen über beide zu stellen?"* (Barbara Noske in Cavalieri/Singer 1994, 403)

Ein besonderes Anliegen vieler Soziologen oder Kulturwissenschaftler ist dabei einen „biologischen Determinismus", Naturalismus oder Soziobiologismus in der Erklärung des Menschen von unten her abzuwehren, z. B. mittels rein biologischer Basisbegriffe, Kategorien und Konzepte wie „Gen", „Tier", „Instinkt" oder „evolutionär stabile Strategie". Andererseits wehrt man sich auch gegen metaphysische Bestimmungen des Menschen von oben her, z. B. als „animal rationale" oder als „Homo religiosus". Biologen habe außerdem ein besonderes Interesse an wissenschaftlicher „Objektivität", weshalb sie einen auf kontingente Subjektivität gegründeten „Anthropomorphismus" in der Methodologie vermeiden möchten. Wir sahen, das wird dann problematisch, wenn ihre Forschungsobjekte selber mögliche Subjekte mit menschenähnlichen Fähigkeiten sind wie im Fall der Menschenaffen.

Ein ganz besonderes philosophisches Dilemma ergibt sich nun, wenn man den methodenkritischen Vorwurf des Anthropomorphismus auf seine tieferen Voraussetzungen hin befragt. Wie eingangs dargelegt wurde, müsste vor der Erhebung des Vorwurfs eigentlich klar sein, was denn den „Anthropos" bzw. das eigentlich Menschliche ausmacht, welches nun in der Beurteilung auf andere Wesen übertragen oder projiziert wird. Damit wären nicht nur klassische „Anthropina", also spezifische Charakteristika des Menschen, gefragt, sondern auch eine klare Methode ihrer Gewinnung. Die klassische

Frage: „Was ist der Mensch?" verlangt somit auf die eine oder andere Art eine Antwort, bevor überhaupt der Vorwurf des „Anthropomorphismus" erhoben und verstanden werden kann. Bekanntlich wurden die bisherigen positiven Antworten auf diese essentialistische Was-ist-der-Mensch?-Frage mittels sehr unterschiedlicher Methoden und Konzepte gewonnen: durch Konvention, Empirie, Intuition, Phänomenlogie, Metaphysik, Religion. Zugleich wurden die Antworten systematisch kritisiert, destruiert, der Ideologiekritik unterworfen oder die Möglichkeit einer Beantwortung überhaupt bestritten. Trotzdem bleibt der Vorwurf „Anthropomorphismus" auf eine vorgängige Bestimmung des „Anthropos" angewiesen, wenn er nicht unverständlich und zugleich der Kritiker über seine eigenen Voraussetzungen unaufgeklärt bleiben soll. Wenn also eine Wesensbestimmung des Menschen abgelehnt wird, macht der Vorwurf des „Anthropomorphismus" wenig Sinn. Wenn die Bestimmung des Menschen aber kontingent empirisch erfolgt, z. B. als Werkzeugmacher oder sozial-kommunikatives Kulturwesen, erscheint er jederzeit widerlegbar, und der jeweils auf solche Bestimmungen gegründete Anthropomorphismusvorwurf steht auf wackligen Säulen. Diese empirisch erbauten Säulen können aber ebenso schnell umgestoßen werden wie eine klassische phänomenologische oder metaphysische Fundierung des Menschenwesens in der „Weltoffenheit" (Scheler) oder „Exzentrizität" (Plessner). Die empirischen Gründe für die „Einzigartigkeit" des Menschen wandeln sich zudem noch aus aktueller Perspektive der vergleichenden kognitiven Entwicklung mehr in eine Palette von Besonderheiten im kooperativen Aufzuchtverhalten, Lernen, in der Mutter-Kind-Beziehung, in der Rückenlage, im Gedächtnis oder in der Sprache (Matsuzawa 2012).

Der universal-historische Blick schärft die Sensibilität für das Problem. Der „Anthropomorphismus" kann aus epistemischer Perspektive dem jeweiligen Konzept von „Mensch" zugerechnet werden, zunächst aus ideengeschichtlicher und kulturhistorischer, aber auch aus evolutionärer und biologischer Sicht, indem er auf die natürlichen Wurzeln der Organisation der menschlichen „Spezies" zurückgeführt wird, also auf eine kontingente Daseinsform, die ihre „Umwelt" spezifisch zu erkennen und zu gestalten versucht. Hier lauert nun der Kritiker mit dem weiteren Vorwurf des „Anthropozentrismus" oder des „Speziesismus", d.h. eines menschliche Macht erhaltenden Artegoismus, und zwar einer Siegerspezies der Evolution, die evolutionär betrachtet zufällig der „Mensch" ist.

Noch weitere Verschränkungen von Epistemologie und Weltanschauung ergeben sich. Man muss nicht „Evolutionärer Erkenntnistheoretiker" sein, um den Rückgang auf biologisch verwurzelte Erkenntnisformen im Menschen anzuerkennen. Gerade in der gemeinsamen evolutionären Wurzel gründet die Erkenntnisförmigkeit dessen, was durch den Menschen bzw. seine Anschauungsformen Raum und Zeit bzw. seine Verstandeskategorien, wie Kausalität oder Wechselwirkung, erkannt werden kann. In solchen evolutionären Gemeinsamkeiten liegen auch „anthropomorphe" Erkenntnischancen für die vielen anderen „Welten" und „Sichtweisen" vermeintlich fremder Arten, zumindest, wenn es sich um höhere Tiere mit menschenähnlichen Sinnesorganen handelt.

Der europäische Anthropozentrismus hat aber noch andere, nicht evolutionäre Wurzeln, vor allem kultur- und ideengeschichtliche seit der Antike, in der vor allem der stoische Anthropozentrismus, nach dem alles auf der Welt nur für den Menschen existiert, geradezu sprichwörtlich geworden ist. Unterschiedliche ethische Ausprägungen der Anthropozentrismuskritik kennt man spätestens mit dem Auftauchen der Umweltethik. Eine starke tierethische Positionierung erhebt seit den 1970ern den Vorwurf des „Speziesismus" im Sinne eines Artegoismus, der insbesondere durch das Christentum legitimiert worden sei. Daher ist die Frage berechtigt: Was ist also Anthropozentrismus?

Wieder liegen die Ursprünge in der Aufklärung der leitenden Beziehungen des Menschen bei der Selbstlegitimation seiner Sonderstellung in der Welt. Ist der Gottesbezug zentral, spricht man von Theozentrismus, ist die Bezugnahme auf ein bestimmtes Selbstkonzept des Menschen zentral, kann man von Anthropozentrismus sprechen. Ist beispielsweise das Selbstkonzept dasjenige eines *animal rationale*, eines vernunftfähigen Wesens, so kann man auch von Ratiozentrismus sprechen. Diese Bemerkungen deuten bereits an, dass dieser Terminus eine verabsolutierende Selbstlegitimation bezeichnet, die den Menschen über alles in der Welt erhebt. In Bezug auf andere Primaten oder Tiere bedeutet dies, dass der Mensch für sich ein Herrschaftsmonopol beansprucht, welches vermeintlich in seiner „Natur", tatsächlich aber in seiner „Kultur" gegründet ist. Kurz gesagt: Historisch betrachtet gründet der Anthropozentrismus nicht in den evolvierten „Genen" des Menschen, sondern in seinem kulturellen Selbstverständnis, ja vor allem in philosophischen Ideen. Die antike Stoa, in der Neuzeit Pico della Mirandola, im 18. Jahrhundert Rousseau oder Kant, die philosophischen Anthropologen Plessner und Gehlen oder moderne Philosophen des rationalen Geistes und der Sprache wie Davidson können aus dieser Perspektive durchaus als „Anthropozentriker" bezeichnet werden, da sie auf je besondere Art eine Sonderstellung des Menschen zu legitimieren versuchten. Meist wurde die Sonderstellung des Menschen teleologisch gerechtfertigt – daher wäre die Rolle der Begriffe von

Zweck, Ziel, Sinn zu diskutieren. Die Natur sei auf den Menschen hin angelegt, der Mensch sei der Zweck der Natur oder des Logos in der Natur, solche Konzepte setzen eine metaphysische Teleologie voraus, erst recht, wenn diese Natur zudem durch Gott so geschaffen und lesbar wurde, wie im Rahmen einer Physikotheologie. Nach Kant ist nicht die Naturteleologie, sondern die Moralteleologie der einzige Ausweg, dem Menschen qua Vernunftwesen noch eine Sonderstellung zu sichern, d. h. nicht in, sondern außer der Natur als Inbegriff von Naturgesetzen.

Der modernere naturalistische Anthropozentrismus beruft sich entweder auf den Menschen als Siegerspezies in der Evolution oder mehr physikalisch auf das sogenannte anthropische Prinzip. So soll alles Naturgeschehen bei aller Zufälligkeit im Einzelnen aufgrund besonderer physikalischer Parameter und Konstanten generell doch auf den Menschen zulaufen. Metaphysisch begründet ist am Ende jede Natur- und Moralteleologie, die eine Sonderstellung des Menschen bzw. den Menschen als Mittelpunkt des natürlichen oder moralischen Geschehens ausweisen will. In ökologischen oder tierethischen Debatten der letzten Dekaden des 20. Jahrhunderts ist der ethische „Anthropozentrismus" zum Kampfbegriff geworden. Jede Variante erscheint höchst problematisch und als Wurzel der Krise bzw. der Übel im Verhältnis zwischen Mensch und Natur bzw. zwischen Mensch und Tier, und insbesondere zu Menschenaffen. Der reale Speziesismus erscheint dann als besondere Ausprägung eines naiven biologistischen oder intellektuellen metaphysischen Anthropozentrismus (Ingensiep 2009).

Ein weiterer Abgrenzungsversuch: „Anthropomorphismus" ist heute primär ein Problem der theoretischen Philosophie und Epistemologie bzw. einer empirischen Methodologie, „Anthropozentrismus" dagegen primär ein umfassendes Weltanschauungsproblem, das auch als Androzentrismus oder ethisch als Paternalismus auftreten kann und dann in jedem Fall Ideologiekritik herausfordert. Denn philosophisch betrachtet sind es meist metaphysische, naturteleologische oder naturalistische Weltanschauungen oder Ideologien, Macht erhaltende Wissenskonstruktionen, die eine Sonderstellung des (männlichen) Menschen und damit verbunden einen konkreten, praktischen Herrschaftsanspruch begründen sollen. Eine solche Sonderstellung kann auch antinaturalistisch und rein ethisch, durch eine normative „Idee" des Menschen als „Zweck an sich selbst" (Kant), oder positiv rechtlich durch das Konzept unantastbarer „Menschenrechte" legitimiert werden. Von der antiken Stoa bis in nachdarwinsche Selektionszeiten gibt es zudem eine breite Palette an Varianten, die im Naturrahmen einen „Anthropozentrismus" verankern, die aber vom „Anthropomorphismus" als primär epistemologischen, methodologischen Konzept geschieden werden sollten. Das bedeutet nicht, dass nicht auch anthropomorphe Tierpsychologie und anthropozentrisches Naturbild zusammen auftreten können, ja einander komplex durchdringen und bestätigen wie z. B. in Bonnets Stufenkonzept der Tierwelt im 18. Jahrhundert oder in Romanes' intellektuellen Tierstufen im 19. Jahrhundert, der die phylogenetischen Stufen mit der individuellen ontogenetischen Entwicklung des Menschen parallelisierte.

Das theoretische Grundproblem bleibt, dass Primatologen, Zoologen und Anthropologen gern einen klaren Standard zur Bestimmung von Identitäten und Differenzen, ja auch von Kontinuitäten hätten. Die wissenschaftshistorische Analyse zeigte, dass beide nicht nur in qualitativen, sondern auch in quantitativen Analysen, also bei der Produktion von vermeintlich harten Daten – wie bei Gehirnvergleichen mittels Indizes – nicht selten von der intellektuellen Überlegenheit des Menschen ausgingen, also von einer intellektuellen *scala naturae*, die dann auch bestätigt wurde (Corbey 2005, 111; Portmann 1967). Wenn der Maßstab das Menschenhirn an der Spitze der Stufenordnung ist, dann wurzelt der Anthropomorphismus im Anthropozentrismus. Auch der Evolutionist Romanes hatte in seinen psychologischen Vergleichen zur „geistigen Entwicklung im Tierreich" den Menschen konzeptionell als Standard zugrunde gelegt. Anthropomorph wurde die jeweilige intellektuelle Entwicklungsstufe in der menschlichen Individualentwicklung bestimmten Tieren zugeordnet, deren intellektuelle Kompetenz zugleich im Tierreich progressiv und parallel auf den Menschen als höchstes Tier zulief – Anthropomorphismus und Anthropozentrismus bestätigten sich auf diese Weise argumentativ und visuell gegenseitig (Romanes 1885, vgl. ÜbersichtsTafel vor Titel). Wenn sich – wie in diesem vertrackten Beispiel – ein intellektueller Anthropomorphismus in der Tierpsychologie und ein weltanschaulich fundierter Anthropozentrismus in einem Erklärungskonzept begegnen, ist größte Vorsicht und Kritik geboten. Wie kann eine solche Form der Verquickung von Anthropomorphismus und Anthropozentrismus in der Beurteilung von Menschenaffen vermieden werden?

Eine weitere Schwierigkeit ergibt sich, wenn man theoretisch und methodologisch in der Primatologie nicht in einen radikal anti-anthropomorphen Differenz-Standpunkt verfallen möchte, quasi in einen „Schimpansozentrismus", der vorab eine prinzipielle Differenz betont. Wie sollte ein solcher Standpunkt von einem teilnahmslosen Beobachter gerechtfertigt werden können? (vgl. Beck in Corbey 2005, 199). Die Frage ist aber, ob dabei ein am Philosophen Putnam orientierter Holismus, ein interner Realismus, der einen Pluralismus fundieren soll – so der Ansatz Corbeys –, philosophisch viel weiterbringt (Corbey 2005). Wirklich problematisch erscheint der moderne ethische Trend, in einen egalitären Anti-Speziesismus auf naturalistischer und evolutionärer Basis abzugleiten, der alle „Barrieren im Kopf" niederreißt – wie es ja partiell im Great Ape Project geschieht (Dawkins in Cavalieri/Singer 1994). Dann wird zwar der Szientismus vordergründig befriedigt, aber eine verantwortliche ethische Position auf der Grundlage moralischer Subjektivität, die rationale Gründe für ein Sollen und nicht nur erklärende Rückversicherungen im Sein sucht, ist aus evolutionärer Perspektive rein naturalistisch nicht mehr begründbar, sondern wurzelt in einem „Fehlschluss" vom Sein auf ein Sollen.

Ein Ausblick im Rückblick

Das philosophische Minenfeld zwischen Anthropomorphismus, Anthropozentrismus und Ethik wird nicht nur bei der Beurteilung der Identität von Mensch und Menschenaffen bzw. von der Differenz zwischen Mensch und Menschenaffen so schnell kaum zu entschärfen sein. Der individuelle Grundentscheid im Problemzugang zeigt sich darin, ob ich frage: Wer ist so wie wir? oder: Wer ist anders als wir? Die jeweilige Art der Frage wird sowohl die philosophische als auch die empirische Analyse des besonderen Verhältnisses zwischen Menschen und Menschenaffen beeinflussen. Am besten wäre wohl, man ginge im Fall von Menschenaffen immer zugleich auf die Suche nach Identitäten und Differenzen, aber ohne diesen dialektischen Zugang durch neue Konstruktionen im Hegel'schen Sinne „aufzuheben". Im Rückblick auf die Geschichte der Vorstellungen von Menschenaffen und ihrer Kultivierung in der Neuzeit wäre daher ein weniger originelles Fazit: Vor einer Definition des Menschen und einer korrespondierenden Abgrenzung von Menschenaffen sollte man sich hüten und dies je den philosophischen Anthropologen und Primatologen überlassen. Was aber wäre derzeit eine „philosophische", was eine „primatologische" Antwort?

Möchte man eine „philosophische" Antwort, dann kann man sich mit Kant folgendes Szenario vorstellen. Gehen wir davon aus, dass der Mensch ein *animal rationabile* ist, also ein vernunftfähiges Tier, d. h. keineswegs ein durchwegs vernünftiges Wesen, ein *animal rationale*, aber ein solches, das ein rationales Potenzial zur Kultivierung, Zivilisierung und Moralisierung besitzt. Was bedeutet dies für Menschenaffen? Menschenähnliche Formen ihrer Kultivierung in Bezug auf die grundlegenden Lebensvollzüge Essen, Trinken und Schlafen wurden seit der frühen Neuzeit beobachtet und befördert. Die Menschenaffen wurden in die europäische Kultur aufgenommen und eingewiesen und bewiesen später auch ihre technische Intelligenz und Kreativität – vom Stockgebrauch als Werkzeug (Köhler) bis hin zur Handhabung von Computern zur Kommunikation (Kanzi) und Fotoapparaten zum Selbstportrait (Koko). Menschenaffen mögen davon unberührt ihre eigene wilde „Kultur" und Lerntradition im angestammten Lebensraum besitzen – vom Werkzeuggebrauch bis hin zu Jagd- oder Versöhnungsstrategien. Damit wären wir bei der Zivilisierung, die ebenfalls ansatzweise schon in der Neuzeit erfolgte – mögen Menschenaffen von Natur aus auch „Kriege" (Goodall) führen oder „Wilde Diplomaten" (De Waal) sein. Zur menschenähnlichen Zivilisierung gehört aber auch, „Bürger" in einem Gemeinschaftswesen zu sein, sich in einem historischen Prozess staatlich zu organisieren und sich gegenseitig durch Institutionen zu befrieden. Von diesem menschlichen Zustand sind Menschenaffen offenbar weit entfernt, wenngleich es nicht auszuschließen ist, dass sich irgendwo auf einem „Planeten der Affen" solche Lebensformen organisieren.

Endlich wäre als kantisches Maß das Vermögen zur Moralisierung anzulegen. Es steht zwar auch bei Menschen oft aus, gehört aber zu deren Potenzial. Das würde bedeuten, dass Menschenaffen nicht nur Empfänger moralischer Wohltaten sind und dazu ihr „moralischer Status" eruiert wird, sondern sich vor allem als autonome moralische Akteure zu erweisen hätten, die, der Zurechnung fähig, Verantwortung für sich und andere Wesen zu übernehmen imstande wären. Manche Aufklärer im 18. Jahrhundert haben geglaubt, man könne sie tatsächlich zu kultivierten Bürgern erziehen und auf diesem Weg zu Brüdern des Menschen machen. Aber eine Moralisierung im Sinne einer vernünftigen, von subjektiven Wünschen sich distanzieren könnenden Willensbestimmung bei Menschenaffen dürfte kaum wahrscheinlich sein. Sollte der Fall eintreten, dass ein Individuum unter den Menschenaffen in diesem Sinne als *animal rationabile* und autonomes Subjekt agiert, quasi ein „Sir Orang-Utan" (Peacock), dann werden wir es in die „Gemeinschaft der Gleichen" aufnehmen müssen und haben keinen Grund mehr, uns von ihm in dieser Hinsicht zu unterscheiden.

Einen anderen, nicht über das autonome Individuum laufenden Versuch der Verhältnisbestimmung zwischen Menschen und Menschenaffen, sondern über den Kulturbegriff bieten derzeit führende Primatologen. Intelligenter Werkzeuggebrauch, künstlerische Kreativität und kooperative Kommunikation gelten allgemein als besondere Markenzeichen der menschlichen Kultur. Die Frage ist, ob Menschenaffen „Kultur" haben – ob nun unsere menschliche oder eine eigene Kultur. Gibt es aber eine menschliche Kultur oder doch nur Kulturen? Um den Kulturbegriff zwischen Naturalismus und

Anthropozentrismus dreht sich daher eine andere Diskussion. Sind diese menschenähnlichen Phänomene bei Menschenaffen naturwüchsig, genetisch determiniert und soziobiologisch reguliert oder handelt es sich um eigenständige Komponenten der menschlichen Geistesentwicklung und Kultur, die wir nun bei Menschenaffen suchen?

Der Primatenforscher Michael Tomasello besteht auf der besonderen Form menschlicher Kommunikation und Kultur. *Die kulturelle Entwicklung menschlichen Denkens* und *Die Ursprünge der menschlichen Kommunikation* stellen je besondere, ja einzigartige Entwicklungsformen dar (Tomasello 2002, 2009). Wer die Differenzen zum Menschenaffen hören will, der transformiert die alte anthropologische Frage in die Frage: „Was ist der Mensch(enaffe)?", und hebt gewichtige Unterschiede menschlicher Kultur hervor: Soziale Praktiken, Normen, Institutionen, die durch Kooperation und Arbeitsteilung auf ein gemeinsames Ziel ausgerichtet sind, altruistische Kommunikation und Wissensvermittlung, Einsicht in die Notwendigkeit von Lernen. Vor allem überindividuelle soziale Normen und wechselseitiges soziales Engagement, also Interpersonalität und Intersubjektivität bestimmen dann das gesamte menschliche Leben weit mehr als bei Großen Menschenaffen (Tomasello in Ganten et al. 2008, 239). Nur eine durch gemeinsame Motive, durch eine psychologische „Infrastruktur geteilter Intentionalität" geleitete soziale Kommunikation kennzeichne die menschliche Kultur und mache sie einzigartig. Daher konstatiert ein anderer Primatologe, Volker Sommer, in seiner Kritik an Tomasello: „Kein Wir-Gefühl im Pongoland".

Vor diesem Hintergrund ist gerade die ethische Diskussion interessant, da sich darin zeigt, welche wichtige Rolle dem Begriff der „Person" zukommt. Die Betonung der Einzigartigkeit der Entwicklung der Sprache des Menschen aus Gesten bis hin zu einer menschlichen Kultur entlastet nicht von der Frage, ob in dieser Hinsicht nur Menschen einzigartige Personen sind, selbst wenn bei Menschenaffen eine fehlende soziale Motivation zur Kommunikation beobachtet wird. Diese am Kulturbegriff ausgerichtete Interpretation verhindert eine reduzierte naturalistische Betrachtung der menschlichen Kultur. Es sei denn, man bindet den Personbegriff eng an eine bestimmte Form kultureller Entwicklung und macht diese zum entscheidenden Kriterium bei der Beantwortung der Frage, ob auch Menschenaffen „Personen" sind.

Nachwort

Die vorliegende Studie ist das Ergebnis mehrjähriger Suche und erster vertiefender Forschungen im Rahmen eines Projektes am Kulturwissenschaftlichen Institut in Essen. Das Thema wurde über die Jahre zu einem Herzensanliegen. Im Rückblick erstaunt mich die Menge an Erwähnungen und Illustrationen zu Menschenaffen in der Neuzeit, die ich zu Beginn nicht erwartet hatte. Nicht alles konnte Platz in diesem Buch finden. In einem Streifzug durch die Philosophie, Wissenschafts- und Kulturgeschichte der Neuzeit waren daher markante Stationen und Schwerpunkte auszuwählen. Ein Anspruch auf Vollständigkeit wird nicht erhoben und Hinweise auf weitere interessante Texte und Illustrationen werden dankbar entgegengenommen.

Sehr dankbar bin ich für die Unterstützung, die mir durch den Hirzel Verlag und Frau Dr. Angela Meder zuteil wurde, die diese Publikation anregte. Mein besonderer Dank gilt Frau Dr. Heike Baranzke für ihre kritische Begleitung des ganzen Projekts, für Diskussionen und manche inhaltliche Bereicherung. Ferner danke ich meinen Kollegen und Studierenden an der Universität Duisburg-Essen für die Gelegenheiten, in Seminaren und Vorträgen zur Philosophie und Wissenschaftsgeschichte der Menschenaffen philosophische, historische oder interdisziplinäre Probleme miteinander zu diskutieren und zusammen zu durchdenken.

Literatur

Agamben, Giorgio: Das Offene. Der Mensch und das Tier. Suhrkamp. Frankfurt a. M. 2003.
Akeley, Carl E.: Gorillas – Real and Mythical. American Museum of Natural History Journal, New York, Vol. XXIII, September–October, Number 5, 1923, 428–447.
Akeley, Carl E.: Im hellsten Afrika. Aus dem Englischen übertragen von Martin Proskauer. 6. und 7. Tausend, Scherl, Berlin o. J. [1. Aufl. 1925]
Akeley, Mary L. Jobe: Carl Akeleys Africa. Dodd, Mead & Co., New York 1930.
Anonymus: Kenntnisse von natürlichen Dingen zum Gebrauche der studierenden Jugend in den kaiserl. Königl. Staaten. Von Trattnern, Wien 1783.
Anonymus: My Visit To The Gorilla. Atlantic Monthly Vol. XXII, No 133, Nov. 1868, 550–557.
Aramata, Hiroshi: Galerie der Säugethiere. Ein Bilder-Album mit über 600 Darstellungen von Künstlern des 18. und 19. Jahrhunderts. Südwest Verlag, München 1991.
Aristoteles: Tierkunde. Hg. u. übertragen von Dr. Paul Gohlke. Ferdinand Schöningh, Paderborn 1949.
Arnold, Dorothea: An Egyptian Bestiary. The Metropolitan Museum of Art 1995.
Astley, Thomas: A New General Collection of Voyages and Travels. [1745–1747] Reprint Vol. III. Frank Cass and Company, London 1968.
Auffermann, Bärbel; Weniger, Gerd-Christian: Mensch Affenmensch. In: Wie Menschen Affen sehen. Stiftung Neanderthal Museum 2012, 30–46.
Bahner, Othmar: Intersubjektivität, Kommunikation und Natur. Theoretische und ethische Aspekte der Sprachuntersuchungen mit großen Menschenaffen. Europäische Hochschulschriften. Reihe XX Philosophie Bd. 543. Lang, Frankfurt a. M. 1997.
Ballantyne, R. M.: The Gorilla Hunters. A Tale of the Wilds of Africa. Crosby and Nichols, Boston 1864.
Ballauff, Theodor: Die Wissenschaft vom Leben. Eine Geschichte der Biologie. Alber, München 1954.
Balss, Heinrich: Albertus Magnus. Wissenschaftliche Verlagsgesellschaft, Stuttgart 1947.
Baranzke, Heike: Nur kluge Hänschen kommen in den Himmel. Der tierpsychologische Streit um ein rechnendes Pferd zu Beginn des 20. Jahrhunderts. In: Friedrich Niewöhner, Jean-Loup Seban (Hg.): Die Seele der Tiere. Wolfenbütteler Forschungen Bd. 94. Harassowitz, Wiesbaden 2001, 333–379.
Baranzke, Heike: Würde der Kreatur? Die Idee der Würde im Horizont der Bioethik. Epistemata. Würzburger Wissenschaftliche Schriften. Reihe Philosophie Bd. 328. Königshausen & Neumann, Würzburg 2002. 408 S.
Baranzke, Heike: Inwiefern ist die Ethik der Ehrfurcht vor dem Leben eine Verantwortungsethik? Eine Analyse des Begriffs der Ehrfurcht bei Albert Schweitzer. In: Synthesis Philosophica [Sonderheft zu Albert Schweitzer vorr. 2012].
Barth, H.: Analyse der Reisebeschreibung Du Chaillu's […]. Zeitschrift für allgemeine Erdkunde. Neue Folge. Zehnter Band. Hg. v. W. Koner. Reimer, Berlin 1861.
Barnum, Phineas Taylor: The Wild Beasts, Birds and Reptiles of the World. The Story of their Capture. The Saalfield Publishing Company, New York 1911.
Battel, Andrew: The strange adventures of Andrew Battell of Leigh, in Angola and the adjoining regions. Reprinted from „Purchas his Pilgrimes". Ravenstein, Ernest George (Hg.), Hakluyt Society, London 1901. [Hakluytus Posthumus or Purchas His Pilgrimes By Samuel Purchas, B. D. Vol. VI, The Second Part. London 1625]
Battel, Andrew: De Gedenkwaardige Voyagie van Andries Battel Van Leigh in Essex, Na Brasilien, En desselfs Wonderlijke Avontuuren, zijnde gevangen gebracht van de Portugijsen na ANGOLA, alwaaren en waar ontrent hy by-na 18. Jaren gewoond heeft. A. 1589. en vervolgens. Door hem selfs in het Engels beschreven, En daar uyt nu aldereest vertaald. Pieter van der Aa, Boekverkoper, Leyden 1706.
Battel, Andrew: „The strange adventures of Andrew Battell of Leigh in Essex, sent by the Portugals prisoner to Angola, who lived there, and in adjoyning Regions, neere eighteene yeeres" In: Hakluytus Posthumus or Purchas His Pilgrimes. Contayning a History of the World in Sea Voyages and Land Travells by Englishmen and others. By Samuel Purchas, B. D. (London 1625) Reprint. Ams Press Inc., New York 1965.

Baumgärtel, Walter: König in Gorillaland. Geschichten um mein Urwaldhotel. Kosmos, Gesellschaft der Naturfreunde. Franckh'sche Verlagshandlung, Stuttgart 1960.

Beijer, T.: Het Manuscript van Nicolaes Tulp. In: Nicolaes Tulp. Leven en werk van een Amsterdams geneesheer en magistraat. Hg. v. Merck, Sharp and Dohme, Amsterdam 1991, 121–131.

Berger, Arthur; Schmid, Josef (Hg.): Das Reich der Tiere. 2. Bd. Die Tiere der Wälder. Ullstein, Berlin 1936.

Bingham, Harold C.: Gorillas in a native habitat. Report of the joint expedition of 1929/30 of Yale University and Carnegie Institution of Washington for psychobiological study of mountan gorillas (Gorilla beringei) in Parc National Albert, Belgien Congo, Africa. Carnegie Institution of Washington Publ. No. 426, Washington D.C. 1932 [66 S., 22 Tafeln mit Fotografien].

Bitterli, Urs: Die „Wilden" und die „Zivilisierten" Die europäisch-überseeische Begegnung. Beck, München 1976.

Blühm, Andreas; Lippincott, Louise: Tierschau. Wie unser Bild vom Tier entstand. Wallraf-Richartz-Museum, Köln 2007.

Blumenbach, Johann Friedrich: Handbuch der Naturgeschichte. Neunte Ausgabe. Dieterich, Göttingen 1814.

Bonnet, Charles: Betrachtung über die Natur vom Herrn Karl Bonnet. Hg. v. Johann Daniel Titius. Erster Band. Schrämbl, Wien 1789.

Bourne, Geoffrey Howard; Cohen, Maury: The Gentle Giants. The Gorilla Story. G. P. Putnam's Sons, New York 1975.

Bowman, Thomas E.; Holthuis, Lipke B.: Lucifer or Leucifer: Which spelling is correct? Crustaceana 14, 216–217, 1968.

Brandes, Gustav: Buschi – Vom Orang-Säugling zum Backenwülster. Quelle & Meyer, Leipzig 1939.

Brandt, Reinhard: Kommentar zu Kants Anthropologie. Meiner, Hamburg 1999.

Brehm, Alfred Edmund: Illustrirtes Thierleben. Eine allgemeine Kunde des Thierreichs. Erster Band. Verlag des bibliographischen Instituts, Hildburghausen 1864.

Brehm, Alfred Edmund: Brehms Thierleben. Dritte, gänzlich neubearbeitete Auflage. Von Prof. Dr. Pechuel-Loesche. Erster Band. Bibliographisches Institut, Leipzig 1890.

Brown, Laura: Homeless Dogs and Melancholy Apes. Humans and Other Animals in the Modern Literary Imagination. Cornell University Press, Ithaca, London 2010.

Büchner, Ludwig: Der Mensch und seine Stellung in der Natur. 2. Aufl. Leipzig 1872.

Büsching, Anton Friedrich: Grundlage zu einer Geschichte der Bemühungen und Verdienste alter und neuer Völker um die Gelehrsamkeit. Maurer, Berlin 1792.

Buffon, G. L.: Histoire naturelle, générale et particuliére, avec la description du cabinet du roi, 44 Vols. Paris 1749–1804. Vol. 1–15. [Histoire naturelle générale et particuliére (1749–1767)]

Buffon, G. L.: Histoire Naturelle, Générale et particuliére, avec la description Du Cabinet Du Roi. Tome Quatorzième. L'imprimerie Royale, Paris 1766. [In Bd. XIV 1766, 43–71: Les Orang-outangs, ou le Pongo et le Jocko. Supplément Bd. VII 1789, 1–29: Addition à l'article des Orangs-outangs.]

Buffon, G. L.: „Herrn von Buffons Naturgeschichte der vierfüßigen Thiere", begonnen (1.–5. Bd.) von Friedrich Heinrich Wilhelm Martini (1772–1775), fortgeführt (6.–23. Bd.) von Bh. Chr. Otto (1780–1802) zu Berlin (bei Pauli), Siebzehnter Band. Schrämbl, Wien 1791.

Burdach, Carl Friedrich: Anthropologie für das gebildete Publikum. 2. Aufl. Becher, Stuttgart 1847.

Camper, Petrus: Natuurkundige Verhandelingen over den Orang-Outang. Meijer, Amsterdam 1782.

Carus, J. Viktor: Geschichte der Zoologie bis auf Joh. Müller und Charl. Darwin. Verlag von R. Oldenbourg, München 1872.

Cavalieri, Paola; Singer, Peter (Hg.): Menschenrechte für die Großen Menschenaffen. Das Great Ape Projekt. Goldmann, München 1994. [engl. The Great Ape Project. Equality beyond humanity. Fourth Estate Limited, London 1993].

Christmann, Karin; Haug, Christin: Grundrechte für Menschenaffe Hiasl. Süddeutsche Zeitung 29.9.2010 [http://www.sueddeutsche.de/wissen/tierschutz-grundrechte-fuer-menschenaffe-hiasl-1.1004921]

Corbey, Raymond: The Metaphysics of Apes. Negotiating the Animal-Human Boundary. Cambridge University Press, Cambridge, NY 2005.

Corbey, Raymond; Theunissen, Bert (Hg.): Ape, Man, Apeman: Changing Views since 1600. Department of Prehistory, Leiden University, Leiden 1995.

Cuvier, Baron von: Das Thierreich, geordnet nach seiner Organisation. Nach der 2. verm. A. übers. u. erweitert von F. S. Voigt. Erster Band Brockhaus, Leipzig 1831.

Dance, S. Peter: The Art of Natural History. Bracken Books London. 1989.

Dapper, Olfert: Umbständliche und Eigentliche Beschreibung von Africa Anno 1668. Hg. v. Rolf Italiaander. Steingrüben, Stuttgart 1964.

Darwin, Charles: Die Abstammung des Menschen. Aus dem Englischen übers. v. J. Viktor Carus [1874]. Reprint Fourier, Wiesbaden 1986.

Dembowski, Jan: Psychologie der Affen. [1. Aufl. Warschau 1951, übers. aus dem Polnischen] Akademie-Verlag, Berlin 1956.

Descartes, René: Abhandlung über die Methode des richtigen Vernunftgebrauchs. Reclam, Stuttgart 1990.

De Waal, Frans: Wilde Diplomaten. Versöhnung und Entspannungspolitik bei Affen und Menschen. Hanser, München 1991.

De Waal, Frans: Primaten und Philosophen. Wie die Evolution die Moral hervorbrachte. DTV, München 2011.

De Waal, Frans; Lanting, Frans: Bonobo. The Forgotten Ape. University of California Press, Berkeley 1997.

Dewsbury, Donald A.: Monkey Farm: A History of the Yerkes Laboratories of Primate Biology, Orange Park, Florida 1930–1965. Bucknell University Press, Lewisburg, Pennsylvania 2006.

Diels, Herrmann; Kranz, Walther: Die Fragmente der Vorsokratiker. 1. Bd. Weidmann 1974; 2. Bd. Weidmann, Zürich 1989.

Dierauer, Urs: Tier und Mensch im Denken der Antike. Studien zur Tierpsychologie, Anthropologie und Ethik. Verlag B. R. Grüner B. V., Amsterdam 1977.

Dinzelbacher, Peter (Hg.): Mensch und Tier in der Geschichte Europas. Kröner, Stuttgart 2000.

Dittrich, Sigrid u. Lothar: Lexikon der Tiersymbole. Tiere als Sinnbilder in der Malerei des 14. bis 17. Jahrhunderts. Imhof, Petersberg 2004.

D'Orbigny, Charles D. V. (Hg.): Dictionnaire Universel d'Histoire Naturelle. 13 Bde. u. 3 Atlanten. Renard, Paris 1839–1849.

Doumas, Christos: Die Wandmalereien von Thera. Metamorphosis Verlag, München 1995.

Drei Affen. http://de.wikipedia.org/wiki/Drei Affen – eingesehen am 24.5.2012

Drugulin, W.: Die Menagerie oder Beschreibung und Abbildung der vierfüßigen Thiere nach lebendigen Exemplaren. Nach der zweiten Auflage und aus dem Englischen übersetzt von Wm. Drugulin. Vierter Band. Naturgeschichte der Affen, Meerkatzen und Paviane. Die Expedition der Wochenbände. Stuttgart 1847. [Swainson, Will.: Animals in Menageries. Longman Co. 1. A. London 1838]

Du Chaillu, Paul B.: Explorations and Adventures in Equatorial Africa. Harper, New York 1861.

Du Chaillu, Paul B.: Reisen in Centralafrika. Hasselberg'sche Verlagshandlung (J. Winckler), Berlin 1862.

„Du Chaillu, Gorillas, and Cannibals." Harpers New Monthly Magazine Vol. XXXVI No 215, April 1868, 582–594.

Dupré, John: Gespräche mit Affen – Reflexionen über die wissenschaftliche Erforschung der Sprache. In: Dominik Perler, Markus Wild [Hg.]: Der Geist der Tiere – Philosophische Texte zu einer aktuellen Diskussion. Frankfurt a. M. 2005, 295–322.

Edwards, George: Gleanings of Natural History. The Royal College of Physicians, London 1758.

Eipper, Paul: Tiere sehen dich an. Reimer Berlin [1. A. 1928] 1929a

Eipper, Paul: Tierkinder. Reimer Berlin 1929b.

Engelmann, Wilhelm: Bibliotheca Historico-Naturalis. Verzeichnis der Bücher über Naturgeschichte (1700–1846). 1. Bd. Engelmann, Leipzig 1846.

Engels, Friedrich: Anteil der Arbeit an der Menschwerdung des Affen. In: Dialektik der Natur. Bücherei des Marxismus-Leninismus. Bd. 18. Dietz Verlag Berlin 1961, 179–194.

Falk, Hermann: Gorillajagd in Afrika. Abenteuer-Erzählung. Bären-Verlag, Düsseldorf 1955.

Falk, Johann Daniel: Taschenbuch für Freunde des Scherzes und der Satire. Sommersche Buchhandlung, Leipzig 1797.

Falkenstein, Julius.: Afrikas Westküste. Vom Ogowe bis zum Damara-land. Freytag, Leipzig 1885.

Filz, Walter: Der Affe zu Köln oder Petermanns Rache. Greven, Köln 2010.

Fink-Eitel, Hinrich: Die Philosophie und die Wilden. Über die Bedeutung des Fremden für die europäische Geistesgeschichte. Junius, Hamburg 1994.
Forster, Georg: A Voyage round the World. In: Georg Forsters Werke. Sämtliche Schriften. Hg. von der Akademie der Wissenschaften der DDR, Berlin 1958 ff. [zitiert als AA I.; Georg Forster: Reise um die Welt. AA I, II u. III]
Fossey, Dian: Gorillas im Nebel. Mein Leben mit den sanften Riesen. Knaur, München 1991. [engl.: Gorillas in the mist. Houghton Mifflin Company, Boston 1983]
Friedman, John Block: The Monstrous Races in Medieval Art and Thought. Harvard University Press, Cambridge, Mass. 1981.
Funke, C. P.: Kupfer-Sammlung besonders zu Funke Naturgeschichte und Technologie. Zur allgemeinen Schulencyclopädie gehörig. Schulbuchhandlung. Vieweg, Braunschweig 1803.
Garner, R. L.: Die Sprache der Affen [The Speech of Monkeys]. Aus dem Englischen übersetzt und herausgegeben von William Marshall. Hermann Seemann Nachfolger, Leipzig 1900.
Gehlen, Arnold: Der Mensch. Seine Natur und seine Stellung in der Welt [1940]. 13. A. Aula, Wiesbaden 1986.
Gerigk, Horst-Jürgen: Der Mensch als Affe in der deutschen, französischen, russischen, englischen und amerikanischen Literatur des 19. und 20. Jahrhunderts. Guido Pressler Verlag, Hürtgenwald 1989.
Gesner, Conrad: Thierbuch. Ins Deutsche übersetzt durch Conrad Forer und erweitert durch Georg Horstius. Verlegt bei Wilhelm Serlin, Frankfurt am Mayn 1669. Nachdruck Schlütersche Verlagsanstalt, Hannover 1980.
Gillispie, Charles Coulston (Hg.): Dictionary of Scientific Biography. Scribner, New York 1973.
Girtanner, Christoph: Ueber das Kantische Prinzip für die Naturgeschichte. Ein Versuch diese Wissenschaft philosophisch zu behandeln. Vandenhoek und Ruprecht, Göttingen 1796.
Godwin, Sara: Gorillas. Müller, Erlangen 1994.
Görling, Adolph: Die neue Welt. Skizzen von Land und Leuten der Nordamerikanischen Freistaaten. Verlag der Englischen Kunstanstalt von A. H. Payne, Leipzig 1848.
Goldfuß, August: Grundriß der Zoologie. 2. A. Schrag, Nürnberg 1834.
Goodall, Jane; Nichols, Michael; Schaller, George B.; Smith, Mary G.: Menschenaffen. National Geographic Society. RV Verlag, Berlin 1993.
Gould, Stephen Jay; Purcell, Rosamund Wolff: crossing over where art and science meet. Three Rivers Press, New York 2000.
Gould, Stephen Jay: Das Lächeln des Flamingo. Betrachtungen zur Naturgeschichte. Birkhäuser, Basel 1989.
Gregory, William K.; Raven, Henry C.: In Quest Of Gorillas. The Darwin Press, New Bedford 1937.
Groves, Colin: Extended Family. A personal look at the history of primatology. Conservation International, Arlington, VA 2008.
Groves, Colin P.: Gorillas. The World of Animals. Editor: Winwood Reade. Arco Publishing Company Inc., New York 1970.
Grzimek, Bernhard: Grzimek unter Afrikas Tieren. Erlebnisse, Beobachtungen, Forschungsergebnisse. Ullstein, Frankfurt a. M. 1969.
Haeckel, Ernst: Natürliche Schöpfungsgeschichte. Reimer, Berlin 1868.
Hagenbeck, Carl: Von Tieren und Menschen. Erlebnisse und Erfahrungen. Neue wohlfeile Ausgabe. Vita Deutsches Verlagshaus, Berlin-Ch. 1909.
Hahn, Emily: Eve & the Apes. Weidenfeld & Nicolson, New York 1988.
Haller, Johann Samuel: Die Naturgeschichte der Thiere in Sistematischer Ordnung. Die Vierfüssigen Thiere, welche lebendige Jungen zur Welt bringen, nebst der Geschichte des Menschen. Voß, Berlin 1757.
Hanno: Die Steintafeln des Hanno: Die Seereise Hannos des Karthagers. Westafrikafahrt zum Götterwagen. In: Perfahl, Jost: Die Erde ist wunderschön. Reisen durch drei Jahrtausende. Steingrüben Verlag, Stuttgart 1964, 27 f.
Haraway, Donna: Primate Visions: Gender, Race and Nature in the World of Modern Science. New York 1989.
Haraway, Donna: Primatologie ist Politik mit anderen Mitteln. In: Orland, Barbara; Scheich, Elvira (Hg.): Das Geschlecht der Natur. Suhrkamp, Frankfurt a. M. 1995a, 136–198.
Haraway, Donna: Die Neuerfindung der Natur. Primaten, Cyborgs und Frauen. Campus, Frankfurt a. M. 1995b.

Harrisson, Barbara: Kinder des Urwalds. Meine Arbeit mit Orang-Utans auf Borneo. Brockhaus, Wiesbaden 1964.
Hartmann, Robert: Der Gorilla. Zoologisch-anatomische Untersuchungen. Veit & Comp., Leipzig 1880.
Hartmann, Robert: Die menschenähnlichen Affen und ihre Organisation im Vergleich zur menschlichen. Brockhaus, Leipzig 1883.
Hastings, Hester: Man and beast in French Thought of the eighteenth century. The John Hopkins Press, Baltimore, Maryland 1936.
Heck, Ludwig: Heiter-Ernste Lebensbeichte. Erinnerungen eines alten Tiergärtners. Deutscher Verlag, Berlin 1938.
Hegel, Georg Wilhelm Friedrich: Encyclopädie der philosophischen Wissenschaften im Grundrisse. 3. A. Oßwald/Winter, Heidelberg 1830.
Hegel, Georg Wilhelm Friedrich: Werke in zwanzig Bänden. Enzyklopädie der philosophischen Wissenschaften. Werke 8, 9, 10. Suhrkamp, Frankfurt a. M. 1974/75.
Hensler, Karl Friedrich: Der Orang Outang. Oder das Tigerfest. Ein Lustspiel in drey Aufzügen. Aufgeführt im Jahr 1791. Mit Goldhannschen Schriften, Wien 1792.
Herder, Johann Gottfried von: Ideen. Hg. v. Johann v. Müller. Tübingen 1806.
Herder, Johann Gottfried von: Über den Ursprung der Sprache (n. d. 2. A. von 1789). In: Herders sämmtliche Werke. Zur Philosophie und Geschichte. 2. T. Hg. v. Johann v. Müller. Carlsruhe 1820.
Herder, Johann Gottfried von: Ideen. In: Herders sämmtliche Werke. Zur Philosophie und Geschichte. 4. Theil. Hg. v. Johann v. Müller. Stuttgart und Tübingen 1827.
Holbach, D', Paul Thiry: System der Natur. Aufbau-Verlag, Berlin 1960.
Hoppius, C. E.: [Anthropomorpha. Resp. C. E. Hoppius 1760] Vom Thiermenschen. In: Des Ritter Karl von Linné Auserlesene Abhandlungen aus der Naturgeschichte, Physik und Arzneywissenschaft. Böhme, Leipzig 1776, 57–70.
Hoyt, A. Maria: Toto and I. A Gorilla in the Family. J. B. Lippincott Company, Philadelphia 1941.
Huxley, Thomas Henry: Zeugnisse für die Stellung des Menschen in der Natur. Aus dem Englischen übersetzt von J. Viktor Carus. Vieweg, Braunschweig 1863.
Ingensiep, Hans Werner: Der Mensch im Spiegel der Tier- und Pflanzenseele. Zur Anthropomorphologie der Naturwahrnehmung im 18. Jahrhundert. In: Schings, Hans-Jürgen (Hg.): Der Ganze Mensch. Anthropologie und Literatur im 18. Jahrhundert. DFG-Symposion 1992. Metzler, Stuttgart 1994, 54–79.
Ingensiep, Hans Werner: Tierseele und tierethische Argumentationen in der deutschen philosophischen Literatur des 18. Jahrhunderts. Internationale Zeitschrift für Geschichte und Ethik der Naturwissenschaften, Technik und Medizin (NTM) N.S. Vol. 4, Nr. 2, 1996, 65–81.
Ingensiep, Hans Werner: Rezension zu: Cavalieri, Paola, Singer, Peter (Hg.): Menschenrechte für die Großen Menschenaffen. Das Great Ape Projekt. München 1994. Philosophischer Literaturanzeiger Bd. 50, Heft 1, 1997a, 47–49.
Ingensiep, Hans Werner: Personalismus, Sentientismus, Biozentrismus – Grenzprobleme der nicht-menschlichen Bioethik. Theory Bioscienc. 116, 1997b, 169–191.
Ingensiep, Hans Werner: Mensch und Menschenaffe. Die besondere Beziehung. In: Münch, Paul, Walz, Rainer (Hg.): Tiere und Menschen. Geschichte und Aktualität eines prekären Verhältnisses. Schöningh, Paderborn 1998, 429–446.
Ingensiep, Hans Werner: Kultur- und Zoogeschichte des Gorillas. Beobachtungen zur Humanisierung von Menschenaffen. In: Dittrich, Lothar et. al. (Hg.): Die Kulturgeschichte des Zoos. VWB, Berlin 2001a, 151–170
Ingensiep, Hans Werner: Menschenaffen als Paradigma für Kreativität und Humanismus? Gestalt Theory. An International Multidisciplinary Journal Vol. 23, No. 2, May 2001b, 115–131.
Ingensiep, Hans Werner: Geschichte der Pflanzenseele. Philosophische und biologische Entwürfe von der Antike bis zur Gegenwart. Kröner, Stuttgart 2001c.
Ingensiep, Hans Werner: Der aufgeklärte Affe. Zur Wahrnehmung von Menschenaffen im 18. Jahrhundert. In: Garber, Jörn, Thoma, Heinz (Hg.): Zwischen Empirisierung und Konstruktionsleistung: Anthropologie im 18. Jahrhundert. Niemeyer, Tübingen 2004a, 31–57.
Ingensiep, Hans Werner: Warum essen wir keine Gorillas? Eine kulturanthropologische Annäherung. In: Böhme, H. et. al.: Tiere. Eine andere Anthropologie. Böhlau, Köln 2004b, 187–198.

Ingensiep, Hans Werner: Der Primat der Vernunft? Historische und konzeptionelle Anmerkungen zum Unterscheidungskriterium „Bewusstsein". In: Herrmann, Christoph; Pauen, Michael; Rieger, Jochen; Schicktanz, Silke (Hg.): Bewusstsein. Philosophie, Neurowissenschaften, Ethik. W. Fink, UTB, Paderborn 2005, 135–163.
Ingensiep, Hans Werner: Der Mensch im Affenspiegel. Anthropomorpha im 18. Jahrhundert. In: Garber, Jörn, van Hoorn, Tanja (Hg.): Natur – Mensch – Kultur – Georg Forster im Wissensfeld seiner Zeit. Wehrhan, Hannover 2006, 79–102.
Ingensiep, Hans Werner: Der Orang-Outang des Herrn Vosmaer. Ein aufgeklärter Menschenaffe. In: Ullrich, Jessica; Weltzien, Friedrich; Fuhlbrügge, Heike (Hg.): Ich, das Tier. Tiere als Persönlichkeiten in der Kulturgeschichte. Reimer, Berlin 2008, 225–238.
Ingensiep, Hans Werner: Speziesismus. In: Bohlken, Eike, Thies, Christian (Hg.): Handbuch Anthropologie. Metzler, Stuttgart 2009, 418–422.
Institute of Contemporary Arts (ICA) in association with Granada TV Network and the Zoological Society of London: Presents an Exhibition of Paintings by Chimpanzees. Desmond Morris: Introduction Paintings by Chimpanzees. Graphis Press Limited, London 1957.
Jäger, Gustav: Wanderungen durch das Thierreich aller Zonen. Kröner, Stuttgart 1880.
Jäger, Siegfried (Hg.): Briefe von Wolfgang Köhler an Hans Geitel 1907–1920. Mit zwei Arbeiten Köhlers. Passauer Schriften zur Psychologiegeschichte Nr. 9. Passavia Universitätsverlag, Passau 1988.
Jahn, Ilse (Hg.): Geschichte der Biologie. 3. A. Fischer, Jena 1998.
Janson, H. W.: Apes and Ape Lore in the Middle Ages and the Renaissance. The Warburg Institute, University of London, London 1952.
Jardine, William: Naturgeschichtliches Cabinet des Thierreiches. VI. Säugethiere. II. Theil. Die Affen. Deutsch bearbeitet von Dr. August Diezmann. Hartleben, Pesth 1837.
Johnson, Martin: Congorilla. Filmabenteuer mit den kleinsten Menschen und den größten Affen. Brockhaus, Leipzig 1933.
Kainz, Friedrich: Die „Sprache" der Tiere. Tatsachen – Problemschau – Theorie. Enke, Stuttgart 1961.
Kant, Immanuel: Kants Werke. Akademie Textausgabe. [Ak] Reprint de Gruyter Berlin 1968.
Kant, Immanuel: Anthropologiekolleg vom Winter 1791/92. In: Kowalewski, Sabine Laetitia; Stark, Werner (Hg.): Königsberger Kantiana. Kant-Forschungen Band 12. Meiner, Hamburg 2000, 183–454.
Kearton, Cherry: Mein Freund Toto. Die Abenteuer eines Schimpansen. [1. A. 1931] 16.–20. Tausend, Spemann, Stuttgart 1948.
Kellogg, W. N.; Kellogg, L. A.: The Ape and the Child. McGraw-Hill, New York 1933.
Kennedy, John S.: The New Anthropomorphism. Cambridge University Press, Cambridge 1992.
Klaatsch Hermann: Entstehung und Entwickelung des Menschengeschlechtes. In: Kraemer, Hans (Hg.): Weltall und Menschheit. Geschichte der Erforschung der Natur und der Verwertung der Naturkräfte im Dienste der Völker, 2. Bd. Deutsches Verlagshaus Bong & Co., Berlin o. J., 1–338.
Klages, Ludwig: Der Geist als Widersacher der Seele [1929–1932] 6. Aufl. Bouvier, Bonn 1981.
Knauer, Friedrich: Menschenaffen ihr Frei- und Gefangenleben. Deutsche Naturwissenschaftliche Gesellschaft. Theod. Thomas Verlag, Leipzig o. J. [1908]
Kocher, Hugo: Die Buschgeister von Ambambu. Auf Gorillajagd im Urwald Südkameruns. Die Boje, Stuttgart 1953.
Köhler, Wolfgang: Aus der Anthropoidenstation auf Teneriffa. II. Optische Untersuchungen am Schimpansen und am Haushuhn. Abhandlungen der Königlich Preussischen Akademie der Wissenschaften. Phys.-Mathem. Klasse Nr. 3, Reimer, Berlin 1915, 1–70.
Köhler, Wolfgang: Intelligenzprüfungen an Anthropoiden. I, Einzelausgabe. Aus den Abhandlungen der Königl. Preuss. Akademie der Wissenschaften Jahrgang 1917. Phys.-Math. Klasse Nr. 1, Verlag der Königl. Akademie der Wissenschaften. In Kommission bei Georg Reimer, Berlin 1917.
Köhler, Wolfgang: The Mentality of Apes. International Library of Psychology Philosophy and Scientific Method. Translated from the Second Revised Edition (1927) by Ella Winter, Routledge & Kegan Paul LTD, London, Reprint 1956.
Köhler, Wolfgang: Intelligenzprüfungen am Orang. In: Jäger, Siegfried (Hg.): Briefe von Wolfgang Köhler an Hans Geitel 1907–1920. Mit zwei Arbeiten Köhlers. Passauer Schriften zur Psychologiegeschichte Nr. 9. Passavia Universitätsverlag, Passau 1988.

Kohl, Karl-Heinz: Entzauberter Blick. Das Bild des Guten Wilden und die Erfahrung der Zivilisation. Medusa, Berlin 1981.
Kohlbrugge, J. H. F.: Die morphologische Abstammung des Menschen. Strecker & Schröder, Stutttgart 1908.
Kohts, Nadjeta: Jungaffe und menschliches Kind. Moskau 1935. Engl. als N. N. Ladygina-Kohts: Infant Chimpanzee and Human Child. A Classic 1935 Comparative Study of Ape Emotion and Intelligence. Hg. v. Frans de Waal, Oxford University Press 2002.
Kort, Pamela; Hollein, Max (Hg.): Darwin. Kunst und die Suche nach den Ursprüngen. Schirn Kunsthalle. Wienand Verlag, Frankfurt 2009.
Krüger, Gesine; Meyer, Ruth; Sommer, Marianne (Hg.): „Ich Tarzan" Affenmenschen und Menschenaffen zwischen *Science* und *Fiction*. transcript Verlag, Bielefeld 2008.
Krug, Wilhelm Traugott: Allgemeines Handwörterbuch der philosophischen Wissenschaften 5 Bde. Brockhaus, Leipzig 1827–1829.
Krusenstern: Krusensterns Reise um die Welt. „Der Orang-Utang von Borneo." In: Neue Bibliothek der Unterrichts-Lectüre hg. v. Friedrich Richter. Dritte Abt. Naturgeschichte 1. Bd. Darstellungen aus dem Leben der Säugethiere. Erster Teil. Zweite verbesserte Auflage. Falckenberg & Comp., Magdeburg 1848, 15–26.
Kunzmann, Peter; Knoepffler, Nikolaus: Primaten. Ihr moralischer Status. Beiträge zur Ethik und Biotechnologie 8. EKAH, Bern 2011.
Lamarck, Jean-Baptiste de: Zoologische Philosophie Teil 1. Nach der Übersetzung von Arnold Lang. Akad. Verlagsges., Leipzig 1990.
La Mettrie, Julien Offray de: Der Mensch eine Maschine. Französisch und deutsch. Übersetzung von Theodor Lücke. 2. neu durchgesehene Auflage. Phillip Reclam jun., Leipzig 1984.
La Mettrie, Julien Offray de: Oeuvres philosophiques. Berlin 1774. Reprint I/II Olms, Hildesheim 1988.
Landmann, Michael: De Homine. Der Mensch im Spiegel seines Gedankens. Alber, Freiburg 1962.
Lang, Ernst M.: Goma das Gorillakind. Illustrierte Geschichte des ersten in Europa geborenen Gorillas. Albert Müller Verlag, Rüschlikon-Zürich 1961.
Lang, Ernst M.; Schenkel, Rudolf; Siegrist, Elsbeth: Gorilla Mutter und Kind. Basilius Presse AG, Basel 1965.
Le Cat, Claude-Nicolas: Traité de l'existance, de la nature et des propriétés du fluide des nerfs et principalement de son action dans le Mouvement musculaire: ouvrage couronné en 1753 par l'Académie de Berlin: suivi des Dissertations sur la sensibilité des meninges, des tendons, &c., l'insensibilité du cerveau, la structure des nerfs, l'irritabilité Hallérienne. Berlin 1765.
Le Grand, Antoine: An Entire Body of Philosophy according to the principles of the famous Renate des Cartes. Translation from the Latin by R. Blome. London 1699. Johnson Reprint, New York 1972.
Leibniz, Gottfried Wilhelm: Neue Abhandlungen über den menschlichen Verstand. Übers. v. Ernst Cassirer. Meiner, Hamburg 1971.
Lenain, Thierry: Monkey Painting. Reaktion Books, London 1997.
Lenz, Oscar: Skizzen aus West-Afrika. Hofmann, Berlin 1878.
Lever, James: Me Cheeta. The Autobiography. Fourth Estate, London. 2009.
Liechti, Martin (Hg.): Die Würde des Tieres. Harald Fischer Verlag, Erlangen 2002.
Linden, Eugene: Die Kolonie der sprechenden Schimpansen. Meyster, Wien. München 1980.
Linné, Carolus: Systema naturae. Tom. I. 13. A. Trattner, Wien 1767.
Lippincott, Louise; Blühm, Andreas: Beestachtig mooi. Kijken nnar dieren, 1750–1900. Van Gogh Museum, Amsterdam 2005.
Lovejoy, Arthur O.: Die Große Kette der Wesen. Geschichte eines Gedankens. Suhrkamp, Frankfurt a. M. 1985.
Lück, Helmut E.: Wolfgang Köhler auf Teneriffa. Gestalt Theory Vol. 9, No. ¾, Dezember 1987, 170–181.
Luz, Christiane: Das exotische Tier in der europäischen Kunst. Institut für Auslandsbeziehungen. Cantz, Stuttgart-Bad Cannstatt 1987.
Matsuzawa, Tetsuro: What is Uniquely Human? A View from Comparative Cognitive Development in Humans and Chimpanzees. In: De Waal, Frans B. M.; Ferrari, Pier Francesco (Hg.): The Primate Mind: Built to connect with Other Minds. Harvard University Press. Cambridge 2012, 288–305.

Meder, Angela: Gorillas. Ökologie und Verhalten. Springer Verlag. Heidelberg, Berlin 1993.
Meder, Angela: Gorillas in African Culture an Medicine. Gorilla Journal No. 18, June 1999, 11–15.
Megenberg, Konrad von: Buch der Natur. Übertr. v. Gerhard E. Solbach. Insel Verlag, Frankfurt a. M. 1990.
Meijer, Miriam Claude: Race and Aesthetics in the anthropology of Petrus Camper (1722–1789). Rodopi, Amsterdam 1999.
Meissner, Heinrich Adam: Philosophisches Lexicon. [Bayreuth 1737] Reprint Stern-Verlag, Düsseldorf 1970.
Merian, Matthäus: Bildvorlagenatlas. Welt der Tiere von Matthäus Merian. [1650] Augustus-Verlag, Augsburg 1990.
Merolla da Sorrento, Jerome: A Voyage to Congo, And several other Countries, Chiefly in Southern-Africk. Made English from the Italian. In: A Collection of Voyages and Travels, Some Now First Printed from Original Manuscripts. Others Translated out of Foreign Languages, and Now First Published in English, Four Volumes, Vol. I. Awnshan & John Churchill, London 1704, 651–756.
Meyer, Heinz: Der Mensch und das Tier. Anthropologische und Kultursoziologische Aspekte. Heinz Moos Verlag, München 1975.
Millikan, Ruth Garret: Die Vielfalt der Bedeutung. Zeichen, Ziele und ihre Verwandtschaft. Suhrkamp. Frankfurt a. M. 2008.
Mitchell, R. W.: Scientific and Popular Conceptions of the Psychology of Great Apes from the 1790S to the 1970S: DÉJÀ VU ALL OVER AGAIN. In Schwibbe, Michael (Hg.): Primate Report 53. History of Great Ape Psychology. Göttingen, January 1999, 1–118.
Mollison, James: James und andere Affen. Wachter, Heidelberg 2005.
Monboddo, James Burnett: Of the origin and progress of language. Vol. I. Second Edition. Balfour, Edingburgh 1774. Reprint: Ams Press, New York 1973.
Montanus, Arnoldus: Denckwürdige Gesandtschafften der Ost-Indischen Gesellschaft in den Vereinigten Niederländern / an unterschiedliche Keyser von Japan. Amsterdam 1670.
Montgomery, Sy: Walking with the Great Apes. Jane Goodall, Dian Fossey, Biruté Galdikas. Houghton Mifflin Company, Boston 1991.
Morris, Desmond: Introduction. In: Paintings by Chimpanzees. London. ICA. in association with Granada TV Network and the Zoological Society of London. September 17 September–21 September Gallery/23 September–12 October Library. London 1957, 1–3.
Morris, Desmond: The Story of Congo. Batsford, London 1958.
Morris, Desmond: Biologie der Kunst. Ein Beitrag zur Untersuchung bildnerischer Verhaltensweisen bei Menschenaffen und zur Grundlagenforschung der Kunst. Karl Rauch Verlag, Düsseldorf 1963. [engl.: The Biology of Art London 1962]
Morris, Ramona; Morris, Desmond: Der Mensch schuf sich den Affen. BLV, München 1968. [engl.: Man and Apes. Hutchinson & Co., London 1966]
Müller, Jürgen: Die Affen Gottes. Zu einem Bild von Pieter Bruegel. Neue Zürcher Zeitung. Internationale Ausgabe Nr. 245, 21./22. Oktober 1995, 49–50.
Müller, Karl: Der Gorilla-Jäger. Erlebnisse und Abenteuer eines jungen Deutschen am Gabunflusse und in Westafrika. Zu Lust und Lehre der reiferen Jugend gebildeter Stände erzählt. Emil Manheimer, Posen o. J. [1. Ausgabe bei A. Engel, Berlin 1881]
Münch, Paul: Affen und Menschen. Geschichten von Differenz, Verwandtschaft und Identität. In: Krüger, Gesine; Steinbrecher, Aline (Hg.): Historische Anthropologie. Kultur Gesellschaft Alltag. Thema: Tierische (Ge)Fährten. 19. Jahrg. Heft 2, Böhlau, Köln 2011, 172–191.
Nagel, Thomas: Wie fühlt es sich an, eine Fledermaus zu sein? In: Gebauer, Michael (Hg.): Letzte Fragen. Bodenheim bei Mainz 1996, 229–249.
Nash, Richard: Tyson's Pygmie. The Ourang-outang and Augustan ‚Satyr'. In: Corbey, Raymond; Theunissen, Bert (Hg.): Ape, Man, Apeman: Changing Views since 1600. Leiden 1995, 51-62.
Naumann, M. E. A.: Die Naturwissenschaften und der Materialismus. Cohen, Bonn 1869.
Nichols, Michael; Goodall, Jane: Verwandte. Zweitausendeins, Frankfurt a. M. 2000.
Nietzsche, Friedrich: Also sprach Zarathustra. Nietzsche's Werke. 1. Abt. Bd. VI. Naumann, Leipzig 1899.
Nietzsche, Friedrich: Morgenröthe. Gedanken über die moralischen Vorurtheile. Nietzsche's Werke. 1. Abt. Bd. IV. Naumann, Leipzig 1900.

Nissen, H. W.: A field study of the chimpanzee. Comp. Psychol. Monogr. 8, 1931, 1–105.
Noske, Barbara: Die großen Menschenaffen als anthropologische Subjekte – Die Demontage des Anthropozentrismus. In: Cavalieri, Paola; Singer, Peter (Hg.): Menschenrechte für die Großen Menschenaffen. Goldmann, München 1994, 394–410.
Oken, Lorenz: Allgemeine Naturgeschichte für alle Stände. Siebenten Bands dritte Abtheilung oder Thierreich, vierten Bandes dritte Abtheilung. Säugethiere 2. Schluß des Thierreichs. Hoffmann'sche Verlags-Buchhandlung, Stuttgart 1838.
Owen, Richard: Contributions to the natural history of the anthropoid apes. N. VIII. On the external character of the Gorilla (*Troglodytes Gorilla*, Sav.). Transactions of the Zoological Society 5, 1865, 243–284.
Peacock, Thomas Love: Melincourt or Sir Oran Haut-ton. Macmillan, London 1896.
Perler, Dominik, Wild, Markus (Hg.): Der Geist der Tiere. Philosophische Texte zu einer aktuellen Diskussion. Suhrkamp, Frankfurt a. M. 2005.
Pfeiffer, Christoph Ludwig: Der Orang-Outang oder Wald-Mensch: samt den übrigen doppelartigen Naturgeschöpfen als Verbindungsgliedern der großen Naturkette in den verschiedenen Naturreichen/Nach der Naturgeschichte betrachtet. Tobias Löffler, Mannheim 1787. Reprint als „Der Orang-Utan. Doppelartige Naturgeschöpfe", Salzwasser-Verlag, Bremen 2009.
Pfungst, Oskar: Das Pferd des Herrn von Osten. (Der kluge Hans). Ein Beitrag zur experimentellen Tier- und Menschen-Psychologie Leipzig 1907. Reprint: Der Kluge Hans. Ein Beitrag zur nicht-verbalen Kommunikation, eingeleitet v. Robert Rosenthal, hg. v. Helmut E. Lück. Frankfurt a. M., 3. Aufl. 1983.
Physiologus. Frühchristliche Tiersymbolik. Aus dem Griechischen übers. u. hg. v. Ursula Treu. Union Verlag, Berlin 1981.
Physiologus. Griechisch/Deutsch. Übers. u. hg. v. Otto Schönberger. Philipp Reclam jun., Stuttgart 2005.
Plessner, Helmuth: Die Stufen des Organischen und der Mensch. Einführung in die philosophische Anthropologie. 3. A. Walter de Gruyter, Berlin 1975.
Plinius. C. Plinius Secundus d. Ä. Naturkunde Lateinisch – Deutsch. Buch VIII. Zoologie: Landtiere. Hg. u. übers. v. Roderich König in Zus. mit Gerhard Winkler. Heimeran Verlag, Kempten 1976.
Portmann, Adolf: Das Bild der Menschenaffen im Wandel der Zeiten. In: Ders.: Aus Noahs Arche. Verlag von Friedrich Reinhardt, Basel o. J., 94–101.
Portmann, Adolf: Die Stellung des Menschen in der Natur [1964]. In: Ders.: Zoologie aus vier Jahrzehnten. Gesammelte Abhandlungen. Piper, München 1967, 312–336.
Precht, Richard David: Noahs Erbe. Vom Recht der Tiere und den Grenzen des Menschen. Rowohlt, Reinbek 2000.
Prévost d'Exiles, A. F.: Histoire générale des voyages, ou Nouvelle collection de toutes les relations de voyages. Band 14. Didot, Paris 1748.
Pulteney, Richard: A General View of the Writings of Linnaeus. Mawman, London 1805.
Quinn, Daniel: Ismael. [New York 1991] Goldmann, München 1992.
Rainer, Arnulf: Nachmalungen Kopien von Schimpansenmalereien. Galerie Ulysses, Wien 1979.
Rainer, Arnulf: Primaten. Portraits Persiflagen Paraphrasen Parallelen. Jablonka Gallerie im Karl Gerber Verlag, Köln, Bielefeld 1991.
Rees, Abraham: The Cyclopaedia; or, Universal Dictionary of Arts, Sciences and Literature. Longman, London, 45 Bde., 1802–1820.
Reimarus, Herman Samuel: Abhandlungen von den vornehmsten Wahrheiten der natürlichen Religion [1754] 5. Aufl. Bohn, Hamburg 1781.
Rensch, Bernhard: Psychologische Grundlagen der Wertung Bildender Kunst. Die Blaue Eule, Essen 1984.
Reymond, Moritz: Fünf Bücher Haeckel. Ein Reimbrevier die modernen Naturphilosophie. Glaser & Garte, Leipzig o. J.
Rienzi, Domeny de: Welt-Gemälde-Gallerie oder Geschichte und Beschreibung aller Länder und Völker, ihrer Gebräuche, Religionen, Sitten u.s.w. Oceanien Erster Band. Aus dem Französischen von C. A. Mebold. Schweizerbart's Verlagshandlung, Stuttgart 1837.
Rijksen, H. D.; Meijaard, E.: Our Vanishing Relative: the Status of Wild Orang-utans at the Close of the Twentieth Century. Kluwer Academic Publishers, Dordrecht 1999.
Romanes, George John: Die geistige Entwicklung im Tierreich. Günther, Leipzig 1885.

Rothacker, Erich: Philosophische Anthropologie. [1. A. 1964] 5. A. Bouvier, Bonn 1982.
Rothmann, M.; Teuber, E.: Aus der Anthropoidenstation auf Teneriffa. I. Ziele und Aufgaben der Station sowie erste Beobachtungen an den auf ihr gehaltenen Schimpansen. Abhandlungen der Königlich Preussischen Akademie der Wissenschaften. Physik.-Math. Klasse Nr. 2. Reimer, Berlin 1915, 1–20.
Rousseau, Jean-Jacques: Über Ursprung und Grundlagen der Ungleichheit. Aufbau-Verlag, Berlin 1955.
Rousseau, Jean-Jacques: Diskurs über die Ungleichheit. 4. A. Edition Meier. UTB Schöningh, Paderborn 1997.
Ruhe, Hermann: Wilde Tiere frei Haus. Copress-Verlag, München 1960.
Russell, Lilian M.: Meine Freunde die Affen, Günther Verlag, Stuttgart 1950.
Ryder, Richard: Painism. A modern morality. Centaur Press, London 2001.
Ryhiner, Peter: Auf Tierfang durch die Welt. Horst Erdmann Verlag, Herrenalb 1961.
Savage, Thomas S.: Notice of the external characters and habits of Troglodytes Gorilla, a new species of Orang from the Gaboon River; Osteology of the same, by Jeffries Wyman, M. D., Hersey Prof. Anat. Harvard University. Boston Journal of Natural History Vol. V., No. IV., December 1847, 417–443.
Savage-Rumbaugh, Sue, Lewin, Roger: Kanzi, der sprechende Schimpanse. Drömer, München 1995.
Schaefer, Thomas; Köhler, Peter (Hg.): Das Affen-Buch. Haffmans-Verlag, Zürich 1994.
Schaller, George B.: Unsere nächsten Verwandten. Fischer, Frankfurt a. M. 1968.
Schaller, George B.: The Mountan Gorilla. Ecology and Behavior. The University of Chicago Press. [1. A. 1963] 4. A., Chicago 1972.
Scheler, Max: Philosophische Weltanschauung. Cohen, Bonn 1929.
Scheler, Max: Die Stellung des Menschen im Kosmos. 3. A. Nymphenburger Verlagshandlung, München 1947.
Scheuchzer, Johann Jacob: Physica Sacra. [Abt. 1–4, Pfeffel, Augsburg 1731–1735, C. U. Wagner] Ausgewählt und erläutert von Hans Krauss. Universitätsverlag, Konstanz 1984.
Schiebinger, Londa: Am Busen der Natur. Erkenntnis und Geschlecht in den Anfängen der Wissenschaft. Klett-Cotta, Stuttgart 1995.
Schinz, H. R.: Naturgeschichte und Abbildungen der Saeugethiere. Nach den neuesten Systemen zum gemeinnützigen Gebrauche entworfen, und mit Berücksichtigung für den Unterricht der Jugend bearbeitet. Nach der Natur und den vorzüglichsten Originalien gezeichnet und lithographiert von K. J. Brodtmann. Des Thierreichs erster Band. In Brodtmanns lithographischer Kunstanstalt. Zürich 1824.
Schopenhauer, Arthur: Werke in Fünf Bänden hg. v. Ludger Lütkehaus. Haffmanns Verlag, Zürich 1988.
Schreber, Johann Christian Daniel von: Die Säugethiere in Abbildungen nach der Natur mit Beschreibungen. Erster Theil. Der Mensch. Der Affe. [Beschreibung S. 45–65] Der Maki. Die Fledermaus. Wolfgang Walther, Erlangen 1775. [Erlangen 1775–1824; Leipzig 1826–1845; Theil 1 1826 (Affe), Supplementband 1. Abt. Die Affen 1840]
Schulze-Hagen, Karl; Geus, Armin (Hg.): Joseph Wolf (1820–1899): Tiermaler. Animal Painter. Basilisken-Presse. Marburg an der Lahn, 2000.
Schurig, Volker: Köhlers Schimpansenversuche. Ihre Auswirkungen auf die zoologische Verhaltensforschung und das Bild des Affen. Gestalt Theory Vol. 9 No. ¾ Dezember 1987, 182–204.
Schweitzer, Albert: Albert Schweitzer und die Tiere. Hg. vom Schweizer Hilfsverein für das Albert-Schweitzer-Spital in Lambarene. 1979.
Schweitzer, Albert: Ehrfurcht vor den Tieren. Hg. v. Erich Gräßer. Beck, München 2. A. 2011.
Sebeok, Thomas A.; Rosenthal, Robert (Hg.): Clever Hans Phenomenon: Communication with horses, whales, and people. Annals of the New York Academy of Sciences 1970.
Self, Will: Great Apes. Penguin Books, London 1998.
Singer, Peter: Praktische Ethik. Reclam, Stuttgart 1994.
Sliggers, B. C.; Wertheim, A. A.: Een Vorstelijke dierentuin. De menagerie van Wilhelm V. Walburg Instituut. 1994.
Smellie, William: William Smellie's Philosophie der Naturgeschichte. Aus dem Englischen übersetzt, und mit Erläuterungen versehen von E. A. W. Zimmermann. Zweiter Theil. Voss, Berlin 1791.

Smith, Laurits: Versuch eines vollständigen Lehrgebäudes der Natur und Bestimmung der Thiere und der Pflichten des Menschen gegen die Thiere. Kopenhagen 1793.
Sokolowsky, Alexander: Beobachtungen über die Psyche der Menschenaffen. Neuer Frankfurter Verlag, Frankfurt a. M. 1908.
Sokolowsky, Alexander: Erlebnisse mit wilden Tieren. Schilderungen aus meinem Berufsleben. Möhring, Leipzig o. J. [2. A. 1932; 1. A. Haberlandt, Leipzig 1928]
Sommer, Volker; Ammann, Karl: Die großen Menschenaffen. Die neue Sicht der Verhaltensforschung. BLV, München 1998.
Sorenson, John: Ape. London 2009.
Stabenow, Cornelia: Henri Rousseau 1844–1910. Taschen, Köln 1991.
Steinbacher, Georg: Affenvolk. Menschenaffen im Zoologischen Garten. Lux Verlag, Murnau o. J. [um 1960]
Steinemann, Paul: Meine Tierkinder. Füssli, Zürich 1955.
Stemmler-Morath, Carl: Freundschaft mit Tieren. Rentsch, Erlenbach-Zürich 1941.
Storchenau, Sigmund von: Die Philosophie der Religion. 1. Bd. Doll, Wien 1807.
Strehlow, H.: Beiträge zur Menschenaffenhaltung im Berliner Aquarium unter den Linden I. Der Gorilla (Gorilla g. gorilla) „M'PUNGU". Bongo 9, 1985, 67–78.
Sutter, Alex: Göttliche Maschinen. Die Automaten für Lebendiges. Athenäum, Frankfurt a. M. 1988.
Thater, Diana: gorillagorillagorilla. Hg. v. Budak, Adam, Pakesch, Peter. Kunsthaus Graz. Verlag König, Köln 2009.
Thorndike, E. L.: The mental life of the monkeys. Psychol. Monogr. 3, 1901, 1–57.
Tilesius, D.: Bemerkungen über den Jocko oder Orang-Outang von Borneo, oder den ostindischen Waldteufel. In: Krusenstern, A. J. von: Reise um die Welt. Dritter Theil. St. Petersburg 1812, 109–130.
Tille, Alexander: Von Darwin bis Nietzsche. Ein Buch Entwicklungsethik. Naumann, Leipzig 1895.
Tittel, Gottlob August: Erläuterungen der theoretischen und praktischen Metaphysik nach Feders Ordnung. Garbe, Frankfurt a. M. 1784.
Tomasello, Michael: Die kulturelle Entwicklung des menschlichen Denkens. Suhrkamp, Frankfurt a. M. 2002.
Tomasello, Michael: Was ist der Mensch(enaffe)? In Ganten et. al (Hg.): Was ist der Mensch? De Gruyter, Berlin 2008, 239.
Tomasello, Michael: Die Ursprünge der menschlichen Kommunikation. Suhrkamp, Frankfurt a. M. 2009.
Tompkins, Ptolemy: The Monkey in Art. M.T. Train/ Scala Books, New York 1994.
Toynbee, J. M. C.: Tierwelt der Antike. Übers. v. Maria R.-Alföldi und Detlef Misslbeck. Verlag Philipp von Zabern, Mainz 1983.
Troll, Alexander: Menschenaffen. Erlebnisse mit Großaffen. Kube, Berlin o. J. [um 1930].
Tulp, N.: Geneesinzichten van Dr. Nicolaes Tulp etc. Transcriptie door Dr. C. G. L. Apeldoorn, Neerlandicus en Dr. T. Beijer, Internist. Amsterdam o. J. [1991].
Tyson, Edward: A Philological Essay Concerning the Pygmies of the Ancient. Edited by Betram C. A. Windle [Birmingham 1894]. Dodo Press, Lightning Source o. J.
Tyson, Edward: Orang-Outang, sive Homo Sylvestris. Or, the Anatomy of a Pygmie compared with that of a Monkey, an Ape, and a Man. London 1699.
Ullrich, Wolfgang: Umgang mit Menschenaffen. Der Zoodirektor erzählt. Zoologischer Garten Dresden. Folge 16. Union-Druckerei Dresden (VOB) o. J. [darin S. 3–13 von B. Brentjés: Riesen des Altertums – Gorgonen und Gorillas; S. 14–30 von Ullrich, W.: Von Mpungu bis Dima]
Ullrich, Wolfgang: Affen ernst genommen. Neumann Verlag, Radebeul 3. A. 1968
Unterkircher, Franz: Bestiarium. Die Texte der Handschrift MS. Ashmole 1511 der Bodeleian Library Oxford. Lateinisch–Deutsch. Interpretationes ad Codices Band 3. Akademische Druck- u. Verlagsanstalt, Graz 1986.
van Hoorn, Tanja: Dem Leibe abgelesen. Georg Forster im Kontext der physischen Anthropologie des 18. Jahrhunderts. Niemeyer, Tübingen 2004.
van Lawick-Goodall, Jane: My Friends The Wild Chimpanzees. National Geographic Society, Washington D. C. 1967. Second Printing 1970.

Vaucaire, Michel: Gorillajäger. Leben und Abenteuer des Gorillajägers Paul Du Chaillu. Hagenberg Wien 1933. [Vorwort M. V.: Michel Vaucaire; 1. A. Kompass-Verlag Basel, Leipzig 1931]

Vosmaer, Arnout.: Beschryving van de zo zeldzaame als zonderlinge AAP-SOORT, genaamd ORANG-OUTANG, van het eiland Borneo. Pieter Meyijer, Amsterdam 1778, 1–23.

Vrolik, W.: De Anthropomorphen. In: Album der Natur. Kruseman, Haarlem 1854, 113–146.

Wallace, Alfred Russel: The Malay Archipelago. [London 1869] Reprint Dover Publications, New York 1962

Walch, Johann Georg; Hennings, Justus Christian: Johann Georg Walchs philosophisches Lexicon. 3. A. Gleditsch, Leipzig 1775.

Wendt, Herbert: Die Entdeckung der Tiere. Von der Einhorn-Legende zur Verhaltensforschung. Christian Verlag, München 1980.

Wieland, Christoph Martin: Betrachtungen über J. J. Rousseaus ursprünglichen Zustand des Menschen. 1770. In: Beyträge zur geheimen Geschichte der Menschheit. C. M. Wielands sämmtliche Werke. Vierzehnter Band, im Büreau der deutschen Classiker, Carlsruhe 1815, 103–200.

Wuketits, Franz M.: Die Entdeckung des Verhaltens. Eine Geschichte der Verhaltensforschung. Wissenschaftliche Buchgesellschaft, Darmstadt 1995.

Wurmb, F. Baron von: Beschrijving van de groote Borneosche Orang-Outang. Verhandelingen Bataviaasch Genootschap van Kunsten en Wetenschappen 2, 245–261, 1780 [Description of the large orang Outang of Borneo. Philosophical Magazine 1, 225–231, 1798]

Yerkes, Robert M.: The mental Life of Monkeys and Apes: A Study of Ideational Behavior. Behavior Monographs 3, Holt, New York 1916, 1–145.

Yerkes, Robert M.: The mind of a gorilla. Clark Univ., Worcester, Mass. 1927.

Zahlhaas, Gisela: Aus Noahs Arche. Tierbilder der Sammlung Mildenberg aus fünf Jahrtausenden. Mainz 1996.

Zedelmaier, Helmut: Der Anfang der Geschichte. Studien zur Ursprungsdebatte im 18. Jahrhundert. Studien zum 18. Jahrhundert. Bd. 27. Meiner, Hamburg 2003.

Zedler, Johann Heinrich: Grosses vollständiges Universallexicon aller Wissenschafften und Künste 4. Bd., Zedler, Halle 1733.

Zimmermann, Walter: Evolution. Die Geschichte ihrer Probleme und Erkenntnis. Alber, Freiburg 1953.

Zwilling, Ernst A.: Vom Urhahn zum Gorilla. Eines Jägers Wanderjahre. Brühlscher Verlag, Gießen; 2. Auflage Wien 1950.

Bildverzeichnis

Besonderer Dank gilt der Erlaubnis zur Publikation der Farbtafeln 3 (Haag/ Nationalmuseum Apeldoorn/NL), 4 (Haag/Kunstmuseum Braunschweig) und 14 (Heinz Hachel). Alle Abbildungen mit Ausnahme der Farbtafeln 3, 4, 13 und 14 stammen aus dem Privatbesitz des Autors.

Abbildungen im Text
Abb. 1 (S. 30): „Simia" (nach Gesner, aus Merian um 1700)
Abb. 2 (S. 37): Monster (aus Battel 1706)
Abb. 3 (S. 39): Der „indische Satyr" des Tulpius (1641) als „Baviaan", aus der niederländischen Ausgabe von Prévosts Reisebericht (1748)
Abb. 4 (S. 42): „Menschen-Affen" (aus Montanus 1669 in Klaatsch o. J.)
Abb. 5 (S. 66): „Jocko" (aus Buffon 1766)
Abb. 6 (S. 68): Titelbild von Buffons Naturgeschichte (aus Buffon/Martini/Otto 1771)
Abb. 7 (S. 80): „Chimpaneze" aus der niederl. Ausgabe von Prévosts Reisebericht (1748)
Abb. 8 (S. 86): „Ourang-Outang" (aus Le Cat 1765)
Abb. 9 (S. 130): „Orang-Utang" und „Schimpanse" (aus Schinz 1824)
Abb. 10 (S. 133): „Rother Orang-Houtan mit dem Verfaßer bei Tische" (aus Rienzi 1837)
Abb. 11 (S. 162): „My first Gorilla" (aus Du Chaillu 1861)
Abb. 12 (S. 168): „Ein Schrecken des Urwaldes" (nach Kuhnert 1896, aus Zeitschrift um 1900)
Abb. 13 (S. 174): „Gorilla Bobby" (aus Berger/Schmid 1936)
Abb. 14 (S. 177): Goma mit Wisa-Gloria-Laufgitter (aus Lang 1961)
Abb. 15 (S. 187): Werkzeuggebrauch bei Schimpansen (aus Köhler 1917)
Abb. 16 (S. 215): Malende Affen – Buchdeckelillustration (aus Jäger 1880)
Abb. 17 (S. 219): Bleistiftschrift des Schimpansen „Tarzan II" (aus Sokolowsky 1932)

Farbtafeln (S. 257–270)
Farbtafel 1: Ein Menschenaffe in der Bibel (aus Scheuchzer 1731)
Farbtafel 2: „Simia satyrus Linn." (aus Schreber 1775)

Farbtafel 3: Der kultivierte Orang (gemalt von Tethart Philipp Christian Haag 1776, Herzog Anton Ulrichs-Museum Braunschweig)
Farbtafel 4: „Orang oetan" (gemalt von Haag 1777)
Farbtafel 5: Menschenaffen um 1800 (aus Rees' Cyclopaedia, 1802 f.)
Farbtafel 6: Affenhaus in Paris um 1840
Farbtafel 7: „Orang Outang"-Gruppe (aus D'Orbigny, 1839–1849)
Farbtafel 8: „Der Orangutang" (nach D'Orbigny 1839–1849)
Farbtafel 9: Gorillagruppe (aus „Das Buch der Welt" 1853)
Farbtafel 10: Der große Gorilla (aus Hartmann 1880)
Farbtafel 11: „Der M'Pungu des Berliner Aquariums" (aus Hartmann 1880)
Farbtafel 12: „Neugierige Modelle" (nach Weczerzick 1893, aus Zeitschrift um 1900)
Farbtafel 13: Gorilla „Koko" fotografiert sich selbst (National Geographic 1978)
Farbtafel 14: „Apestract"-Bilder der Orang-Utans Barito und Sandra. affenBRUT, ein Projekt von fundart-21 und der Zoo Krefeld gGmbH (www.affenbrut.de). Oben: Sandra, 2006, Fingerfarben auf Pappe, 45 × 62 cm; unten: Barito, 2010, Fingerfarben auf Leinwand, 50 × 70 cm

Anmerkungen

[1] (S. 36) Der englische Originaltext dieser ersten neuzeitlichen Menschenaffenschilderungen von Battel lautet nach Purchas (1625/1965, 398 f.) vollständig: „The greatest of these two Monsters is called, Pongo, in their Language: and the lesser is called, Engeco. This Pongo is in all proportion like a man, but that he is more a Giant in statue, then a man: for he is very tall, and hath a man's face, hollow eyed, with long haire upon his browes. His face and eares are without haire, and his hands also. His body is full of haire, but not very thicke, and it is of a dunnish colour. He differeth not from a man, but in his legs, for they have no calfe. He goeth alwaies upon his legs, and carrieth his hands clasped on the nape of his necke, when he goes upon the ground. They sleep in the trees, and build shelters for the raine. They feed upon Fruit that they find in the Woods, and upon Nuts, for they eate no kind of flesh. They cannot speake, and have no understanding more than a beast. The People of the Countrie, when they travaile in the Woods, make fires where they sleep in the night; and in the morning, when they are gone, the Pongoes will come and sit about the fire, till it goeth out: for they have no understanding to lay the wood together. They go many together, and kill many Negroes that travaile in the Woods. Many times they fall upon the Elephants, which come to feed where they be, and so beate them with their clubbed fists, and peaces of wood, that they will runne roaring away from them. Those Pongoes are never taken alive, because they are so strong, that ten men cannot hold one of them: but yet they take many of their young ones with poisoned Arrowes. The young Pongo hangeth on his mother's bellie, with his hands fast clasped about her: so that, when the Countrie people kill any of the females, they take the young one, which hangeth fast upon his mother. When they die among themselves, they cover the dead with great heapes of boughs and wood, which ist commonly found in the Forrests."

[2] (S. 44) Zu Beginn des 18. Jahrhunderts ergreift der Weltreisende Daniel Beekman in *A Voyage to and from the islands of Borneo* (London 1718) die Chance, einen ähnlichen Typus, sitzend mit Händen vor der Scham, aber in diesem Fall als männlichen „Oran-Ootan" in eine Landschaft mit Bäumen einzufügen (Abb. in Morris 1968, 118). Doch wirklich originell integriert erst der bedeutende Schweizer Naturforscher und Gelehrte Johann Jacob Scheuchzer (1672–1733) den indischen Satyr des Tulp in das biblische Geschehen (Farbtafel 1). Wenig später gesellt sich ein neuer Typus – der Wilde (Abb. 7) – an die Seite der alten Affendame (Abb. 3), meist auf getrennten Tafeln in einer Epoche der großen Reiseberichte und Kompilationen. Den Anfang macht Thomas Astleys *Voyages and Tavels* (Vol. III London 1746), der zwei Stiche in Buch III enthält, darunter Reiseberichte über den Kongo und Angola. Die Abbildungen der Menschenaffen befinden sich in Kap. VIII zur Naturgeschichte in Sektion IV bei den Wildtieren, im Text summarische Beschreibungen von Menschenaffen und Wilden nach Battel, Dapper und Merolla. Darin – zwischen S. 312 und 314 – werden zwei Tafeln fast programmatisch präsentiert, die eine war ein Klassiker, die andere im Begriff dabei, einer zu werden: Links sitzt ein „Man Ape" […] „from Angola" nach „N. Tulpius", rechtsseitig steht bzw. geht mit Stab der „chimpanzi" […] „from Angola in 1738". Die Tafel verzeichnet unten „Vol. 3. pl. 28. p. 312. und Vol. 2. p. 350, 718" und mittig den Hinweis auf den Stecher „N. Parr Sculp.".

In Prévosts freier Übersetzung dieser einschlägigen Reisebeschreibungen (Prévost Bd. 14, 1748, Buch IX) sind wiederum beide Darstellungen eingebunden (zwischen S. 94 und 95), zunächst der Stich gemäß dem Tulpius-Typus, die alte Dame in der Landschaft sitzend, mit dem Titel: „Singe D'Anc[sic]ola Présenté a Frederic Henri Prince D'Orange" (und gekennzeichnet als „Sup. T. IV. N. III"). Es folgt als zweiter Stich eine Darstellung gemäß dem Wilder-Typus, ein Menschenaffe mit Stab in einer Landschaft gehend, unter dem Titel: „Chimpanze agé de 21. Mois haut de 2. pieds 4. pouees apporte d'Angola en 1738." (gekennzeichnet als „Sup. T. IV N. V."). Beide Stiche sind zwischen naturgeschichtliche Tafeln zu Vögeln und Fischen eingebunden. Im nachfolgenden Prévost-Buch IX Kap. VIII § IV wird in kurzen, teils fehlerhaften Beschreibungen auf diesen „Orang-Outang" aus Angola Bezug genommen (1748, 187 f.). Ferner gibt es noch vor 1750 eine holländische Ausgabe von Prévosts Werk (Amsterdam 1748), die im Vergleich schönere Stiche der zwei klassischen Typen von Menschenaffen enthält (Abb. 3. u. Abb. 7). Jacobus van der Schley (1715–1779) aus Amsterdam, später in Petersburg, verfertigte diesen Stich mit dem französischen Kopftitel: „Singe D'Angola presenté a Frederic Henri Prince d'Orange" und dem irreführenden holländischen Fußtitel „Baviaan uit Angola, geschonken aan Frederik Hendrik Prins van Oranje" („J. v. Schley direx.").

Die Zeit ist angebrochen, in der die französischen Aufklärer und Philosophen wie La Mettrie und Rousseau sich der Menschenaffen bemächtigen; sie werden bald die alte Dame des Tulp hinter sich lassen, um dem aufgeklärten Wilden den Weg zu ebnen. Doch auch nach Mitte des 18. Jahrhunderts wird die alte Affendame noch in kleineren Schriften oder Drucken übermittelt, z. B. in Johann Samuel Hallers Tierwerk, auch inspiriert durch Rousseau, betitelt *Die Naturgeschichte der Thiere in sistematischer Ordnung* (Haller 1. Bd., 1757, Fig. 56 im Tafelanhang). Tulps Affendame agiert auch in Gottfried August Gründlers Titelkupfer zur Ausgabe des Linné'schen Hauptwerkes *Systema naturae* 1760 (Abb. enthalten S. 33 in: Die Wunderkammer. Die Kunst- und Naturalienkammer der Franckeschen Stiftungen zu Halle. Halle/Saale 1998, 339). Die Dame ist hier in ein komplexes Titelkupfer mit Tieren und Pflanzen in einer „Landschaft" um eine personifizierte vielbrüstige „Natura" herum geraten, zusammen mit einem Menschen, der klassifiziert: „Numeros et Nomina" (rechts unten befindet sich der Tulpius-Typ neben geschwänzten Affen). Eine weitere extravagante Neukombination des Satyr-Weibes nach Tulpius gleich neben einem männlichen kasperhaften Menschenaffen mit erigiertem Penis (Abb. 8) illustriert eine spezielle Abhandlung des berühmten französischen Chirurgen und Urologen, Mitglied der Akademie zu Rouen, Claude-Nicolas Le Cat (1700 bis 1768) in *Traité de l'existance, de la nature et des propriétés du fluide des nerfs et principalement de son action dans le mouvement musculaire* (Berlin 1765). So gelangt der Tulpius-Typ des Menschenaffen in naturgeschichtliche und wissenschaftliche Werke des 18. Jahrhunderts, und die Suche wäre in Ausgaben von Buffon, Schreber, Vosmaer, Camper, Blumenbach usw. fortzusetzen bis ins 19. Jahrhundert bei Oken, Huxley oder Brehm. Doch die Karriere der alten Dame ist vorbei. Thomas Huxley, der Anhänger Darwins, nahm sie noch in historisch-kritischem Kontext auf (Huxley 1863, 9), ebenso wie rezente Forscher (Corbey/Theunissen 1995, 23; Corbey 2005, 38; Groves 2008, 69). Sie machen die einst wirkmächtige Illustration zum Ausgangspunkt wissenschaftshistorischer oder biologischer Überlegungen zur Frage nach der dargestellten Primatenspezies.

3 (S. 65) Dieser sitzende Satyr erscheint wohl erstmals in einem Werk von George Edwards (1694–1773) mit dem Titel *Gleanings of Natural History* (1758, Chap. III. Pla. 213) und wird eingangs als „The man of the woods; L'homme sauvage" (S. 6 ff.) beschrieben. Diese Abbildung erscheint auch in Schrebers großer Naturgeschichte, hier als Satyr (Die Säugthiere in Abbildungen nach der Natur mit Beschreibungen, Tafelband 1, Theil 1–3; Supplement 1 u. 2, Taf. I-CLXV; Erlangen, 1775–1841, darin als Tafel IIa). Die merkwürdige Abbildung des „Satyrus Tulpii" bei Linné ist insofern interessant, als sie auch als eine misslungene visuelle Kreuzung des ursprünglich sitzenden Tulpius-Typs mit dem wandernden Wilder-Typ des „Chimpaneze" nach Scotin aus der *Histoire générale des voyages* (vgl. Nr. 3 „Chimpanzee" auf Farbtafel 5) bzw. nach einer Darstellung von Tyson (1699) angesehen werden kann. Die Erläuterungen von Hoppius zu diesem „Satyr" legen dies nahe: „Wir haben zwei Gemählde von ihm. Eines stellt einen weiblichen von hohem Alter vor, der bey dem Prinz von Oranien, dem Sohn Heinrichs, lebendig ist abgezeichnet worden. Das andere Gemählde enthält einen jungen weiblichen Affen von Scotin in London 1738, wohin man ihn lebendig gebracht hat, gemahlt." Er hielt allerdings noch eine Trinkschale in der Hand, wischte sich den Mund ab, legte sein Haupt auf ein Kissen „und schlief ruhig, wie eine ehrbare Matrone" (Hoppius 1776, 63).

4 (S. 79) Die Darstellung des Schimpansen (Abb. 7) geht auf einen aufwendigen Stich von Scotin im Jahre 1738 (vgl. Nr. 3 „Chimpanzee" auf Farbtafel 5) zurück, der ebenfalls zur Grundlage einer Publikation in den *Nova Acta Eruditorum* wird (Leipzig 1739. Sept. Tab. V. S.

564). Dieses Tier wurde noch viel später in einer deutschsprachigen Bearbeitung von Buffons Tierwerk als „Pongo" identifiziert (Buffon/Otto 1791, 222) und war in der einen oder anderen Form in der zweiten Hälfte des 18. Jahrhunderts durchgängig bekannt: „Der weibliche Chimpanze aus Angola, welchen Hr. Hower 1738 nach London brachte, und von Scotino in Kupfer gestochen (und in den Nov. Act. Erud. Lips. 1739 nachgestochen ist), war zwei Fuß und vier Zoll hoch, wenn er aufgerichtet war." (Buffon/Otto 17. Bd., 1791, 238) In Schrebers Naturgeschichte der Säugetiere wird sie unter den „Abbildungen nach der Natur" als sogenannter kleinerer „Orang outang" bzw. als „Chimpanzee" verzeichnet (Schreber 1775, 54, Die Säugethiere in Abbildungen, Supplement Ic). Schreber verweist auch auf Publikationen der Darstellung in *Description of some curious creatures* (London 1739) sowie in der genannten *Allgemeinen Historie der Reisen* (Schwabe 1749 IV. Th. No. 17). Was war der Ausgangspunkt dieser Darstellung? Tysons aufrecht stehender alte „Pygmy" von 1699 war zwar bekannt, aber den entscheidenden Anstoß gab der neue schon erwähnte, durch Kapitän Hower im August 1738 von Angola nach London gelangte lebende Schimpanse. Dieses Individuum wurde durch den seit 1733 dort tätigen Franzosen Gérard Jean Baptiste Scotin II (1698 bis ca. 1755) aufwendig in Kupfer festgehalten; der Druck befindet sich im British Museum. Barsanti nennt als Zeichner den französischen Illustrator Hubert-Francois Gravelot (1699–1773), der 1732 nach London emigrierte und zitiert: „Hubert Bourguignon Gravelot delineavit et Gérard Scotin insculpsit", enthalten in der Publikation „Animalis rarioris, chimpanzee dicti, ex regno Angola Londinum adjecti, brevior descriptio" in den *Nova Acta Eruditorum* VIII 564f. (Barsanti in Corbey 1995, 114, ferner 104 u. 108 Anm. 35). Diese relevanten Tafeln, häufig in Verbindung mit einer Affendarstellung nach dem alten Tulpius-Typus, präsentieren also den neuen Schimpansen aus Angola nach Scotin – sie befinden sich auch im 14. Bd. von Prévosts Histoire, der Rousseau vorlag (Paris 1748, zwischen S. 94 und 96 bezeichnet als Sup. T. IV. N. III. und Sup. T. IV. N. V.) – Diese neue eindrucksvolle Darstellung eines seither als „Schimpansen" bezeichneten Menschenaffen wird in einschlägigen Reisewerken und diversen Naturgeschichten verbreitet. Eine späte Reproduktion findet sich noch nach 1900 in einer Abhandlung des Anthropologen Hermann Klaatsch zur *Entstehung und Entwicklung des Menschengeschlechtes*, der damit im Rückblick die anthropomorphe Sicht der Menschenaffen im 18. Jahrhundert dokumentiert (Klaatsch o. J., 141).

5   (S. 79)   Allerdings kommt auch diese neue Menschenäffin dem Aufklärer schon verwandelt entgenga. Denn die ursprüngliche Darstellung von Scotin von 1738 zeigt zwar ebenfalls ein stehendes Affenweib, sie führt aber ihre Milch aus der rechten Brust in eine Schale, eine Darstellung, die sich auf das Individuum reduziert auch 1739 in den *Nova Acta* findet (September 1739, 564). Auf der dekorativen Tafel Scotins spielt diese Szene in einer gebirgigen Waldlandschaft und drei weitere Affen agieren im Hintergrund, es könnten ihre Jungen sein, einer davon mit Stab. Weiteren Aufschluss gibt die Tafel in dem Bericht unterhalb des Bildes, der von der Herkunft des „Chimpanzee" handelt. Neben menschenähnlichen Eigenarten wie aufrechtem Gang, Teetrinken, kultiviertem Essverhalten wird als Alter 21 Monate angegeben. Es ist also eigentlich ein Affentöchterchen, dessen Alter wohl deshalb so präzise bekannt war, weil die Mutter wie üblich von Eingeborenen getötet wurde. Eben diese Jagdszene, in der ein Eingeborener mit Pfeil und Bogen auf die gerade die Bäume erklimmenden und fliehenden Affen zielt, wird am linken Rand auf der Tafel von Scotin narrativ inszeniert.

6   (S. 104)   Haag hat mit „pen en penseel in grijs, 210 x 160 mm" Vorstudien mit zwei Darstellungen von Orangs verfertigt, die heute als vermisst gelten: „vermist uit de Artis Bibliotheek, Amsterdam, inv. Nr. H3." (Sliggers/Wertheim 1994, 51, dort auch die Abbildung). Diese Studie skizziert zwei Orangs, der linke sitzt und hält in seiner rechten Hand eine Gabel, die er gerade mit einer aufgespießten Erdbeere zum Munde führt. Vor ihm auf dem Boden hält er mit seiner Linken einen Teller mit Erdbeeren – ein auffälliges Verhalten, welches Vosmaer beobachtete und beschrieben hatte (ähnlich im Gemälde Farbtafel 3). Rechts neben dem Orang steht ein Trinkbecher, der das „kultivierte" Essverhalten anzeigt, und eine Decke liegt

vorne links im Heu und verweist auf deren sporadischen Gebrauch beim Schlafverhalten. Der andere Orang, rechts auf der Studie, wird aufrecht dargestellt in der seinerzeit üblichen Manier des aufrechten Wilden mit langem Stock, mit beiden Händen umklammert, scheinbar um sich mit dessen Hilfe zu stützen [ähnlich Nr. 1 „Oran Otan" auf Farbtafel 5]. Die Behaarung beider Orangs ist eher üppig, ihre Mimik erscheint freundlich und friedfertig. Sie mag den Zeitgenossen jedenfalls nicht als Bedrohung gelten.

Diese Vorstudie wird nun in unterschiedlicher Weise umgesetzt. Zum einen diente eine Vorlage in veränderter Form als Buchillustration für die holländische und französische Ausgabe von Vosmaers Abhandlung über den Orang (Amsterdam 1778, 1804 Tafel XV, ebenfalls in der franz. A. Tafel XV). Diese freien Kupfergravuren nach den Originalen („fraaie kopergravures naar originalen" n. Sliggers/Wertheim et al. 1994, 29) wurden prachtvoll koloriert und mit Veränderungen publiziert, und zwar seitenverkehrt: Rechts wird nun der stehende Orang präsentiert [ähnlich Nr. 1 „Oran Otan" auf Farbtafel 5] und links ein sitzender Orang. Beide sind kräftig behaart und bräunlich koloriert mit graublauen Brüsten und graublauer Stirn. Der rechte Orang hält zudem in der rechten Hand Früchte und Grünzeug am Boden fest, ohne Teller, und führt gerade mit der linken Hand eine rote Möhre zum Munde – beides Vorkommnisse, die schon bei Vosmaer erwähnt werden.

[7] (S. 132) Frühe Augenzeugenberichte zur Orang-Jagd liegen seit Ende des 18. Jahrhunderts vor. Ein Brief von Palm um 1780 (dt. von Carus in Huxley 1863, 18 f.) und ein Jagdbericht um 1826 von Engländern (dt. in Rienzi/Mebold, Oceanien I 1837, 35 f.) schildern besonders eindringlich die Methoden und Gemetzel.

[8] (S. 166) Ein erster lebender junger weiblicher Gorilla tourte zwar offenbar schon um 1855 unter dem Namen „Jenny" mit George Wombwells Reisemenagerie in Menschenkleidung auf englischen Jahrmärkten, wurde aber für einen Schimpansen gehalten; ein weiterer gelangte 1860 für sieben Monate nach England und wurde zoologisch beschrieben (Hartmann 1883, 6).

[9] (S. 167) Einige Hinweise auf Jagdliteratur zu Gorillas nach Du Chaillu. Für Romanleser lag seinerzeit schon *The Gorilla Hunters. A Tale of the Wilds of Africa* von Robert Michael Ballantyne (1825–1894) vor. Der schottische Schriftsteller hatte seit 1856 Abenteuer-, Natur- und Reisethemen zu seiner Profession gemacht. Seine „Gorillajäger" erschienen ebenfalls erstmals in London 1861, in Boston 1864 und dann in vielen Ausgaben. Gleich neben dem Titelbild wird darin die klassische Szene illustriert: der Gorillajäger kurz vor dem Abschuss seiner Beute. Selbst den Einbandrücken ziert ein vergoldetes Relief dieser Urszene der Gorillajagd. Ballantynes Gorillajäger inspirierte noch Jugendhefte bis in die 1960er Jahre. Weit wirkmächtiger waren aber Du Chaillus Abenteuerschriften.

Du Chaillu überzeugte u. a. den amerikanischen Zirkus- und Geschäftsmann Phineas Taylor Barnum, eine Gorilla-Expedition zu finanzieren. Mehrere Kapitel in Barnums bis um 1900 häufig aufgelegtem populärem Naturschinken *The Wild Beasts, Birds and Reptiles of the World. The Story of their Capture* (New York 1888, 1911) handeln von Abenteuern bei der Jagd und dem Fang von Großwild in Afrika. Der geschickte Geschäftsmann und Geldmacher Barnum lässt sogar den Kampf eines Monstergorillas mit einem Krokodil inszenieren (Abb. in 1911, Kap. 79), ferner die üblichen Jagdszenen und einen Gorilla, der gerade ein Gewehr zerbricht (Abb. in 1911, Kap. 83). Die Grundeinstellung der in Dialogen geschilderten Jagdabenteurer Jack Harvey und Bob Marshall lässt sich erahnen. Trotz enormer Strapazen und einer gerade überwundenen lebensgefährlichen Krankheit heißt es: „‚I came here to hunt gorillas,' was his characteristic reply, ‚and I'll do it or die.'" (1911, 444). Jagdlegenden waren ja schon in der ersten Beschreibung von Savage (1847) erwähnt worden, z. B. die merkwürdige Methode, der Jäger müsse warten, bis der Gorilla das Gewehr in den Mund nehme und erst dann feuern. Nur ein Schuss bliebe daher dem Jäger, ansonsten könne der Gorilla das Gewehr zermalmen oder zerbrechen (vgl. Godwin 1994, 15 ff.).

In Deutschland verfasste der Naturkundige Dr. Karl Müller ein Jugendbuch *Der Gorilla-Jäger* (Berlin 1881), worin Du Chaillus Erzählungen in „Erlebnisse und Abenteuer eines jungen Deutschen am Gabunflusse und in Westafrika" transformiert werden. Müller artikuliert einen pädagogischen Anspruch *Zu Lust und Lehre der reiferen Jugend gebildeten Stände erzählt*. Das Buch wurde später mehrfach aufgelegt (Müller o. J.) und nimmt direkt oder indirekt auf Du Chaillu Bezug, wenn es um Informationen, Verfolgung oder die Beschreibung der „Monster" geht. Doch der pädagogisch sensible Jugendbuchautor hat auch klassische Verrohungsargumente im Auge und bringt sogar gewisse Skrupel des jungen Jägers „Heinrich" beim Töten zur Sprache: „Wir wollen [...] nicht in's Einzelne gehen, denn Heinrich fand keinen großen Geschmack daran. Er selbst erlegte zwar einige Gorillas mit wohl gezielten Schüssen, allein der Anblick der so menschenähnlichen Leichname derselben erregte in ihm stets eine unangenehme Empfindung und eine Art Reue – er kam sich beinahe wie ein Mörder vor." (Müller o. J., 170) Der Gorillajäger Heinrich wolle gegen diese „Herren der Wildnis" keinen „Vertilgungskrieg" führen. Plötzlich erklärt der Autor seine Intention mitten im Roman: „Auch glauben wir, dass es nicht gut ist, unseren jungen Lesern so viel unnützes Blutvergießen im Einzelnen zu schildern und romantisch auszumalen, denn dies dient nur dazu, das jugendliche Gemüth zu verwildern" (Müller o. J., 170) Gorillajagdliteratur ist noch weit über die Mitte des 20. Jahrhunderts beliebt, beispielsweise *Die Buschgeister von Ambambu. Auf Gorillajagd im Urwald Südkameruns* von Hugo Kocher (Stuttgart 1953) oder *Gorilla-Jagd in Afrika* von Hermann Falk (Düsseldorf 1955). Sie trägt die ambivalenten Klischees Jäger, Afrika und Monsterbilder von Gorillas in Text und Illustration sowie auf dem bunten Einband weiter und informiert über *Eines Jägers Wanderjahre* (Zwilling 2. Auflage 1950). Beides, sowohl das humanistisch gespeiste Heroentum der Gorillajäger als auch die Aggressivität und Monströsität der Gorillas, sind darin präsent.

[10] (S. 171)   Ähnlich beeindruckende frühe Junggorilla-Fotografien in Sitzpose oder auf dem Schoß eines Wärters zeigen Reproduktionen im P.-Meyerheim-Nachlass aus der Hochschule der Künste Berlin, Bibliothek bildende Künste, die mir dankenswerterweise am 7.1.1997 Herr Lothar Schlawe aus Berlin zusandte. Bei diesem Junggorilla handelt es sich wohl um den am häufigsten abgebildeten Gorilla vor 1900. Diverse Zeichnungen von dessen Verhalten und Stellungen wurden einer breiten Öffentlichkeit in Zeitschriften und insbesondere über Brehms Tierleben vermittelt (Brehm 3. Aufl., I. Bd., Leipzig 1890, Tafel auf S. 42). Der Maler und Grafiker Paul Friedrich Meyerheim (1842–1915) verfertigte diese Illustrationen im Brehm und ein Vergleich mit alten Fotografien zeigt, wie maßgeblich sie als lebensnahe Vorlage waren, beispielsweise im Bild eines Junggorillas, der dem Betrachter den Rücken zugewandt gerade eine Leiter hochklettert. Nichts erinnert an den Monster-Mythos, vielmehr bahnt sich mit diesem Individuum eine Veränderung in der Gorillavorstellung an. Kurz gesagt, die öffentliche Humanisierung und Verfriedlichung in der Gorillawahrnehmung setzt ein. Man kann exemplarische Individuen und die Rolle der Zoos in konkreten Stationen bis zur Gegenwart verfolgen.

[11] (S. 214)   Künstler haben sich seit Menschengedenken mit Affen beschäftigt und versucht, sie in Plastiken, Zeichnungen, auf Fresken oder in Gemälden darzustellen, nicht nur in der europäischen Kultur, sondern weltweit in allen Kulturen (Luz 1987; Tompkins 1994). Paviane gehören zum Grundbestand altägyptischer Bestiarien und Mythen (Arnold 1995). Vielleicht waren es Tantalus-Affen, die als mythologische Halbgötter die frühesten minoischen Meisterwerke griechischer Kunst auf den Wandmalereien von Thera zierten (Doumas 1995; Groves 2008, 19). In Handschriften und Gemälden des Mittelalters gastieren diverse Affengestalten, und zwar kleinere geschwänzte Affen und Makaken. Je nach besonderem Kontext hatten sie unterschiedliche symbolische Funktionen. Im biblischen Kontext treten Affen in pompösen Adorationen des Jesuskindes mit der Mutter Gottes im Geleit der Heiligen Drei Könige als Herrschaftsattribute auf wie 1423 bei Gentile da Fabriano (1370–1427), ebenfalls im weltlichen Pomp des antiken Darius vor Alexander dem Großen bei Paolo Veronese (1528–1588)

(Tompkins 1994, 38, 55). Die christliche Symbolik verband Affen häufig mit Diabolik, Sünde, Sexualität, Torheit und Luxuria (Janson 1952). Nicht das individuelle Tier ist dabei interessant, sondern ihre symbolische Verortung in einer nach dem Sündenfall verdorbenen Natur, lat. „natura lapsa". Aber Affen dienten auch als positive Sinnbilder für königlichen Reichtum, fürstliches Ansehen, für Luxuria, Geschmack oder Gefühl (Dittrich 2004).

Berühmte europäische Künstler haben Affen in ihr Schaffen aufgenommen. Das wohl berühmteste Gemälde zeigt zwei in einem Mauerfenster angekettete Affen; Pieter Brueghel der Ältere (1525–1569) hat im Jahr 1562 diese ungewöhnliche Szene komponiert. Man vermutet, es handle sich um zwei Individuen einer Affenart namens *Cercocebus torquatus*, die von den Portugiesen aus dem westafrikanischen Biafra bis nach Antwerpen gelangt sind (Groves 2008, 57). Diese außergewöhnliche Darstellung zeigt Zwangsverbündete, die scheinbar trostlos auf das ferne und freie Hafenleben Antwerpens blicken, was zu unterschiedlichen extravaganten Deutungen herausforderte (Janson 1952; Tompkins 1994; Müller 1995). Noch ein anderer Künstler, Hendrick Goltzius (1558–1617), zeichnete ein eindrucksvolles Portrait eines am Halsring angeketteten Affen (Tompkins 1994, 48). Doch Brueghels Affen wird eine programmatische Bedeutung zugesprochen. Man sieht in den angeketteten Affen einen Traditionsbruch, weil das Mitleid des Betrachters für die grausame Lage der Affen die üblichen symbolischen Assoziationen überlagere. Aber auch diese Affentragödie kann immer noch als Lektion und Mahnung für den sündigen Menschen gelesen werden: Der Mensch soll im Zeichen des Sündenfalls symbolisch und moralisch belehrt werden, um nur nicht zum „Affen" zu werden (Tompkins 1994, 47).

Wie unterschiedlich man schon früh mit dem Affenthema umgeht, demonstriert ein berühmter Künstler. Albrecht Dürer (1471–1528) nahm die dominante christliche Ikonografie und Symbolik auf, als er zu Füßen der unschuldigen Madonna ein Äffchen hocken ließ – als Emblem der zu überwindenden Sünde bzw. Erbsünde in der nachparadiesischen Welt. Doch der gleiche Dürer drückt in seiner Federzeichnung „Affentanz" (1523) in den lustvollen Tanzbewegungen der Affenhorde ungebändigte Lebensfreude aus und wertet so die weltlichen Lüste positiv (Tompkins 1994, 40). Vielleicht aber kritisiert er hier auch das bügerliche Tanzvergnügen. Denn gewöhnlich wird, wie in dem Gemälde „Affenküche" des Malers Frans Francken der Jüngere (1581–1642), das lüsterne Lotterleben des trinkenden Volkes ins Visier genommen. Die Künstler des 17. und 18. Jahrhunderts bieten eine Vielzahl von Affendarstellungen an: Affen als Karikaturen von Gelehrten, als Begleiter umherziehender Gaukler in Volkszenen oder Affen als Statisten in Stillleben-Gemälden (Tompkins 1994). Natürlich dienen Affen auch als Alltagsdekor. Kleine Äffchen schmücken portugiesische oder holländische Farbkacheln des 16. bis 19. Jahrhunderts. In Zeichnungen dienen eitle Affen im edlen Gewand ebenfalls der Moral- oder Kulturkritik, beispielsweise in der Karikatur eines sich rasierenden und in den Spiegel schauenden Affen. Diese Karikatur des in Nürnberg lebenden Kupferstechers Christoph Weigel (1654–1725) wird später mit einem Text des Historikers Georg Andreas Weigel (1727–1798) versehen, worin dieser im Jahre 1766 den Luxus und das Nachäffen der Eleganzkultur der „Franzmänner" in deutschen Landen anprangert unter dem Motto: „Der Aff ein halber Mensch, der Mensch ein halber Aff" (Ingensiep 2006, 87; siehe dort Abb.).

Künstler des 19. Jahrhunderts entdecken Affen, dann auch Menschenaffen neu, als durch Darwin, Huxley u. a. die evolutionäre Verwandtschaft von Mensch und Affe behauptet und damit eine Revolution im Weltbild eingeleitet wird. Die neue Nachdenklichkeit inszeniert Hugo Reinhold (1853–1900) im Jahre 1892 mit seiner Bronzeplastik „Affe, der einen menschlichen Schädel betrachtet (Darwins Affe)". Der deutsche Bildhauer bringt die seinerzeit neue und prekäre Lage des Menschen im Verhältnis zu seinen affenartigen Vorfahren plastisch auf den Punkt: Der Affe sitzt auf einem Bücherstapel, darunter Darwins Hauptwerk und die Bibel. Es handelt sich wohl weniger um eine Karikatur als um eine ernste Aufforderung zur weltanschaulichen und ethischen Reflexion, denn für den Freidenker Reinhold war der Mensch dem Affen gleich, der im Zeichen der Evolution neu über Leben und Tod nachzusinnen habe, und Darwin ein Gott, dessen Evolutionstheorie ein Anlass für den Menschen sei, „sich zu Besserem zu entwickeln" (Blühm/Lippincott 2007, 90).

Die Moderne Kunst hat den Affen nicht vergessen. Anders als der Franzose George Seurat (1859–1891), der 1884 einen geschwänzten kleinen Affen zeichnet, geht der Postexpressionist Henri Rousseau (1844–1910) zu Werk. Um 1900 lässt Rousseau große Affen als skurrile Akteure im exotischen Biomilieu auftauchen, meist dekorativ in farbenprächtigen sauberen Urwaldflächen. Im Todesjahr 1910 erscheint auch ein Gorilla auf Rousseaus Leinwand: *Exotische Landschaft. Kampf zwischen Gorilla und Indianer* (Stabenow 1991, 80). In diesen Dschungelbildern wird keine Idylle mit noblen Affen oder Wilden inszeniert, vielmehr wird primitive Härte demonstriert. Zwischen dem Indianer und dem Gorilla findet ein grotesker Zweikampf statt, dessen Akteure sich so in der Realität nie hätten treffen können. Geht es bei Rousseau noch um ein verlorenes Paradies wie bei seinem großen Namensvetter unter den Philosophen? Jedenfalls geht es nicht mehr um eine Natur im Zeichen des Sündenfalls wie noch zu Beginn der Neuzeit, sondern im Zeichen Darwins. Zeitgenossen empfinden Rousseaus Kunst neben Gauguin und Picasso als Sensation, lange Zeit ist sie als „naiv" angesehen worden, drückt aber einen starken archaischen Kompositionswillens aus.

Mitte des 20. Jahrhunderts bannt der irische Maler Francis Bacon (1909–1992), der als existentieller Gegenstandsmaler verstanden wurde, erneut Affen auf die Leinwand. Bacon malte im Jahr 1955 die finstere und vertrackte Situation eines gefangenen Schimpansen und versucht in seiner *Study for Chimpanzee* im Jahr 1957 die besondere Existenzweise einzufangen. Ob nun wirklich ein Menschenaffe oder doch die menschliche Verlorenheit im Kosmos gemeint ist, bleibe dahingestellt.

Im letzten Drittel des 20. Jahrhunderts wird das Affenthema weiter variiert. Für den Künstler Jörg Immendorf (1945–2007) war der Affe als sein Wappentier eine zentrale Symbolfigur. Als genialer Dilettant und Nachäffer der Schöpfung wird der Affe zum Markenzeichen seines künstlerischen Selbstverständnisses: „Immendorf ist Affe, und die Affen sind Immendorf." Oder: „Für mich war und ist der Affe einfach ein zweites Ich." (1992) Damit eignet sich der kreative Künstler in moderner Manier erneut den traditionellen Topos vom Künstler als „Simia naturae", als Affen der Natur, neu an, wobei Immendorf damit allerdings nicht sein Verhältnis als Individuum zum Kosmos festlegt, wie es noch in der Affensymbolik der Renaissance geschah.

In anderer Weise nimmt sich der amerikanische Gegenwartskünstler und kritische Tiermaler Walton Ford (geb. 1960) des Affenthemas an. Ford reflektiert in seinen Bildern die Geschichte der Affen. Ein Gemälde erinnert an den Gorillajäger Paul Du Chaillu um 1860 und ein anderes an den Makaken „Jack auf dem Totenbett 1780" (2005). Auf dem großformatigen Gorillabild von 2009 (242 x 152 cm) wird ein monströser Gorilla inszeniert, der mit der Gewehrmündung im Maul diesen für ihn tödlichen Gewehrlauf zerbricht. Ford ließ sich in der naturhistorischen Art der Darstellung durch das farbenprächtige Bestiarium des berühmten Naturkundlers und Tierzeichners John James Audubon (1785–1851) inspirieren. Vor wenigen Jahren bewegte die kalifornische Künstlerin Diana Thater in einer Ausstellung im Kunsthaus Graz mit dem Titel „gorillagorillagorilla" ein doppeltes Anliegen: Thater will einerseits im Medium der Videokunst eine originäre räumliche visuelle Umgebung schaffen, andererseits auch Lehrstunden über die Beziehung zwischen Mensch und Menschenaffe bieten (Budak/Pakesch in Thater 2009). Die ökologische und besondere Beziehung zu Menschenaffen wird ins Visier genommen. Die Skizze zeigt: Affen sind auf vielfältige Weise in neuzeitliche Kunstpraktiken eingebettet geworden. Sie wurden und werden auf dieser Ebene fortlaufend kultiviert.

[12] (S. 214)   Der österreichische Künstler Arnulf Rainer (geb. 1929) wurde als „Übermaler" bekannt. Im Projekt „Nachmalungen" führt Rainer erstmals eine Aktion durch, die bislang von Künstlern oder Kunsthistorikern eher als Platitüde oder auch als Kränkung ihrer genuinen kreativen Identität angesehen worden wäre. In einer „Parallel Malaktion mit Schimpansen" lässt Rainer Schimpansen malen. Er beobachtet ihre Art der Malaktion und studiert schließlich die Produkte der Menschenaffen. Nun geht er daran, sie in Form von „Nachmalungen" aus seiner Künstlerperspektive neu zu interpretieren. Man könnte diese Aktion als späte Ver-

söhnung der Kunst mit den „malenden" Menschenaffen nach der Congo-Story ansehen, von der unten noch die Rede sein wird. Denn Schimpansen wie „Congo" wurde von Biologen eine besondere künstlerische Kreativität zugesprochen, die auch bei Kindern oder naiven Malern zu finden sei. Aber ist künstlerische Kreativität nicht ein Privileg des Menschen, ja sogar nur bestimmter Kunstschaffender? Aber Rainers merkwürdige Aktion ist keinesfalls als Versöhnung von Kunst und Biologie gedacht. Künstlerisch betrachtet handelt es sich um eine besondere Form konzeptioneller Überbietung, was erläuterungsbedürftig ist.

Rainers Werke werden erstmalig 1979 in der Wiener Galerie Ulysses als „Nachmalungen Kopien von Schimpansenmalereien" angekündigt, wobei Rainer in einer kurzen Erläuterung Auskunft über Intentionen gibt (Rainer 1979). Unter den Nationalsozialisten war Rainer gezwungen worden, „nach der Natur" zu malen, ein Aspekt, der für sein Werk Beachtung verdient. Rainer weigert sich und geht als „Kunststudent" zeitlebens auf die Suche nach der eigenen künstlerischen „Souveränität", die er in kritischer Distanz zur akademischen Kunst entschleiern will. Rainer ist also auf der Suche nach neuen Vorbildern und begegnet auf diesem Weg den Affen und ihrer Kreativität: „Diese Einfühlungsspiele leben aus dem Kontrast, dem Gefälle, dem Unterschied zweier Bilder. Die Affen hatten in diesem Wettkampf einen Vorsprung. Sie konnten das Bildthema bestimmen. Ich hatte dafür mehr Zeit und Muße, mich allmählich einzufühlen, ihrer Zeichen- und Malgestik auf die Spur zu kommen. Außerdem hatte ich den Ehrgeiz, das von ihnen gewählte Motiv durch eine intensivere Formulierung deutlicher, zugespitzter zu malen und sie so zu übertreffen. Es ist mir hie und da gelungen." (Rainer 1979)

Die Malvergleiche werden von Rainer durch die speziellen Werktitel befeuert, wobei der Künstler betont, gerade die Titel würden den „Sinn dieser Nachäffungen" verständlicher machen. Sie sollen dort, „wo ich den Schimpansen in seinem präzisen und originellen Themenausdruck nicht erreichte", verdeutlichen, aber auch „meinen verzweifelten Ehrgeiz" begreifbar machen. „Meine Flucht in eine vorgegebene Thematik ist eine bewusst imitative Bildnerei, entstanden aus naiver Sinnlichkeit und krankhaftem Konkurrenzdenken." (Rainer 1979) Einige Titel lassen in der Tat solche Intentionen erkennen: *Gelber Affe verprügelt braunen*; *Mähdrescher unterwegs*; *Sexuelles oder Tierfänger unterwegs*. Nehmen wir die kulturhistorische Perspektive ein, so ist festzuhalten: Ein renommierter Künstler setzt sich erstmals intensiv mit Pinsel- und Fingermalereien von Menschenaffen auseinander. Er arbeitet mit ihnen und hat ihnen vermeintlich nachgemalt. Als Primat unter Primaten hat er mit anderen Primaten ein soziales Gesamtkunstwerk geschaffen.

Primaten – Portraits Persiflagen Paraphrasen Parallelen lautet der Titel des wenig später publizierten Werkbuches, das weitere konkrete Einblicke liefert (Rainer 1991). Wie geht Rainer bei der Inszenierung seiner Aktionen und Objekte im Detail vor? Die einzelnen Objekte sind zusammengesetzt aus der Malerei eines Schimpansen, insgesamt waren drei Schimpansen beteiligt, und der Interpretation von Rainer. Die von Betreuern gekennzeichneten Schimpansenmalereien wurden auf eine Unterlage montiert und unterhalb oder rechts neben der Schimpansenmalerei von Rainer paraphrasiert (K. Heymer in Rainer 1991, 6). Die besondere Methode dieser Form der künstlerischen Auseinandersetzung entsprang der vorangehenden Duettmalerei von Rainer mit dem Künstler Dieter Roth. In diesen Duetten oder Duellen, so Rainer, kam es „vor allem auf die ‚gegenseitige Störung bzw. Zerstörung' an, so dass Vollendung oder irgendeine Perfektion, in welche Richtung auch immer, schwer möglich scheinen mußte" (K. Heymer in Rainer 1991, 5). Beide Künstler – Rainer und Roth – wählten bewusst einen Ansatz jenseits der klassischen Werkmoral. Vor diesem Hintergrund lassen sich Rainers „Nachmalungen" zu Schimpansenmalereien nicht ohne Weiteres auf die einfache Formel einseitigen oder gar wechselseitigen Respekts bringen, wie es im ersten Ansatz seiner Selbstinterpretation erscheinen mag (Rainer 1979). Ausdrücklich geht es Rainer gerade nicht um die Respektierung der Individualität des Schöpfers, sondern um die malerische Konstellation als solche. Ihm geht es um die kreative künstlerische Beziehung (K. Heymer in Rainer, 6). Doch gibt es auch folgende Äußerung Rainers: „In meinem Alter hat man schon Schwierigkeiten, anderen Künstlern nachzustreben, so entschloß ich mich, mir andere Vorbilder zu wählen, die Schimpansen. Ihr souveränes Wesen hat mich beeindruckt. Wieweit diese Souveränität in einer hauptsächlich vom Menschen betriebenen Sparte, der Malerei, noch sichtbar wird, ist noch nicht klar. Wahrscheinlich ist sie eher versteckt, man muß sie suchen. Ich habe es getan und entdeckte dabei die eigene Souveränität." (Rainer 1991, 48) In dieser Hinsicht lassen sich Werktitel verstehen wie: *Roter rauft mit Grünem/Roter Affe rauft mit Grünem* oder *Wer schmiert besser?* (Rainer 1991).

In Anbetracht dessen, dass Rainer sein „krankhaftes Konkurrenzdenken" zugibt, muss in der Wirkung der „Parallel Malaktion" konzeptionell festgehalten werden, dass der Affe nicht einfach zum Vorbild für den Meister wird. Kreativer Affenakt und kreatives Affenprodukt dienen vielmehr dem vermeintlich nur „nachmalenden", depotenzierenden Meister als Mittel auf dessen fortdauernder Suche nach dem „Rätsel der Souveränität". Gerade indem Rainer die Affenkreativität vermeintlich „imitiert", aber letztlich klar kommentiert, schafft er ein neues Deutungspotential für sich als typisch neuzeitliches künstlerisches Subjekt.

Interessant ist daran noch, dass sich erst im letzten Drittel des 20. Jahrhunderts ein Künstler mit Hilfe von Menschenaffenbildern auf die Suche nach seinem kreativen Selbstverständnis macht – nach künstlerischer Identität. Rainer verstärkt so ungewollt auch die anthropologische Frage nach einer Differenz zwischen Menschen und Affe. Verstand sich der frühneuzeitliche Künstler als „simia naturae", so geht es am Ende der Moderne um die „Freiheit der Kunst", auch im Malen von und mit Affen. War für Rainer aber auch die szientistische Frage „Können sie malen?" handlungsleitend oder die generelle Frage, ob Menschenaffen eine kreative Intelligenz „wie wir" besitzen? Diese Frage wird im 20. Jahrhundert innerhalb der Verhaltensforschung gestellt, aber Rainer setzt diese „äffische" Kreativität vermutlich schlicht voraus.

Noch ein anderer Künstler, der französische Künstler Lucien Tessarolo, wurde durch eine zufällige Begegnung inspiriert, mit Affen zu malen, allerdings in anderer Weise und mit anderer Intention als bei Rainer (Lenain 1997, 109). Im Verlauf der Porträtierung einer Zooschimpansin namens „Kunda" im privaten Zoo des Prinzen Renier von Monaco kam es 1987 zu einer gemeinsamen Malaktion. Tessarolo erweiterte und komplettierte die malerischen Initiativen von Kunda, z. B. durch figurative Malelemente wie Vögel. Manche Ergänzungen seien von Kunda begeistert aufgenommen worden, heißt es, andere wurden gelöscht und Kunda wartete auf weitere (Lenain 1997, 111). Diese Bilder wurden vom Künstler signiert und mit einem Handabdruck von Kunda versehen (siehe Abb. in Lenain 1997, 110).

[13] (S. 228) Ein anderer Roman mit dem Titel *Great Ape* nimmt ebenfalls den Zeitgeistgedanken von Menschenaffen als Personen auf. Der Autor Will Self führt fiktiv und satirisch vor Augen, wie es ist, als Mensch in einer Welt von zu Schimpansen transformierten Menschen aufzuwachen (Self 1998).

[14] (S. 232) Über Bonobos wurde schon 1925 vom Primatologen Robert Yerkes berichtet, der sie zwar als „Genies unter den Menschenaffen" beschreibt, aber seinen „Prince Chim" für einen Schimpansen hielt, der so intelligent wie ein Kind sei und Lachen, Blumen pflücken oder in der Sonne baden konnte (Savage-Runbaugh/Lewin 1995, 113). Der Harvard-Zoologe Harold J. Coolidge nahm 1926/1927 an einer Afrika-Expedition in die heutige Demokratische Republik Kongo teil, um Gorillas zu erforschen und erkannte als Erster die Unterschiede zum Schimpansen. Aber der deutsche Zoolge Ernst Schwarz war nach Schädelvergleichen schneller und gab ihm den Namen (als Schimpansenunterart) *Pan satyrus paniscus*. Coolidge erhob in einem Fachartikel von 1933 den vermeintlichen „Zwergschimpansen" zu einer eigenen Art. Die deutschen Biologen Eduard Tratz und Heinz Heck prägten 1954 als vermeintliche Eingeborenenbezeichnung für „Schimpanse" den Namen „Bonobo" und machten wegen der Differenzen zum Schimpansen daraus sogar eine eigene Gattung. Aufgrund der großen Unterschiede zu andern Menschenaffen und seiner besonderen Menschenähnlichkeit wurde der „Bonobo" 1978 zum Modellaffen für die Paläoanthropologie, d. h. der beste „Prototyp für den Vorfahren der Hominiden" (Savage-Rumbaugh/Lewin 1995, 114–117; vgl. de Waal/Lanting 1997, 3–13).

[15] (S. 249)   Eine ähnliche Ikone stellen Fotos zu Jane Goodall und Dian Fossey dar, die ihre besonderen Begegnungen mit gefangenen Schimpansen bzw. wilden Gorillas dokumentieren. Jane Goodalls Berührung durch den männlichen Schimpansen „Jou Jou", der Jahre in Brazzaville im Zookäfig lebte, und auf dem berühmten Foto mit ausgestreckter Hand ihre Kopfhaare berührt und sie so als *Verwandte* begrüßt (Nichols/Goodall 2001, Abb. S. 59) ist auch das Coverbild der deutschen Ausgabe zum *Great Ape Project* (Cavalieri/Singer 1996). Einen ähnlichen ikonografischen Status haben Fotos und Filmaufnahmen zu ersten Berührungen Dian Fosseys durch wild lebende Gorillas.

Namensregister

Abel 132, 134
Abraham 227
Aelian 16, 23 f., 26, 31
Aetios 22
Agamben, G. 66
Agassiz, L. 132
Akeley, C. 155, 175 f., 179, 193, 248
Albert d. Gr. 28
Aldrovandi, U. 28 f., 31, 64, 89
Alexander d. Gr. 23, 32
Allamand, F.-L. 108
Anstötz, C. 240
Aramata, H. 136, 158
Aristoteles 16, 18, 20–24, 28 f., 43, 52, 83, 90, 108, 139, 192, 201
Arrian 16 f., 34
Astley, T. 44, 78 f., 295
Auffermann, B. 28, 144, 167, 252
Augustinus 63

Bahner, O. 213, 232, 236
Ballenstedt 143
Balluch, M. 243 f.
Baranzke, H. 118, 148, 182, 212, 242
Barbot 77
Barnard 90 f.
Barnum, P. T. 166, 298
Barsanti 128, 297
Battel, A. 33–38, 47, 55, 60, 67, 75 ff., 79, 82, 90, 100, 119, 142, 157, 295
Baumgärtel, W. 179
Beck 276
Beekman, D. 44, 67, 108, 295
Bell 91
Bellugi, U. 231
Beijer, T. 38
Berger, A. 174
Bingham, H. C. 176, 193
Blainville, D. v. 157 f.
Bloemart, S. 37, 38
Blühm, A. 95, 104 f., 216, 300
Blumenbach, J. F. 21, 28, 49, 74, 109, 122, 129, 137, 248, 254, 296
Bocourt, E. 158
Bonnet, C. 51, 59, 73, 83 ff., 89 f., 111, 113, 120 f., 143, 251, 276
Bontius, J. 34, 36, 44–47, 55, 60, 64, 67, 90, 92, 108, 114, 126
Borroughs, E. R. 155
Bourne, G. H. 156, 179, 193
Bowdich, E. 157

Bowman, T. E. 65
Brandes 192, 228, 230
Brandt, R. 115
Brehm, A. E. 35 f., 55, 155, 161, 163 f., 167, 171 f., 229, 248, 296, 299
Brenner 243
Brentjes, B. 18
Breydenbach, B. 29
Brodtmann, K. J. 129, 135
Bronowski, J. 231
Brown, L. 41, 65, 117, 126
Brown, R. 231
Büchner, L. 125, 145 ff.
Büsching, A. F. 78
Buffon, G. L. 40, 49, 51, 59, 61, 65–69, 84 f., 87, 90, 92, 95 f., 98–104, 108, 112, 119, 121 ff., 126, 132 f., 135 f., 158, 248 f., 296 f.
Burdach, C. F. 140

Camper, P. 49, 51, 74, 92, 96, 98, 107 ff., 111 f., 115 f., 120 ff., 129, 132, 138, 296
Carus, J. V. 144, 298
Cavalieri, P. 55, 120, 156, 180, 199, 214, 225, 233 f., 237–242, 245, 249 f., 272, 277, 303
Chambers, R. 143
Chomsky, N. 235
Christmann, K. 234
Clancy 169
Cloß, A. 216
Corbey, R. 48, 81, 90 f., 122, 128, 199, 246, 253, 276 f., 296 f.
Cuvier, F. 136
Cuvier, G. 21, 89, 122, 131 f., 134 f., 137 f., 142

D'Alembert 114
Dance, S. P. 159
Dapper, O. 34, 42–45, 47 f., 60, 67, 75 ff., 295
Darwin, Ch. 16, 18, 21, 28, 40, 45, 61, 83, 122, 125 f., 128 ff., 132, 134, 136 f., 141, 143–154, 157, 159 ff., 163, 165–168, 170, 172, 194, 215 ff., 247 ff., 251 f., 275, 296, 300 f.
Darwin, E. 143
Daubenton, L. J.-M. 108
Davidson, D. 235, 274
Dawkins, R. 277
De Beer, G. R. 222
De Bondt s. Bontius
De Brosse, C. 90
De Hondt, P. 78
De Waal, F. 254 f., 278, 303

Dembowski, J. 186, 192 f., 213
Descartes, R. 33 f., 51–55, 65, 69 ff., 83
Deschamp 88
Devéria 161
Diderot, D. 67, 114
Diels, H. 247
Dierauer, U. 15 f., 22
Diezmann, A. 89, 132, 134
Dilthey, W. 271
Dinzelbacher, P. 16
Diogenes von Apollonia 20
Diogenes von Sinope 16
D'Orbigny, C. D. V. 135 f., 263 f.
Drugulin, W. 134
Dubuffet, J. 222
Du Chaillu, P. B. 155 f., 159, 161–166, 172, 298 f., 301
Dupré, J. 235
Duvernoy, L. G. 158

Edwards, G. 64 f., 67, 108, 296
Eipper, P. 173, 175 f.
Engelmann, W. 92, 136
Engels, F. 125, 149 f., 154
Erxleben 129
Esau 44, 61 ff., 153, 248
Euphemus 31

Falk, H. 299
Falk, J. D. 117
Falkenstein, O. 161, 171 f.
Feuerbach 141, 149, 247
Filz, W. 230
Fink-Eitel, H. 81
Fish 132
Flourens 142
Fludd, R. 29
Forster, G. 74, 96–99, 108
Ford, W. 301
Fossey, D. 155 f., 179 f., 230, 303
Fouquet 158
Fouts, R. 231 f.
Franquet 158
Frémiet, E. 167
Freud, S. 154, 194
Friedman, J. B. 28
Funke, C. P. 129
Füßli, J. M. 61

Galen 23, 43, 108
Galilei, G. 33
Gardner, B. und A. 181, 231 f.
Garner, R. L. 148, 184, 217
Gautier-Laboullay 157
Gehlen, A. 153, 181, 194, 206–211, 218, 220, 274

Geissmann, T. 252
Geoffroy Saint-Hilaire, E. 129, 136, 148
Geoffroy Saint-Hilaire, I. 157 f.
Gerigk, H.-J. 126 f.
Gesner, C. 28–32, 43, 62
Geus, A. 160
Girtanner, C. 76, 117, 121, 137
Gmelin, J. G. 64
Godwin, S. 179, 298
Görling, A. 127
Goethe, J. W. v. 129, 143, 212
Gohlke, P. 20
Goldfuß, A. 131
Gombrich, E. 224
Goodall, J. 179, 230, 238, 249, 278, 303
Gordon, W. 233 f.
Gould, S. J. 44, 49 ff., 62
Gräßer, E. 212
Graigman 132
Gregory, W. K. 193
Groves, C. P. 16, 18, 23, 33, 37 f., 45, 179, 194, 246, 296, 299 f.
Grzimek, B. 179, 220, 229
Gusnand, A. 158

Haag, T. P. C. 95, 97, 101, 104–107, 123, 259 f., 297
Habermas, J. 209
Haeckel, E. 122, 137, 144–148, 165
Häyry, H. und M. 250
Hagenbeck, C. 172, 189, 218
Hahn, E. 244
Haller, A. v. 71, 87
Haller, J. S. 82, 296
Hanno 16 ff., 34 f., 93, 157
Haraway, D. 253
Hartmann, R. 76, 134, 156 ff., 161, 171 f., 266 f., 298
Hastings, H. 52, 71, 73 f., 81, 109
Hauff, W. 126
Haug, C. 243
Heck, H. 303
Heck, L. 173
Hediger, H. 212, 220, 252
Hegel, G. W. F. 125, 137 f., 141, 149, 196, 277
Heinicke 172
Helvétius, C. A. 73
Hemmy, D. L. 96
Hennings, J. C. 69 f.
Hensler, K. F. 123
Heraklit 15 f., 21, 98, 151, 247
Herder, J. G. v. 106, 109, 110–115, 119, 121, 138, 143, 207
Hermes 170 ff.
Hesiod 247
Hobbes, T. 74

Hoffmann 107 f.
Hoffmann, C. 159
Holbach, P. T. D' 73 f.
Holthuis, L. B. 65
Homer 31, 247
Honegger, J. J. 135
Hoppius, C. E. 64 f., 108, 296
Hower, H. 78, 297
Hoyt, A. M. 177, 220, 228 f.
Hume, D. 70, 241, 255
Husserl, E. 194, 204
Huxley, R. 136
Huxley, Th. 40, 45, 49 f., 137, 144 ff., 154, 157, 160, 165 f., 248, 296, 298, 300

Illner, R. 161
Isaak 62, 227
Ismael 180, 227 f.
Italiaander, R. 47 f.

Jäger, G. 143, 145, 166, 215
Jäger, S. 189 f., 254
Jakob 62
Janson, H. W. 24, 28, 246, 299 f.
Jardine, W. 89, 132, 134 f.
Jesaja 41
Johnson, J. 31
Johnson, M. und O. 155, 175 f.

Kainz, F. 213
Kant, I. 74, 109, 115 ff., 121, 140, 200, 207, 212, 239, 242, 247, 250, 256, 274 f., 277 f.
Kearton, C. 228, 230
Kellogg, W. N. und L. A. 218
Kennedy, J. S. 255
Klaatsch, H. 43, 63, 297
Klages, Ö- 210 f., 218
Klee, P. 222
Knauer, F. 172
Knöpffler, N. 242 f.
Köhler, P. 93, 126, 138
Köhler, W. 181-194, 198 f., 202 f., 207-211, 213, 217 f., 220, 224 f., 228, 230, 234, 241, 254, 271, 278
Kohl, K.-H. 81, 83
Kohlbrugge, J. H. F. 28
Kohts, N. 218
Konrad von Megenberg 27
Kopernikus, N. 154
Kort, P. 216
Kowalewski, S. L. 115 f.
Kranz, W. 247
Krauss 61
Krug, W. 140
Kuhnert, W. 167 f.
Kunzmann, P. 242 f.

Lamarck, J. B. de 83, 128, 138, 143, 149, 251
La Mettrie, J. O. de 59 f., 67, 69-73, 83, 90, 109, 111, 123, 296
Lang, E. M. 176 ff., 229
Leakey, L. 179
Le Cat, C.-N. 44, 85-89, 90, 253 f., 296
Le Grand, A. 54 f.
Leibniz, G. W. 34, 52, 55-58, 83, 109
Le Maire 77
Lenain, T. 216 ff., 222 ff.
Leonard 77
Lethmate, J. 193
Lever, J. 228
Liceti, F. 42
Lichterfeld 170
Liebetreu 173, 175
Liechti, M. 243
Linden, E. 231 ff.
Linné, C. 21, 49, 54, 59, 61, 63-68, 82, 90, 92, 111, 115, 122, 129, 139, 248, 251, 296
Lippincott, L. 95, 104 f., 216, 300
Locke, J. 34, 52, 55-58, 72, 235, 239 f., 242
Lotze 147
Lovejoy, A. O. 83, 120
Ludwig, C. F. 115
Lück, H. E. 182 f., 189
Lyell, C. 143

Maillet 90
Mallet, A. M. 26
Marx, K. 149
Matsuzawa, T. 273
Maupertuis, P.-L. M. de 69, 73
Max, G. v. 216
Mebold, C. A. 132 f., 298
Meder, A. 243
Meier, G. F. 70, 109
Meier, H. 74
Meijaard, E. 37
Merian, M. 30, 31
Merolla da Sorrento, J. 76 f., 295
Miles 233
Mill 147
Millikan, R. G. 256
Miró, J. 222
Mitchell, R. W. 193 f., 213
Moleschott 141
Mollison, J. 244
Monboddo, J.-B. 49, 74, 90-93, 97, 99, 111, 121, 125 f., 214
Montanus, A. 42 f., 63
Montgomery, S. 244
Moore 170
Moore, H. 222
Morris, D. 168, 181, 214, 218, 220-224, 228, 246, 295

Moscati 115 f.
Moses 41
Mühlmann 114
Münch, P. 246
Münster, S. 32
Mützel, G. 161
Murray 123

Nagel, T. 256
Nash, R. 48
Naumann, M. E. A. 147
Nemesios 22
Newton, I. 33, 83
Nichols, M. 179
Nietzsche, F. 16, 125, 150–154, 194, 197, 212, 247
Nissen, H. W. 193
Noske, B. 245, 272

Oken, L. 35, 40, 45, 89, 129, 131, 134, 138 f., 143, 296
Oranien, Friedrich Heinrich von 37 f., 40, 46, 88, 96
Oranien, Wilhelm V. von 95, 97 f., 296
Osten, v. 182
Owen, R. 17, 147, 156 f., 159 f., 163, 165

Patterson, F. 156, 180 f., 225, 229 f., 233 ff., 238
Peacock, T. L. 125 f., 214 f., 278
Penaud 158
Pennant 92
Perleb, J. 132
Perler, D. 235
Perty, M. 132
Pfeiffer, C. L. 51, 120 f.
Pfungst, O. 182, 184
Phillip, Erzherzog v. Österreich 33
Philon 24
Physiologus 24 ff., 32
Picasso, P. 222, 301
Pico della Mirandola 274
Platon 15, 16, 22, 150, 192
Plessner, H. 153, 181, 189, 194, 200–211, 273 f.
Plinius 16 f., 22 ff., 28, 30 f., 38, 41 f., 47, 108
Plutarch 22, 41, 71
Poe, E. A. 127
Popper, K. 251
Porphyrios 22
Portmann, A. 144, 167, 248 f., 276
Precht, R. D. 243, 252
Premack, D. 232
Prévost, A.-F. 39, 44, 65, 78 ff., 295 ff.
Purchas, S. 33–37, 76, 92, 295
Putnam 276

Pyrard 67
Pythagoras 22, 43

Quesnay, F. 73
Quinn, D. 180, 227, 228

Rainer, A. 214, 301 ff.
Raven, H. C. 193
Read, H. 221
Rebekka 62
Rees, A. 123, 135, 261
Regan, T. 239, 241
Reimarus, H. S. 74 f., 82, 109, 112
Rembrandt 37
Rensch, B. 220, 222 f.
Reymond, M. 148
Richter, C. G. 93
Rienzi, D. de 132 f., 298
Rijksen, H. D. 37
Ritson, J. 126
Robinet 121, 143
Rochebrunes, A. T. de 161
Rollin, B. E. 241
Romanes, G. J. 148, 276
Rothacker, E. 210 f., 220
Rothmann, M. 182 ff.
Rousseau, H. 300 f.
Rousseau, J.-J. 36, 44, 51, 59 f., 69, 74–79, 81 ff., 86, 89 f., 96 f., 99, 106, 109 f., 114 f., 121, 123, 125 f., 137, 151, 153, 228, 274, 296 f.
Rüdiger, A. 69
Ruhe 173, 175
Russell, L. M. 212 f.
Ryder, R. 238, 240, 242

Saint-Hilaire, siehe Geoffroy
Salomon 24
Sapolsky, R. M. 231
Sapontzis, S. 241
Sarton, G. 50
Savage, T. S. 17, 156 f., 165, 232, 298
Savage-Rumbaugh, S. 303
Schaaffhausen 143, 147
Schaefer, T. 93, 126
Schaller, G. B. 155, 179
Scheler, M. 153, 181, 194–202, 207–211, 273
Schelling, F. W. J. 137 ff.
Scheuchzer, J. J. 44, 61 ff., 153, 248, 251, 257, 295
Schiebinger, L. 41, 44, 89, 117, 126, 253
Schinz, H. R. 129 ff., 135
Schlegel, F. 140
Schmid, J. 174
Schmidt, E. A. 91

Schopenhauer, A. 137, 141 ff., 147, 151, 153, 212
Schouman, A. 95
Schoutten 67
Schreber, J. C. D. v. 49, 65, 92 f., 258, 296 f.
Schubert, G. H. v. 136, 138 ff.
Schulze-Hagen, K. 160
Schurig, V. 183, 189
Schwabe, J. J. 78, 297
Schweitzer, A. 210–214, 229
Scotin, G. J. B. 64, 78, 79, 92, 123, 135, 296 f.
Searle, J. 235
Sebeok, T. A. 235
Self, W. 303
Seyfried, J. H. 43
Shelley, P. B. 126
Singer, P. 233 f., 237–242, 245, 249 f., 272, 277
Sliggers, B. C. 95, 105, 297 f.
Smellie, W. 51, 120
Smith, L. 118 f.
Smith, M. 249
Sokolowsky, A. 218 f.
Sommer, v. 279
Specht, F. 166
Spencer 122
Stark, W. 115 f.
Steinemann, P. 155, 175, 228
Stemmler-Morath, C. 175, 228
Storchenau, S. v. 82 f.
Strabo 22
Strehlow, H. 172
Stumpf, C. 182
Sutter, A. 52

Tellenbach 216
Teuber, E. 182 ff., 188
Theuer, E. 243
Theunissen, B. 48, 81, 90 f., 122, 128, 296
Thijssen 48
Tiedemann, F. 137
Tilesius, D. 129
Tille, A. 152
Tittel, G. A. 117
Thomas v. Aquin 28
Thorndike, E. L. 185 f.
Tomasello, M. 194, 279
Tompkins, P. 29, 214, 299 f.
Townsend 126
Toynbee, J. M. C. 23
Treviranus 138
Tulpius, N. 26, 32, 37–48, 55, 57, 60–65, 67, 69, 71, 75 f., 79, 81 f., 89, 92, 96, 108, 116, 136, 248, 253, 295 ff.
Turner 179
Tyson, E. 21, 28, 33 f., 45, 48–51, 57, 60, 67, 69, 90, 92, 108 f., 112, 121 f., 296 f.

Uexküll, J. v. 198, 202, 206
Ullrich, W. 18

Van der Schley, J. 78, 296
Van Gogh, V. 222
Van Hoorn, T. 98 f.
Van Lawick-Goodall, J. 179
Vaucaire, M. 161, 163
Vaucanson 72
Vetter 87
Virchow, R. 145, 171
Vogt, C. 137, 141, 143 ff., 147, 165
Voigt, F. S. 89, 131
Voltaire 69, 73, 75, 93
Vosmaer, A. 74, 92, 95–107, 108, 122 f., 131 f., 248, 254, 296 ff.
Voss 193
Vrolik, W. 158

Wagner, J. 92
Wagner, R. 144
Walch, J. G. 69 f.
Walker 157
Wallace, A. R. 134, 144, 166
Weczerzick, A. 216 f., 268
Weigel, C. 93, 300
Wendt, H. 18
Weniger, G.-C. 28, 144, 167
Wertheim, A. A. 95, 105, 297 f.
Wertheimer 189
Wieland, C. M. 76 ff., 82
Wild, M. 235
Will 93
Willis, T. 73
Wilson, J. L. 17, 157
Winkler, G. 22
Winkler, J. 70
Wokler 81
Wolf, J. 159–162
Wolff, C. 109
Wombwell, G. 298
Wright 256
Wuketits, F. M. 193 f.
Wurmb, F. Baron v. 129
Wyman, J. 17, 157, 163

Xenophanes 247

Yerkes, R. M. 193, 303

Zahlhaas, G. 20
Zedelmaier 78
Zedler, J. H. 60
Zimmermann, E. 120
Zimmermann, W. 83, 110, 143

Sachregister

Individualnamen von Affen kursiv

Abstammung des Menschen 11, 28, 62, 90, 125, 143 f., 147, 150, 165 ff., 208, 217, 255, 283, 287
Abstraktion,
– idealistische 138
– ideative 204
Achilla 175 f., 178 f., 220, 229
Achtung vor der Kreatur 191
Adler 69, 211
Ägypten 16, 18, 20, 23 f., 26, 229
Äthiopien 22 f., 27
Affengenie 230, 232, 303
Affenhaus 262
Affen in der Kunst 23, 29, 41, 62, 95, 104–107, 160, 167 f., 214, 216 f., 220–225, 299–303
Affenküche 300
Affenkunst 218, 220, 223 f.
Affenlegenden 28
Affen(mutter)liebe 21, 23, 88, 138, 140, 234
Affentanz 300
Aggressivität 11, 40, 127, 134, 150, 154, 159, 161, 163–167, 230, 299
Akteursperspektive 200, 242, 256, 271, 278
Allegorie 24–29, 32, 34, 138
Ameisen 186
Ameslan (s. a. Taubstummensprache) 231, 234 f.
Analogie 70 f., 117, 156, 188, 255, 271
Anatomie 21, 33, 37, 45, 48–51, 57, 59, 73, 84, 95–98, 107 ff., 111 f., 120, 122, 131 ff., 137, 140, 142, 153, 157 f., 160, 180, 207, 209
Android 53
Angola 32, 34, 38, 42, 46, 50, 78 f., 90, 118, 128, 295 ff.
Animal rationale/rationabile 116, 272, 274, 277 f.
Anschauungsformen 274
Anthropina, Wesensmerkmale des Menschen 12, 96, 154, 272
– Aufrechter Gang, aufrechte Haltung 19 ff., 31 f., 38, 40 f., 44 f., 47, 49 f., 64, 67 f., 72, 79, 81 f., 87, 92, 96, 101, 105, 107 ff., 112–116, 119, 122 f., 128 f., 134 f., 137, 139 f., 149, 153, 158, 160, 162, 167, 181, 184, 249, 252, 297 f.
– Handlungsstruktur 207 ff., 210, 225, 233, 236, 242
– Humor 234
– Intelligenz 36, 73, 117 f., 120, 142 f., 148, 153, 181–194, 194–213, 224 f., 227 f., 230, 233 f., 241, 249, 254, 278, 303
– Kulturfähigkeit 40, 74, 77, 96, 99, 102, 105 f., 109, 112, 126, 177, 191, 206 ff., 210, 227, 231, 235, 252, 273, 278 f.
– Lachen 88, 137, 139, 181, 184, 303
– Malen 181, 186, 211, 214–225, 228, 230, 247, 301 ff.
– Personalität 58, 120, 155 f., 173, 175, 177–180, 182, 191, 194 f., 199 ff., 204–207, 209 f., 213 f., 227–244, 248 ff., 256, 271, 279
– Religion 114, 150
– Seele 15, 24 ff., 28, 50, 52, 54–57, 65 ff., 69 f., 72 f., 83 f., 87, 109, 112, 117, 119 f., 129, 139 f., 144, 150, 154, 205, 210
– Selbstbewusstsein 56, 112, 156, 199 f., 225, 227, 233 f., 236, 238 f., 256
– Sprache 56, 58, 65, 67, 71 f., 82, 84 f., 90 f., 93, 95 f., 107, 109 ff., 113, 117, 119, 125 f., 129, 133, 138 ff., 142, 147 f., 150, 153, 181, 184, 208, 210 f., 213 f., 225, 230–236, 256, 273 f., 279
– Weinen, Trauer 23, 60, 88, 137, 181, 184, 234
– Weltoffenheit 194, 199, 208 f., 273
– Werkzeuggebrauch 82, 101, 142, 150, 181, 184 f., 187 f., 191 ff., 198, 203, 207, 210 f., 226, 271, 278
– Werkzeugherstellung 188, 198, 225, 245, 273
– Zeichnen 210, 217–221
Anthropisches Prinzip 275
Anthropithekinen 147
Anthropologie, negative 9
Anthropomorphismus 113 f., 186, 188 ff., 235, 246–250, 253–256, 271–277
Anthroponegation 254 f.
Anthropozentrik 21 f., 69, 113, 146 ff., 154, 180, 212, 227, 241, 271–279
Ape 31, 48, 55, 65, 67, 97, 117, 123, 162, 187, 192 f., 295, 303
Apestract 224, 270
Arbeit 36, 45, 65, 109, 118, 149 f., 252
Artefakte 236
Artenschutzabkommen 243
Assoziationspsychologie 186, 195, 197 f., 234
Atlantic Monthly 166
Aufrechter Gang s. Anthropina
Autonomie 242, 278

Bär 18
Barito 243, 270
Barris 118
Bartaffen 22
Bartschwäntzer 31
Baumkletterer 26, 123, 131, 135 f., 149 f., 161, 167, 191
Behaarung 19 f., 27 f., 31, 35, 38, 40, 43, 45 f., 61 ff., 91, 104, 153, 164, 170, 298
Behaviorismus 255
Behinderte Menschen s. Vergleiche
Berberaffen 16, 20, 23, 31, 65, 123, 261
Berggorillas 175, 179, 193
Bestialisierung 125, 144, 155–172
Bestiarien 26 f., 299, 301
Bibel 32, 44, 61 ff., 148, 153, 300
Biber 73
Bimana s. Zweihänder
Biodiversität 251
Biologie 52, 139
– der Kunst 222
Biozentrik 211, 214
Bipedia s. Zweifüßler
Blumenaffen 31
Bobby 173–176, 179, 229
Bonobo 37, 48, 230, 232, 235, 303
Borneo 38, 44, 46, 95 f., 108, 116, 127, 129, 132, 134, 167, 295
Boshaftigkeit 24, 139
Brüder des Menschen 78, 114, 121, 123, 169, 178, 180, 227, 278
Büffel 69
Buschi 228, 230
Buschmann 42, 46 ff., 82
Butschi 175
Byzanz 24

Calvinismus 41, 63, 248
Cartesianismus 34, 50–56, 59, 65, 67, 69–72, 83, 86, 109, 201, 212
Catalina 191, 228, 230
Cercocebus torquatus 300
Cercopithecus 23, 31, 45, 64
Chantak 233
Charly 229
Chauvinismus 241, 253
Cheeta 228
Chromolithografie 160 f.
Computer 230, 232, 235, 278
Congo 181, 193, 220–230, 302
Congorilla 155, 175
Cynocephalen 23, 28, 31, 48

Daguerreotypie 158
Diabolus-Darstellungstypus 64 f., 93
Dialektik 137 f., 149 f., 196, 277

Diana 65
Digit 180, 230
Doppelaspektivität 201 f.
Drang 196 f., 201 f.
Drei-Affen-Motiv 252
Dualismus s. Cartesianismus, Leib-Seele Dualismus

Ehrfurcht vor dem Leben 211 ff.
Eichhörnchen 131
Eingeborene (s. a. Vergleiche) 17 f., 35 ff., 45, 47, 55, 91, 114, 133, 161 f., 165, 167, 170, 213, 233, 297, 303
Einsichtiges Verhalten 181, 185, 190 f.
Elefant 19, 35 f., 69, 73, 83 ff., 112, 142 f., 163, 225
Empirismus 55, 60, 70, 85, 109, 121 f., 129, 188, 226, 238, 245, 255
Engeco 34, 295
Entmythologisierung 34, 155 f., 176, 227, 250
Enzyklopädien 29, 67, 81, 104, 114, 123, 129, 132 f., 135, 137 f., 159
Erektion 44, 87, 89, 296
Ernährung (s. a. Ess- und Trinkverhalten, Vegetarismus) 31, 91, 99, 101, 126
Erziehbarkeit s. Anthropina/Kulturfähigkeit
Essentialismus s. Wesenserkenntnis
Essverhalten (s. a. Anthropina/Kulturfähigkeit, Fleischverzehr, Koprophagie, Trinkverhalten, Vegetarismus)
– Gabel 101, 105, 297
– Löffel 101
– Teller 101 ff., 105, 259 f., 297 f.
Eurozentrismus 180, 244 f., 247, 252 f.
Evolution 50, 69, 83, 90, 110, 113, 122, 125, 128 f., 137, 141, 143–146, 148 f., 151, 166, 183, 194, 196, 199, 201, 206, 214, 216, 222 ff., 227 f., 231, 245, 251 f., 255, 272–277, 300
Exemplarität 68, 176, 228, 243, 252
Exzentrizität 205 f., 209, 273

Fächermuster 221 f., 224
Falsifikationismus 251
Fang 17, 22, 27, 31 f., 36, 100, 165, 173, 175 f., 184, 231, 298
Farbensehen 184
Faune 75
Fell 17, 62, 126
Feuerverhalten 35 f., 75 f., 118, 123, 142, 147, 210, 225
Film 155 f., 168, 175, 179 f., 224, 228 f., 249 f., 304
Fingerknöchelgang 50
Flachlandgorilla 18, 158, 163
Fledermaus 256

Fleischverzehr (s. a. Essverhalten, Vegetarismus) 35, 101, 103, 115, 126, 171, 213, 244
Flusspferd 163
Forstteufel 32
Fortschritt 81, 83, 86, 90, 147, 152, 214, 250
Fotografie 156, 171, 185, 229, 230, 234, 249 f., 269, 299
Freiheit 74, 81, 103, 113, 139 f., 184, 210, 237, 242, 303
Freude 23, 300
Freundschaft 88, 119, 175, 180, 228, 230
Fritzli 212
Frontalität 205
Funktionskreis 198, 202 f., 206

Gabun 68, 160, 211, 299
Gazellen 105, 211, 260
Gedächtnis 28, 69, 195, 197 f., 273
Gegenstandsbewusstsein 203 f.
Gehirn, Vergleiche 50, 52, 71, 73, 84 f., 112, 131, 144, 147, 183, 185, 192, 276
Geilheit (s. a. Sexualität) 21, 24, 41, 89, 98, 119
Geissmännlein 31
Geologie 44, 141, 143
Georgia 254 f.
Geozentrismus 146
Geschicklichkeit (s. a. Werkzeuggebrauch) 52, 76, 92, 100 ff., 172
Geschlechterstereotypie 41, 44, 89, 245 f., 251, 253 f.
Gesellschaftsvertrag 74, 81
Gesicht 19, 27, 31, 35, 38, 40, 46, 50, 60, 65, 68, 79, 97, 108 f., 127, 142, 145, 164, 184 f., 213, 220
Gestaltpsychologie 182 ff., 190, 193, 224
Gestaltschwäche 189, 191, 203 f.
Gibbon 16, 31, 60, 67, 114 f., 123, 135, 145, 252
Gleichheit, moralische 114, 239, 241
Goma 176–179, 229
Gorgo 18, 93
Gorilla 17, 18, 23, 33 f., 60, 91, 125, 132, 134, 144 ff., 150, 154–180, 184, 190, 193, 212 f., 220, 225, 227–231, 233 f., 237 f., 240, 243, 248 f., 265 f., 269, 298–301, 303
Gott 23 f., 26, 31 f., 53, 59, 61, 63, 75, 83 f., 110, 114, 119, 139 f., 146, 150 ff., 154, 199, 245, 247 f., 256, 274, 299
Great Ape Project 146, 207, 236, 238 f., 244, 250, 277, 304
Griechenland 20
Grillali 213
Größe, körperlich 20, 38, 40, 100, 106, 108, 116, 159 f.
Gruppendarstellung 135 f., 156, 175

Hände (s. a. Vierhänder, Zweihänder) 18–22, 35, 40, 46, 79, 102, 109, 122, 128, 131, 138 f., 149, 159
Hässlichkeit 21, 27, 43, 63, 81, 98, 248
Hahn 77
Haltungsbedingungen von Menschenaffen 106, 175, 179, 189, 243
Handeln, kommunikatives 208 f., 234, 273
Harper's New Monthly Magazine 163
Hase 118
Hiasl 243 f.
Holismus 276
Holland 33, 37 f., 42 f., 46, 51, 96 f., 99 f., 104, 107
Homo
– faber 198, 201, 210
– inermis 122
– nocturnus 64
– religiosus 272
– sylvestris 37 f., 48, 65
Hortus conclusus 105, 107
Hottentotten 67, 85, 120, 133, 137
Humanisierung 144, 156, 169–180, 299
Humor 172, 234
Hund 16, 20 ff., 28, 31, 70, 73, 88, 112, 118, 141 ff., 148, 164 f., 183, 229, 235, 254
Hundskopfaffen 31

Ichbewusstsein s. Selbstbewusstsein
Ich-Du-Beziehung 173, 175 f., 180
Idealismus 15, 125, 137, 140
Identität 34, 52, 55–59, 67, 153, 226, 245 f., 249 f., 276 f., 301, 303
Illustriertes Blatt 170
Impungu 91
Indien 16 f., 23, 26, 28, 31 f., 35, 37 ff., 42–46, 55, 60, 63, 71, 75, 82
Indonesien 44
Instinkt 22, 54, 70, 82, 112, 123, 195, 197 f., 207 f., 272
Institute of Contemporary Arts 220
Instrumentalisierungsverbot 239
Intelligenz 36, 73, 117 f., 120, 142 f., 148, 181–228, 230, 233 f., 241, 249, 254, 278, 303
Intelligenztest 233
Intentionalität, geteilte 279
Interessenethik 239 f.
Interspezies-Kommunikation 73, 180 f., 214, 225 f., 233 ff., 238
Intersubjektivität 236, 279
Itsena 91

Jagd 22, 25 ff., 77, 89, 100, 118, 132, 150, 156, 159, 161–167, 177, 213, 229, 243, 278, 297 ff.

Sachregister **313**

Jambo 178 f., 229
Java 31, 44 f., 47, 65, 97, 116
Jenny 298
Jocko 66 ff., 108, 114, 123, 132, 135 f., 249
Julot 212
Jou Jou 304

Kadaver 160
Käfighaltung (s. a. Haltungsbedingungen) 173, 175–179, 187, 304
Kamerun 17 f., 172 f., 184, 299
Kampf ums Dasein 165 f., 172, 252
Kannibalismus 88
Kanzi 230–233, 235, 278
Karikatur 15 f., 23, 93, 132, 145, 216, 300
Karthago 17
Kaspar-Hauser-Versuche 182
Katarrhinen 145
Katze 56, 118, 165, 229, 234
Kaukasier 145
Kausalität 274
Kettenhaltung (s. a. Haltungsbedingungen) 101 ff., 106, 300
King Kong 155, 168, 176, 227
Kluger-Hans-Fehler 182, 232
Klugheit (s. a. Intelligenz) 21, 54
Koko 156, 180, 225, 228–235, 238, 249 f., 256, 269, 278
Kommunikation s. Interspezies-Kommunikation
Kongo 75 ff., 116, 175, 177, 229 f., 295, 303
Konsul 184
Kooperation 181, 279
Koph 24
Koprophagie 191
Krankheit 103, 166, 171 f., 189
Kreativität 181 f., 214–227, 234, 249, 278, 302 f.
Kreuzungen zwischen Menschenaffe und Mensch 45, 76 f., 82, 114, 121, 137
Krieg 32, 54, 278
Krokodil 163, 165, 298
Kultur s. Anthropina/Kulturfähigkeit
Kunda 303
Kunstgeschichte 214, 220, 301

Lachen s. Anthropina
Langeweile 141
Leib-Seele-Dualismus (s. a. Dualismus) 129, 144, 150
Leopard 163
Liebe s. Affenliebe
Linguistik 232, 235, 272
Löwe 15, 69, 165, 247
London News 172
Longimanus s. Gibbon

Lucifer (s. a. Diabolus) 64 f.
Lügen 234, 236
Luxuria 300

Mängelwesen 206
Magasin Pittoresque 158 f., 165, 167
Majestätsverehrung 172
Makaken 31, 299, 301
Malen s. Anthropina/Malen
Mandrill 75, 145
Manieren s. Ess- und Trinkverhalten
Materialismus 71, 74, 147, 149
Meerkatzen 16, 19, 23, 31, 35
Melancholie 41, 65, 116 f., 126, 144, 166, 172
Menagerie 95 f., 100, 103, 105 f., 134, 148, 298
Mensch, Wesensmerkmale s. Anthropina
Menschenrechte 120, 180, 236, 240 f., 243, 249, 275
Menschenseele s. Anthropina, Tierseele
Menschheitsbegriff, doppelter 110, 115
Menstruation 101, 112, 116
Metaphysik 29, 52, 69, 114, 117, 147, 196, 201, 245, 251, 271, 273
Methodologie (s. a. Anthropomorphismus) 255, 272, 275
Mitleid 165, 167, 213, 300
Mitwelt 205 ff.
Moden s. Verhaltensmoden
Monkey 48 f., 91, 166, 193, 224
Monster 23, 27 f., 32–37, 51, 59, 64, 125, 155 ff., 159, 161, 163, 165, 167–180, 227, 236, 246, 248, 295, 298 f.
Moral 41, 55, 58, 63, 65, 76, 83, 114 ff., 120 f., 126 f., 139 f., 143, 150 ff., 180, 182, 212, 216, 227, 234, 236–244, 248, 250, 275, 277 f.
Moralischer Status 250, 278
Morphologie 19 f., 112, 122, 131, 137
Mpungu 35, 91, 156, 169–172, 176
Multi-Spezies-Familie 238
Munaff, indianischer 31
Muscheln 85
Mutter-Kind-Beziehung 178, 273

Nachahmungsfähigkeit 21 ff., 25 f., 29, 67, 72, 101, 109 f., 112, 118 f., 185 ff., 198, 214, 217 ff.
Nachmalungen 301 f.
Namensgebung 18, 27, 34, 37 f., 41, 50, 64–68, 93, 155, 157, 175, 227 f., 230, 233, 248, 303
Narr 29, 123
Nasenaffe 145
National Geographic 156, 234, 249 f., 269
Natura lapsa 26, 41, 153, 248, 251, 300

Naturalismus 272, 275, 277 ff.
Naturalistischer Fehlschluss 147
Naturbilder 48, 153 f., 248, 251 f., 276
Naturgeschichte 24, 42 f., 49, 60–69, 81 ff., 89, 92 f., 107, 112, 114 f., 118–123, 128–136
Neandertaler 18, 28, 144, 147
Negativität 203
Nervenfluidum 52, 87, 89
Nestbauverhalten 221
Nestor 213
Niederlande s. Holland
Nigeria 184
Notzucht 47, 252

Oeconomia naturae 251
Ökosystem 251 f.
Old Man 238
Orang-Utan 23, 31 f., 34, 37 f., 41–51, 56 ff., 60, 62, 67, 71, 75, 77 f., 81 f., 84 f., 88–92, 95–148, 159 f., 163, 165 ff., 179, 184, 189–193, 214 ff., 224, 228, 230, 233, 237, 243, 252, 259–264, 270, 278, 295–298
Ostindische Kompanie 37, 43, 45
Ozeanien 132, 298

Painism 238
Paläontologie 61 f., 132, 141, 143
Papagei 35, 53 f., 56, 58, 72, 84
Paradies 24, 42 f., 48, 63, 106, 107, 252, 300 f.
Paternalismus 21, 275
Pathozentrik 239
Pavian 16, 18 f., 22 f., 31, 35, 75, 120, 145, 231, 299
Peanuts 230
Pelikane 211
Penis 44, 87, 89, 98, 296
Perfektibilität 74
Persönlichkeit 155, 173, 175, 178 f., 191, 213, 228–244
Person 34, 55 f., 58, 120, 155 f., 178, 180, 194 f., 199 ff., 204–210, 227–244, 249 f., 256, 279
– , moralische (s. a. Anthropina/Personalität) 236–244
– , psychologische 231
Peter 212
Petermann 230
Pferd 69, 118, 148, 165, 182 f., 185, 247, 254
Pflichten gegenüber Tieren 118 f.
Phänomenologie 188, 190, 194–201, 204, 273
Philosophische Anthropologie 194–214
Physikotheologie 61, 63, 82, 248, 275
Pithecos 15 f., 20, 129
Plastikmarkensprache 232
Pongo 33 ff., 67, 75 f., 108, 113 f., 116, 118, 132, 135, 142, 279, 295, 297

Positionalität 201 f., 204 ff., 209
Präformation 83
Prähistorische Malerei 222
Primatenstation 182 f.
Primitivismen 207
Prince Chim 303
Problemlöseverhalten 193, 203, 208, 271
Pygmäen, Pygmy 18, 28, 33 f., 36, 48–51, 64 f., 69, 75, 108, 297

Quadrumana s. Vierhänder
Quadrupedia s. Vierfüßler
Quoias morrou 38

Rassismus 89, 120, 148, 253
Reflexion 82, 110, 199, 205 f., 217
Reinlichkeit 172
Reiseberichte 42, 47, 81, 100, 104, 128, 132, 148, 295
Relativismus 251
Rhesusaffen 16
Rind 118
Römisches Reich 16 f., 23, 244
Roman 93, 125, 155, 180, 214, 227, 298 f., 303
Rückenlage 103, 108, 273

Sachenrecht 244
Sachverhaltsbewusstsein 204, 208
Samson-Stiftung 182
Sandra 270
Sarah 232 f.
Satire 93, 117, 126, 303
Satyr 21 f., 24, 27, 31, 33 f., 37–50, 59–65, 71, 75, 82, 87, 89, 93, 122, 128, 132, 136, 153, 246, 258, 295 f.
Satyrus indicus 26, 38, 42, 64 f., 69
Scala naturae 48, 51, 84, 87, 113, 120, 143, 153, 251, 276
Schamhaftigkeit 26, 40, 44 ff., 48, 61, 65, 79, 81, 92, 295
Schauen 210, 211
Schimpanse 16, 18, 23, 33 f., 37, 48 ff., 60, 64, 68 f., 75, 89, 114 ff., 122 f., 128, 130–136, 139, 145 f., 148, 156 f., 160, 163, 170, 173, 179, 181–244, 296 ff., 301–304
Schimpansoid 189 f., 254
Schlafverhalten (s. a. Kulturfähigkeit) 35, 40, 47, 71, 85, 102, 277, 298
Schönheit 15
Schönheitssinn 211
Schöpfungslehre 73, 83, 106, 113, 129, 143–146, 196, 208, 301
Schwanz 19 f., 23 f., 27 ff., 31, 49, 64, 90, 100, 116, 296, 299, 301
Schwein 118, 165
Seele s. Anthropina, Tierseele

Sachregister 315

Seelenordnung (s. a. Scala naturae) 59, 154, 197, 201
Seelenwanderung 43
Selbstbewusstsein 56, 112, 156, 199 f., 225, 227, 233 f., 236, 238 f., 249 f., 256
Senegal 18, 139
Sentientismus 238
Seppi 213
Sexualität (s. a. Geilheit) 21, 98, 300
Sierra Leone 18
Silvane 75
Simia naturae 29, 214, 216 f., 301, 303
Simia-similitudo 27
Sittenkritik (s. a. Satire) 93
Skelett 108, 122, 133, 145, 156–159
Sklaverei 76, 128, 137
Sozialdarwinismus 151 f., 154
Soziobiologie 272, 279
Speziesismus 55, 227, 238, 241 f., 271, 273 ff., 277
Sphinge 48
Spielverhalten 23, 141, 174 f., 184, 186, 211, 217, 223 f., 302
Sprache 20 ff., 28, 36, 44, 52–56, 58, 65, 67, 71 f., 82, 84 f., 90 f., 95 f., 107, 109 ff., 113, 117, 119, 125 f., 129, 133, 138 ff., 142, 147 f., 150, 153, 181, 184, 208, 210 f., 213 f., 225, 230–236, 256, 273 f., 279
Sprachorgane 72, 111 f.
Stefi 175
Stoa 274
Stock-, Stabgebrauch 28, 32, 36, 49 ff., 64–68, 79, 85, 101, 105 f., 116, 119, 122 f., 132, 135, 139, 158, 184–187, 191 ff., 195, 198, 203, 214, 249, 278, 295, 297 f.
Strauss 69
Strobelköpfe 31
Stufenleiter der Wesen s. Scala naturae
Subjekt eines Lebens 239
Subjektivität 201, 204 f., 207, 236, 239, 242
Sünde, Erbsünde (s. a. Natura lapsa, Teufel) 24 ff., 29, 41, 79, 153, 251 f., 300 f.
Sultan 183–188, 192 f., 210, 228
Sumatra 116
Symbolik, Symbolgebrauch 23 f., 29, 72, 216, 232 f., 235 f., 245 f., 299 ff.
Syntax 231 f.
Systematik der Tiere 20 f., 49, 60, 63 ff., 109, 122, 137, 296

Tasmanier 137, 145
Taubstummensprache (s. a. Ameslan) 71 ff., 181, 225
Taufe 257
Taxonomie s. Systematik
Teleologie 22, 52, 110, 112 ff., 147, 256, 274 f.

Teleosemantik 256
Teneriffa 182–189, 192 f., 211, 217
Teufel (s. a. Diabolus, Luzifer) 24–27
Theater 123
Theozentrismus 274
Thera 23, 299
Thot 23
Tierautomaten 52–55, 212
Tierbefreiung 238
Tierethik 118 f., 180, 211, 214, 231, 235, 239, 242
Tiermensch 64, 74, 81 ff., 121
Tierpsychologie (s. a. Tierseele) 28, 148, 183, 186, 192, 203, 212 f., 252, 254, 276
Tierrechte 214, 236, 238 f., 243
Tierschutz 165, 211, 213, 228, 242 f.
Tierseele 52, 54 f., 57, 69 f., 73, 83, 109
Tiervernunft 22, 70
Tierversuche 213, 241, 243
Tiger 88, 123, 165, 225
Todesbewusstsein 36, 76, 234
Toleranz 178
Toto 177, 220, 228 ff.
Transzendentalphilosophie 200
Trauer (s. a. Anthropina) 23, 234
Trinkverhalten von Menschenaffen
– Abwischen der Lippen 40, 47, 102
– Alkohol 102 f., 133
– Farbe 99
– Trinkgefäße 38, 47, 105, 259, 297
Troglodyt (s. a. Schimpanse) 28, 64 f., 118, 122, 128 f., 136, 159
Tulpius-Darstellungstyp 39, 42 ff., 65, 79, 86, 89, 257, 295 ff.

Übermensch 16, 151 f., 154
Uhr 54, 71 f.
Umweltlehre n. Uexküll s. Funktionskreis
Unterhaltungsobjekte 23 f., 163, 179, 230
Urzustand 75 ff., 81 f.
Utilitarismus 58, 239 f.

Vegetarismus 36, 101, 126, 155, 161, 171, 175, 180
Vereinigte Staaten von Amerika 114, 123, 127, 134, 157, 161, 163, 166, 175, 177, 180, 186, 193, 214, 227, 231, 234, 239
Vergleiche mit
– Eingeborenen 67, 77, 85, 88 f., 111, 114, 120 f., 133, 137, 169, 171, 174
– Frauen 17, 20 f., 28, 41, 153, 248, 253, 296
– Geistig Behinderten 54, 57 f., 236, 240, 243
– Kindern 54, 88, 175, 213, 222, 228, 231 f., 236, 302
– Microcephalen 145
– Studenten 141

- Wilden 23, 27 f., 31, 36, 41, 44, 50 f., 59, 62, 64 f., 67, 71 f., 74–83, 89 f., 105 ff., 121 f., 126, 132, 153, 246, 252 f., 295 f., 298, 301

Verhaltensmoden 186
Verstandeskategorien 274
Versuchsanordnung 186, 191, 193, 231
Videokunst 301
Vierfüßler 18–21, 38, 40, 64, 115, 122, 139
Vierhänder 20 f., 108 f., 112, 122, 128–132, 140, 146, 149, 153

Waden 35 f., 46
Waffengebrauch 17, 35 f., 79, 85, 118, 140, 186
Wahlversuche 193
Waldmännlein 31, 43, 62
Waldmensch 17 f., 37 f., 42–48, 51, 64, 71, 77, 82, 85, 88, 116, 233, 252
Washoe 227, 230–233, 235
Weinen (s. a. Anthropina) 60, 88, 137, 181, 184
Weltoffenheit (s. a. Anthropina) 194, 199, 208 f., 273
Weltseele 29, 138
Werkzeuggebrauch 22, 82, 101, 137, 142, 150, 181, 184 f., 187 f., 191 ff., 198, 203, 207, 210 f., 278
Werkzeugherstellung 185, 187 f., 198, 225 f., 245, 271, 273
Wesenserkenntnis, Essentialismus 74, 125, 140, 181, 195 f., 200, 206 f., 225 f., 234, 245, 273
Westermanns Monatshefte 170
Wisa-Gloria-Laufgitter 176 f.
Wilde(r) 27, 36, 64, 71 f., 75, 81, 83, 90, 121 f., 126, 246, 252 f., 257, 261, 295 f., 301
- aufrecht 41, 44, 79, 81, 105 ff., 153, 260, 298
- einsam 81
- Frau 62, 77, 79
- gut 12, 50 f., 74 f., 78 f., 81, 89, 107, 126
- Mann 28, 31, 77
- natürlich 59, 76
Wilder-Darstellungstyp 44, 65 ff., 80, 261, 295 f.
Wille der Natur 142 f.
Wortverständnis (s. a. Anthropina/Sprache, Interspezies-Kommunikation) 184
Würde 83, 118, 147, 178, 231, 222, 239, 242 f., 248

Zeitschrift für Ethnologie 172
Zweck an sich selbst (s. a. Person) 242, 275
Zweifüßler 19 f., 115
Zweihänder 21, 109, 122, 128 f., 131 ff., 146
Zyklopen 28